JOSEF SCHMID

SYNOPSE

DER DREI ERSTEN EVANGELIEN

MIT BEIFÜGUNG

DER JOHANNES-PARALLELEN

Sechste Auflage

1971

FRIEDRICH PUSTET REGENSBURG

Mit kirchlicher Druckerlaubnis
München, 29. 1. 1960 GV Nr. 768, Dr. Johann Fuchs, Generalvikar

ISBN 3 7917 0145 2
Gesamtherstellung im Graphischen Großbetrieb des Verlages
Printed in Germany 1971

VORWORT ZUR 1. AUFLAGE

Die vorliegende Synopse der drei ersten Evangelien soll eine Ergänzung zu der Übersetzung und Erklärung dieser Evangelien im Regensburger Neuen Testament sein. Der Text ist, von einigen wenigen Verbesserungen abgesehen, von dorther übernommen. Der Leser findet hier die Paralleltexte, auf die dort in den Überschriften der einzelnen Abschnitte verwiesen wird, nebeneinander gedruckt. Man kann die drei ersten Evangelien, die Synoptiker, nur dann wirklich verstehen, wenn man sie synoptisch, in beständiger Zusammenschau, liest und studiert. Ich habe bei der Übersetzung viel Mühe darauf verwendet, die Übereinstimmungen wie die Verschiedenheiten der griechischen Paralleltexte getreu wiederzugeben. Was im griechischen Originaltext gleichlautet, soll dies auch im Deutschen tun, und was dort verschieden lautet, muß es auch in der Übersetzung. Im Druck ist darauf gesehen, daß die einander entsprechenden Worte in den Parallelspalten am genau entsprechenden Platz stehen. Ich hoffe, daß man die nicht geringe Leistung, die der Setzer mit dieser Einrichtung des Druckes vollbracht hat, zu würdigen verstehen wird. Die Anordnung der Texte ist die allein sachgemäße. Jedes der drei Evangelien ist in seiner ursprünglichen Anordnung wiedergegeben und kann deshalb auch in der Synopse fortlaufend gelesen werden. Darum war es notwendig, solche Abschnitte, die in den einzelnen Evangelien in verschiedenen Zusammenhängen stehen, zweimal abzudrucken. Dabei ist jedesmal der Text des für die Anordnung jeweils maßgebenden Evangelisten im gewöhnlichen Druck wiedergegeben, der in einem anderen Zusammenhang stehende Paralleltext des oder der anderen dagegen in kleineren, sich deutlich abhebenden Typen. Dieses Verfahren soll zugleich den Leser darauf hinweisen, wie oft die drei Synoptiker auch dort, wo sie die gleichen Stücke bringen, in deren Einordnung in den Rahmen ihrer Evangelien voneinander abweichen. Ein Beispiel soll den Tatbestand und zugleich den Sinn der zwei verschiedenen Texttypen erläutern. Das Vaterunser wird von Mt in die Bergpredigt eingereiht im Zusammenhang mit anderen Worten über das rechte Beten (6_{9-15}). Lk hingegen bringt es in seinem sogenannten Reisebericht (11_{2-4}). Deshalb muß es zweimal abgedruckt werden, einmal in der Mt-Ordnung (Nr. 43) und einmal in der des Lk (Nr. 158). Und jedesmal wird der Paralleltext des anderen Evangelisten in kleineren Typen danebengestellt, damit der Leser nicht bloß den Wortlaut der beiden Textfassungen miteinander vergleichen kann, sondern damit er auch darauf aufmerksam gemacht wird, daß dieser Paralleltext in einem anderen Zusammenhang steht. Am Kopf eines jeden von diesen Einzelstücken wird die Nummer des Abschnittes genannt, in dem das betreffende Stück bei Lk (oder umgekehrt bei Mt) steht. Die Stücke, die Mt und Lk über Mk hinaus gemeinsam haben, stehen fast ausnahmslos bei Mt in einem anderen Zusammenhang wie bei Lk. Lk bringt sie fast alle in seinen beiden Einschaltungen in den Mk-Rahmen (6_{20}—8_{3} und 9_{51}—18_{14}), während Mt sie mit dem Mk-Stoff verbindet. Manche Stücke, meistens kurze Logien, werden von ein und demselben Evangelisten, hauptsächlich von Mt, zweimal gebracht. Diese sogenannten Dubletten (Doppelberichte) werden in Anmerkungsform unter den Haupttext gestellt (z. B. Mt 5_{29f} [Nr. 36] = 18_{8f} [Nr. 144]). Zum mühelosen Auffinden von Stücken, die in einem Evangelium unmittelbar aufeinanderfolgen, in der Synopse aber durch Abschnitte aus den anderen Evangelien voneinander getrennt sind, sind am Kopf der einzelnen Seiten Vor- und Rückverweise angebracht. S. 52 ist z. B. angegeben, daß der bisher letzte Mk-Vers (2_{22}), bei dem der Mk-Faden einstweilen unterbrochen wurde, S. 50 steht und daß die Fortsetzung des Mk-Textes (2_{23}) S. 62 zu finden ist. Die wenigen Johannes-Parallelen habe ich ebenfalls beigefügt. Soweit es sich um einzelne Verse handelt, stehen sie in Form von Anmerkungen, wie die synoptischen Dubletten, unter dem Haupttext; die längeren Abschnitte dagegen erhalten eine eigene Spalte. Aus ihrer geringen Zahl (vgl. die Zusammenstellung S. 13) ist klar zu ersehen, wie wenig Stoff Johannes mit den Synoptikern gemeinsam hat. Der Versuch, den g a n z e n Johannes-Stoff in den synoptischen Rahmen oder umgekehrt den synoptischen Stoff in den johanneischen Rahmen einzuspannen und eine chronologisch geordnete Darstellung der vollständigen Evangelienüberlieferung zu schaffen, ist undurchführbar. Weil die Synoptiker nur wenige Zeit- und Ortsangaben bieten, ist es nicht möglich, die einzelnen Taten und Worte Jesu in der Geschichte seines öffentlichen Wirkens zeitlich und örtlich zu fixieren. Nicht einmal die ungefähre Dauer der öffentlichen Tätigkeit Jesu läßt sich aus den Synoptikern bestimmen. Und die meisten von ihnen berichteten Reden Jesu sind keine ursprünglichen Einheiten, wie man gerade in der Synopse an vielen Stellen klar sehen kann. Die Evangelien sind keine Geschichtswerke und keine Biographien, sondern im Dienste der urchristlichen Mission geschaffen und aus ihrem Geist zu verstehen. Und darum spielt in ihnen das chronologische und biographische Interesse eine äußerst nebensächliche Rolle. Das kann der aufmerksame Leser schon an den meisten Perikopeneingängen sehen, und die große Zahl der Stücke, die in den einzelnen Evangelien an verschiedener Stelle eingereiht sind, während anderseits die Übereinstimmung des Wortlauts jeden Zweifel daran verbietet, daß es sich jeweils um die gleiche Begebenheit oder die gleiche Rede Jesu handelt, beweist es noch einmal. Das Studium der Synopse vermag darum dem denkenden Leser besser als irgendeine andere Methode die Erkenntnis zu vermitteln, daß die Schaffung eines „Leben Jesu" auf Grund der Evangelienüberlieferung unmöglich ist. Da die Evangelisten und mit ihnen das Urchristentum an einer Biographie Jesu nicht interessiert waren und sie als religiös unwichtig betrachtet haben, müssen wir uns durch sie davon überzeugen lassen, daß dies auch für uns gilt. Das am Anfang stehende Parallelenverzeichnis ist mehr als ein bloßes Inhaltsverzeichnis. Es ist in gewissem Sinne geradezu das Fundament für das Eindringen in das synoptische Problem. Denn an diesem sind nicht allein die Übereinstimmungen und Verschiedenheiten im Wortlaut der Paralleltexte wichtig, sondern mindestens ebensosehr die Anordnung der einzelnen Stücke sowie das, was nur einer oder zwei von den Evangelisten haben. Diesen Tatbestand stellt das Parallelenverzeichnis dem Auge des aufmerksamen Lesers in eindringlicher Anschaulichkeit dar. Hier läßt sich z. B. klar erkennen, daß Matthäus und Markus von Mt 12 1 = Mk 2 23 (Nr. 82) an bis zum Schluß ihrer Evangelien Stück für Stück in der genau gleichen Reihenfolge bringen und daß nur jeweils der eine Evangelist, gewöhnlich Matthäus, ein Mehr über den anderen hinaus bietet. Ebenso leicht ist hier die Art zu erkennen, in der Lukas seine Quellen verwertet hat, daß ihm Markus als Grundlage für den Aufbau seines eigenen Werkes gedient und er den Stoff, den er anderen Quellen entnommen hat, in der Hauptsache in zwei großen Einschaltungen (Lk 6 20—8 3 und 9 51—18 14) in den Markus-Rahmen eingefügt und daß er anderseits ein größeres zusammenhängendes Stück aus Markus (Mk 6 45—8 26) übergangen hat.

Weil die Synopse eine Art Hilfsbuch zu den drei ersten Bänden des Regensburger Neuen Testaments sein will, brauche ich das dort (in der Einleitung zu Matthäus) über das synoptische Problem Gesagte hier nicht zu wiederholen. Die vielen Hinweise auf die Paralleltexte und die Unterschiede zwischen ihnen, die ich bei der Erklärung des Matthäus und Lukas angebracht habe, können nun mit Hilfe der Synopse mühelos verstanden werden. Und auch wer schließlich nur eine bequeme Nebeneinanderstellung der Texte für die einfache Lektüre der Evangelien haben will, soll hier finden, was er wünscht.

J. Schmid

VORWORT ZUR 2. AUFLAGE

Die zweite Auflage unterscheidet sich von der ersten durch Anbringung geringfügiger Änderungen und durch die Beifügung einiger weiterer Hinweise auf Parallelstellen. Ich bemerke nochmals, daß die vorliegende Synopse nichts anderes sein will als ein Hilfsbuch zur Erklärung der drei Synoptiker im Regensburger NT. Wer eine griechische Synopse braucht, dem steht das seit Jahrzehnten bewährte vorzügliche Werk von A. Huck (Tübingen, J. C. B. Mohr) zur Verfügung. Warum mir aber die Beifügung des ganzen Johannes unmöglich ist, meine ich schon im Vorwort zur 1. Auflage genügend deutlich gesagt zu haben.

München, Juni 1955 J. Schmid

VORWORT ZUR 3. AUFLAGE

Da der Verlag sich bereit erklärt hat, die Synopse neu zu setzen, habe ich diese Gelegenheit vor allem dazu benützt, Parallelstellen, die bisher zum Teil nur durch eine bloße Verweisung unter dem Text notiert waren, in noch größerem Umfang als bisher im vollen Wortlaut zu bringen. Daneben wurden kleine Versehen, auf die ich teils selbst gestoßen bin teils durch freundliche Leser aufmerksam gemacht wurde, verbessert und an einigen Stellen die Parallelität der Textanordnung in Parallelspalten noch genauer durchgeführt.

München, Juli 1959 J. Schmid

PARALLELENVERZEICHNIS ZUR SYNOPSE

Nr.		Mt	Mk	Lk	Joh	Parallelen und Dualetten				Seite
						Mt	Mk	Lk	Joh	
29	Jesu Wirken in Galiläa .	4 23—25	39	44	—	9 35				32
30	Die Berufung der ersten Jünger	—	—	5 1—11	—	4 18—22	1 16—20			—
	Die Bergpredigt Mt 5—7									
31	Einleitung	5 1 f	—	—	—			6 20		33
32	Die Seligpreisungen . . .	3—12	—	—	—			6 20—23		—
33	Der Beruf der Jünger . .	13—16	—	—	—		4 21 9 50	8 16 11 33 14 34 f		34 —
34	Jesu Stellung zum Gesetz	17—20	—	—	—			16 17		—
35	Vom Töten	21—26	—	—	—			12 57—59		35
36	Vom Ehebruch . . .	27—30	—	—	—	18 8 f	9 43—48			—
37	Von der Ehescheidung . .	31 f	—	—	—	19 9	10 11 f	16 18		—
38	Vom Schwören	33—37	—	—	—					36
39	Von der Wiedervergeltung	38—42	—	—	—			6 29 f		—
40	Von der Feindesliebe . .	43—48	—	—	—			6 27 f 32-36		—
41	Vom Almosen	6 1—4	—	—	—					37
42	Vom Beten	5 f	—	—	—					—
43	Das Vaterunser	7—15	—	—	—		11 25	11 2—4		—
44	Vom Fasten	16—18	—	—	—					38
45	Vom Schätzesammeln . .	19—21	—	—	—			12 33 f		—
46	Spruch vom Auge . . .	22 f	—	—	—			11 34—36		—
47	Kompromißloser Gottesdienst	24	—	—	—			16 13		39
48	Vom Sorgen	25—34	—	—	—			12 22—31		—
49	Vom Richten	7 1—5	—	—	—		4 24	6 37 f 41 f		—
50	Keine Entweihung des Heiligen	6	—	—	—					40
51	Mahnung zum vertrauensvollen Gebet	7—11	—	—	—			11 9—13		—
52	Die goldene Regel . . .	12	—	—	—			6 31		—
53	Die zwei Wege	13 f	—	—	—			13 23 f		41
54	Warnung vor falschen Propheten	15—20	—	—	—	12 33 3 10		6 43 f 3 9		—
55	Warnung vor Selbsttäuschung	21—23	—	—	—			6 46 13 26f		—
56	Schlußgleichnis	24—27	—	—	—			6 47—49		42
57	Schlußbemerkung des Evangelisten	28 f	—	—	—		1 21 f	4 31 f		—
58	Heilung eines Aussätzigen	8 1—4	1 40—45	5 12—16	—					—
59	Der Hauptmann von Kapharnaum	5—13	—	—	—			7 1—10 13 28 f	4, 46—54	43
60	Jesus heilt die Schwiegermutter des Petrus . .	14 f	—	—	—		1 29—31	4 38 f		44
61	Krankenheilungen am Abend	16 f	—	—	—		1 32—34	4 40 f		—
62	Von der Nachfolge Jesu .	18—22	—	—	—			9 57—60		45
63	Stillung des Seesturmes .	23—27	—	—	—		4 35—41	8 22—25		—
64	Heilung der Besessenen von Gadara	28—34	—	—	—		5 1—20	8 26—39		46
65	Heilung eines Gelähmten .	9 1—8	2 1—12	5 17—26	—					47
66	Berufung des Levi (Matthäus) und Jesu Verkehr mit den Zöllnern	9—13	13—17	27—32	—					49
67	Die Fastenfrage	14—17	18—22	33—39	—					—
68	Jairustochter und blutflüssige Frau	18—26	—	—	—		5 21—43	8 40—56		50
69	Heilung zweier Blinden und eines Stummen . .	27—34	—	—	—	20 29—34 12 22—24		11 14 f		52

Nr.		Mt	Mk	Lk	Joh	Parallelen und Dubletten Mt	Mk	Lk	Joh	Seite

Die Aussendung der Jünger Mt 9 35—11 1

Nr.		Mt	Mk	Lk	Joh	Parallelen und Dubletten Mt	Mk	Lk	Joh	Seite
70	Spruch von der Ernte . .	9 35—38	—	—	—	4 23	6 34	10 2		54
71	Die Aussendung der Jünger	10 1—16	—	—	—		3 14—19 6 7—11	6 13—16 9 1—5.11 10 3—12		—
72	Das Schicksal der Jünger .	17—25	—	—	—	24 9 13 f	13 9—13	6 40 12 11 f 21 12—19	13 16 15 20	57
73	Mahnung zu furchtlosem Bekenntnis	26—33	—	—	—		4 22 8 38	8 17 9 26 12 2—9 21 18		58
74	Zwiespalt unter den einander Nächststehenden	34—36	—	—	—		13 12	12 51—53		59
75	Bedingungen der Jüngerschaft	37—39	—	—	—	16 24 f	8 34 f	9 23 f	12 25	—
76	Schluß der Rede	40—11 1	—	—	—	18 5	9 37.41	9 48 10 16		60
77	Anfrage des Täufers . .	2—6	—	—	—			7 18—23		—
78	Jesu Zeugnis über den Täufer	7—19	—	—	—		1 2	7 24—35 16 16		61
79	Gerichtsdrohung an die galiläischen Städte . .	20—24	—	—	—	10 15		10 12—15		62
80	Jubelruf Jesu	25—27	—	—	—			10 21f	3 35 7 29 10 14 f 17 2	—
81	Heilandsruf	28—30	—	—	—					—
82	Das Ährenpflücken am Sabbat	12 1—8	2 23—28	6 1—5	—	9 13				63
83	Heilung einer gelähmten Hand am Sabbat . . .	9—14	3 1—6	6—11	—			13 15 f 14 5		—
84	Der Eindruck des Wirkens Jesu	15—21	7—12	17—19	—	4 24 f		4 41 f		64
85	Die Auswahl der Zwölf . .	—	13—19	12—16	—	10 1—4	6 7	9 1		65

DIE KLEINE EINSCHALTUNG DES LUKAS Lk 6 20—8 3

Die Bergpredigt (nach Lukas) Lk 6 20—49

Nr.		Mt	Mk	Lk	Joh	Parallelen und Dubletten Mt	Mk	Lk	Joh	Seite
86	Die Seligpreisungen und Wehe	—	—	6 20—26	—	5 3—12				66
87	Vom Verzicht auf Wiedervergeltung und der Feindesliebe	—	—	27—36	—	5 39—42. 44—48 7 12				
88	Vom Richten	—	—	37—42	—	7 1—5 10 24 f 15 14	4 24			68
89	Das Kennzeichen der echten Frömmigkeit . . .	—	—	43—46	—	7 16—21 12 33—35				—
90	Schlußgleichnis	—	—	47—49	—	7 24—27				69
91	Der Hauptmann von Kapharnaum	—	—	7 1—10	—	8 5—13			4,46—54	—

Nr.		Mt	Mk	Lk	Joh	Parallelen und Dubletten Mt	Mk	Lk	Joh	Seite
92	Auferweckung des Jünglings von Nain	—	—	7 11—17	—					70
93	Anfrage des Täufers . .	—	—	18—23	—	11 2—6				—
94	Jesu Zeugnis über den Täufer	—	—	24—35	—	11 7—11. 16—19 21 32	1 2			71
95	Jesus und die Sünderin .	—	—	36—50	—					72
96	Die dienenden Frauen .	—	—	8 1—3	—					—
97	Jesus und seine Angehörigen	—	3 20 f	—	—					—
98	Jesu Verteidigungsrede .	12 22—37	22—30	—	—	9 32—34 7 16 a. 18	9 40	11 14—23 6 43 9 50 12 10		73
99	Die Zeichenforderung . .	38—42	—	—	—	16 1. 2 a. 4	8 11 f	11 16. 29—32.		75
100	Spruch vom Rückfall . .	43—45	—	—	—			24—26		—
101	Die wahren Verwandten Jesu	46—50	31—35	—	—			8 19—21	15 14	76
102	Gleichnis vom Säemann .	13 1—9	4 1—9	4—8	—			5 1—3		—
103	Zweck der Gleichnisreden	10—17	10—12	9 f	—		4 25	8 18 b 10 23 f		77
104	Deutung des Säemannsgleichnisses	18—23	13—20	11—15	—					78
105	Sprüche vom rechten Hören	—	21—25	16—18	—	5 15 10 26 7 2 13 12 25 29		6 38 11 33 12 2 19 26		79
106	Gleichnis von der selbstwachsenden Saat . . .	—	26—29	—	—					—
107	Gleichnis vom Unkraut unter dem Weizen . .	24—30	—	—	—					80
108	Gleichnis vom Senfkorn .	31 f	30—32	—	—			13 18 f		—
109	Gleichnis vom Sauerteig .	33	—	—	—			13 20 f		—
110	Bedeutung der Gleichnisreden Jesu	34 f	33 f	—	—					81
111	Deutung des Gleichnisses vom Unkraut	36—43	—	—	—					—
112	Gleichnisse vom Schatz und der Perle	44—46	—	—	—					—
113	Gleichnis vom Fischnetz .	47—50	—	—	—					—
114	Schluß der Gleichnisrede .	51 f	—	—	—					82
115	Die wahren Verwandten Jesu	—	—	19—21	—	12 46—50	3 31—35		15 14	—
116	Stillung des Seesturmes .	—	35—41	22—25	—	8 18. 23-27				—
117	Heilung des Besessenen von Gerasa	—	5 1—20	26—39	—	8 28—34				83
118	Jairustochter und blutflüssige Frau	—	21—43	40—56	—	9 18—26				85
119	Jesu Predigt und Verwerfung in Nazareth .	53—58	6 1—6 a	—	—			4 16—30	4 44 6 42	88
120	Aussendung der Jünger .	—	6 b—13	9 1—6	—	9 35 10 1. 7—11 14	3 14 f	10 4. 7. 9—11		89
121	Urteil des Herodes über Jesus	14 1 f	14—16	7—9	—					90
122	Das Ende des Täufers . .	3—12	17—29	—	—			3 19 f		—

Nr.		Mt	Mk	Lk	Joh	Parallelen und Dubletten Mt	Mk	Lk	Joh	Seite
123	Rückkehr der Jünger von der Mission	—	6 30 f	9 10 a	—					91
124	Speisung der Fünftausend	14 13—21	32—44	10 b—15	6 1—15	9 36 15 32-39	8 1—10			—
125	Jesus wandelt über den See	22—33	45—52	—	6 16—21					95
126	Jesus im Gebiete von Genesareth	34—36	53—56	—	—					96
127	Streitrede über Rein und Unrein	15 1—20	7 1—23	—	—			6 39		—
128	Die Syrophönizierin . .	21—28	24—30	—	—					98
129	Heilung vieler Kranken — eines Taubstummen . .	29—31	31—37	—	—		8 22—26			99
130	Speisung der Viertausend	32—39	8 1—10	—	—					—
131	Zeichenforderung der Pharisäer	16 1—4	11—13	—	—	12 38—40		11 16. 29 f 12 54—56		100
132	Die verständnislosen Jünger	5—12	14—21	—	—			12 1		101
133	Heilung eines Blinden bei Bethsaida	—	22—26	—	—		7 31—37			—
134	Messiasbekenntnis des Petrus und Primatverheißung	13—20	27—30	9 18—21	—	18 18			6, 66—71	102
135	Erste Leidensweissagung .	21—23	31—33	22	—					—
136	Nachfolge Jesu ist Leidensnachfolge . . .	24—28	34—9 1	23—27	—	10 33. 38 f		12 9 14 27 17 33		103
137	Verklärung Jesu	17 1—9	2—10	28—36	—			17 37		104
138	Von der Wiederkunft des Elias	10—13	11—13	—	—					105
139	Heilung eines besessenen Knaben	14—21	14—29	37—43 a	—	21 21	11 22 f	17 6		106
140	Zweite Leidensweissagung	22 f	30—32	43 b—45	—					108
141	Die Tempelsteuer . . .	24—27	33 a	—	—					—
142	Rangstreit der Jünger .	18 1—5	33 b—37	46—48	—	10 40 20 26 f 23 12	10 15. 43 f	14 11 18 14. 17 22 26 10 16	13 20	109
143	Der fremde Exorzist . .	—	38—41	49 f	—	10 42 12 30		11 23		110
144	Warnung vor Ärgernis . .	6—9	42—48	—	—	5 29 f		17 1 f		—
145	Vom Salz	—	49 f	—	—	5 13		14 34 f		111
146	Gleichnis vom verirrten Schaf	10—14	—	—	—			15 3—7		—
147	Verhalten gegen den sündigen Bruder	15—18	—	—	—	16 19		17 3 b		—
148	Erhörung gemeinsamen Gebets	19 f	—	—	—					112
149	Von der Versöhnlichkeit .	21 f	—	—	—			17 4		—
150	Der begnadigte Schuldner ein unbarmherziger Gläubiger	23—35	—	—	—					—

DIE GROSSE EINSCHALTUNG DES LUKAS

Der sogenannte lukanische Reisebericht Lk 9 51—18 14

Nr.		Mt	Mk	Lk	Joh	Mt	Mk	Lk	Joh	Seite
151	Die feindlichen Samariter	—	—	9 51—56	—					113
152	Von der Nachfolge Jesu .	—	—	57—62	—	8 19—22				—
153	Aussendung der [zweiund-] siebzig Jünger	—	—	10 1—16	—	9 37 f 10 7—16. 40 18 5	6 6—11 9 37	9 1—5. 48	13 20	—

Nr.		Mt	Mk	Lk	Joh	Parallelen und Dubletten Mt	Mk	Lk	Joh	Seite
154	Die Rückkehr der [zwei- und]siebzig Jünger . .	—	—	10 17—20	—					115
155	Jubelruf Jesu und Seligpreisung der Jünger .	—	—	21—24	—	11 25—27 13 16 f			3 35 7 29 10 14 f 17 2	—
156	Die Frage nach dem Hauptgebot. Gleichnis vom barmherzigen Samariter	—	—	25—37	—	22 34—40	12 28—31			116
157	Von dem einen Notwendigen	—	—	38—42	—					—
158	Das Vaterunser	—	—	11 1—4	—	6 9—13				117
159	Gleichnis vom erhörenden Freund	—	—	5—8	—					—
160	Mahnung zum vertrauensvollen Gebet	—	—	9—13	—	7 7—11				—
161	Jesu Verteidigungsrede .	—	—	11 14—23	—	9 32—34 12 22—30	3 22—27 9 40	9 50		118
162	Spruch vom Rückfall . .	—	—	24—26	—	12 43—45				119
163	Seligpreisung der Mutter Jesu	—	—	27 f	—					—
164	Zeichenforderung	—	—	29—32	—	12 38—42 16 1.2 a. 4	8 11 f			—
165	Vom Licht	—	—	33—36	—	5 15	4 21	8 16		120
166	Rede Jesu gegen die Pharisäer und Schriftgelehrten	—	—	37—54	—	23 1—36	12 38 f	20 46		—
167	Warnung vor der Heuchelei der Pharisäer . . .	—	—	12 1—3	—	10 26 f 16 6	8 15 4 22	8 17		122
168	Mahnung zu furchtlosem Bekenntnis	—	—	4—12	—	10 19 f. 28—33 12 31	3 28 f 8 38 13 11	9 26 21 14 f 18		—
169	Gleichnis vom törichten Reichen	—	—	13—21	—					123
170	Vom Sorgen und Schätzesammeln	—	—	22—34	—	6 25—33. 19—21				124
171	Mahnung zur Wachsamkeit und Treue	—	—	35—48	—	24 43—51	13 33. 35			125
172	Die Zeit der Entscheidung	—	—	49—53	—	10 34—36	10 38 13 12			—
173	Die Zeichen der Zeit . .	—	—	54—59	—	5 25 f 16 2 f				126
174	Ruf zur Umkehr	—	—	13 1—9	—					—
175	Heilung einer verkrümmten Frau.	—	—	10—17	—	12 11 f		14 5		127
176	Gleichnisse vom Senfkorn und Sauerteig	—	—	18—21	—	13 31—33	4 30—32			—
177	Verwerfung der Juden und Bekehrung der Heiden.	—	—	22—30	—	7 13 f 22 f 8 11 f 19 30	10 31			128
178	Die Nachstellungen des Herodes und der Ratschluß Gottes	—	—	31—33	—					—
179	Drohweissagung über Jerusalem	—	—	34 f	—	23 37—39				129
180	Heilung eines Wassersüchtigen	—	—	14 1—6	—	12 11 f		13 15 f		—

Nr.		Mt	Mk	Lk	Joh	Parallelen und Dubletten Mt	Mk	Lk	Joh	Seite
181	Die Wahl der Plätze beim Gastmahl	—	—	14 7—11	—	18 4 23 12		18 14		—
182	Die rechten Gäste	—	—	12—14	—					—
183	Gleichnis vom großen Gastmahl	—	—	15—24	—	22 1—10				130
184	Der Ernst der Jüngerschaft	—	—	25—35	—	5 13 10 37 f 16 24	8 34 9 50	9 23		131
185	Gleichnis vom verlorenen Schaf	—	—	15 1—7	—	18 12—14				—
186	Gleichnis von der verlorenen Drachme . . .	—	—	8—10	—					132
187	Gleichnis vom verlorenen Sohn	—	—	11—32	—					—
188	Gleichnis vom ungerechten Verwalter	—	—	16 1—13	—	6 24				—
189	Verurteilung des pharisäischen Geistes . . .	—	—	14 f	—					133
190	Vom Gesetz und der Ehescheidung	—	—	16—18	—	5 18.32 11 12 f 19 9	10 11 f			—
191	Gleichnis vom reichen Mann und armen Lazarus	—	—	19—31	—					134
192	Vom Ärgernis	—	—	17 1—3 a	—	18 6 f	9 42			—
193	Die Pflicht der Vergebung	—	—	3 b—4	—	18 15.21 f				—
194	Vom Glauben	—	—	5 f	—	17 20 21 21	11 22 f			135
195	Gleichnis vom Knecht .	—	—	7—10	—					—
196	Der dankbare Samariter .	—	—	11—19	—					—
197	Das Kommen des Gottesreiches	—	—	20 f	—					136
198	Der Tag des Menschensohnes	—	—	22—37	—	24 17 f. 26—28. 37—41 10 39 16 21.25	8 31.35 13 15 f.21-23	9 22.34	12 25	—
199	Gleichnis vom Richter und der Witwe	—	—	18 1—8	—					137
200	Gleichnis vom Pharisäer und Zöllner	—	—	9—14	—	23 12		14 11		—

JESU GANG NACH JERUSALEM

Nr.		Mt	Mk	Lk	Joh	Parallelen und Dubletten Mt	Mk	Lk	Joh	Seite
201	Jesu Abschied von Galiläa	19 1 f	10 1	—	—					138
202	Ehescheidung und Ehelosigkeit	3—12	2—12	—	—	5 32		16 18		—
203	Jesus segnet die Kinder .	13—15	13—16	15—17	—	18 3				139
204	Von der Gefährlichkeit des Reichtums	16—30	17—31	18—30	—			13 30 22 28—30		—
205	Gleichnis vom gleichen Lohn für ungleiche Arbeit	20 1—16	—	—	—					141
206	Dritte Leidensweissagung	17—19	32—34	31—34	—					142
207	Der Ehrgeiz der Zebedäussöhne	20—28	35—45	—	—	23 11	9 35	9 48 12 50 22 24—27		143
208	Heilung des blinden Bartimäus	29—34	46—52	35—43	—	9 27—31				144
209	Jesu Einkehr bei Zakchäus	—	—	19 1—10	—					145
210	Gleichnis von den Minen .	—	—	11—27	—	25 14—30 13 12	4 25	8 18		146

DIE LETZTEN TAGE JESU IN JERUSALEM

Mt 21–27 = Mk 11–15 = Lk 19 28–23

Erster Abschnitt: Jesu letztes öffentliches Auftreten Mt 21–25 = Mk 11–13 = Lk 19 28–21

Nr.		Mt	Mk	Lk	Joh	Parallelen und Dubletten Mt	Parallelen und Dubletten Mk	Parallelen und Dubletten Lk	Parallelen und Dubletten Joh	Seite
211	Jesus vor Jerusalem als Messias begrüßt . . .	**21** 1–9	**11** 1–10	**19** 28–40	**12** 12–19					147
212	Jesu Tränen über Jerusalem	—	—	41–44	—					149
213	Jesus im Tempel. Rückkehr nach Bethanien .	10–17	11	—	—					—
214	Verfluchung des Feigenbaums	18f	12–14	—	—					150
215	Die Tempelreinigung . .	—	15–19	45–48	**2** 13–17	21 12f 22 33				—
216	Sprüche vom Glauben . .	20–22	20–26	—	—	6 14f 17 20		17 6		151
217	Die Frage nach Jesu Vollmacht	23–27	27–33	**20** 1–8	—					152
218	Gleichnis von den ungleichen Söhnen . . .	28–32	—	—	—			7 29f		—
219	Gleichnis von den bösen Winzern	33–46	**12** 1–12	9–19	—	22 22				153
220	Gleichnis vom königlichen Hochzeitsmahl	**22** 1–14	—	—	—			14 16–24		155
221	Frage der Pharisäer nach der Berechtigung der Kaisersteuer	15–22	13–17	20–26	—		12 12			156
222	Frage der Sadduzäer nach der Auferstehung	23–33	18–27	27–40	—	22 46	11 18b 12 32.34			—
223	Frage nach dem größten Gebot	34–40	28–34	—	—			10 25–28 20 40		158
224	Der Messias als Sohn Davids	41–46	35–37	41–44	—		12 34	20 40		159
225	Rede Jesu gegen die Pharisäer und Schriftgelehrten	**23** 1–39	38–40	45–47	—	20 26f	9 35 10 43f	11 39–52 9 48 13 34f 14 11 18 14 22 26		—
226	Die zwei Heller der Witwe	—	41–44	**21** 1–4	—					162

Die Weissagungen vom Ende (Parusierede)

Nr.		Mt	Mk	Lk	Joh	Parallelen und Dubletten Mt	Parallelen und Dubletten Mk	Parallelen und Dubletten Lk	Parallelen und Dubletten Joh	Seite
227	Weissagung der Zerstörung Jerusalems . . .	**24** 1f	**13** 1f	**21** 5f	—					163
228	Der Anfang der Wehen .	3–8	3–8	7–11	—					—
229	Verfolgungen um des Evangeliums willen . .	9–14	9–13	12–19	—	10 17–22. 30		12 7.11f		164
230	Der Höhepunkt der Drangsal	15–28	14–23	20–24	—			17 23f. 31.37		165
231	Die Wiederkunft des Menschensohnes . . .	29–31	24–27	25–28	—					166
232	Das „Wann" des Endes .	32–36	28–32	29–33	—					167
233	Mahnung zur Wachsamkeit	—	—	34–36	—					—

Nr.		Mt	Mk	Lk	Joh	Parallelen und Dubletten Mt	Mk	Lk	Joh	Seite
234	Nochmals Mahnung zur Wachsamkeit	—	13 33—37	—	—	24 42 25 14		12 38.40 19 12 a.13		168
235	Die Parusie kommt überraschend	24 37—42	—	—	—			17 26f. 34f		—
236	Mahnung zur Wachsamkeit	43—51	—	—	—		13 33.35	12 39—46		169
237	Gleichnis von den Jungfrauen	25 1—13	—	—	—					—
238	Gleichnis von den Talenten	14—30	—	—	—	13 12	4 25	19 12—27 8 18		170
239	Das Weltgericht	31—46	—	—	—					171
240	Schlußbemerkung über Jesu öffentliches Auftreten	—	—	21 37f	—					172

Zweiter Abschnitt: Die Passion Mt 26f = Mk 14f = Lk 22f

Nr.		Mt	Mk	Lk	Joh	Par. Mt	Par. Mk	Par. Lk	Par. Joh	Seite
241	Beschluß des Hohen Rates, Jesus zu töten	26 1—5	14 1f	22 1f	—					172
242	Die Salbung Jesu in Bethanien	6—13	3—9	—	12 1—8					—
243	Pakt des Judas mit dem Hohen Rate	14—16	10f	3—6	—					174
244	Vorbereitung des Paschamahles	17—19	12—16	7—13	—					—
245	Bezeichnung des Verräters	20—25	17—21	14.21—23	13 21—30					175
246	Einsetzung der Eucharistie	26—29	22—25	15—20	1 Kor 11 23—25					176
247	Rangstreit der Jünger . .	—	—	24—30	—	20 25—28 23 11	10 42—45 9 35	9 48		177
248	Weissagung der Verleugnung des Petrus . . .	—	—	31—34	—	26 31—35	14 26—31			178
249	Rückblick und Ausblick .	—	—	35—38	—					—
250	Auf dem Wege zum Ölberg. Weissagung der Verleugnung des Petrus	30—35	26—31	39	18 1a			22 31—34	16 32 13 36—38	—
251	Jesus in Gethsemani . . .	36—46	32—42	40—46	18 1b					180
252	Gefangennahme Jesu . .	47—56	43—52	47—53	18 2—11					181
253	Jesus vor dem Hohen Rat Die Verleugnung des Petrus	57—75	53—72	54—71	18 12—18. 24					183
254	Die Übergabe an Pilatus .	27 1f	15 1	23 1	18 28a					187
255	Das Ende des Judas . . .	3—10	—	—	—			Apg 1 15 bis 20		—
256	Jesus vor Pilatus	11—14	2—5	2—5	(18 29 bis 38)					188
257	Jesus vor Herodes . . .	—	—	6—12	—					189
258	Verurteilung Jesu . . .	15—26	6—15	13—25	18 39f 19 16a					—
259	Verspottung Jesu . . .	27—31a	16—20a	—	19 2f					191
260	Jesu Gang nach Golgotha	31b—32	20b—21	26—32	19 16b bis 17a					192
261	Die Kreuzigung	33—44	22—32	33—43	19 17b bis 24					—
262	Der Tod Jesu	45—56	33—41	44—49	19 25. 28—30					195
263	Das Begräbnis Jesu . . .	57—61	42—47	50—56	19 38—42					197
264	Die Wächter am Grabe .	62—66	—	—	—					199

Nr.		Mt	Mk	Lk	Joh	Parallelen und Dubletten Mt	Mk	Lk	Joh	Seite
	Von der Auferstehung bis zur Himmelfahrt Jesu									
265	Die Osterbotschaft der Frauen	**28** 1—10	**16** 1—8	**24** 1—11 [12]	(**20** 1 bis 18)					199
266	Der Betrug der Hohenpriester	11—15	—	—	—					201
267	Jesus erscheint den Emmausjüngern . . .	—	—	13—35	—					202
268	Jesus erscheint den versammelten Jüngern . .	—	—	36—43	**20** 19—23					—
269	Missionsbefehl	16—20	—	—	—					203
270	Jesu letzte Worte . . .	—	—	44—49	—			Apg 1 4—8		—
271	Jesu Himmelfahrt . . .	—	—	50—53	—			9—14		204
272	Der kanonische Markus-Schluß	—	9—20	—	—					—

STELLENREGISTER

1. Matthäus

2. Markus

3. Lukas

4. Johannes

1. Vorwort zum Lukas-Evangelium

Lk 1 1–4

1 Nachdem (schon) viele es unternommen haben, eine Darstellung der Begebenheiten
zu verfassen, die unter uns zum Abschluß gelangt sind, 2 so wie sie uns die überliefert haben,
die von Anfang an Augenzeugen und Diener des Wortes waren, 3 so habe auch ich mich
entschlossen, der ich allem von Anfang an genau nachgegangen bin, es für dich, hoch-
geehrter Theophilus, der Reihe nach niederzuschreiben, 4 damit du dich von der Zuver-
lässigkeit der Worte, über die du unterrichtet worden bist, überzeugen kannst.

DIE VORGESCHICHTE

Erster Abschnitt

Die Kindheitsgeschichte Johannes des Täufers und Jesu

2. Die Verheißung der Geburt Johannes des Täufers

Lk 1 5–25

5 In den Tagen des Herodes, des Königs von Judäa, lebte ein Priester namens Zacharias
aus der Dienstklasse Abia, und er hatte eine Frau aus den Töchtern Aarons, und ihr Name
war Elisabeth. 6 Beide waren gerecht vor Gott und wandelten in allen Geboten und Satzun-
gen des Herrn untadelig. 7 Aber sie hatten kein Kind, weil Elisabeth unfruchtbar war, und
beide standen (schon) in vorgerücktem Alter.

8 Es begab sich aber, als er in der Reihe seiner Dienstklasse Priesterdienst tat vor
Gott, 9 da traf ihn nach dem Brauch der Priesterschaft das Los, den Tempel des Herrn zu
betreten und das Rauchopfer darzubringen. 10 Und die ganze Menge des Volkes betete
(währenddessen) draußen zur Stunde des Rauchopfers. 11 Da erschien ihm ein Engel des
Herrn, der stand zur Rechten des Rauchopferaltars. 12 Und als Zacharias ihn sah, erschrak
er, und Furcht befiel ihn. 13 Der Engel aber sprach zu ihm: Fürchte dich nicht, Zacharias;
denn dein Gebet ist erhört, und deine Frau Elisabeth wird dir einen Sohn gebären, und du
sollst ihm den Namen Johannes geben. 14 Und Freude und Jubel wirst du haben, und viele
werden sich über seine Geburt freuen. 15 Denn er wird groß sein vor dem Herrn und ‚Wein
und Rauschtrank soll er nicht trinken' (Richt 13 4f; 1 Sam 1 11), aber von heiligem Geiste
wird er schon vom Mutterleibe an erfüllt werden. 16 Und er wird viele von den Söhnen
Israels zum Herrn, ihrem Gott, bekehren. 17 Und er wird vor ihm einhergehen mit dem Geist
und der Kraft des Elias, ‚die Herzen der Väter den Kindern wieder zuzuwenden' (Mal 3 23f
[4 5]) und die Ungehorsamen zur Gesinnung der Gerechten, um (so) dem Herrn ein wohl-
bereitetes Volk zu schaffen. 18 Und Zacharias sprach zum Engel: Woran soll ich das (als
wahr) erkennen? Denn ich bin ein Greis, und meine Frau steht (schon) in vorgerücktem
Alter. 19 Da antwortete ihm der Engel: Ich bin Gabriel, der vor Gott steht, und ich wurde
gesandt, zu dir zu reden und dir diese frohe Botschaft zu bringen. 20 Und siehe, du wirst
stumm sein und nicht reden können bis zu dem Tage, an dem dies geschieht, dafür, daß du
meinen Worten nicht geglaubt hast, die zu ihrer Zeit in Erfüllung gehen werden. 21 Und das
Volk wartete auf Zacharias, und sie wunderten sich über sein langes Verweilen im Tempel.
22 Als er aber herauskam, konnte er nicht zu ihnen sprechen. Da erkannten sie, daß er ein
Gesicht im Tempel gesehen hatte. Und er konnte ihnen (nur) zuwinken und blieb stumm.

23 Und es begab sich, als die Tage seines Dienstes abgelaufen waren, kehrte er heim.
24 Nach diesen Tagen aber empfing seine Frau Elisabeth. Und sie hielt sich fünf Monate lang
verborgen; denn sie sagte (sich): 25 So hat der Herr an mir getan in den Tagen, da er gnädig
auf mich herabsah, um ‚meine Schmach' vor den Menschen ‚von mir zu nehmen' (Gen 30 23).

3. Die Verheißung der Geburt Jesu

Lk 1 26–38

26 Im sechsten Monate aber wurde der Engel Gabriel von Gott in eine Stadt Galiläas
namens Nazareth gesandt 27 zu einer Jungfrau, die mit einem Manne namens Joseph aus
dem Hause Davids verlobt war, und der Name der Jungfrau war Maria. 28 Und der Engel
trat bei ihr ein und sprach: Sei gegrüßt, Begnadete, der Herr (ist) mit dir! 29 Sie aber wurde
bestürzt über das Wort und fragte sich, was dieser Gruß wohl zu bedeuten habe. 30 Da sprach
der Engel zu ihr: Fürchte dich nicht, Maria; denn du hast Gnade bei Gott gefunden. 31 Und
siehe, du ‚sollst schwanger werden und einen Sohn gebären und seinen Namen Jesus nennen'
(vgl. Is 7 14). 32 Der wird groß sein und Sohn des Höchsten genannt werden, und Gott der
Herr wird ihm den Thron seines Vaters David geben, 33 und er wird über das Haus Jakobs
in Ewigkeit herrschen, und seine Herrschaft wird kein Ende haben. 34 Maria aber sprach
zum Engel: Wie soll dies geschehen, da ich keinen Mann erkenne? 35 Da antwortete ihr der
Engel: Heiliger Geist wird über dich kommen und Kraft des Höchsten wird dich über-
schatten. Deshalb wird auch das, was geboren werden soll, heilig genannt werden, Sohn
Gottes. 36 Und siehe, deine Verwandte Elisabeth hat in ihren alten Tagen ebenfalls einen
Sohn empfangen, und dies ist für sie, die unfruchtbar hieß, (schon) der sechste Monat;
37 denn ‚bei Gott ist kein Ding unmöglich' (Gen 18 14). 38 Maria aber sprach: Siehe, ich bin
des Herrn Magd; mir geschehe nach deinem Wort. Da verließ sie der Engel.

4. Der Besuch Marias bei Elisabeth

Lk 1 39–56

39 Maria aber machte sich in diesen Tagen auf und ging eilends in das Gebirge in eine
Stadt Judas, 40 trat in das Haus des Zacharias und begrüßte Elisabeth. 41 Und es begab sich,
als Elisabeth den Gruß Marias hörte, da hüpfte das Kind in ihrem Leibe, und Elisabeth
wurde voll heiligen Geistes 42 und rief mit lauter Stimme aus: Gesegnet bist du unter den
Frauen und gesegnet ist die Frucht deines Leibes. 43 Und woher kommt mir dies(e Ehre),
daß die Mutter meines Herrn zu mir kommt? 44 Denn siehe, als der Klang deines Grußes in
meine Ohren drang, da hüpfte vor Jubel das Kind in meinem Leibe. 45 Und selig ist, die
geglaubt hat, daß dem, was ihr vom Herrn gesagt wurde, Erfüllung folgen werde. 46 Da
sprach Maria:

‚Meine Seele erhebt den Herrn' (1 Sam 2 1)
47 Und ‚es jubelt' mein Geist ‚über Gott, meinen Heiland' (Hab 3 18; Ps 35 [34] 9);
48 Denn ‚er hat die Niedrigkeit seiner Magd gnädig angesehen' (1 Sam 1 11; Ps 31 [30] 8).
Denn siehe, von nun an ‚werden mich seligpreisen' alle Geschlechter (Gen 30 13).
49 Denn ‚Großes hat an mir getan' der Mächtige (Deut 10 21),
Und ‚heilig ist sein Name' (Ps 111 [110] 9),
50 Und ‚sein Erbarmen (währt) von Geschlecht zu Geschlecht
Über die, die ihn fürchten' (Ps103 [102] 13.17).
51 Er hat Mächtiges getan ‚mit seinem Arm',
‚Hat zerstreut, die übermütig sind' in ihres Herzens Sinn (Ps 118 [117] 15; 89 [88] 11);
52 ‚Gewalthaber hat er vom Thron gestürzt'
Und ‚Niedrige erhöht' (Ps 147 [146] 6; Sir 10 14).

53 ‚Hungrige hat er mit Gütern erfüllt‘ (Ps 107 [106] 9)
Und Reiche leer ausgehen lassen.
54 ‚Er hat sich seines Knechtes Israel angenommen‘ (Is 41) 8,
‚Zu gedenken (seines) Erbarmens‘ (Ps 98 [97] 3),
55 ‚Wie er zu unseren Vätern geredet hat‘ (Mich 7) 2,
‚Zu‘ Abraham ‚und seinem Samen in Ewigkeit‘ (2 Sam 22 51; Ps 18 [17] 51).
56 Maria aber blieb bei ihr etwa drei Monate, dann kehrte sie in ihr Haus zurück.

5. Die Geburt des Johannes

Lk 1 57–80

57 Für Elisabeth aber wurde die Zeit voll, daß sie gebären sollte, und sie gebar einen
Sohn. 58 Und ihre Nachbarn und Verwandten hörten, daß der Herr sein Erbarmen an ihr
(so) reichlich erwiesen hatte, und freuten sich mit ihr. 59 Und es begab sich, am achten Tage
kamen sie, das Kind zu beschneiden, und wollten es nach dem Namen seines Vaters Zacharias heißen. 60 Da erwiderte seine Mutter: Nein, sondern Johannes soll er heißen. 61 Da
sprachen sie zu ihr: Es gibt (doch) niemand in deiner Verwandtschaft, der diesen Namen
trägt. 62 Sie winkten aber seinem Vater zu, wie er wolle, daß (das Kind) genannt werde.
63 Und er verlangte ein Täfelchen und schrieb (darauf) die Worte: Johannes sei sein Name.
Da verwunderten sich alle. 64 Sogleich wurde aber sein Mund aufgetan und seine Zunge
(gelöst), und er konnte (wieder) reden und pries Gott. 65 Da befiel alle ihre Nachbarn Furcht,
und im ganzen Gebirge Judäas wurden alle diese Ereignisse besprochen, 66 und alle, die
davon hörten, nahmen sie sich zu Herzen und sprachen: Was wird wohl aus diesem Kindlein
werden? 67 Denn die Hand des Herrn war (sichtlich) mit ihm. Und sein Vater Zacharias
wurde voll heiligen Geistes und sprach die prophetischen Worte:
68 ‚Gepriesen sei der Herr, der Gott Israels‘ (Ps 41 [40] 14; 72 [71] 18; 106 [105] 28);
Denn er hat sein Volk heimgesucht und ‚ihm Erlösung bereitet‘ (Ps 111 [110] 9)
69 Und hat uns ‚ein Horn des Heils‘ (Ps 18 [17] 3) aufgerichtet
Im Hause seines Knechtes ‚David‘ (Ps 132 [131] 17; 1 Sam 2 10),
70 Wie er durch den Mund seiner heiligen Propheten von Urzeit an geredet hat.
71 ‚Erlösung von unseren Feinden‘ und aus der Hand aller, ‚die uns hassen‘ (Ps 18 [17] 18;
106 [105] 10; 2 Sam 22 18),
72 ‚Erbarmen‘ zu erweisen ‚unseren Vätern‘ (Mich 7 20)
Und seines heiligen ‚Bundes zu gedenken‘ (Ex 2 24; Ps 105 [104] 8f; 106 [105] 45),
73 Des Eides, den er ‚unserem Vater‘ Abraham ‚geschworen hat‘ (Jer 11 5):
Uns zu verleihen, 74 daß wir aus der Hand der Feinde errettet,
Ohne Furcht ihm dienen (können) 75 in Frömmigkeit und Gerechtigkeit
Vor ihm alle unsere Tage.
76 Und du, Kindlein, wirst ein Prophet des Höchsten genannt werden;
Denn du sollst ‚vor dem Herrn‘ einhergehen,
‚Seine Wege zu bereiten‘ (Mal 3 1; Is 40 3),
77 Seinem Volke Erkenntnis des Heils zu geben,
(das) in der Vergebung ihrer Sünden (besteht),
78 Um des herzlichen Erbarmens unseres Gottes willen,
Auf Grund dessen uns heimsuchen wird der Aufgang aus der Höhe,
79 ‚Um denen zu erscheinen, die in Finsternis und Todesschatten sitzen‘ (Is 9 1; 42 7; Ps 107
[106] 10),
Unsere Schritte zu lenken auf den Weg des Heils.
80 Das Kindlein aber wuchs und ward stark an Geist und lebte in der Wüste bis zum Tag
seines öffentlichen Auftretens vor Israel.

6. Der Stammbaum Jesu

Mt 1 1–17

1 Buch des Ursprungs Jesu Christi, des Sohnes Davids, des Sohnes Abrahams.

2 Abraham zeugte den Isaak, Isaak zeugte den Jakob, Jakob zeugte den Juda und seine Brüder, 3 Juda zeugte den Phares und Zara mit der Thamar, Phares zeugte den Esron, Esron zeugte den Aram, 4 Aram zeugte den Aminadab, Aminadab zeugte den Naasson, Naasson zeugte den Salmon, 5 Salmon zeugte den Booz mit der Rachab, Booz zeugte den Jobed mit der Ruth, Jobed zeugte den Jesse, 6 Jesse zeugte den König David.

David aber zeugte den Salomon mit der Frau des Urias. 7 Salomon zeugte den Roboam, Roboam zeugte den Abia, Abia zeugte den Asaph, 8 Asaph zeugte den Josaphat, Josaphat zeugte den Joram, Joram zeugte den Ozias, 9 Ozias zeugte den Joatham, Joatham zeugte den Achaz, Achaz zeugte den Ezechias, 10 Ezechias zeugte den Manasse, Manasse zeugte den Amos, Amos zeugte den Josias, 11 Josias zeugte den Jechonias und seine Brüder zur Zeit der Wegführung nach Babylon.

12 Nach der Wegführung nach Babylon aber zeugte Jechonias den Salathiel, Salathiel zeugte den Zorobabel, 13 Zorobabel zeugte den Abiud, Abiud zeugte den Eliakim, Eliakim zeugte den Azor, 14 Azor zeugte den Sadok, Sadok zeugte den Achim, Achim zeugte den Eliud, 15 Eliud zeugte den Eleazar, Eleazar zeugte den Matthan, Matthan zeugte den Jakob, 16 Jakob zeugte den Joseph, den Mann Marias, von der Jesus geboren wurde, welcher der Messias (Christus) heißt.

17 Die Gesamtzahl der Generationen ist also: von Abraham bis David vierzehn Generationen, und von David bis zur Wegführung nach Babylon vierzehn Generationen, und von der Wegführung nach Babylon bis zum Messias (nochmals) vierzehn Generationen.

Lk 3 23–38 (Nr. 20):

23 Und Jesus war bei seinem Auftreten ungefähr dreißig Jahre alt (und) war, wie man glaubte, der Sohn Josephs, (des Sohnes) des Heli, 24 des Matthat, des Levi, des Melchi, des Jannai, des Joseph, 25 des Mattathias, des Amos, des Nahum, des Esli, des Naggai, 26 des Maath, des Mattathias, des Semein, des Josech, des Joda, 27 des Johanan, des Resa, des Zorobabel, des Salathiel, des Neri, 28 des Melchi, des Addi, des Kosam, des Elmadam, des Er, 29 des Jesus, des Eliezer, des Jorim, des Matthat, des Levi, 30 des Symeon, des Juda, des Joseph, des Jonam, des Eliakim, 31 des Melea, des Menna, des Mattatha, des Natham, des David, 32 des Jesse, des Jobed, des Boos, des Sala, des Naasson, 33 des Aminadab, des Admin, des Arni, des Esrom, des Phares, des Juda, 34 des Jakob, des Isaak, des Abraham, des Thara, des Nachor, 35 des Seruch, des Ragau, des Phalek, des Eber, des Sala, 36 des Kainam, des Arphaxad, des Sem, des Noe, des Lamech, 37 des Mathusala, des Enoch, des Jaret, des Maleleel, des Kainam, 38 des Enos, des Seth, des Adam, Gottes.

7. Das Geheimnis der Geburt Jesu

Mt 1 18–25

18 Mit der Geburt Jesu Christi aber verhielt es sich also: als seine Mutter Maria mit Joseph verlobt war, da fand sich, daß sie, ehe sie zusammenkamen, vom heiligen Geiste schwanger war. 19 Joseph aber, ihr Mann, der gerecht war und sie nicht bloßstellen wollte, beschloß, sich in aller Stille von ihr zu scheiden. 20 Während er aber dies bei sich erwog, siehe,

da erschien ihm ein Engel des Herrn im Traume und sprach: Joseph, Sohn Davids, scheue
dich nicht, Maria, deine Frau heimzuführen; denn das in ihr Gezeugte stammt vom heiligen
Geist. 21 Sie wird aber einen Sohn gebären, und du sollst seinen Namen „Jesus“ nennen;
denn ‚er wird sein Volk von ihren Sünden erlösen‘ (Ps 130 [129] 8). 22 Das alles aber ist
geschehen, damit erfüllt würde, was vom Herrn durch den Propheten gesprochen wurde,
welcher sagt: 23 ‚Siehe, die Jungfrau wird empfangen und einen Sohn gebären, und man
wird seinen Namen Immanuel nennen‘ (Is 7 14), das heißt übersetzt: Gott mit uns. 24 Als
aber Joseph vom Schlafe aufstand, tat er, wie ihm der Engel des Herrn befohlen hatte,
und führte seine Frau heim. 25 Und er erkannte sie nicht, bis sie einen Sohn geboren hatte,
und er nannte seinen Namen „Jesus“.

8. Die Geburt Jesu

Lk 2 1–7

1 Es begab sich aber in jenen Tagen, daß ein Erlaß vom Kaiser Augustus erging, daß
der ganze Erdkreis aufgezeichnet werden sollte. 2 Diese Aufzeichnung war die erste, welche
stattfand, als Quirinius Statthalter von Syrien war. 3 Und alle gingen hin, sich aufzeichnen
zu lassen, ein jeder in seine Stadt. 4 So zog auch Joseph von Galiläa aus der Stadt Nazareth
hinauf nach Judäa in die Stadt Davids, die Bethlehem heißt, weil er aus dem Hause und
Geschlechte Davids stammte, 5 um sich mit Maria, seiner Verlobten (oder: Frau), die schwan-
ger war, aufzeichnen zu lassen. 6 Es begab sich aber, während sie dort waren, wurden die
Tage voll, daß sie gebären mußte, 7 und sie gebar ihren erstgeborenen Sohn und wickelte ihn
in Windeln und legte ihn in eine Krippe, weil für sie in der Herberge kein Platz war.

9. Die Verkündigung an die Hirten

Lk 2 8–20

8 Und Hirten weilten in derselben Gegend auf dem Felde und hielten Nachtwache bei
ihrer Herde. 9 Da trat ein Engel des Herrn zu ihnen, und die Herrlichkeit des Herrn um-
leuchtete sie, und sie wurden von großer Furcht ergriffen. 10 Und der Engel sprach zu ihnen:
Fürchtet euch nicht! Denn siehe, ich verkünde euch eine große Freude, die dem ganzen
Volke widerfahren wird: 11 euch ist heute ein Retter geboren worden, nämlich der Messias,
der Herr, in der Stadt Davids. 12 Und dies sei euch das Zeichen: ihr werdet ein Kindlein
finden, in Windeln gewickelt und in einer Krippe liegend. 13 Und plötzlich war bei dem Engel
eine Menge der himmlischen Heer(scharen), die lobten Gott und sprachen:
14 Herrlichkeit (ist) für Gott in der Höhe
Und auf Erden Heil für die Menschen des (göttlichen) Wohlgefallens.
15 Und es begab sich, als die Engel von ihnen weg in den Himmel gegangen waren, sprachen
die Hirten zueinander: Wir wollen doch hingehen nach Bethlehem und die Sache, die da
geschehen ist, sehen, die uns der Herr kundgetan hat. 16 Und sie gingen eilends hin und
fanden Maria und Joseph, und das Kindlein in der Krippe liegend. 17 Als sie (es) aber gesehen
hatten, da erzählten sie von dem Wort, das zu ihnen über dieses Kind gesprochen worden
war. 18 Und alle, die (es) hörten, wunderten sich über das, was ihnen von den Hirten erzählt
wurde. 19 Maria aber behielt alle diese Worte und überdachte sie in ihrem Herzen. 20 Und
die Hirten kehrten zurück und priesen und lobten Gott wegen alles dessen, was sie gehört
und gesehen hatten, (genau) so, wie es ihnen (vorher) gesagt worden war.

10. Die Beschneidung und die Darstellung Jesu im Tempel

Lk 2 21–40

21 Und als (die) acht Tage voll wurden zu seiner Beschneidung, da gab man ihm den
Namen Jesus, der von dem Engel genannt worden war, ehe er im Mutterleibe empfan-
gen war.

22 Und als die Tage ihrer Reinigung nach dem Gesetz des Moses (Lev 12) voll wurden,
brachten sie ihn nach Jerusalem hinauf, um ihn dem Herrn darzustellen, 23 wie es im Gesetz
des Herrn geschrieben steht: ‚Alles Männliche, das den Mutterleib öffnet, soll dem Herrn
heilig heißen‘ (Ex 13 2), 24 und das Opfer darzubringen, gemäß dem, was im Gesetz des
Herrn gesagt ist: ‚Ein Paar Turteltauben oder zwei junge Tauben‘ (Lev 12 8).

25 Und siehe, da war ein Mann in Jerusalem namens Symeon, und dieser Mann war
gerecht und fromm, wartete auf den Trost Israels, und heiliger Geist war auf ihm. 26 Und
es war ihm vom heiligen Geiste geoffenbart worden, er werde den Tod nicht sehen, ehe er
den Messias des Herrn gesehen habe. 27 So kam er im Geiste in den Tempel. Und als die
Eltern das Jesuskind hereinbrachten, um mit ihm nach dem Brauch des Gesetzes zu ver-
fahren, 28 da nahm er es in seine Arme, pries Gott und sprach:

29 Nun entläßt du, Herr, deinen Knecht
Nach deinem Wort im Frieden;
30 Denn meine Augen haben ‚dein Heil geschaut‘ (Is 40 5),
31 Das du bereitet hast ‚vor dem Angesichte aller Völker‘ (Is 52 10),
32 ‚Ein Licht‘ zur Offenbarung ‚für die Heiden‘ (Is 42 6; 49 6)
Und zur Verherrlichung deines Volkes Israel.

33 Und sein Vater und seine Mutter wunderten sich über das, was über ihn gesagt
wurde. 34 Und Symeon segnete sie und sprach zu Maria, seiner Mutter: Siehe, dieser ist
bestimmt zum Fall und zum Aufstehen vieler in Israel und zu einem Zeichen, dem wider-
sprochen wird — 35 auch durch deine Seele wird ein Schwert hindurchgehen —, damit aus
vielen Herzen die Gedanken offenbar werden.

36 Und da war (auch) eine Prophetin Anna, eine Tochter Phanuels, aus dem Stamme
Aser. Die war hochbetagt. Nachdem sie (nur) sieben Jahre mit einem Manne (in der Ehe)
gelebt hatte seit ihrer Jungfrauschaft, 37 war sie (dann) Witwe geblieben bis zu (ihrem
jetzigen Alter von) vierundachtzig Jahren. Sie wich nicht vom Tempel und diente (Gott)
mit Fasten und Beten Tag und Nacht. 38 Und in eben jener Stunde trat sie herzu, pries
Gott und redete über (Jesus) zu allen, die auf die Erlösung Jerusalems warteten.

39 Und als sie alles, was das Gesetz des Herrn fordert, erfüllt hatten, kehrten sie nach
Galiläa zurück in ihre Stadt Nazareth. 40 Das Kind aber wuchs und ward stark und voller
Weisheit, und die Gnade Gottes war auf ihm.

11. Die Huldigung der Magier

Mt 2 1–12

1 Als aber Jesus in Bethlehem in Judäa in den Tagen des Königs Herodes geboren war,
siehe, da erschienen Magier aus dem Morgenlande in Jerusalem 2 und sagten: Wo ist der
(neu)geborene König der Juden? Wir haben nämlich seinen Stern im Morgenlande (oder:
bei seinem Aufgang) gesehen und sind gekommen, ihm zu huldigen. 3 Als das der König
Herodes hörte, erschrak er und ganz Jerusalem mit ihm. 4 Und er versammelte sämtliche
Hohenpriester und Schriftgelehrten des Volkes und befragte sie, wo der Messias geboren wer-
den sollte. 5 Die aber sprachen zu ihm: In Bethlehem in Judäa; denn so steht durch den
Propheten geschrieben: 6 ‚Und du Bethlehem, Land Judas, bist nimmermehr die geringste
unter den Fürsten(städten) Judas; denn aus dir wird ein Herrscher hervorgehen, der mein
Volk Israel weiden wird‘ (Mich 5 1). 7 Da befahl Herodes die Magier heimlich zu sich und
fragte sie nach der Zeit, wann der Stern erschienen war, 8 und schickte sie nach Bethlehem
und sprach: Geht hin und forscht genau nach dem Kinde. Wenn ihr es aber findet, dann
meldet es mir, damit auch ich hingehe und ihm huldige. 9 Als sie aber den König angehört
hatten, machten sie sich auf den Weg. Und siehe, der Stern, den sie im Morgenlande (oder:
bei seinem Aufgang) gesehen hatten, zog vor ihnen her, bis er hingelangte und über (dem
Ort), wo das Kind war, stehenblieb. 10 Als sie aber den Stern (wieder)sahen, freuten sie sich
über die Maßen. 11 Und sie traten in das Haus und fanden das Kind mit Maria, seiner Mutter,

und fielen nieder und huldigten ihm und öffneten ihre Schätze und brachten ihm Geschenke
dar, ‚Gold und Weihrauch' (Is 60 6) und Myrrhe(n). [12]Und als sie im Traum eine göttliche
Weisung empfingen, nicht zu Herodes zurückzukehren, zogen sie auf einem anderen Wege
heim in ihr Land.

12. Die Flucht nach Ägypten

Mt 2 13–23

[13]Nachdem sie aber fortgegangen waren, siehe, da erschien ein Engel des Herrn dem
Joseph im Traum und sprach: Steh auf, nimm das Kind und seine Mutter und flieh nach
Ägypten und bleibe dort, bis ich es dir sage; denn Herodes will das Kind suchen, um es zu
töten. [14]Da stand er auf, nahm das Kind und seine Mutter bei Nacht mit sich und entfloh
nach Ägypten. [15]Und dort blieb er bis zum Tode des Herodes — damit erfüllt würde, was vom
Herrn durch den Propheten gesprochen wurde, welcher sagt: ‚Aus Ägypten habe ich meinen
Sohn gerufen' (Os 11 1).
[16]Darauf, als Herodes sah, daß er von den Magiern getäuscht worden war, wurde er
sehr zornig und sandte hin und ließ alle Knaben in Bethlehem und in seinem ganzen Gebiet
von zwei Jahren und darunter töten, entsprechend der Zeit, die er von den Magiern erkundet
hatte. [17]Da wurde erfüllt, was durch den Propheten Jeremias gesprochen wurde, welcher
sagt: [18]‚Eine Stimme wird in Rama gehört, viel Weinen und Klagen; Rachel weint um ihre
Kinder und will sich nicht trösten lassen; denn sie sind nicht mehr' (Jer 31 [38] 15).
[19]Als aber Herodes gestorben war, siehe, da erschien ein Engel des Herrn dem Joseph
in Ägypten im Traum [20]und sprach: Steh auf, nimm das Kind und seine Mutter und zieh
ins Land Israel; denn ‚die dem Kind nach dem Leben trachteten, sind gestorben' (Ex 4 19).
[21]Er aber stand auf, nahm das Kind und seine Mutter und zog in das Land Israel. [22]Als er
aber hörte, daß Archelaus an Stelle seines Vaters Herodes über Judäa herrschte, fürchtete
er sich, dorthin zu ziehen, und nachdem er im Traum eine (göttliche) Weisung erhalten
hatte, zog er in das Gebiet von Galiläa fort [23]und ließ sich dort nieder in einer Stadt namens
Nazareth — damit erfüllt würde, was durch die Propheten gesprochen wurde: ‚Er soll
Nazoräer heißen'.

13. Der zwölfjährige Jesus im Tempel

Lk 2 41–52

[41]Und seine Eltern reisten jedes Jahr am Paschafest nach Jerusalem. [42]Und als er
zwölf Jahre alt war und sie nach der Festsitte hinaufzogen [43]und die Tage (des Festes)
vollendet hatten, blieb der Knabe Jesus, während sie heimkehrten, in Jerusalem, und seine
Eltern merkten es nicht. [44]Da sie meinten, er befände sich unter der Reisegesellschaft,
reisten sie eine Tagesstrecke weit und suchten ihn unter den Verwandten und Bekannten.
[45]Als sie ihn nicht fanden, kehrten sie nach Jerusalem zurück und suchten ihn (dort). [46]Und
es begab sich, nach drei Tagen fanden sie ihn im Tempel, mitten unter den Lehrern sitzend,
ihnen zuhörend und sie befragend. [47]Alle aber, die ihm zuhörten, gerieten außer sich über
sein Verständnis und seine Antworten. [48]Und als (seine Eltern) ihn erblickten, erschraken
sie, und seine Mutter sprach zu ihm: Kind, warum hast du uns das angetan? Siehe, dein
Vater und ich haben dich mit Schmerzen gesucht. [49]Da sprach er zu ihnen: Wie konntet ihr
mich suchen? Wußtet ihr denn nicht, daß ich in dem sein muß, was meines Vaters ist? [50]Und
sie verstanden das Wort nicht, das er zu ihnen sprach. [51]Und er zog mit ihnen hinab und
kam nach Nazareth und war ihnen untertan. Und seine Mutter bewahrte alle diese Begeben-
heiten in ihrem Herzen. [52]Und Jesus nahm zu an Weisheit und Wuchs und ‚Gnade bei Gott
und den Menschen' (1 Sam 2 26).

Zweiter Abschnitt

Die Vorbereitung der öffentlichen Wirksamkeit Jesu

14. Das Auftreten Johannes des Täufers

Mt 3 1–6	Mk 1 1–6	Lk 3 1–6
	[1] Anfang der Frohbotschaft von Jesus Christus, dem Sohn Gottes.	
[1] In jenen Tagen		[1] Im fünfzehnten Jahre der Regierung des Kaisers Tiberius, als Pontius Pilatus Statthalter von Judäa war und Herodes Vierfürst von Galiläa, sein Bruder Philippus aber Vierfürst von Ituräa und Trachonitis, und Lysanias Vierfürst von Abilene, [2] unter dem Hohenpriester Annas und Kaiphas, erging das Wort
trat Johannes der Täufer auf und predigte in der Wüste von Judäa:		Gottes an Johannes, den Sohn des Zacharias, in der Wüste.*
[2] Kehrt um; denn das Himmelreich ist nahe herbeigekommen.	vgl. V. 4	[3] Und er kam in die ganze Umgegend des Jordans und predigte eine Taufe der Umkehr zur Vergebung der Sünden,
[3] Dieser ist es nämlich, der von dem Propheten Isaias genannt wird, wenn er sagt:	[2] Wie beim Propheten Isaias geschrieben steht:	[4] wie im Buch der Worte des Propheten Isaias geschrieben steht:
vgl. 11 10 (Nr. 78)	‚Siehe, ich sende meinen Boten vor dir her, der dir den Weg bereiten soll‘ (Ex 23 20; Mal 3 1).	vgl. 7 27 (Nr. 94)
‚Eine Stimme ruft in der Wüste: Bereitet den Weg des Herrn! Macht gerade seine Pfade!‘ (Is 40 3).**	[3] ‚Eine Stimme ruft in der Wüste: Bereitet den Weg des Herrn! Macht gerade seine Pfade!‘ (Is 40 3),**	‚Eine Stimme ruft in der Wüste: Bereitet den Weg des Herrn! Macht gerade seine Pfade!** [5] Jede Schlucht soll ausgefüllt Und jeder Berg und Hügel abgetragen werden, Und was krumm ist, soll gerade Und rauher Weg soll glatt werden, [6] Und alles Fleisch soll das Heil Gottes schauen‘ (Is 40 3–5).

* Joh 1 6: Es trat ein Mensch auf, von Gott gesandt; sein Name war Johannes.

** Joh 1 23: Er sprach: Ich bin die Stimme dessen, der in der Wüste ruft: Macht gerade den Weg des Herrn, wie der Prophet Isaias gesagt hat.

Mt	Mk	Lk
vgl. V. 1 f	4 so trat Johannes der Täufer in der Wüste auf, indem er eine Taufe der Umkehr zur Vergebung der Sünden predigte.	vgl. V. 3 b
4 Er aber, Johannes, hatte ein Gewand aus Kamelhaaren und ‚einen ledernen Gürtel um seine Lende‘ (4 Kön 1 8), seine Nahrung aber waren Heuschrecken und wilder Honig.	vgl. V. 6	
5 Da zog zu ihm hinaus Jerusalem und ganz Judäa und die ganze Jordangegend 6 und ließen sich im Jordan von ihm taufen und bekannten (dabei) ihre Sünden.	5 Und es zogen zu ihm hinaus das ganze judäische Land und alle Bewohner Jerusalems und ließen sich von ihm im Jordan taufen und bekannten (dabei) ihre Sünden.	vgl. V. 3 a
vgl. V. 4	6 Und Johannes war bekleidet mit (einem Gewand aus) Kamelhaaren und ‚einem ledernen Gürtel um seine Lende‘ (4 Kön 1 8) und nährte sich von Heuschrecken und wildem Honig.	

15. Die Bußpredigt des Täufers

Mt 3 7–10	Lk 3 7–9
7 Als er aber viele Pharisäer und Sadduzäer zur Taufe kommen sah, sprach er zu ihnen:	7 Er sprach nun zu den Volksmassen, die (zu ihm) hinaus kamen, um sich von ihm taufen zu lassen:
Ihr Otternbrut, wer hat euch gelehrt, ihr würdet dem drohenden Zorngericht entrinnen? 8 Bringt also Frucht, die der Umkehr entspricht, 9 und laßt euch nur nicht einfallen, bei euch zu denken: Wir haben (ja) Abraham zum Vater; denn ich sage euch: Gott kann aus den Steinen da dem Abraham Kinder erwecken.	Ihr Otternbrut, wer hat euch gelehrt, ihr würdet dem drohenden Zorngericht entrinnen? 8 Bringt also Früchte, die der Umkehr entsprechen, und laßt euch nur nicht einfallen, bei euch zu denken: Wir haben (ja) Abraham zum Vater; denn ich sage euch: Gott kann aus den Steinen da dem Abraham Kinder erwecken.
10 Schon aber ist die Axt an die Wurzel der Bäume gelegt. Jeder Baum nun, der keine gute Frucht bringt, wird umgehauen und ins Feuer geworfen.	9 Schon ist aber auch die Axt an die Wurzel der Bäume gelegt. Jeder Baum nun, der keine gute Frucht bringt, wird umgehauen und ins Feuer geworfen.

16. Die Standespredigt des Täufers

Lk 3 10–14

10 Da fragten ihn die Volksmassen: Was sollen wir also tun? 11 Er antwortete ihnen:
Wer zwei Röcke hat, der gebe (den einen) an den ab, der keinen hat, und wer zu essen hat,
der mache es ebenso. 12 Es kamen aber auch Zöllner, um sich taufen zu lassen, und sprachen
zu ihm: Meister, was sollen wir tun? 13 Er sprach zu ihnen: Treibt nicht mehr ein, als was
euch vorgeschrieben ist. 14 Es fragten ihn auch Soldaten: Was sollen denn wir tun? Und er
sprach zu ihnen: Plündert niemand, erpreßt niemand und begnügt euch mit eurem Sold.

17. Messianische Verkündigung des Täufers

Mt 3 11f	Mk 1 7f	Lk 3 15–18	Joh 1 25–28
		15 Während aber das Volk in gespanntter Erwartung war und alle sich in ihrem Herzen Gedanken machten über Johannes, ob er nicht etwa selbst der Messias sei,	25 Und sie fragten ihn und sprachen zu ihm: Was taufst du denn, wenn du weder der Messias bist, noch Elias noch der Prophet?
	7 Und er predigte also:	16 gab Johannes ihnen allen die Antwort:	26 Johannes antwortete ihnen:
11 Ich taufe euch mit Wasser zur Umkehr;	V. 8 a	Ich taufe euch mit Wasser.	Ich taufe mit Wasser. Mitten unter euch steht (bereits) der, den ihr nicht kennt,
der aber nach mir kommt,	Nach mir kommt,	Es kommt aber der,	27 der nach mir kommt
ist stärker als ich, dem bin ich nicht wert, die Schuhe zu tragen;	der stärker ist als ich, dessen Schuhriemen gebückt zu lösen ich nicht wert bin.	der stärker ist als ich, dessen Schuhriemen zu lösen ich nicht wert bin;	dessen Schuhriemen zu lösen ich nicht wert bin.
V. 11 a er wird euch mit heiligem Geist und mit Feuer taufen.	8 Ich taufte euch mit Wasser, er aber wird euch mit heiligem Geist taufen.	V. 16 a er wird euch mit heiligem Geist und mit Feuer taufen.	
12 Er hat die Wurfschaufel (schon) in seiner Hand und wird seine Tenne säubern, und er wird seinen Weizen in die Scheune sammeln. Die Spreu aber wird er mit unauslöschlichem Feuer verbrennen.		17 Er hat die Wurfschaufel (schon) in seiner Hand, um seine Tenne zu säubern und den Weizen in seine Scheune zu sammeln. Die Spreu aber wird er mit unauslöschlichem Feuer verbrennen.	
		18 Und mit noch vielen anderen Ermahnungen predigte er dem Volk.	
			28 Dies begab sich in Bethanien jenseits des Jordans, wo Johannes taufte.

18. Die Gefangennahme des Täufers*

Lk 3 19f

19 Der Vierfürst Herodes aber, der von ihm wegen der Herodias, der Frau seines Bruders, und wegen alles Bösen, das Herodes getan hatte, getadelt wurde, 20 fügte zu all dem auch noch dies hinzu: er ließ Johannes ins Gefängnis sperren.

* Vgl. Mt 14 3f = Mk 6 17f (Nr. 122).

19. Die Taufe Jesu

Mt 3 13–17

13 Damals kam Jesus
aus Galiläa an den Jordan zu
Johannes, um sich von ihm
taufen zu lassen. 14 Der aber
wollte ihn hindern und sprach:
Ich habe nötig, von dir ge-
tauft zu werden, und du
kommst zu mir? 15 Jesus aber
erwiderte ihm: Laß (es) jetzt
(geschehen): denn so geziemt
es uns, alle Gerechtigkeit zu
erfüllen. Da ließ er ihn ge-
währen. 16 Als aber Jesus ge-
tauft war, stieg er sogleich
aus dem Wasser empor; und
siehe, der Himmel öffnete
sich, und er sah den Geist
Gottes wie eine Taube
herabschweben und auf ihn
kommen. 17 Und siehe, eine
Stimme aus dem Himmel
sprach: Dies ist ‚mein ge-
liebter Sohn' (Ps 2 7), an dem
‚ich mein Wohlgefallen
gefunden habe' (Is 42 1).

Mk 1 9–11

9 Und es begab sich in jenen
Tagen, daß Jesus von Naza-
reth in Galiläa kam und sich
im Jordan von Johannes tau-
fen ließ.
10 Und als er aus dem Wasser
emporstieg, sah er im selben
Augenblick den Himmel sich
auftun und den Geist
wie eine Taube auf sich
herabschweben.
11 Und eine
Stimme aus dem Himmel
(erscholl): ‚Du bist mein ge-
geliebter Sohn' (Ps 2 7), ‚an dir
habe ich mein Wohlgefallen
gefunden' (Is 42 1).

Lk 3 21 f

21 Es begab sich aber, als das
ganze Volk sich taufen ließ
und (auch) Jesus sich
tau-
fen ließ und betete,
da öffnete sich der Himmel
22 und der Heilige Geist
schwebte in leiblicher Gestalt
wie eine Taube auf ihn herab,
und eine
Stimme erscholl vom Himmel:
‚Du bist mein ge-
liebter Sohn' (Ps 2 7), ‚an dir
habe ich mein Wohlgefallen
gefunden' (Is 42 1).

20. Der Stammbaum Jesu

Mt 1 1–16 (Nr. 6):

1 Buch des Ursprungs Jesu Christi, des Sohnes Davids,
des Sohnes Abrahams. 2 Abraham zeugte den Isaak,
Isaak zeugte den Jakob, Jakob zeugte den Juda und
seine Brüder, 3 Juda zeugte den Phares und Zara mit
der Thamar, Phares zeugte den Esron, Esron zeugte
den Aram, 4 Aram zeugte den Aminadab, Aminadab
zeugte den Naasson, Naasson zeugte den Salmon,
5 Salmon zeugte den Booz mit der Rachab, Booz
zeugte den Jobed mit der Ruth, Jobed zeugte den
Jesse, 6 Jesse zeugte den König David. David aber
zeugte den Salomon mit der Frau des Urias. 7 Salomon
zeugte den Roboam, Roboam zeugte den Abia, Abia
zeugte den Asaph, 8 Asaph zeugte den Josaphat, Josa-
phat zeugte den Joram, Joram zeugte den Ozias,
9 Ozias zeugte den Joatham, Joatham zeugte Achaz,
Achaz zeugte den Ezechias, 10 Ezechias zeugte den
Manasse, Manasse zeugte den Amos, Amos zeugte den
Josias, 11 Josias zeugte den Jechonias und seine Brüder
zur Zeit der Wegführung nach Babylon. 12 Nach der
Wegführung nach Babylon aber zeugte Jechonias den
Salathiel, Salathiel zeugte den Zorobabel, 13 Zorobabel
zeugte den Abiud, Abiud zeugte den Eliakim, Eliakim

Lk 3 23–38

23 Und er, Jesus, war bei seinem Auftreten un-
gefähr dreißig Jahre alt (und) war, wie man
glaubte, der Sohn Josephs, (des Sohnes) des
Heli, 24 des Matthat, des Levi, des Melchi,
des Jannai, des Joseph, 25 des Mattathias,
des Amos, des Nahum, des Esli, des Nag-
gai, 26 des Maath, des Mattathias, des Se-
mein, des Josech, des Joda, 27 des Johanan,
des Resa, des Zorobabel, des Salathiel, des
Neri, 28 des Melchi, des Addi, des Kosam, des
Elmadam, des Er, 29 des Jesus, des Eliezer,
des Jorim, des Matthat, des Levi, 30 des Sy-
meon, des Juda, des Joseph, des Jonam, des
Eliakim, 31 des Melea, des Menna, des Mat-
tatha, des Natham, des David, 32 des Jesse,
des Jobed, des Boos, des Sala, des Naasson,
33 des Aminadab, des Admin, des Arni, des
Esrom, des Phares, des Juda, 34 des Jakob,

zeugte den Azor, 14 Azor zeugte den Sadok, Sadok
zeugte den Achim, Achim zeugte den Eliud, 15 Eliud
zeugte den Eleazar, Eleazar zeugte den Matthan,
Matthan zeugte den Jakob, 16 Jakob zeugte den Joseph,
den Mann Marias, von der Jesus geboren wurde, wel-
cher der Messias (Christus) heißt.

des Isaak, des Abraham, des Thara, des
Nachor, 35 des Seruch, des Ragau, des Phalek,
des Eber, des Sala, 36 des Kainam, des Ar-
phaxad, des Sem, des Noe, des Lamech,
37 des Mathusala, des Enoch, des Jaret, des
Maleleel, des Kainam, 38 des Enos, des Seth,
des Adam, Gottes.

21. Die Versuchung Jesu

Mt 4 1–11

1 Dann wurde Jesus
vom Geist
in die Wüste hinaufgeführt,
um vom
Teufel versucht zu werden.
2 Und als er vierzig Tage und
vierzig Nächte gefastet hatte,
hungerte ihn zuletzt.
3 Da trat der Versucher heran und sprach zu
ihm: Wenn du Gottes Sohn bist, so befiehl,
daß diese Steine Brot werden. 4 Er aber er-
widerte Es steht geschrieben:
‚Nicht vom Brot allein lebt der Mensch,
sondern von jedem Wort, das aus dem Munde
Gottes kommt‘ (Deut 8 3). 5 Da nahm ihn der
Teufel mit in die heilige Stadt, stellte ihn auf
die Zinne des Tempels 6 und sprach zu ihm:
Wenn du Gottes Sohn bist, so stürze dich
hinab; denn es steht geschrieben: ‚Seinen
Engeln wird er dich anbefehlen, und sie wer-
den dich auf den Händen tragen, damit du
deinen Fuß an keinen Stein stoßest‘ (Ps 91
[90] 11 f). 7 Jesus sprach zu ihm: Wiederum
steht geschrieben: ‚Du sollst den Herrn
deinen Gott nicht versuchen‘ (Deut 6 16).
8 Wiederum nahm ihn der Teufel mit (und
zwar) auf einen sehr hohen Berg und zeigte
ihm alle Reiche der
Welt und ihre Herrlichkeit
9 und sprach zu ihm: dies alles will ich
dir ge-
ben,
wenn du niederfällst und mir huldigst.
10 Da sprach Jesus zu
ihm: Hinweg, Satan! Denn es steht ge-
schrieben: ‚Dem Herrn, deinem Gott, sollst
du huldigen und ihm allein dienen‘ (Deut 6 13

Mk 1 12f

12 Und
alsbald trieb ihn der Geist
in die Wüste hinaus. 13 Und
er war vierzig Tage lang in
der Wüste und wurde vom Sa-
tan versucht. Und er lebte
unter den (wilden) Tieren

Lk 4 1–13

1 Jesus aber kehrte voll Hei-
ligen Geistes vom Jordan zu-
rück und wurde vom Geist
vierzig Tage lang in der
Wüste umhergetrieben, 2 wo-
bei er vom Teufel versucht
wurde. Und er aß nichts in
jenen Tagen, und als sie ab-
gelaufen waren, hungerte ihn.
3 Da sprach der Teufel zu
ihm: Wenn du Gottes Sohn bist, so sprich zu
diesem Stein, er solle zu Brot werden. 4 Da ant-
wortete ihm Jesus: Es steht geschrieben:
‚Nicht vom Brot allein lebt der Mensch‘
(Deut 8 3).

vgl. V. 9-12

5 Da führte er ihn hinauf
und zeigte
ihm in einem Augenblick alle Reiche des
Erdkreises.
6 Und der Teufel sprach zu ihm: Dir will ich
diese ganze Macht und ihre Herrlichkeit ge-
ben; denn mir ist sie übergeben, und ich gebe
sie, wem ich will. 7 Wenn du nun mir huldigst,
soll sie ganz dein sein. 8 Da antwortete ihm
Jesus: Es steht ge-
schrieben: ‚Du sollst dem Herrn, deinem Gott,
huldigen und ihm allein dienen‘ (Deut 6 13).
9 Da führte er ihn nach Jerusalem, stellte ihn
auf die Zinne des Tempels und sprach zu
ihm: Wenn du Gottes Sohn bist, so stürze

Mt	Mk	Lk
vgl. V. 5–7		dich von hier hinab; 10 denn es steht geschrieben: ‚Seinen Engeln wird er dich anbefehlen, dich zu behüten‘ 11 und ‚Auf den Händen werden sie dich tragen, damit du deinen Fuß an keinen Stein stoßest‘ (Ps 91 [90] 11 f). 12 Da antwortete ihm Jesus: Es ist gesagt: ‚Du sollst den Herrn, deinen Gott, nicht versuchen‘ (Deut 6 16).
11 Da ließ der Teufel von ihm ab, und siehe, Engel traten herzu und bedienten ihn.	und die Engel bedienten ihn.	13 Und als der Teufel mit allen Versuchungen zu Ende war, ließ er von ihm ab bis zu seiner Zeit.

JESU WIRKEN IN GALILÄA

22. Jesu Auftreten in Galiläa

Mt 4 12–17	Mk 1 14 f	Lk 4 14 f	Joh 4 1–3.43
12 Als er aber hörte, daß Johannes überliefert worden war,	14 Und nachdem Johannes überliefert war,	14 Und Jesus	1 Als nun der Herr erfuhr, die Pharisäer hätten gehört, er, Jesus, gewinne mehr Jünger als Johannes und taufe — 2 obgleich nicht Jesus selbst taufte, sondern seine Jünger —, 3 verließ er Judäa und zog
zog er sich nach Galiläa zurück.	begab sich Jesus nach Galiläa	kehrte in der Kraft des Geistes nach Galiläa zurück.	wiederum nach Galiläa fort. 43 Nach Ablauf der zwei Tage zog er von dort nach Galiläa fort.
13 Und er verließ Nazareth und ging nach Kapharnaum, das am See gelegen ist im Gebiet von Zabulon und Nephthalim, und ließ sich dort nieder — 14 damit erfüllt würde, was durch den Propheten Isaias gesprochen wurde: 15 ‚Das Land Zabulon und das Land Nephthalim, dem See entlang, (das Land) jenseits des Jordans, das Galiläa der Heiden, 16 das			

Mt	Mk	Lk	Joh
Volk, das in Finsternis saß, sah ein großes Licht, und denen, die im Land und Schatten des Todes saßen, ging ein Licht auf' (Is 8 23–9 1). [17]Von da an begann Jesus zu verkündigen und zu sprechen: Kehrt um! Denn das Himmelreich ist nahe herbeigekommen.	und verkündigte die Frohbotschaft Gottes, indem er sprach: [15]Die Zeit ist erfüllt und das Reich Gottes ist nahe herbeigekommen; kehrt um und glaubt an die Frohbotschaft!	Und die Kunde von ihm verbreitete sich in der ganzen Umgegend. [15]Und er lehrte in ihren Synagogen, von allen gepriesen.	

23. Jesu Predigt und Verwerfung in Nazareth

Mt 13 54–58 (Nr. 119):	Mk 6 1–6 a (Nr. 119):	Lk 4 16–30
[54]Und er kam in seine Vaterstadt und lehrte sie	[1]Und er kam in seine Vaterstadt und seine Jünger begleiteten ihn. [2]Und am Sabbat lehrte er	[16]Und er kam nach Nazareth, wo er aufgewachsen war, und ging nach seiner Gewohnheit
in ihrer Synagoge,	in der Synagoge;	am Sabbat in die Synagoge. Und er stand auf, um vorzulesen. [17]Und es wurde ihm das Buch des Propheten Isaias gereicht. Und als er das Buch aufrollte, stieß er auf die Stelle, wo geschrieben stand: [18],Der Geist des Herrn ruht auf mir, weil er mich gesalbt hat. Den Armen die Frohbotschaft zu verkünden, hat er mich gesandt, den Gefangenen die Befreiung, den Blinden das Augenlicht zu verkündigen, Mißhandelte in Freiheit zu setzen, [19]das angenehme Jahr des Herrn zu verkündigen' (Is 61 1f; 58 6). [20]Und er rollte das Buch zusammen, gab es dem Diener zurück und setzte sich, und aller Augen in der Synagoge waren gespannt auf ihn gerichtet. [21]Und er begann zu ihnen zu sprechen: Heute hat sich diese Schriftstelle vor euren Ohren erfüllt.
so daß sie staunten	und die Vielen, die zuhörten, staunten	[22]Und alle spendeten ihm Beifall und staunten über die lieblichen Worte, die aus seinem Munde kamen, und sprachen:
und sprachen: Woher hat der diese Weisheit und die Wundertaten?	und sprachen: Woher hat der das? Und was ist das für eine Weisheit, die diesem gegeben ist? Und solche Wundertaten, die durch seine Hände geschehen!?	
[55]Ist das nicht der Sohn des Zimmermanns?* Heißt nicht seine Mutter Maria und seine Brüder Jakobus, Joseph, Simon und Judas? [56]Und sind nicht seine Schwe-	[3]Ist das nicht der Zimmermann,* der Sohn der Maria und der Bruder des Jakobus, Joses, Judas und Simon? Und sind nicht seine Schwe-	Ist das nicht der Sohn Josephs?*

* Joh 6 42: Ist das nicht Jesus, der Sohn Josephs, dessen Vater und Mutter wir kennen?

stern alle bei uns? Woher hat er nun das alles? 57 Und sie nahmen Anstoß an ihm. Jesus aber sprach zu ihnen:

stern hier bei uns? Und sie nahmen Anstoß an ihm. 4 Und Jesus sprach zu ihnen:

23 Und er sprach zu ihnen: Sicher werdet ihr mir das Sprichwort vorhalten: Arzt, heile dich selbst! Alle die Taten, die wir in Kapharnaum gehört haben, die tue auch hier in deiner Vaterstadt! 24 Er sprach aber: Wahrlich, ich sage euch: Kein Prophet wird in seiner Vaterstadt anerkannt.*

Nirgends ist ein Prophet mißachtet außer in seiner Vaterstadt und in seiner Familie.*

Nirgends ist ein Prophet mißachtet außer in seiner Vaterstadt, bei seinen Verwandten und in seiner Familie.*

25 Wahrhaftig, ich sage euch: viele Witwen gab es in den Tagen des Elias in Israel, als der Himmel für drei Jahre und sechs Monate verschlossen war und eine Hungersnot über das ganze Land kam. 26 Aber zu keiner von ihnen wurde Elias gesandt, sondern nur nach Sarepta im Gebiet von Sidon zu einer Witwe (vgl. 3 Kön 17 9). 27 Und viele Aussätzige gab es in Israel zur Zeit des Propheten Elisäus, aber keiner von ihnen wurde rein, sondern nur der Syrer Naaman (vgl. 4 Kön 5 14).

58 Und er vollbrachte dort nicht viele Wundertaten wegen ihres Unglaubens.

5 Und er konnte dort keine einzige Wundertat vollbringen. Nur einigen Kranken legte er die Hände auf und heilte sie. 6 Und er wunderte sich über ihren Unglauben.

28 Da wurden alle in der Synagoge, als sie das hörten, voller Zorn, 29 standen auf und stießen ihn zur Stadt hinaus und führten ihn an den Rand des Berges, auf dem ihre Stadt erbaut war, um ihn hinabzustürzen. 30 Er aber schritt mitten durch sie hindurch und ging davon.

24. Die Berufung der ersten Jünger

Mt 4 18–22

18 Als er aber am See von Galiläa entlangwandelte, sah er zwei Brüder, Simon, der Petrus genannt wird, und seinen Bruder Andreas, wie sie ein Netz in den See auswarfen; sie waren nämlich Fischer.

Mk 1 16–20

16 Und als er am See von Galiläa entlangging, sah er den Simon und den Bruder Simons, Andreas, das Netz im See auswerfen; sie waren nämlich Fischer.

Lk 5 1–11 (Nr. 30):

1 Es begab sich aber, als ihn das Volk umdrängte und auf das Wort Gottes lauschte, während er am See Genesareth stand, 2 da sah er zwei Boote am See(ufer) liegen. Die Fischer aber waren ausgestiegen und wuschen die Netze.

3 Da stieg er in eines von den Booten, das dem Simon gehörte, und bat ihn, ein wenig vom Land wegzufahren. Dann setzte er sich und lehrte vom Boot aus die Volksmassen. 4 Als er aber zu reden aufgehört hatte, sprach er zu Simon: Fahre hinaus auf die hohe See und werft (dort) eure Netze zum Fange aus! 5 Da antwortete ihm Simon: Meister,

* Joh 4 44: Denn Jesus selbst bezeugte, daß ein Prophet in seiner Heimat keine Ehre genießt.

die ganze Nacht haben wir uns geplagt und nichts gefangen. Aber auf dein Wort hin will ich die Netze (noch einmal) auswerfen. 6 Und sie taten es und fingen eine große Menge Fische. Ihre Netze fingen schon zu zerreißen an. 7 Da winkten sie ihren Gefährten in dem anderen Boot, sie sollten kommen und ihnen helfen. Und sie kamen, und sie füllten beide Boote, daß sie tief einsanken. 8 Als aber Simon Petrus (das) sah, fiel er Jesus zu Füßen und sprach: Geh weg von mir; denn ich bin ein Sünder! 9 Denn Staunen hatte ihn erfaßt und alle seine Gefährten über den Fischfang, den sie gemacht hatten, 10 ebenso auch den Jakobus und Johannes, die Söhne des Zebedäus, welche Arbeitsgenossen des Simon waren.

Mt	Mk	Lk
19 Da sprach er zu ihnen: Kommt her, mir nach, dann werde ich aus euch Menschenfischer machen. 20 Sie aber verließen sogleich ihre Netze und folgten ihm. 21 Und als er von dort weiterging, sah er zwei andere Brüder, Jakobus, den Sohn des Zebedäus, und seinen Bruder Johannes, wie sie im Boot mit ihrem Vater Zebedäus (eben) ihre Netze instand setzten. Und er rief sie. 22 Sie aber verließen sofort das Boot und ihren Vater und folgten ihm.	17 Da sprach Jesus zu ihnen: Kommt her, mir nach, dann werde ich aus euch Menschenfischer machen. 18 Und sogleich verließen sie ihre Netze und folgten ihm. 19 Und als er ein wenig weiterging, sah er den Jakobus, den Sohn des Zebedäus, und seinen Bruder Johannes, auch sie im Boot, wie sie (eben) ihre Netze instand setzten. 20 Und sogleich rief er sie. Da ließen sie ihren Vater Zebedäus im Boot mitsamt den Taglöhnern und folgten ihm nach.	Und Jesus sprach zu Simon: Fürchte dich nicht! Von nun an wirst du Menschen fangen. 11 Und sie zogen die Boote ans Land, verließen alles und folgten ihm.

25. Jesu erstes Auftreten in der Synagoge von Kapharnaum

Mt 7 28 f (Nr. 57):	Mk 1 21–28	Lk 4 31–37
	21 Und sie gingen nach Kapharnaum hinein.	31 Und er ging nach Kapharnaum hinab, einer Stadt Galiläas, und lehrte sie
28 Und es begab sich, als Jesus diese Worte beendet hatte, da staunten die Volksmassen über seine Lehre; 29 denn er lehrte sie wie einer, der Vollmacht hat, und nicht so wie ihre Schriftgelehrten.	Und alsbald am Sabbat ging er in die Synagoge und lehrte. 22 Und sie staunten über seine Lehre; denn er lehrte sie wie einer, der Vollmacht hat, und nicht so wie die Schriftgelehrten.	am Sabbat. 32 Und sie staunten über seine Lehre; denn sein Reden geschah in Vollmacht.

Mk	Lk
23 Und alsbald war da in ihrer Synagoge ein Mensch mit einem unreinen Geist; der schrie laut auf: 24 Was haben wir und du miteinander zu tun, Jesus von Nazareth? Du bist gekommen, um uns zu verderben. Ich weiß, wer du bist: Der Heilige Gottes. 25 Da fuhr ihn Jesus an und sprach: Schweig und fahre aus von ihm! 26 Da zerrte ihn der unreine Geist hin und her, schrie laut und fuhr von ihm aus. 27 Da gerieten alle in Staunen, so daß sie miteinander disputierten: Was ist das? Eine neue Lehre in Vollmacht. Sogar	33 Und es war da in der Synagoge ein Mensch, der den Geist eines unreinen Dämons hatte; der schrie laut auf: 34 Ha, was haben wir und du miteinander zu tun, Jesus von Nazareth? Du bist gekommen, um uns zu verderben. Ich weiß, wer du bist: Der Heilige Gottes. 35 Da fuhr ihn Jesus an und sprach: Schweig und fahre aus von ihm! Da warf ihn der Dämon in der Mitte (auf den Boden) und fuhr von ihm aus, ohne ihm etwas zu tun. 36 Da befiel alle Staunen, und sie sprachen zueinander: Was ist das für ein Wort? Mit Vollmacht und Kraft

den unreinen Geistern gebietet er, und sie gehorchen ihm. [28] Und sein Ruf verbreitete sich alsbald überallhin in die ganze Umgegend von Galiläa.

gebietet er den unreinen Geistern, und sie fahren aus. [37] Und die Kunde von ihm verbreitete sich an allen Orten der Umgegend.

26. Jesus heilt die Schwiegermutter des Petrus

Mt 8 14 f (Nr. 60):

[14] Und Jesus ging in das Haus des Petrus und sah dessen Schwiegermutter am Fieber darniederliegen.

[15] Da berührte er ihre Hand, und das Fieber verließ sie. Und sie stand auf und bediente ihn.

Mk 1 29–31

[29] Und als sie die Synagoge verlassen hatten, gingen sie sogleich in das Haus des Simon und Andreas mit Jakobus und Johannes. [30] Die Schwiegermutter Simons aber lag fieberkrank darnieder, und sogleich erzählten sie ihm von ihr. [31] Und er trat hinzu, faßte sie bei der Hand und richtete sie auf. Da verließ sie das Fieber, und sie bediente sie.

Lk 4 38 f

[38] Und er brach von der Synagoge auf und ging in das Haus des Simon. Die Schwiegermutter des Simon aber war von einem heftigen Fieber befallen, und sie baten ihn ihretwegen. [39] Und er trat hin (und beugte sich) über sie, bedrohte das Fieber, und es verließ sie. Sofort aber stand sie auf und bediente sie.

27. Krankenheilungen am Abend

Mt 8 16 f (Nr. 61):

[16] Als es aber Abend geworden war, brachte man zu ihm viele Besessene. Und er trieb die Geister mit (seinem) Wort aus und heilte alle Kranken,

[17] damit erfüllt würde, was durch den Propheten Isaias gesprochen wurde, welcher sagt: ‚Er hat unsere Gebrechen (weg)genommen und unsere Krankheiten getragen‘ (Is 53 4).

Mk 1 32–34

[32] Als es aber Abend geworden, nach Sonnenuntergang, brachte man zu ihm alle Kranken und Besessenen; [33] und die ganze Stadt war an der Türe versammelt, [34] und er heilte viele, die an verschiedenen Krankheiten litten, und trieb viele Dämonen aus.

Und er ließ die Dämonen nicht reden; denn sie kannten ihn.

Lk 4 40 f

[40] Bei Sonnenuntergang aber brachten alle, die Kranke mit allerlei Leiden hatten, sie zu ihm. Er aber legte einem jeden von ihnen die Hände auf und heilte sie.

[41] Es fuhren aber auch Dämonen von vielen aus, die schrien: Du bist der Sohn Gottes. Und er fuhr sie an und ließ sie nicht reden; denn sie wußten, daß er der Messias war.*

28. Jesu Aufbruch von Kapharnaum

Mk 1 35–38

[35] Und in der Frühe, als es noch völlig Nacht war, stand er auf, ging davon und begab sich an einen einsamen Ort und betete dort.

Lk 4 42 f

[42] Bei Tagesanbruch aber ging er fort und begab sich an einen einsamen Ort.

---

* Mk 3 11 f (Nr. 84): [11] Und die unreinen Geister fielen, sobald sie ihn erblickten, vor ihm nieder und schrien: Du bist der Sohn Gottes. [12] Und er bedrohte sie sehr, daß sie ihn nicht offenbar machten.

[36] Und Simon mit seinen Gefährten eilte ihm nach, [37] und sie fanden ihn und sprachen zu ihm: Alle suchen dich. [38] Da sprach er zu ihnen: Wir wollen anderswohin gehen, in die Nachbardörfer, damit ich auch dort predige; denn dazu bin ich ausgegangen.

Und die Volksmassen suchten ihn und kamen zu ihm und wollten ihn festhalten, daß er nicht von ihnen fortginge. [43] Er aber sprach zu ihnen: Auch den anderen Städten muß ich die Frohbotschaft vom Reiche Gottes verkündigen; denn dazu bin ich gesandt.

29. Jesu Wirken in Galiläa

Mt 4 23–25

[23] Und er zog in ganz Galiläa umher, lehrte in ihren Synagogen, predigte die Frohbotschaft vom Reich und heilte jegliche Krankheit und jegliches Gebrechen im Volke.*
[24] Und der Ruf von ihm verbreitete sich in ganz Syrien. Und man brachte zu ihm alle Kranken, die mit den verschiedensten Krankheiten und Leiden behaftet waren, Besessene und Mondsüchtige und Gelähmte, und er heilte sie. [25] Und große Volksmassen aus Galiläa, der Dekapolis, Jerusalem und Judäa und von jenseits des Jordans folgten ihm.

Mk 1 39

[39] Und er zog umher, predigte in ihren Synagogen in ganz Galiläa und trieb die Dämonen aus.

3 10 f. 7 f (Nr. 84):

[10] Denn er heilte viele, so daß alle, die von Leiden geplagt waren, sich auf ihn stürzten, um ihn anzurühren. [11] Und die unreinen Geister fielen, sobald sie ihn erblickten, vor ihm nieder.

[7] Und eine große Volksmenge aus Galiläa folgte (ihm) und aus Judäa, [8] aus Jerusalem, aus Idumäa, von jenseits des Jordans und aus der Gegend von Tyrus und Sidon kam eine große Volksmenge auf die Kunde von dem, was er tat, zu ihm.

Lk 4 44

[44] Und er predigte in den Synagogen Judäas.

6 18 f. 17 b (Nr. 84):

[18] Und die von unreinen Geistern Geplagten wurden geheilt. [19] Und das ganze Volk suchte ihn anzurühren; denn eine Kraft ging von ihm aus und heilte alle.

[17b] Und eine große Menge Volks aus ganz Judäa und Jerusalem und dem Küstengebiet von Tyrus und Sidon, [18a] die gekommen waren, um ihn zu hören und sich von ihren Krankheiten heilen zu lassen.

30. Die Berufung der ersten Jünger

Mt 4 18–22 (Nr. 24):

[18] Als er aber am See von Galiläa entlang wandelte, sah er zwei Brüder, Simon, der Petrus genannt wird, und seinen Bruder Andreas, wie sie ein Netz in den See auswarfen; sie waren nämlich Fischer.

Mk 1 16–20 (Nr. 24):

[16] Und als er am See von Galiläa entlang ging, sah er den Simon und den Bruder Simons, Andreas, das Netz in den See auswerfen; sie waren nämlich Fischer.

Lk 5 1–11

[1] Es begab sich aber, als ihn das Volk umdrängte und auf das Wort Gottes lauschte, während er am See Genesareth stand, [2] da sah er zwei Boote am See(ufer) liegen, die Fischer aber waren ausgestiegen und wuschen die Netze. [3] Da stieg er in eines von den Booten, das dem Simon gehörte, und bat ihn, ein wenig vom Land wegzufahren. Dann setzte er sich und lehrte vom Boot aus die Volksmassen. [4] Als er aber zu reden aufgehört hatte, sprach er zu Simon: Fahre hinaus auf die hohe See und werft (dort) eure Netze zum Fange aus! [5] Da antwortete ihm Simon: Meister, die ganze Nacht haben wir uns geplagt und nichts gefangen. Aber auf dein Wort hin will ich die Netze (noch einmal) aus-

* Mt 9 35 (Nr. 70): Und Jesus zog umher durch alle Städte und Dörfer, lehrte in ihren Synagogen, predigte die Frohbotschaft vom Reich und heilte jegliche Krankheit und jegliches Gebrechen.

werfen. 6 Und sie taten es und fingen eine große Menge Fische. Ihre
Netze fingen schon zu zerreißen an. 7 Da winkten sie ihren Gefährten in
dem anderen Boot, sie sollten kommen und ihnen helfen. Und die ka-
men, und sie füllten beide Boote, daß sie tief einsanken. 8 Als aber
Simon Petrus (das) sah, fiel er Jesus zu Füßen und sprach: Geh weg von
mir, Herr; denn ich bin ein Sünder! 9 Denn Staunen hatte ihn erfaßt
und alle seine Gefährten über den Fischfang, den sie gemacht hatten,
10 ebenso auch den Jakobus und Johannes, die Söhne des Zebedäus,
welche Arbeitsgenossen des
Simon waren.
Und Jesus sprach zu Simon:
Fürchte dich nicht! Von nun
an wirst du Menschen fangen.

19 Da sprach er zu ihnen: Kommt
her, mir nach, dann werde ich aus
euch Menschenfischer machen. 20 Sie
aber verließen sogleich ihre Netze
und folgten ihm. 21 Und als er von
dort weiterging, sah er zwei andere
Brüder, Jakobus, den Sohn des Ze-
bedäus, und seinen Bruder Johan-
nes, wie sie im Boote mit ihrem Va-
ter Zebedäus (eben) ihre Netze in-
stand setzten. Und er rief
sie. 22 Sie aber verließen sofort das
Boot und ihren Vater
und folgten ihm.

17 Da sprach Jesus zu ihnen: Kommt
her, mir nach, dann werde ich aus
euch Menschenfischer machen. 18 Und
sogleich verließen sie ihre Netze
und folgten ihm. 19 Und als er ein
wenig weiterging, sah er
den Jakobus, den Sohn des Ze-
bedäus, und seinen Bruder Johan-
nes, auch sie im Boote, wie sie
(eben) ihre Netze in-
stand setzten. 20 Und sogleich rief er
sie. Da ließen sie ihren Vater Zebe-
däus im Boot mitsamt den Taglöh-
nern und folgten ihm nach.

11 Und sie zogen die Boote
ans Land, verließen alles
und folgten ihm.

Die Bergpredigt

Mt 5–7

31. Einleitung

Mt 5 1 f

1 Als er aber die Volksmassen sah, stieg er
auf den Berg, und nachdem er sich gesetzt
hatte, traten seine Jünger zu ihm. 2 Und er
tat seinen Mund auf und lehrte sie:

Lk 6 20a (Nr. 86):

Und er
richtete seine Augen auf seine Jünger und sprach:

32. Die Seligpreisungen

Mt 5 3–12

3 Selig die Armen im Geiste; denn ihrer ist
das Himmelreich.
4 Selig die Trauernden; denn sie werden ge-
tröstet werden.
5 Selig ‚die Sanftmütigen‘; denn sie ‚werden
das Land erben‘ (Ps 37 [36] 11).
6 Selig, die nach der Gerechtigkeit hungern
und dürsten; denn sie werden gesättigt wer-
den.
7 Selig die Barmherzigen; denn sie werden
Barmherzigkeit finden.
8 Selig die Herzensreinen; denn sie werden
Gott schauen.
9 Selig die Friedensstifter; denn sie werden
Söhne Gottes heißen.

Lk 6 20 b–23 (Nr. 86):

20b Selig ihr Armen; denn euer ist
das Reich Gottes.
21b Selig, die ihr jetzt weint; denn ihr werdet
lachen.

21a Selig, die ihr jetzt hungert;
denn ihr werdet gesättigt wer-
den.

10 Selig die um der Gerechtigkeit willen Ver-
folgten; denn ihrer ist das Himmelreich.
11 Selig seid ihr, wenn man euch schmäht und
verfolgt und alles (mögliche) Böse [fälsch-
lich] wider euch redet um
meinetwillen.
12 Freut euch und jubelt;
denn euer Lohn ist groß im Himmel; denn
so hat man (auch) die Propheten vor euch
verfolgt.

22 Selig seid ihr, wenn euch die Menschen hassen und
wenn sie euch ausschließen und schmähen und euren
Namen als einen schlechten ausstoßen um des Men-
schensohnes willen.
23 Freut euch an jenem Tage und hüpft (vor Freude);
denn siehe, euer Lohn ist groß im Himmel; denn
ebenso haben ihre Väter den Propheten getan.

33. Der Beruf der Jünger

Mt 5 13–16

13 Ihr seid das Salz der Erde. Wenn aber das
Salz schal wird, womit soll man es salzen?*
Es taugt zu nichts mehr, als weggeworfen
und von den Leuten zertreten zu werden.
14 Ihr seid das Licht der Welt. Eine Stadt,
die auf einem Berge liegt, kann nicht ver-
borgen bleiben. 15 Man zündet auch nicht ein
Licht an und stellt es unter
den Scheffel, sondern auf den Leuchter, und
dann leuchtet es allen, die im Hause sind.**
16 So soll euer Licht vor den Menschen leuch-
ten, damit sie eure guten Werke sehen und
euren Vater im Himmel preisen.

Lk 14 34 f (Nr. 184):

34 Etwas Gutes ist das Salz. Wenn aber das
Salz schal wird, womit soll man es würzen?*
35 Es ist weder auf das Land noch auf den Dünger-
haufen brauchbar. Man wirft es weg. Wer Ohren hat
zu hören, der höre!

11 33 (Nr. 165): Niemand zündet ein
Licht an und stellt es in ein Kellerloch oder unter
den Scheffel, sondern auf den Leuchter, damit die Ein-
tretenden den Schein sehen.**

34. Jesu Stellung zum Gesetz

Mt 5 17–20

17 Denkt nicht, daß ich gekommen bin, das
Gesetz und die Propheten aufzuheben; ich
bin nicht gekommen, aufzuheben, sondern
(vielmehr) zu erfüllen. 18 Denn wahrlich, ich
sage euch: bis Himmel und Erde vergehen,
wird nicht ein Jota oder Häkchen vom Ge-
setz vergehen, bis alles geschieht.

Lk 16 17 (Nr. 190): Leichter ist es,
daß Himmel und Erde vergehen,
als daß (auch nur) ein Häkchen vom Ge-
setz hinfälligwerde.

19 Wer nun eines von diesen geringsten Geboten aufhebt und die Menschen
also lehrt, der wird der Geringste heißen im Himmelreich. Wer (sie) aber
(selbst) hält und (die Menschen also) lehrt, der wird der Größte heißen im
Himmelreich.
20 Denn ich sage euch: wenn eure Gerechtigkeit die (der) Schriftgelehrten und
Pharisäer nicht weit übertrifft, werdet ihr nimmermehr ins Himmelreich
eingehen.

* Mk 9 50 (Nr. 145): Etwas Gutes ist das Salz. Wenn aber das Salz salzlos wird, womit wollt ihr es würzen?

**Mk 4 21 (Nr. 105): Und er sprach zu ihnen: Ist das Licht etwa dazu da, um unter den Scheffel oder unter das Bett gestellt zu werden? Nicht vielmehr dazu, um auf den Leuchter gestellt zu werden?

Lk 8 16 (Nr. 105): Niemand aber zündet ein Licht an und bedeckt es mit einem Gefäß oder stellt es unter das Bett, sondern er stellt es auf den Leuchter, damit die Eintretenden das Licht sehen.

35. Vom Töten

Mt 5 21–26

[21]Ihr habt gehört, daß zu den Alten gesagt worden ist: ‚Du sollst nicht töten' (Ex 20 13; Deut 5 17); wer aber tötet, soll dem Gericht verfallen sein. [22]Ich aber sage euch: Jeder, der seinem Bruder (auch nur) zürnt, soll dem Gericht verfallen sein; wer aber zu seinem Bruder sagt: „Du Dummkopf", soll dem Hohen Rat verfallen sein; wer aber zu ihm sagt: „Du Narr", soll der Feuerhölle verfallen sein.

[23]Wenn du nun deine Opfergabe zum Altare bringst und dir dabei einfällt, daß dein Bruder etwas gegen dich hat, [24]so laß deine Gabe dort vor dem Altare (liegen) und geh zuerst hin und versöhne dich mit deinem Bruder und dann komm und bring deine Gabe dar.

[25]Sei zu rascher Versöhnung mit deinem (Prozeß)gegner bereit, solange du mit ihm (noch) auf dem Wege (zum Richter) bist, sonst wird dich der Gegner dem Richter übergeben und der Richter dem Gerichtsdiener, und du würdest ins Gefängnis geworfen werden. [26]Wahrlich, ich sage dir: du wirst von dort gewiß nicht herauskommen, bis du den letzten Heller bezahlt hast.

Lk 12 57–59 (Nr. 173):

[57]Und warum könnt ihr nicht von euch selbst aus beurteilen, was (jetzt) das Rechte ist? [58]Denn während du (noch) mit deinem (Prozeß)gegner auf dem Wege zum Richter bist, gib dir Mühe, von ihm loszukommen, solange du mit ihm unterwegs bist, sonst wird er dich vor den Richter schleppen, und der Richter wird dich dem Gerichtsdiener übergeben, und der Gerichtsdiener wird dich ins Gefängnis werfen.

[59]Ich sage dir: du wirst von dort gewiß nicht herauskommen, bis du auch den letzten Heller bezahlt hast.

36. Vom Ehebruch

Mt 5 27–30

[27]Ihr habt gehört, daß gesagt ist: ‚Du sollst nicht ehebrechen' (Ex 20 14; Deut 5 17). [28]Ich aber sage euch: Jeder, der eine Frau (nur) begehrlich ansieht, hat schon in seinem Herzen mit ihr die Ehe gebrochen.

[29]Wenn dich dein rechtes Auge ärgert, dann reiß es aus und wirf es von dir! Denn besser ist es für dich, daß eines von deinen Gliedern verlorengeht, als daß dein ganzer Leib in die Hölle geworfen wird. [30]Und wenn dich deine rechte Hand ärgert, dann hau sie ab und wirf sie von dir! Denn besser ist es für dich, daß eines von deinen Gliedern verlorengeht, als daß dein ganzer Leib zur Hölle fährt.*

37. Von der Ehescheidung

Mt 5 31 f

[31]Es ist ferner gesagt: ‚Wer seine Frau entläßt, der soll ihr den Scheidebrief geben'

* Mt 18 8 f (Nr. 144):
[8]Wenn dich aber deine Hand oder dein Fuß ärgert, dann hau ihn ab und wirf ihn von dir! Besser ist es für dich, als Krüppel oder hinkend ins Leben einzugehen, als mit zwei Händen und zwei Füßen in das ewige Feuer geworfen zu werden.

[9]Und wenn dich dein Auge ärgert, dann reiß es aus und wirf es von dir! Besser ist es für dich, einäugig ins Leben einzugehen, als mit beiden Augen in die Feuerhölle geworfen zu werden.

Mk 9 43–48 (Nr. 144):
[43]Und wenn dich deine Hand ärgert, dann hau sie ab! Besser ist es für dich, als Krüppel ins Leben einzugehen, als mit zwei Händen zur Hölle zu fahren, in das Feuer, das nie erlischt. [45]Und wenn dich dein Fuß ärgert, dann hau ihn ab! Besser ist es für dich, hinkend ins Leben einzugehen, als mit zwei Füßen in die Hölle geworfen zu werden. [47]Und wenn dich dein Auge ärgert, dann reiß es aus!

Besser ist es für dich, einäugig in das Reich Gottes einzugehen, als mit beiden Augen in die Hölle geworfen zu werden, [48]wo ihr Wurm nicht stirbt und das Feuer nicht erlischt.

(Deut 24 1). 32 Ich aber sage euch: Jeder, der
seine Frau entläßt, abge-
sehen vom Fall der Unzucht, der macht sie
zur Ehebrecherin, und wer eine
Entlassene heiratet, bricht die Ehe.*

Lk 16 18 (Nr. 190): Jeder, der
seine Frau entläßt und eine andere heiratet,
bricht die Ehe, und wer eine von ihrem Mann
Entlassene heiratet, bricht die Ehe.*

38. Vom Schwören

Mt 5 33–37

33 Ferner habt ihr gehört, daß zu den Alten gesagt worden ist: ‚Du sollst keinen Meineid
schwören‘ (Lev 19 12), sondern ‚du sollst dem Herrn deine Schwüre halten‘ (Num 30 3; Deut
23 22). 34 Ich aber sage euch: Ihr sollt überhaupt nicht schwören, auch nicht beim Himmel;
denn ‚er ist der Thron Gottes‘, 35 noch bei der Erde; denn ‚sie ist der Schemel seiner Füße‘
(Is 66 1), noch bei Jerusalem; denn es ist ‚die Stadt des großen Königs‘ (Ps 48 [47] 3).
36 Auch bei deinem Haupte sollst du nicht schwören; denn du kannst kein einziges Haar
weiß oder schwarz machen. 37 Eure Rede sei vielmehr ja (für) ja, nein (für) nein; was
darüber ist, ist vom Bösen.

39. Von der Wiedervergeltung

Mt 5 38–42

38 Ihr habt gehört, daß gesagt ist: ‚Auge um
Auge‘ und ‚Zahn um Zahn‘ (Ex 21 24, Lev
24 20; Deut 19 21). 39 Ich aber sage euch:
Ihr sollt euch dem Bösen nicht widersetzen;
vielmehr: wer dich auf die rechte Wange
schlägt, dem halte auch die andere hin.
40 Und wer dich vor Gericht bringen und dir
den Rock nehmen will, dem laß auch den
Mantel. 41 Und wer dich nötigt, eine Meile
weit (mit ihm zu gehen), mit dem geh zwei.
42 Und wer dich bittet, dem
gib, und wer von dir leihen will, von dem
wende dich nicht ab.

Lk 6 29 f (Nr. 87):
29 Dem, der dich auf die Wange
schlägt, halte auch die andere hin,
und dem, der dir
den Mantel nimmt, verweigere auch den
Rock nicht.
30 Jedem, der dich bittet,
gib, und von dem, der das deine wegnimmt, fordere
es nicht zurück.

40. Von der Feindesliebe

Mt 5 43–48

43 Ihr habt gehört, daß gesagt ist: ‚Du sollst
deinen Nächsten lieben‘ (Lev 19 18) und
deinen Feind hassen. 44 Ich aber sage euch:
Liebet eure Feinde
und betet für die, die euch
verfolgen, 45 damit ihr Söhne eures Vaters
im Himmel werdet; denn er läßt seine Sonne
aufgehen über Böse und Gute und läßt regnen
über Gerechte und Ungerechte.
46 Wenn ihr nämlich (nur) die liebt, die euch

Lk 6 27 f. 32–36 (Nr. 87):
27 Aber euch, meinen Zuhörern, sage ich:
Liebet eure Feinde, tut wohl denen, die euch hassen,
28 segnet, die euch fluchen, betet für die, die euch
mißhandeln.

vgl. V. 35

32 Und wenn ihr (nur) die liebt, die euch

* Mt 19 9 (Nr. 202): Ich sage euch aber: wer
seine Frau entläßt, außer wegen Unzucht, und eine
andere heiratet, der bricht die Ehe, [und wer eine Ge-
schiedene heiratet, der bricht die Ehe].

Mk 10 11 f (Nr. 202): 11 Und er sprach zu ihnen: Wer
seine Frau entläßt und eine andere heiratet, bricht
ihr die Ehe. 12 Und wenn sie ihren Mann entläßt und
einen andern heiratet, bricht sie die Ehe.

lieben, welchen Lohn habt ihr (dafür zu erwarten)? Tun nicht auch die Zöllner dasselbe? [47] Und wenn ihr (nur) eure Brüder (freundlich) grüßt, was tut ihr (da) Besonderes? Tun nicht auch die Heiden dasselbe?

vgl. V. 45

[48] Seid also vollkommen, wie euer himmlischer Vater vollkommen ist.

lieben, welchen Dank habt ihr (dafür zu erwarten)? Lieben doch auch die Sünder die, die sie lieben. [33] Und wenn ihr (nur) denen wohltut, die euch wohltun, welchen Dank habt ihr (dafür zu erwarten)? Auch die Sünder tun doch dasselbe. [34] Und wenn ihr (nur) denen leiht, von denen ihr es wieder zu bekommen hofft, welchen Dank habt ihr (dafür zu erwarten)? Auch die Sünder leihen Sündern, um das Gleiche wieder zu bekommen. [35] Vielmehr: liebet eure Feinde und tut wohl und leiht, ohne etwas zurückzuerhoffen, und euer Lohn wird groß sein und ihr werdet Söhne des Höchsten sein; denn er ist gütig (auch) gegen die Undankbaren und Bösen. [36] Seid barmherzig, wie euer Vater barmherzig ist.

41. Vom Almosen

Mt 6 1–4

[1] Hütet euch, eure Gerechtigkeit vor den Leuten zu üben, um euch ihnen zur Schau zu stellen; sonst habt ihr keinen Lohn bei eurem Vater im Himmel (zu erwarten).
[2] Wenn du also Almosen gibst, so laß es nicht vor dir herposaunen, wie es die Heuchler machen in den Synagogen und auf den Gassen, um von den Leuten gepriesen zu werden. Wahrlich, ich sage euch: sie haben ihren Lohn schon empfangen. [3] Wenn du aber Almosen gibst, dann soll deine Linke nicht wissen, was die Rechte tut, [4] damit dein Almosen im Verborgenen bleibe, und dein Vater, der (auch) ins Verborgene sieht, wird (es) dir (einst) vergelten.

42. Vom Beten

Mt 6 5 f

[5] Und wenn ihr betet, so seid nicht wie die Heuchler. Sie lieben es nämlich, in den Synagogen und an den Straßenecken herumzustehen und zu beten, um den Leuten in die Augen zu fallen. Wahrlich, ich sage euch: sie haben ihren Lohn schon empfangen. [6] Du aber, wenn du betest, ‚so geh in deine Kammer und schließe die Türe zu' (Is 26 20; 4 Kön 4 33), und dann bete zu deinem Vater im Verborgenen, und dein Vater, der (auch) ins Verborgene sieht, wird (es) dir (einst) vergelten.

43. Das Vaterunser

Mt 6 7–15

[7] Wenn ihr aber betet, so plappert nicht wie die Heiden; sie meinen nämlich, sie würden erhört werden, wenn sie viele Worte machen. [8] Macht es also nicht wie sie; denn euer Vater weiß (schon), was ihr braucht, ehe ihr ihn bittet.

[9] So nun sollt ihr beten: Unser Vater im Himmel, geheiligt werde dein Name, [10] es komme dein Reich, es geschehe dein Wille wie im Himmel so auch auf Erden! [11] Un-

Lk 11 2–4 (Nr. 158):
[2] Wenn ihr betet, so sprecht: Vater, geheiligt werde dein Name, es komme dein Reich,
[3] un-

ser Brot für den kommenden
Tag gib uns heute, [12]und er-
laß uns unsere Schulden, wie
auch wir unseren Schuldnern
erlassen haben, [13]und führe
uns nicht in Versuchung, son-
dern rette uns von dem Bö-
sen. [14]Wenn ihr nämlich den
(Mit)menschen ihre Verfeh-
lungen vergebt, so wird auch
euch euer himmlischer Vater
vergeben. [15]Wenn ihr aber
den (Mit)menschen [ihre Ver-
fehlungen] nicht vergebt,
dann wird auch euer Vater
eure Verfehlun-
gen nicht vergeben.

Mk 11 25[–26[(Nr. 216):
[25]Und wenn ihr dasteht und betet,
vergebt, wenn ihr etwas gegen je-
mand habt, damit auch euer Vater
im Himmel euch eure Übertretun-
gen vergebe. [[26]Wenn ihr aber
nicht vergebt,
dann wird auch euer Vater
im Himmel euch eure Übertretun-
gen nicht vergeben.]

ser Brot für den kommenden
Tag gib uns täglich, [4]und ver-
gib uns unsere Sünden; denn
auch wir vergeben jedem, der unser
Schuldner ist, und führe
uns nicht in Versuchung.

44. Vom Fasten

Mt 6 16–18

[16]Wenn ihr aber fastet, so macht kein trübseliges Gesicht wie die Heuchler; sie tragen
nämlich ein betrübtes Aussehen zur Schau, um den Leuten als Faster in die Augen zu fallen.
Wahrlich, ich sage euch: sie haben ihren Lohn schon empfangen. [17]Du aber, wenn du
fastest, so salbe dein Haupt und wasche dein Gesicht, [18]damit du den Leuten nicht als
Faster in die Augen fällst, sondern (nur) deinem Vater, der im Verborgenen ist, und dein
Vater, der (auch) ins Verborgene sieht, wird (es) dir (einst) vergelten.

45. Vom Schätzesammeln

Mt 6 19–21

[19]Sammelt euch nicht Schätze auf Erden,
wo Motte und Wurm (sie) zerstören und wo
Diebe einbrechen und stehlen. [20]Sammelt
euch vielmehr Schätze im Himmel, wo we-
der Motte noch Wurm (sie) zerstören und
wo Diebe nicht einbrechen und stehlen.
[21]Denn wo dein Schatz ist, da wird auch
dein Herz sein.

Lk 12 33 f (Nr. 170):

[33]Verkauft eure Habe und gebt (damit) Almosen!
Macht euch Geldbeutel, die nicht alt werden, einen
unerschöpflichen Schatz im Himmel, wo kein Dieb
herankommt und keine
Motte zerstört.
[34]Denn wo euer Schatz ist, da wird auch
euer Herz sein.

46. Spruch vom Auge

Mt 6 22 f

[22]Das Licht des Leibes ist das Auge. Wenn
nun dein Auge gesund ist, dann wird dein
ganzer Leib licht sein. [23]Wenn aber dein
Auge schlecht ist, dann wird dein ganzer
Leib finster sein. Wenn nun das Licht in dir
Finsternis ist, wie groß (wird) dann die
Finsternis (sein)!

Lk 11 34–36 (Nr. 165):

[34]Das Licht des Leibes ist dein Auge. Wenn
dein Auge gesund ist, dann ist auch dein
ganzer Leib licht. Wenn es aber
schlecht ist, dann ist auch dein
Leib finster. [35]Gib also darauf acht, ob das
Licht in dir nicht Finsternis ist. [36]Wenn nun dein
ganzer Leib licht ist und keinen finsteren Teil hat,
dann wird er ganz licht sein, wie wenn das Licht dich
mit seinem Strahl beleuchtet.

47. Kompromißloser Gottesdienst

Mt 6 24

24 Niemand kann zwei Herren dienen; denn er wird entweder den einen hassen und den anderen lieben, oder dem einen anhangen und den anderen verachten. Ihr könnt nicht Gott dienen und dem Mammon.

Lk 16 13 (Nr. 188)

Kein Knecht kann zwei Herren dienen; denn er wird entweder den einen hassen und den anderen lieben, oder dem einen anhangen und den anderen verachten. Ihr könnt nicht Gott dienen und dem Mammon.

48. Vom Sorgen

Mt 6 25–34

25 Darum sage ich euch: sorgt nicht für euer
Leben, was ihr essen [oder trinken], noch
für euren Leib, was ihr anziehen sollt. Ist
nicht das Leben mehr als die Nahrung und
der Leib (mehr) als die Kleidung? 26 Schaut
die Vögel des Himmels an: sie säen nicht und
ernten nicht und sammeln nicht in Scheu-
nen, und euer himmlischer Vater ernährt sie.
Seid ihr nicht viel mehr (wert) als sie? 27 Wer
von euch vermag aber durch sein Sorgen
seiner (Lebens)länge eine einzige Elle hinzu-
zufügen?
28 Und wozu macht ihr euch Sorgen wegen
(eurer) Kleidung? Betrachtet die Lilien des
Feldes, wie sie wachsen; sie arbeiten nicht
und spinnen nicht. 29 Ich sage euch aber:
selbst Salomon in all seiner Pracht war nicht
gekleidet wie eine von diesen. 30 Wenn aber
Gott (schon) das Gras des Feldes, das heute
steht und morgen in den Ofen geworfen
wird, so kleidet, sollte er es nicht vielmehr
euch (tun), ihr Kleingläubigen? 31 Macht
euch also keine Sorgen und sprecht nicht:
Was sollen wir essen? oder: Was sollen wir
trinken? oder: Was sollen wir anziehen?
32 Denn nach all dem trachten die Heiden.
Euer himmlischer Vater weiß ja, daß ihr das
alles braucht. 33 Trachtet vielmehr zuerst
nach seinem Reich und seiner Gerechtigkeit,
und all dies (andere) wird euch dazugegeben
werden.
34 Macht euch also keine Sorgen um den morgigen Tag; denn der morgige Tag wird für sich selber sorgen. Es ist genug, daß jeder Tag seine (eigene) Plage hat.

Lk 12 22–31 (Nr. 170)

22 Er sprach aber zu seinen Jüngern:
Darum sage ich euch: sorgt nicht für das
Leben, was ihr essen, noch
für den Leib, was ihr anziehen sollt.
23 Denn das Leben ist mehr als die Nahrung und
der Leib (mehr) als die Kleidung. 24 Achtet
auf die Raben: sie säen nicht und
ernten nicht, sie haben nicht Speicher noch Scheu-
ne, und Gott ernährt sie.
Wieviel mehr seid ihr wert als die Vögel! 25 Wer
von euch vermag aber durch sein Sorgen
seiner (Lebens)länge eine Elle hinzu-
zufügen? 26 Wenn ihr nun nicht einmal so Ge-
ringes vermögt, warum macht ihr euch Sorgen um
das übrige? 27 Achtet auf die Lilien,
wie sie weder
spinnen noch weben. Ich sage euch aber:
selbst Salomon in all seiner Pracht war nicht
gekleidet wie eine von diesen. 28 Wenn aber
Gott (schon) auf dem Felde das Gras, das heute
steht und morgen in den Ofen geworfen
wird, so kleidet, wieviel mehr
euch, ihr Kleingläubigen! 29 So fragt auch
ihr nicht,
was ihr essen und was ihr trinken sollt, und ängstigt
euch nicht!
30 Denn nach all dem trachten die Heiden (in) der Welt.
Euer Vater aber weiß, daß ihr das
braucht 31 Trachtet vielmehr
nach seinem Reich,
und dies (andere) wird euch dazugegeben
werden.

49. Vom Richten

Mt 7 1–5

1 Richtet nicht, damit ihr nicht
gerichtet werdet; 2 denn mit dem Gericht,

Lk 6 37 f. 41 f (Nr. 88)

37 Und richtet nicht, dann werdet ihr (auch) nicht gerichtet werden.

mit dem ihr richtet, werdet ihr gerichtet
werden,
und mit dem Maß, mit dem
ihr meßt, wird euch gemessen werden.* 3 Was
siehst du aber den Splitter im Auge deines
Bruders, den Balken in deinem Auge aber
beachtest du nicht? 4 Oder wie kannst du zu
deinem Bruder sagen: Wart, ich will dir den
Splitter aus deinem Auge herausziehen, und
dabei steckt der Balken in deinem Auge?
5 Du Heuchler! Zieh zuerst den Balken aus
deinem Auge, und dann magst du zusehen,
wie du den Splitter aus dem Auge deines
Bruders herausziehst.

Und verurteilt nicht, dann werdet ihr (auch)
nicht verurteilt werden. Sprecht frei, dann werdet ihr
(auch) freigesprochen werden. 38 Gebt, dann wird
euch gegeben werden. Ein gutes, gepreßtes, gerütteltes, überfließendes Maß wird man euch ‚in den Schoß
geben' (vgl. Is 65 6 f); denn mit dem Maß, mit dem
ihr meßt, wird euch wieder gemessen werden.* 41 Was
siehst du aber den Splitter im Auge deines
Bruders, den Balken in deinem eigenen Auge aber
beachtest du nicht? 42 Wie kannst du zu
deinem Bruder sagen: Bruder, wart, ich will dir den
Splitter in deinem Auge herausziehen, während du
selbst den Balken in deinem Auge nicht bemerkst?
Du Heuchler! Zieh zuerst den Balken aus
deinem Auge, und dann magst du zusehen,
wie du den Splitter im Auge deines
Bruders herausziehst.

50. Keine Entweihung des Heiligen

Mt 7 6

6 Gebt das Heilige nicht den Hunden und werft eure Perlen nicht den Schweinen vor, sonst zertreten sie sie mit den Füßen und kehren sich gegen euch und zerreißen euch.

51. Mahnung zum vertrauensvollen Gebet

Mt 7 7–11

7 Bittet, und es wird euch gegeben
werden, suchet, und ihr werdet finden, klopft
an, und es wird euch aufgetan werden. 8 Denn
jeder, der bittet, empfängt, und wer sucht,
findet, und wer anklopft, dem wird aufgetan
werden. 9 Oder gibt es einen unter euch, den
sein Sohn um Brot bittet, und der ihm einen
Stein geben würde? 10 Oder der, wenn er ihn
um einen Fisch bittet, ihm
eine Schlange geben würde?
11 Wenn nun (schon) ihr, die
ihr böse seid, euren Kindern gute Gaben zu
geben wißt, wieviel mehr wird euer Vater im
Himmel denen Gutes geben, die ihn
bitten!

Lk 11 9–13 (Nr. 160):

9 Und ich sage euch: Bittet, und es wird euch gegeben
werden, suchet, und ihr werdet finden, klopft
an, und es wird euch aufgetan werden. 10 Denn
jeder, der bittet, empfängt, und wer sucht,
findet, und wer anklopft, dem wird aufgetan
werden. 11 Wen von euch aber, der Vater ist, würde
sein Sohn [um Brot bitten — würde er ihm etwa einen
Stein geben? Oder er würde ihn]
um einen Fisch bitten — würde er ihm etwa statt
eines Fisches eine Schlange geben? 12 Oder er würde
ihn um ein Ei bitten, — würde er ihm etwa einen
Skorpion dafür geben? 13 Wenn nun (schon) ihr, die
ihr böse seid, euren Kindern gute Gaben zu
geben wißt, wieviel mehr wird der Vater im
Himmel den Heiligen Geist denen geben, die ihn
bitten!

52. Die goldene Regel

Mt 7 12

12 Alles nun, was ihr wollt, daß euch die
Leute tun, das sollt auch ihr ihnen tun;
denn das ist das Gesetz und die Propheten.

Lk 6 31 (Nr. 87):

Und wie ihr wollt, daß euch die
Leute tun, so sollt auch ihr ihnen ebenso tun.

* Mk 4 24 (Nr. 105): Und er sprach zu ihnen: Achtet auf das, was ihr hört! Mit dem Maß, mit dem ihr meßt, wird euch gemessen werden, ja es wird euch noch dazugegeben werden.

53. Die zwei Wege

Mt 7 13 f

13 Geht
ein durch die enge Pforte; denn weit ist die
Pforte und breit der Weg, der ins Verder-
ben führt, und viele sind es, die auf ihm
hineinkommen. 14 Denn eng ist die Pforte
und schmal der Weg, der ins Leben führt,
und wenige sind es, die ihn finden.

Lk 13 23 f (Nr. 177):

23 Es sprach aber einer zu ihm: Herr, sind es wenige,
die gerettet werden? Er aber sprach zu ihnen: 24 Rin-
get darum, durch die enge Türe hineinzukommen;
denn viele, sage ich euch, werden hineinzukommen
suchen, es aber nicht vermögen.

54. Warnung vor falschen Propheten

Mt 7 15–20

15 Nehmt euch in acht vor den falschen Pro-
pheten, die in Schafskleidern zu euch kom-
men, inwendig aber reißende Wölfe sind.
16 An ihren Früchten könnt ihr sie erkennen.
Sammelt man etwa von Dornsträuchern
Trauben oder von Disteln Feigen? 17 So
bringt jeder gute Baum gute Früchte, der
schlechte Baum aber bringt schlechte
Früchte. 18 Ein guter Baum kann keine
schlechten Früchte bringen, und ein schlech-
ter Baum kann keine guten Früchte brin-
gen.* 19 Jeder Baum, der keine gute Frucht
bringt, wird umgehauen und ins Feuer ge-
worfen.** 20 Also: an ihren Früchten könnt
ihr sie erkennen.

Lk 6 43 f (Nr. 89):

44 Denn jeden Baum erkennt man an seiner Frucht.
Denn man sammelt von Disteln keine Feigen und vom
Dornstrauch pflückt man keine Traube.

43 Denn es gibt keinen guten Baum, der
schlechte Frucht bringt, noch umgekehrt einen schlech-
ten Baum, der gute Fucht bringt.*

55. Warnung vor Selbsttäuschung

Mt 7 21–23

21 Nicht jeder, der zu mir: Herr, Herr! sagt,
wird (deshalb schon) ins Himmelreich hin-
einkommen, sondern (nur) wer den Willen
meines Vaters im Himmel tut. 22 Viele wer-
den zu mir an jenem Tage sagen: Herr,
Herr! Haben wir nicht ‚in deinem Namen
geweissagt‘ (Jer 14 14) und mit deinem Na-
men Dämonen ausgetrieben und mit deinem
Namen viele Wunder gewirkt? 23 Und dann
werde ich zu ihnen sagen: Ich habe euch nie
gekannt; ‚weicht von mir, ihr Übeltäter‘
(Ps 6 9).

Lk 6 46 (Nr. 89):

Was nennt ihr mich aber: Herr, Herr!, und tut
nicht, was ich sage?

Lk 13 26 f (Nr. 177):

26 Denn wer-
det ihr anfangen zu sprechen:
Wir haben (doch) mit dir gegessen und
getrunken, und auf unseren Straßen hast du gelehrt.
27 Er aber
wird sagen: Ich sage euch: ich weiß nicht,
woher ihr seid; ‚weicht von mir alle, ihr Übeltäter‘
(Ps 6 9).

---

* Mt 12 33 (Nr. 98): Entweder nehmt an: der Baum ist gut — dann ist auch seine Frucht gut, oder nehmt an: der Baum ist schlecht — dann ist auch seine Frucht schlecht; denn an der Frucht erkennt man den Baum.

** Mt 3 10 = Lk 3 9 (Nr. 15): Jeder Baum nun, der keine gute Frucht bringt, wird umgehauen und ins Feuer geworfen.

56. Schlußgleichnis

Mt 7 24–27

24 Jeder nun, der diese meine Worte
hört und sie tut, der
gleicht einem klugen Mann, der sein Haus
auf Fels baute. 25 Da fiel der Platzregen und
die Ströme kamen und die Winde bliesen
und stürzten sich auf jenes Haus, aber es
stürzte nicht zusammen;
denn es war auf Fels gegründet. 26 Jeder
aber, der diese meine Worte hört und sie
nicht tut, der gleicht einem törichten Mann
der sein Haus auf Sand baute.
27 Da fiel der Platzregen und die Ströme
kamen und die Winde bliesen und stürzten
sich auf jenes Haus, und es stürzte
zusammen, und sein Einsturz war ge-
waltig.

Lk 6 47–49 (Nr. 90):

47 Jeder, der zu mir kommt und meine Worte
hört und sie tut — ich will euch zeigen, wem er
gleicht. 48 Er gleicht einem Mann, der ein Haus
baute, der tief hinein grub und das Fundament
auf Fels legte. Als nun das Hochwasser kam, da bran-
dete die Strömung
gegen jenes Haus, aber sie
vermochte es nicht zu erschüttern, weil es
gut gebaut war. 49 Wer
aber (meine Worte) hört und (sie)
nicht tut, der gleicht einem Mann,
der ein Haus auf den Erdboden baute ohne Funda-
ment. Als die Strömung es umbrandete,
da stürzte es alsbald
zusammen, und der Einsturz jenes Hauses war ge-
waltig.

57. Schlußbemerkung des Evangelisten

Mt 7 28 f

28 Und es begab sich, als Jesus diese Worte beendet hatte, da staunten die Volksmassen über seine Lehre; 29 denn er lehrte sie wie einer, der Vollmacht hat, und nicht so wie ihre Schriftgelehrten.*

58. Die Heilung eines Aussätzigen

Mt 8 1–4

1 Als er aber vom Berge her-
abstieg, folgten ihm große
Volksmassen.
2 Und siehe,
ein Aussätziger trat (an ihn)
heran,
fiel vor ihm nieder und
sprach:
Herr, wenn du
willst, kannst du mich rein
machen. 3 Da streckte er
seine Hand
aus, rührte ihn an und sprach:
Ich will, werde rein.
Und sofort wurde sein Aus-
satz
rein.

Mk 1 40–45

40 Und es kam
ein Aussätziger
zu ihm,
bat ihn kniefällig und
sprach:
Wenn du
willst, kannst du mich rein
machen. 41 Da streckte er
erbarmungsvoll seine Hand
aus, rührte ihn an und sprach
zu ihm: Ich will, werde rein.
42 Und sofort wich der Aus-
satz von ihm, und er wurde
rein. 43 Und er fuhr ihn an,

Lk 5 12–16

12 Und es begab sich, als er in
einer der (galiläischen) Städte
war, siehe, da war ein Mann,
voll von Aussatz. Als er aber
Jesus erblickte, fiel er (vor
ihm) auf sein Angesicht und
bat ihn:
Herr, wenn du
willst, kannst du mich rein
machen. 13 Da streckte er
seine Hand
aus, rührte ihn an und sprach:
Ich will, werde rein.
Und sofort wich der Aus-
satz von ihm.

* Mk 1 21 f (Nr. 25): 21 Und alsbald am Sabbat ging er in die Synagoge und lehrte. 22 Und sie staunten über seine Lehre; denn er lehrte sie wie einer, der Vollmacht hat, und nicht so wie die Schriftgelehrten.

Lk 4 31 f (Nr. 25): 31 Und er lehrte sie am Sabbat. 32 Und sie staunten über seine Lehre; denn sein Reden geschah in Vollmacht.

4 Und Jesus sprach zu ihm:
Nimm dich in acht, sag (es)
niemand, sondern geh
hin, ‚zeige dich dem Priester'
(Lev 14 1–32) und bring
das Opfer
dar, das Moses verordnet hat,
zum Zeugnis (deiner Heilung)
für sie.

trieb ihn alsbald fort
44 und sprach zu ihm:
Nimm dich in acht, sage
niemand etwas, sondern geh
hin, ‚zeige dich dem Priester'
(Lev 14 1–32) und bring für
deine Reinigung (das Opfer)
dar, das Moses verordnet hat,
zum Zeugnis (deiner Heilung)
für sie. 45 Der aber ging weg
und begann eifrig zu verkün-
digen und die Sache zu ver-
breiten, so daß (Jesus) nicht
mehr öffentlich eine Stadt
betreten konnte; sondern
draußen an einsamen Orten
hielt er sich auf. Und (doch)
kamen (die Leute) von über-
allher zu ihm.

14 Und er befahl ihm,
es niemand zu sagen.
Sondern geh hin
und ‚zeige dich dem Priester'
(Lev 14 1–32) und bring für
deine Reinigung (das Opfer)
dar, wie es Moses verordnet hat,
zum Zeugnis (deiner Heilung)
für sie. 15 Sein Ruf aber
verbreitete sich noch mehr,
und große Volksmassen
strömten zusammen, um (ihn)
zu hören und sich von ihren
Krankheiten heilen zu lassen.
16 Er aber lebte zurückgezo-
gen an einsamen Orten und
betete.

59. Der Hauptmann von Kapharnaum*

Mt 8 5–13

5 Als er aber nach Kapharnaum hineinkam,
trat ein Hauptmann an ihn heran und bat
ihn: 6 Herr, mein Knecht liegt zu Hause ge-
lähmt darnieder und leidet große Qualen.

7 Er sprach zu ihm: Ich soll kommen und
ihn heilen?
8 Da antwortete der Haupt-
mann: Herr,
ich bin's nicht wert, daß du unter mein Dach
eingehst,
sondern
sprich nur ein Wort, dann wird mein Knecht
gesund werden. 9 Denn auch ich bin ein
Mann, der unter Kommandogewalt (anderer)
steht, und habe (anderseits) Soldaten unter
mir. Sage ich nun zu diesem: Geh!, so geht
er, und zu einem andern: Komm!, so kommt
er, und zu meinem Knecht: Tu das!, so tut
er es. 10 Als Jesus (das) hörte, wunderte er
sich und sprach zu
seinen Begleitern: Wahrlich, ich sage euch:
bei niemand habe ich solchen Glauben ge-
funden in Israel.

Lk 7 1–10 (Nr. 91):

1 Nachdem er alle seine Worte vor den Ohren des Vol-
kes vollendet hatte, ging er nach Kapharnaum hin-
ein. 2 Der Knecht eines Hauptmanns aber, der ihm viel
wert war, war krank und lag im Sterben. 3 Als (der
Hauptmann) aber von Jesus hörte, sandte er Älteste
von den Juden zu ihm und ließ ihn bitten, er möge
kommen und seinen Knecht gesund machen. 4 Und die
kamen zu Jesus und baten ihn inständig und sprachen:
Er ist es wert, daß du ihm dies gewährst; 5 denn er
liebt unser Volk und hat uns die Synagoge gebaut.
6 Da ging Jesus mit ihnen. Wie er aber nicht (mehr)
weit von dem Hause entfernt war, sandte der Haupt-
mann Freunde und ließ ihm sagen: Herr, bemühe dich
nicht! 7 Ich bin's ja nicht wert, daß du unter mein Dach
eingehst — deshalb habe ich mich auch selber nicht
für würdig gehalten, zu dir zu kommen —, sondern
sprich nur ein Wort, dann wird mein Knecht
gesund werden. 8 Denn auch ich bin ein
Mann, der unter Kommandogewalt (anderer)
steht, und habe (anderseits) Soldaten unter
mir. Sage ich nun zu diesem: Geh!, so geht
er, und zu einem andern: Komm!, so kommt
er, und zu meinem Knecht: Tu das!, so tut
er es. 9 Als Jesus das hörte, wunderte er
sich über ihn und wandte sich zur Volksmenge, die
ihm folgte, und sprach: Ich sage euch:
nicht einmal in Israel habe ich solchen Glauben ge-
funden.

* Vgl. Joh 4 46–54.

[11]Ich sage euch aber: Viele werden von Osten und Westen kommen und mit Abraham, Isaak und Jakob im Himmelreich zu Tische liegen; [12]die Söhne des Reiches aber werden hinausgestoßen werden in die Finsternis draußen;* dort wird Heulen und Zähneknirschen herrschen.**

[13]Und Jesus sprach zu dem Hauptmann: Geh!, wie du geglaubt hast, soll dir geschehen. Und der Knecht wurde in derselben Stunde geheilt.

13 29.28 (Nr. 177): [29]Und sie werden von Osten und Westen und von Norden und Süden kommen und im Reiche Gottes zu Tische liegen. [28]Dort wird Heulen und Zähneknirschen sein, wenn ihr Abraham, Isaak und Jakob und alle Propheten im Reiche Gottes sehen werdet, euch selbst aber hinausgestoßen.

7 10: Und als die Abgesandten in das Haus zurückkehrten, fanden sie den Knecht gesund.

60. Jesus heilt die Schwiegermutter des Petrus

Mt 8 14f

[14]Und Jesus ging in das Haus des Petrus und sah dessen Schwiegermutter am Fieber darniederliegen. [15]Da berührte er ihre Hand, und das Fieber verließ sie. Und sie stand auf und bediente ihn.

Mk 1 29–31 (Nr. 26):

[29]Und als sie die Synagoge verlassen hatten, gingen sie sogleich in das Haus des Simon und Andreas mit Jakobus und Johannes. [30]Die Schwiegermutter Simons aber lag fieberkrank darnieder, und sogleich erzählten sie ihm von ihr. [31]Und er trat hinzu, faßte sie bei der Hand und richtete sie auf. Da verließ sie das Fieber, und sie bediente sie.

Lk 4 38f (Nr. 26):

[38]Und er brach von der Synagoge auf und ging in das Haus des Simon. Die Schwiegermutter des Simon aber war von einem heftigen Fieber befallen, und sie baten ihn ihretwegen. [39]Und er beugte sich über sie, bedrohte das Fieber, und es verließ sie. Sofort aber stand sie auf und bediente sie.

61. Krankenheilungen am Abend

Mt 8 16f

[16]Als es aber Abend geworden war, brachte man zu ihm viele Besessene. Und er trieb die Geister mit (seinem) Wort aus und heilte alle Kranken, [17]damit erfüllt würde, was durch die Propheten Isaias gesprochen wurde, welcher sagt: ‚Er hat unsere Gebrechen (weg)genommen und unsere Krankheiten getragen' (Is 53 4).

Mk 1 32–34 (Nr. 27):

[32]Als es aber Abend geworden war, nach Sonnenuntergang, brachte man zu ihm alle Kranken und Besessenen; [33]und die ganze Stadt war an der Türe versammelt. [34]Und er heilte viele, die an verschiedenen Krankheiten litten, und trieb viele Dämonen aus. Und er ließ die Dämonen nicht reden; denn sie kannten ihn.

Lk 4 40f (Nr. 27):

[40]Bei Sonnenuntergang aber brachten alle, die Kranke mit allerlei Leiden hatten, sie zu ihm. Er aber legte einem jeden von ihnen die Hände auf und heilte sie. [41]Es fuhren aber auch Dämonen von vielen aus, die schrien: Du bist der Sohn Gottes. Und er fuhr sie an und ließ sie nicht reden; denn sie wußten, daß er der Messias war.

* Vgl. Mt 22 13 (Nr. 220); 25 30 (Nr. 238).
** Vgl. Mt 13 42 (Nr. 111); 13 50 (Nr. 113); 22 13 (Nr. 220); 24 51 (Nr. 236); 25 30 (Nr. 238).

62. Von der Nachfolge Jesu

Mt 8 18–22

[18] Als Jesus aber eine große Volksmenge um sich sah, befahl er, an das andere Ufer wegzufahren.
[19] Da trat ein Schriftgelehrter an ihn heran und sprach zu ihm: Meister, ich will dir folgen, wohin immer du gehst. [20] Da sprach Jesus zu ihm: Die Füchse haben Höhlen und die Vögel des Himmels Nester, der Menschensohn aber hat nicht(s), wo er sein Haupt hinlegen kann. [21] Ein anderer aber, (einer) von den Jüngern, sprach zu ihm: Herr, erlaube mir, zuerst hinzugehen und meinen Vater zu begraben! [22] Jesus aber sprach zu ihm: Folge mir und laß die Toten ihre Toten begraben.

Lk 9 57–60 (Nr. 152):

[57] Und wie sie dahinzogen, sprach unterwegs einer zu ihm: Ich will dir folgen, wohin immer du gehst. [58] Da sprach Jesus zu ihm: Die Füchse haben Höhlen und die Vögel des Himmels Nester, der Menschensohn aber hat nicht(s), wo er sein Haupt hinlegen kann. [59] Zu einem anderen aber sprach er: Folge mir nach! Der sprach: Erlaube mir, zuerst hinzugehen und meinen Vater zu begraben! [60] Er aber sprach zu ihm: Laß die Toten ihre Toten begraben; du aber geh hin und verkünde das Reich Gottes!

63. Die Stillung des Seesturmes

Mt 8 23–27

vgl. V. 18 (Nr. 62)

[23] Und er stieg in das Boot, und seine Jünger folgten ihm.

V. 24 b

[24] Und siehe, es erhob sich ein heftiger Sturm auf dem See, so daß das Boot von den Wellen bedeckt wurde.

Er aber schlief. [25] Da traten sie zu ihm hin, weckten ihn und sprachen: Herr, rette (uns), wir gehen unter! [26] Da sprach er zu ihnen: Was seid ihr (so) furchtsam, ihr Kleingläubigen? Dann stand er auf, schalt die Winde und den See, und es ward völlige Stille.

V. 26 a

Mk 4 35–41 (Nr. 116):

[35] Und er sprach zu ihnen an jenem Tage, als es Abend geworden war: Wir wollen an das andere Ufer hinüberfahren. [36] Da ließen (die Jünger) die Volksmenge nach Hause gehen und nahmen ihn, wie er war, im Boote mit, und andere Boote fuhren mit.

V. 38 a

[37] Da erhob sich ein heftiger Sturmwind, und die Wellen schlugen in das Boot, so daß das Boot sich schon (mit Wasser) füllte.
[38] Er aber lag im Hinterteil des Bootes und schlief auf einem Kissen. Da weckten sie ihn und sprachen: Meister, kümmert es dich nicht, daß wir untergehen?

V. 40

[39] Da stand er auf, schalt den Wind und sprach zum See: Schweig, sei still! Da legte sich der Wind, und es ward völlige Stille.
[40] Und er sprach zu ihnen: Was seid

Lk 8 22–25 (Nr. 116):

[22] Es begab sich aber eines Tages, da stieg er mit seinen Jüngern in ein Boot und sprach zu ihnen: Wir wollen an das andere Ufer des Sees hinüberfahren. Und sie fuhren ab.

[23] Während sie aber dahinfuhren, schlief er ein. Da fuhr ein Sturmwind herab auf den See, und das Boot füllte sich (mit Wasser), und ihre Lage wurde gefährlich.

V. 23 a

[24] Da traten sie zu ihm hin, weckten ihn und sprachen: Meister, Meister, wir gehen unter!

V. 25 a

Er aber stand auf, schalt den Wind und den Wogenschwall, und sie hörten auf, und es ward Stille.
[25] Da sprach er zu ihnen:

27 Die Leute aber verwunderten sich und sprachen: Wer ist denn dieser, daß selbst die Winde und der See ihm gehorchen?

ihr (so) furchtsam? Habt ihr noch keinen Glauben? 41 Da befiel sie große Furcht, und sie sagten zueinander: Wer ist denn dieser, daß selbst Sturm und See ihm gehorchen?

Wo ist euer Glaube? Sie aber gerieten in Furcht und Staunen und sagten zueinander: Wer ist denn dieser, daß er selbst den Winden gebietet und dem Wasser, und sie gehorchen ihm?

64. Die Heilung der Besessenen von Gadara

Mt 8 28–34

28 Und als er an das jenseitige Ufer, in das Land der Gadarener kam,
da kamen ihm zwei Besessene entgegen, die aus den Gräbern heraustraten;
die waren sehr gefährlich,
so daß niemand auf jenem Wege vorübergehen konnte.
29 Und siehe, sie schrien: Was haben wir mit dir zu tun, Sohn Gottes? Bist du hierher gekommen, uns vor der Zeit zu quälen?
30 Es weidete aber in (einiger) Entfernung von ihnen eine große Schweineherde.

Mk 5 1–20 (Nr. 117):

1 Und sie kamen an das jenseitige Ufer des Sees, in das Land der Gerasener.
2 Und als er aus dem Boot stieg, kam ihm alsbald aus den Gräbern ein Mann entgegen, der in (der Gewalt) eines unreinen Geistes stand; 3 der hauste in den Gräbern, und nicht einmal mit Fesseln konnte ihn jemand binden; 4 denn oft hatte man ihn schon mit Fußfesseln und Ketten gefesselt, aber die Ketten waren von ihm zerrissen und die Fußfesseln zerrieben worden, und niemand vermochte ihn zu bändigen. 5 Und beständig, Tag und Nacht, hielt er sich in den Gräbern und auf den Bergen auf, schrie und schlug sich mit Steinen. 6 Und als er Jesus von weitem erblickte, lief er herzu, warf sich vor ihm nieder 7 und schrie mit lauter Stimme: Was habe ich mit dir zu tun, Jesus, du Sohn des höchsten Gottes? Ich beschwöre dich bei Gott, quäle mich nicht! 8 Denn (Jesus) hatte zu ihm gesagt: Fahre aus, du unreiner Geist, aus dem Menschen!
V. 4f
9 Und er fragte ihn: Wie heißt du? Und er sprach: Ich heiße Legion; denn wir sind viele.
10 Und er bat ihn dringend, er möge sie nicht aus dem Lande vertreiben.
11 Es weidete aber dort an dem Berge eine große Schweineherde.

Lk 8 26–39 (Nr. 117):

26 Und sie fuhren zum Land der Gerasener, das Galiläa gegenüberliegt.
27 Als er aber ans Land stieg, kam ihm ein Mann aus der Stadt entgegen, der Dämonen hatte und seit langer Zeit kein Gewand mehr anzog und sich in keinem Hause mehr aufhielt, sondern in den Gräbern.
Vgl. V. 26b
28 Als er aber Jesus erblickte, schrie er auf, fiel vor ihm nieder und rief mit lauter Stimme: Was habe ich mit dir zu tun, Jesus, du Sohn des höchsten Gottes? Ich bitte dich, quäle mich nicht! 29 Denn Jesus hatte dem unreinen Geist befohlen, aus dem Menschen auszufahren. Denn schon oft hatte er ihn gepackt, und man hatte ihn mit Ketten und Fußfesseln gefesselt und bewacht, aber er zerriß die Fesseln und wurde von den Dämonen in die Einöde getrieben. 30 Jesus aber fragte ihn: Wie heißt du? Er sprach: Legion. Denn viele Dämonen waren in ihn gefahren. 31 Und (die Dämonen) baten ihn, er möge ihnen nicht befehlen, in den Abgrund zu fahren.
32 Es war aber dort eine Herde von vielen Schweinen, die an dem Berge weideten. Da baten

31 Die Dämonen baten ihn
nun: Wenn du uns austreibst,
so schicke uns in die Schweine-
herde! 32 Da sprach
er zu ihnen: Fahret hin! Da
fuhren sie aus
und fuhren in die Schweine;
und siehe, die ganze Herde
stürmte den Abhang hinab in
den See und
kam im Wasser um. 33 Die
Hirten aber flohen,
und als sie in die Stadt ge-
kommen waren, meldeten sie
alles, auch das von den Be-
sessenen. 34 Und siehe, die
ganze Stadt zog hinaus, Jesus
entgegen, und als sie ihn sa-
hen,

baten sie ihn,

er möge ihr Gebiet verlassen.

12 Da baten ihn die (Dämonen):

Schicke uns die Schweine,
laß uns in sie hineinfahren!
13 Und er erlaubte es ihnen. Da
fuhren die unreinen Geister aus
und fuhren in die Schweine,
und die Herde
stürmte den Abhang hinab in
den See, an zweitausend Stück, und
ertranken im See. 14 Da flohen ihre
Hirten
und meldeten es in der
Stadt und auf den Höfen.

Und (die Leute) kamen,
um zu sehen, was geschehen
war. 15 Und sie kamen zu Jesus und
sahen den Besessenen, der die
„Legion" gehabt hatte, dasitzen, be-
kleidet und bei Sinnen,
und gerieten in Furcht.
16 Und die Augenzeugen erzählten
ihnen, was (mit) dem Besessenen ge-
schehen war, und (die Sache) mit den
Schweinen. 17 Da baten sie ihn,

er möge ihr Gebiet verlassen.

18 Und als er in das Boot stieg,

bat ihn der (früher) Besessene,
bei ihm bleiben zu
dürfen. 19 Er aber erlaubte es ihm
nicht, sondern sprach zu ihm: Geh
nach Hause zu den Deinen und
melde ihnen, was der Herr Großes
an dir getan und (wie er) sich deiner
erbarmt hat. 20 Da ging er hinweg
und verkündigte in der Dekapolis,
was Jesus an ihm Großes getan
hatte, und alle verwunderten sich.

sie ihn,

er möge ihnen erlauben, in
diese zu fahren.
Und er erlaubte es ihnen. 33 Da
fuhren die Dämonen aus dem Men-
schen aus und fuhren in die Schweine,
und die Herde
stürmte den Abhang hinab in
den See und
ertrank. 34 Als aber die Hir-
ten sahen, was geschehen war,
flohen sie und meldeten es in der
Stadt und auf den Höfen.

35 Da kamen (die Leute)
hinaus, um zu sehen, was geschehen
war. Und sie kamen zu Jesus und
fanden den Menschen, aus dem die
Dämonen ausgefahren waren, be-
kleidet und bei Sinnen zu den Füßen
Jesu dasitzen und gerieten in Furcht.
36 Die Augenzeugen aber berichteten
ihnen, wie der Besessene gesund
geworden war.
37 Da bat ihn die
ganze Bevölkerung aus dem Gebiet
der Gerasener, er möge sie verlassen;
denn sie waren von großer Furcht
erfüllt. Er aber stieg in das Boot
und fuhr zurück. 38 Der Mann aber,
aus dem die Dämonen ausgefahren
waren, bat ihn, bei ihm bleiben zu
dürfen. Er schickte ihn aber fort und
sprach: 39 Kehre
in dein Haus zurück und
erzähle, was Gott Großes
an dir getan
hat. Da ging er hinweg
und verkündigte in der ganzen Stadt,
was Jesus an ihm Großes getan
hatte.

65. Die Heilung eines Gelähmten

Mt 9 1–8

1 Und er stieg ins Boot, fuhr
über (den See) und
kam
in seine Stadt.

Mk 2 1–12

1 Und als er
einige Tage später wieder nach
Kapharnaum kam, wurde be-
kannt, daß er zu Hause sei.
2 Da strömten viele zusam-
men, so daß der Platz nicht

Lk 5 17–26

17 Und es begab sich eines Ta-
ges, da er eben lehrte, saßen

2 Und siehe,
sie brachten ihm einen Ge-
lähmten, der auf einer Bahre
lag.

Und als Jesus
ihren Glauben sah,
sprach er zu dem Gelähmten:
Fasse Mut, mein Kind, deine
Sünden sind vergeben. 3 Und
siehe, einige Schrift-
gelehrte
sprachen bei sich:
Der lästert.

4 Und Jesus kannte
ihre Gedanken und
sprach: Warum denkt ihr
Böses in euren Herzen? 5 Was
ist denn leichter,
zu sagen: Deine Sünden
sind vergeben, oder zu
sagen: Steh auf
und geh umher? 6 Da-
mit ihr aber wißt, daß der
Menschensohn Vollmacht hat,
auf Erden Sünden zu verge-
ben — da sprach er zu dem
Gelähmten:
Steh auf, nimm deine Bahre
und geh nach Hause. 7 Da
stand (dieser)
auf
und ging
nach Hause.

mehr reichte, auch nicht vor
der Türe; und er richtete an
sie das Wort.

3 Da kamen
Leute, die einen Gelähmten
zu ihm brachten, der von vier
(Mann) getragen wurde.

4 Und als sie ihn wegen der
Volksmenge nicht zu ihm hin-
bringen konnten, deckten sie
das Dach (des Hauses), wo
(Jesus) war, ab, brachen es
durch und ließen die Bahre
hinab, auf welcher der Ge-
lähmte lag. 5 Und als Jesus
(daraus) ihren Glauben sah,
sprach er zu dem Gelähmten:
Mein Kind, deine
Sünden sind vergeben. 6 Es
saßen aber dort einige Schrift-
gelehrte und dachten in ihrem
Herzen: 7 Wie kann der so
reden? Er lästert.
Wer kann Sünden
vergeben außer Gott allein?
8 Und sogleich erkannte Je-
sus in seinem Geiste, daß sie
so bei sich dachten, und
sprach zu ihnen: Was denkt ihr
so in euren Herzen? 9 Was
ist leichter, zu dem Gelähm-
ten zu sagen: Deine Sünden
sind vergeben, oder zu
sagen: Steh auf, nimm deine
Bahre und geh umher? 10 Da-
mit ihr aber wißt, daß der
Menschensohn Vollmacht hat,
auf Erden Sünden zu verge-
ben — sprach er zu dem
Gelähmten: 11 Ich sage dir:
steh auf, nimm deine Bahre
und geh nach Hause. 12 Da
stand (dieser)
auf, nahm seine
Bahre
und ging sogleich
vor aller Augen hinweg,

Pharisäer und Gesetzeslehrer
(dabei) [und Leute], die aus
allen Dörfern von Galiläa und
Judäa und aus Jerusalem ge-
kommen waren. Und die Kraft
des Herrn war in ihm wirk-
sam zum Heilen.
18 Und siehe, da erschienen
Männer, die auf einer Bahre
einen Menschen trugen, der
gelähmt war. Und sie suchten
ihn hineinzubringen und vor
Jesus hinzulegen. 19 Da sie
aber wegen der Volksmenge
keinen Weg fanden, ihn hin-
einzubringen, stiegen sie auf
das Dach und ließen ihn durch
die Ziegel mitsamt seiner
Bahre hinab, mitten vor Jesus
hin. 20 Und als er
(daraus) ihren Glauben sah,
sprach er:
Mensch, deine
Sünden sind dir vergeben. 21 Da
begannen die Schriftgelehrten
und die Pharisäer sich Gedan-
ken zu machen: Wer ist denn
der, der (solche) Lästerworte
ausspricht? Wer kann Sünden
vergeben außer Gott allein?
22 Jesus aber erkannte
ihre Gedanken und
sprach zu ihnen: Was denkt ihr
in euren Herzen? 23 Was
ist leichter,
zu sagen: Deine Sünden
sind dir vergeben, oder zu
sagen: Steh auf
und geh umher? 24 Da-
mit ihr aber wißt, daß der
Menschensohn Vollmacht hat,
auf Erden Sünden zu verge-
ben — sprach er zu dem
Gelähmten: Ich sage dir:
steh auf, nimm deine Bahre
und geh nach Hause. 25 Da
stand (dieser) sogleich vor
ihren Augen auf, nahm (die
Bahre), worauf er gelegen
hatte, und ging,
Gott preisend, nach Hause.

8 Als aber die Volksmenge (das) sah, geriet sie in Furcht und pries Gott, der den Menschen solche Vollmacht gegeben hat.	so daß alle (vor Staunen) außer sich gerieten und Gott priesen, indem sie sprachen: So etwas haben wir noch nie erlebt.	26 Da gerieten alle (vor Staunen) außer sich, priesen Gott und wurden voll Furcht und sprachen: Unglaubliches haben wir heute erlebt.

66. Die Berufung des Levi (Matthäus) und Jesu Verkehr mit den Zöllnern

Mt 9 9–13	Mk 2 13–17	Lk 5 27–32
	13 Und er ging ein anderes Mal hinaus an den See, und alles Volk kam zu ihm, und er lehrte sie.	27 Und hierauf ging er hinaus.
9 Und als Jesus von dort weiterging, sah er einen Mann an der Zollstätte sitzen, Matthäus mit Namen,	14 Und im Vorbeigehen sah er Levi, den Sohn des Alphäus, an der Zollstätte sitzen	Und er erblickte einen Zöllner, namens Levi, an der Zollstätte sitzen
und sprach zu ihm: Folge mir nach! Und er stand auf und folgte ihm nach.	und sprach zu ihm: Folge mir nach! Und er stand auf und folgte ihm nach.	und sprach zu ihm: Folge mir nach! 28 Und er verließ alles, stand auf und folgte ihm nach.
10 Und es begab sich, als er im Hause zu Tische lag, siehe, da kamen viele Zöllner und Sünder und lagen mit Jesus und seinen Jüngern zusammen zu Tische.	15 Und es begab sich, daß er in seinem Hause zu Tische lag. Und viele Zöllner und Sünder lagen mit Jesus und seinen Jüngern zusammen zu Tische; denn es waren viele, die ihm nachfolgten.	29 Und Levi veranstaltete ihm (zu Ehren) ein großes Gastmahl in seinem Hause. Und es war eine große Schar von Zöllnern und anderen (da), die mit ihnen zu Tische lagen.
11 Und als (das) die Pharisäer sahen, sprachen sie zu seinen Jüngern: Warum ißt euer Meister mit den Zöllnern und Sündern?	16 Und als die Schriftgelehrten (von der Partei) der Pharisäer sahen, daß (Jesus) mit den Zöllnern und Sündern aß, sprachen sie zu seinen Jüngern: Mit den Zöllnern und Sündern ißt er!	30 Da murrten die Pharisäer und ihre Schriftgelehrten seinen Jüngern gegenüber und sprachen: Warum eßt und trinkt ihr mit den Zöllnern und Sündern?
12 Er aber hörte es und sprach: Nicht die Gesunden brauchen den Arzt, sondern die Kranken. 13 Geht aber hin und lernt, was das heißt: ‚Barmherzigkeit will ich und nicht Opfer' (Os 6 6)*;	17 Und Jesus hörte es und sprach zu ihnen: Nicht die Gesunden brauchen den Arzt, sondern die Kranken.	31 Da antwortete ihnen Jesus: Nicht die Gesunden brauchen den Arzt, sondern die Kranken.
denn ich bin nicht gekommen, Gerechte zu berufen, sondern Sünder.	Ich bin nicht gekommen, Gerechte zu berufen, sondern Sünder.	32 Ich bin nicht gekommen, Gerechte zu berufen, sondern Sünder zur Umkehr.

67. Die Fastenfrage

Mt 9 14–17	Mk 2 18–22	Lk 5 33–39
14 Da traten die Jünger des Johannes zu ihm und	18 Und die Jünger des Johannes und die Pharisäer fasteten. Da kamen (Leute) und	33 Sie aber

* Mt 12 7 (Nr. 82): Hättet ihr aber begriffen, was das bedeutet: ‚Barmherzigkeit will ich und nicht Opfer' (Os 6 6), dann hättet ihr die Schuldlosen nicht verurteilt.

sprachen: Warum fa-
sten wir
und
die Pharisäer [viel], deine
Jünger aber fasten nicht?
15 Da sprach Jesus zu ihnen:
Können etwa die Hochzeits-
gäste trauern, solange der
Bräutigam bei ihnen ist?

Es werden aber Tage kom-
men, da der
Bräutigam ihnen entrissen
sein wird, und dann werden
sie fasten.

16 Niemand aber setzt einen
Lappen von ungewalktem
Tuch auf ein altes Kleid;
denn das aufgenähte
Stück reißt vom Kleid (noch
etwas) ab, und es gibt einen
noch schlimmeren Riß
17 Und
man gießt nicht jungen Wein
in alte Schläuche. Sonst
zerreißen die Schläuche,
und der Wein
wird verschüttet und die
Schläuche sind verloren,
sondern jungen Wein gießt
man in neue Schläuche, und
(dann) bleiben beide erhalten.

sprachen zu ihm: Warum fa-
sten die Jünger des Johannes
und die Jünger
der Pharisäer, deine
Jünger aber fasten nicht?
19 Da sprach Jesus zu ihnen:
Können etwa die Hochzeits-
gäste, solange der Bräutigam
bei ihnen ist, fasten? Solange
sie den Bräutigam bei sich
haben, können sie nicht fasten.
20 Es werden aber Tage kom-
men, da der
Bräutigam ihnen entrissen
sein wird, und dann werden
sie fasten, an jenem Tage.

21 Niemand näht einen
Lappen von ungewalktem
Tuch auf ein altes Kleid;
sonst reißt das aufgenähte
Stück davon ab, das Neue
vom Alten, und es gibt einen
noch schlimmeren Riß.
22 Und
niemand gießt jungen Wein
in alte Schläuche. Sonst wird
der Wein die Schläuche
zersprengen, und der Wein
geht zugrunde und die
Schläuche auch,
sondern jungen Wein (gießt
man) in neue Schläuche.

sprachen zu ihm: Die Jünger
des Johannes fasten oft und
verrichten Gebete, ebenso
auch die Pharisäer, die dei-
nigen aber essen und trinken.
34 Jesus aber sprach zu ihnen:
Könnt ihr denn die Hochzeits-
gäste, solange der Bräutigam
bei ihnen ist, fasten lassen?

35 Es werden aber Tage kom-
men, und wenn (dann) der
Bräutigam ihnen entrissen
sein wird, dann werden
sie fasten, in jenen Tagen.
36 Er sagte ihnen aber auch ein
Gleichnis: Niemand schneidet
einen Lappen von einem neu-
en Kleid ab und näht ihn auf
ein altes Kleid. Sonst würde
er ja das neue (Kleid) zer-
schneiden, und zum alten
würde der Lappen von dem
neuen nicht passen. 37 Und
niemand gießt jungen Wein
in alte Schläuche. Sonst wird
der junge Wein die Schläuche
zersprengen, und er selbst
wird verschüttet und die
Schläuche gehen zugrunde,
38 sondern jungen Wein muß
man in neue Schläuche gie-
ßen. 39 Und niemand, der alten
(Wein) getrunken hat, will
jungen; denn er sagt: Der
alte ist besser.

68. Die Auferweckung der Tochter des Jairus und die Heilung der blutflüssigen Frau

Mt 9 18–26

18 Während er dies zu ihnen
sprach,
siehe, da trat ein Vorsteher
heran,
fiel vor ihm nieder und
sprach:

Meine Tochter

Mk 5 21–43 (Nr. 118):

21 Und als Jesus im Boot wieder an
das andere Ufer hinübergefahren
war, versammelte sich eine große
Volksmenge um ihn, und er befand
sich am See.
22 Da kam einer von den Synagogen-
vorstehern, Jairus mit Namen. Und
als er ihn erblickte, fiel er ihm zu
Füßen 23 und bat ihn inständig:
Mein Töchterchen (vgl. V. 42)

Lk 8 40–56 (Nr. 118):

40 Es begab sich aber, als Jesus
zurückkehrte, nahm ihn das Volk in
Empfang; denn alle warteten auf
ihn.
41 Und siehe, da kam ein Mann na-
mens Jairus, und der war Vorsteher
der Synagoge. Und er fiel Jesus zu
Füßen und bat ihn, in sein Haus zu
kommen; 42 denn er hatte eine
einzige Tochter von etwa zwölf Jah-

ist soeben gestorben; aber komm und lege ihr die Hand auf, dann wird sie (wieder) lebendig werden. [19] Und Jesus stand auf und folgte ihm mit seinen Jüngern.
[20] Und siehe, eine Frau, die (schon) zwölf Jahre an Blutfluß litt,

trat zu ihm hin und berührte von hinten die Quaste seines Gewandes; [21] denn sie dachte bei sich: Wenn ich nur sein Gewand berühre, so werde ich gesund werden.

[22] Jesus aber

wandte sich um,

und als er sie sah, sprach er: Fasse Mut, meine Tochter, dein Glaube hat dir geholfen. Und die Frau ward gesund von jener Stunde an.

---

liegt im Sterben;
komm und lege ihr die Hände auf, damit sie gesund wird und am Leben bleibt. [24] Da ging (Jesus) mit ihm, und eine große Menge folgte ihm, und sie umdrängten ihn.
[25] Und eine Frau, die (schon) zwölf Jahre an Blutfluß litt [26] und viel gequält worden war von vielen Ärzten und ihr ganzes Vermögen aufgewendet, aber keinen Erfolg gehabt hatte, sondern nur noch elender geworden war, [27] — die hatte von Jesus gehört und kam unter der Volksmenge und berührte von hinten sein Gewand; [28] denn sie sagte (sich): Wenn ich auch nur seine Kleider berühre, so werde ich gesund werden. [29] Und sogleich versiegte der Quell ihres Blutes, und sie spürte es an ihrem Körper, daß sie von ihrem Leiden geheilt sei.
[30] Und sogleich merkte Jesus an sich, daß eine Kraft von ihm ausgegangen war, wandte sich in der Menge um und sprach: Wer hat meine Kleider angerührt?
[31] Da sagten seine Jünger zu ihm: Du siehst (doch), wie die Menge dich umdrängt, und sagst (noch): Wer hat mich angerührt? [32] Und er blickte umher, um die zu sehen, die es getan hatte.
vgl. V. 30 a
[33] Die Frau aber, voll Furcht und Zittern im Bewußtsein dessen, was (an) ihr geschehen war, kam (herbei), fiel vor ihm nieder und sagte ihm die ganze Wahrheit.

[34] Er aber sprach zu ihr: Meine Tochter, dein Glaube hat dir geholfen; geh hin in Frieden und sei geheilt von deinem Leiden!
[35] Während er noch redete, kamen Leute vom (Hause des) Synagogenvorsteher(s) und sagten: Deine Tochter ist gestorben. Was bemühst du den Meister noch? [36] Jesus aber,

---

ren, und die lag im Sterben.

Während aber (Jesus) hinging,

umdrängten ihn die Massen.
[43] Und eine Frau, die (schon) seit zwölf Jahren an Blutfluß litt
(und) die [ihr ganzes Vermögen für die Ärzte aufgewendet, aber] von keinem hatte geheilt werden können,

[44] trat zu ihm hin und berührte von hinten [die Quaste] sein[es] Gewand[es].

Und sogleich kam ihr Blutfluß zum Stillstand.

[45] Und Jesus
(vgl. V. 46 b)

sprach: Wer war es, der mich angerührt hat? Als aber alle leugneten, sagte Petrus [und seine Genossen]: Meister,
die Volksmassen umringen und bedrängen dich (doch) [und du fragst: Wer war es, der mich angerührt hat?]. [46] Jesus aber sprach: Es hat mich jemand angerührt; denn ich merkte, wie eine Kraft von mir ausging. [47] Als nun die Frau sah, daß sie nicht verborgen geblieben war, kam sie zitternd (herbei), fiel vor ihm nieder und bekannte vor allem Volk, weshalb sie ihn angerührt hatte und wie sie sofort geheilt worden war. [48] Er aber sprach zu ihr: Meine Tochter, dein Glaube hat dir geholfen; geh hin in Frieden!

[49] Während er noch redete, kam jemand vom (Hause des) Synagogenvorsteher(s) und sagte: Deine Tochter ist gestorben. Bemühe den Meister nicht mehr! [50] Jesus aber

23 Und als Jesus in das Haus des Vorstehers kam und die Flötenspieler und die lärmende Menge sah, sprach er: 24 Geht weg; denn das Mädchen ist nicht gestorben, sondern schläft (nur). Da verlachten sie ihn.

25 Als aber die Menge hinausgetrieben war, trat er ein und ergriff ihre Hand, und das Mädchen stand auf.

26 Und die Kunde davon drang hinaus in die ganze Gegend.

---

der nebenher hörte, was gesprochen wurde, sprach zu dem Synagogenvorsteher: Fürchte dich nicht, glaube nur!

37 Und er erlaubte niemand, ihn zu begleiten, außer dem Petrus, Jakobus und Johannes, dem Bruder des Jakobus.

V. 40 b

38 Und sie gingen zum Haus des Synagogenvorstehers, und er gewahrte den Lärm, wie sie weinten und laut wehklagten. 39 Und er trat ein und sprach zu ihnen: Was lärmt und weint ihr? Das Kind ist nicht gestorben, sondern schläft (nur). 40 Da verlachten sie ihn.

Er aber wies alle hinaus und nahm (nur) den Vater und die Mutter des Mädchens und seine Begleiter mit und trat (in das Zimmer), wo das Kind lag. 41 Und er ergriff die Hand des Kindes und sprach zu ihr: Talitha kumi!, das heißt übersetzt: Mädchen, ich sage dir, steh auf! 42 Und sogleich stand das Mädchen auf und ging umher; es war nämlich zwölf Jahre alt.

V. 43 b

Da gerieten (die Leute) sogleich außer sich vor Schrecken. 43 Und er gebot ihnen dringend, daß niemand dies erfahren solle, und sagte, man solle ihr zu essen geben.

---

hörte (das) und redete (den Jairus) an: Fürchte dich nicht, glaube nur, und sie wird gerettet werden. 51 Als er aber das Haus betrat, ließ er niemand mit sich eintreten außer den Petrus, Johannes und Jakobus und den Vater und die Mutter des Mädchens.

52 Es weinten aber alle und klagten um sie. Er aber sprach: Weint nicht; sie ist nicht gestorben, sondern schläft nur. 53 Da verlachten sie ihn, da sie ja wußten, daß sie gestorben war.

V. 51

54 Er aber ergriff ihre Hand und rief: Mädchen, steh auf! 55 Da kehrte ihr Geist zurück, und sie stand sogleich auf;

vgl. V. 42 a

und er befahl, man solle ihr zu essen geben. 56 Da gerieten ihre Eltern (ganz) außer sich. Er aber gebot ihnen, niemand das Geschehene zu erzählen.

V. 55 b

69. Heilung zweier Blinden und eines Stummen*

Mt 9 27–34

27 Und als Jesus von da weiterging, folgten ihm zwei Blinde, die schrien: Erbarme dich unser, Sohn Davids! 28 Als er aber das Haus betrat, kamen die zwei Blinden zu ihm, und Jesus sprach zu ihnen: Glaubt ihr, daß ich dies tun kann? Sie sprachen zu ihm: Ja, Herr.

---

* Mt 20 29–34 (Nr. 208): 29 Und als sie Jericho verließen, folgte ihm eine

Mk 10 46–52 (Nr. 208): 46 Und sie kamen nach Jericho. Und als er mit seinen Jüngern und vielem Volk Jericho verließ,

Lk 18 35–43 (Nr. 208): 35 Es begab sich aber, als er in die Nähe von Jericho kam,

29 Da berührte er ihre Augen und sprach: Nach eurem Glauben geschehe euch! 30 Da wurden
ihre Augen geöffnet. Und Jesus fuhr sie an: Nehmt euch in acht, niemand soll es erfahren!
31 Sie aber gingen hinaus und verbreiteten die Kunde von ihm in jener ganzen Gegend.*
32 Als sie aber fortgegangen waren, siehe, da brachte man ihm einen stummen Beses-
senen. 33 Und als der Dämon ausgetrieben war, konnte der Stumme reden. Da staunten
die Volksmassen und sprachen: Niemals ist so (etwas) in Israel vorgekommen. 34 Die Phari-
säer aber sprachen: Durch den Obersten der Dämonen treibt er die Dämonen aus.**

---

große Volksmenge. 30 Und siehe, zwei Blinde saßen am Wege. Und als sie hörten, daß Jesus vorbeikomme, schrien sie: Herr, erbarme dich unser, Sohn Davids!
31 Die Volksmenge aber fuhr sie an, sie sollten schweigen. Sie aber schrien (nur) noch lauter: Herr, erbarme dich unser, Sohn Davids!
32 Da blieb Jesus stehen, ließ sie herbeirufen und sprach: Was wollt ihr, daß ich euch tun soll? 33 Sie sprachen zu ihm: Herr, daß unsere Augen geöffnet werden.
34 Da berührte Jesus, von Mitleid ergriffen, ihre Augen, und sogleich konnten sie wieder sehen und folgten ihm.

saß der Sohn des Timäus, Bartimäus, ein blinder Bettler, am Wege.. 47 Und als er hörte, es sei Jesus von Nazareth, begann er zu schreien: Sohn Davids, Jesus, erbarme dich meiner!
48 Da fuhren ihn viele an, er solle schweigen. Er aber schrie (nur) noch lauter: Sohn Davids, erbarme dich meiner!
49 Da blieb Jesus stehen und sprach: Ruft ihn her! Und sie riefen dem Blinden und sagten zu ihm: Fasse Mut, steh auf, er ruft dich. 50 Da warf er seinen Mantel ab, sprang auf und kam zu Jesus.
51 Und Jesus redete ihn an und sprach zu ihm: Was willst du, daß ich dir tun soll? Der Blinde aber sprach zu ihm: Rabbuni, ich möchte wieder sehen können.
52 Da sprach Jesus zu ihm: Geh, dein Glaube hat dir geholfen. Und sogleich konnte er wieder sehen und folgte ihm auf dem Wege.

saß ein Blinder am Wege und bettelte. 36 Als der hörte, wie eine Volksmenge vorüberzog, fragte er, was das bedeute. 37 Und man teilte ihm mit, daß Jesus von Nazareth vorüberziehe. 38 Da rief er laut: Jesus, Sohn Davids, erbarme dich meiner!
39 Da fuhren ihn die (im Zuge) Vorangehenden an, er solle schweigen. Er aber schrie (nur) noch lauter: Sohn Davids, erbarme dich meiner!
40 Da blieb Jesus stehen und ließ ihn zu sich führen.
41 Als er nahe herangekommen war, fragte er ihn: Was willst du, daß ich dir tun soll? Er aber sprach: Herr, ich möchte wieder sehen können.
42 Da sprach Jesus zu ihm: Sei wieder sehend, dein Glaube hat dir geholfen. 43 Und sogleich konnte er wieder sehen und folgte ihm, Gott preisend. Und das ganze Volk, das zusah, gab Gott die Ehre.

* Vgl. Mk 1 43–45 (Nr. 58): 43 Und er fuhr ihn an und trieb ihn alsbald fort 44 und sprach zu ihm: Nimm dich in acht, sage niemand etwas . . . 45 Der aber ging weg und begann eifrig zu verkünden und die Sache zu verbreiten.

** Mt 12 22–24 (Nr. 98): 22 Da wurde ein Besessener zu ihm gebracht, der blind und stumm war. Und er heilte ihn, so daß der Stumme reden und sehen konnte. 23 Da gerieten die Volksmassen alle außer sich und sprachen: Ist dieser etwa der Sohn Davids? 24 Als aber die Pharisäer das hörten, sprachen sie: Dieser treibt die Dämonen nur durch Beelzebul, den Obersten der Dämonen, aus.

Lk 11 14f (Nr. 161): 14 Und er trieb einen Dämon aus, und der war stumm. Es begab sich aber, als der Dämon ausgefahren war, konnte der Stumme reden. Da staunten die Volksmassen.
15 Einige von ihnen aber sagten: Durch Beelzebul, den Obersten der Dämonen, treibt er die Dämonen aus.

Die Aussendung der Jünger

Mt 9 35–11 1

70. Der Spruch von der Ernte

Mt 9 35–38	Mk 6 34 (Nr. 124):	Lk 10 2 (Nr. 153):
35 Und Jesus zog umher durch alle Städte und Dörfer, lehrte in ihren Synagogen, predigte die Frohbotschaft vom Reich und heilte jegliche Krankheit und jegliches Gebrechen. *		
36 Als er aber die Volksmassen sah, wurde er von Mitleid mit ihnen ergriffen; denn sie waren abgehetzt und hingestreckt wie Schafe, die keinen Hirten haben.	Und als er ausstieg, sah er eine große Volksmenge und wurde von Mitleid mit ihnen ergriffen; denn sie waren wie Schafe ohne Hirt.	
37 Da sprach er zu seinen Jüngern: Die Ernte ist groß, aber die Arbeiter sind wenige. 38 Bittet also den Herrn der Ernte, daß er Arbeiter in seine Ernte sende.		Er sprach aber zu ihnen: Die Ernte ist groß, aber die Arbeiter sind wenige. Bittet also den Herrn der Ernte, daß er Arbeiter in seine Ernte sende.

71. Die Aussendung der Jünger

Mt 10 1–16	Mk 6 7 (Nr. 120):	Lk 9 1 (Nr. 120):	
1 Und er rief seine zwölf Jünger zu sich	Und er rief die Zwölf zu sich und sandte sie paarweise aus	Er rief aber die Zwölf zusammen	
und gab ihnen Vollmacht über die unreinen Geister, sie auszutreiben, und jegliche Krankheit und jegliches Gebrechen zu heilen.	und gab ihnen Vollmacht über die unreinen Geister.	und gab ihnen Kraft und Vollmacht über alle Dämonen und zur Heilung von Krankheiten.	
	3 14–19 (Nr. 85):	6 13–16 (Nr. 85):	
	14 Und er bestimmte Zwölf, daß sie (immer) bei ihm seien, und daß er sie aussende, um zu predigen 15 und Vollmacht zu haben, die Dämonen auszutreiben.	13 (Und er) rief seine Jünger zu sich und wählte von ihnen zwölf aus, die er dann Apostel nannte,	
2 Dies aber sind die Namen der zwölf Apostel: an erster Stelle Simon, Petrus genannt, und sein Bru-	16 Und so bestimmte er die Zwölf — und legte dem Simon den Namen Petrus bei, 17 und	14 (nämlich) Simon, den er auch Petrus nannte, und seinen Bru-	vgl. Apg 1 13

* Mt 4 23 (Nr. 29): Und er zog in ganz Galiläa umher, lehrte in ihren Synagogen, predigte die Frohbotschaft vom Reich und heilte jegliche Krankheit und jegliches Gebrechen im Volke.

der Andreas, und Jakobus, der Sohn des Zebedäus, und sein Bruder Johannes,	Jakobus, den Sohn des Zebedäus, und Johannes, den Bruder des Jakobus, und legte ihnen den Namen Boanerges bei, das heißt Donnersöhne, 18 und den Andreas	der Andreas, Jakobus und Johannes,	
3 Philippus und Bartholomäus, Thomas und Matthäus, der Zöllner, Jakobus, der Sohn des Alphäus, und Thaddäus, 4 Simon Kananäus	und Philippus und Bartholomäus und Matthäus und Thomas und Jakobus, den Sohn des Alphäus, und Thaddäus und Simon Kananäus	Philippus und Bartholomäus, 15 Matthäus und Thomas, Jakobus, den Sohn des Alphäus, und Simon, der der Zelot genannt wurde, 16 Judas, den (Bruder) des Jakobus,	
und Judas Iskariotes, der ihn auch überlieferte.	19 und Judas Iskarioth, der ihn auch überlieferte.	und Judas Iskarioth, der zum Verräter wurde.	
5 Diese Zwölf sandte Jesus aus und trug ihnen (dabei) auf: Geht nicht auf den Weg zu den Heiden und betretet keine Stadt der Samariter. 6 Geht vielmehr zu den verlorenen Schafen des Hauses Israel. 7 Geht aber hin und predigt: Das Himmelreich ist nahe herbeigekommen.		9 2–5 (Nr. 120): 2 Und er sandte sie aus, das Reich Gottes zu verkündigen und zu heilen,	vgl. Lk 10 9 (S. 56)
8 Heilt Kranke, erweckt Tote, macht Aussätzige rein, treibt Dämonen aus. Umsonst habt ihr's empfangen, umsonst gebt.	6 8–11 (Nr. 120):		Lk 10 4–13 (Nr. 153):
9 Erwerbt euch kein Gold noch Silber noch Kupfer in euren Gürtel, 10 (nehmt) keinen Ranzen (mit) auf den Weg, noch zwei Röcke, noch Schuhe, noch einen (Wander)stab; denn der Arbeiter ist seiner Nahrung wert.	8 Und er befahl ihnen, sie sollten nichts auf den Weg mitnehmen außer einem (Wander)stab, kein Brot, keinen Ranzen, kein Geld im Gürtel, 9 nur Sandalen an den Füßen; und zieht nicht zwei Röcke an!	3 und sprach zu ihnen: Nehmt nichts mit auf den Weg, weder einen (Wander)stab noch einen Ranzen, noch Brot, noch Geld, noch sollt ihr zwei Röcke haben.	4 Nehmt keinen Geldbeutel mit, keinen Ranzen und keine Schuhe; und grüßt niemand unterwegs! V. 7 b

11 Wenn ihr eine Stadt oder ein Dorf betretet, so erkundet, wer darin (dessen) wert ist; und dort bleibt, bis ihr weiterwandert. 12 Wenn ihr aber ein Haus betretet, so bietet ihm den Gruß. 13 Und wenn das Haus (dessen) wert ist, so soll euer Friede(nsgruß) darauf kommen; wenn es aber (dessen) nicht wert ist, so soll euer Friede(nsgruß) zu euch zurückkehren.	10 Und er sprach zu ihnen, Wo ihr in ein Haus einkehrt, dort bleibt, bis ihr von dort weiterwandert.	4 Und in dem Haus, in das ihr einkehrt, da bleibt, und von dort wandert weiter.	5 Wenn ihr ein Haus betretet, (vgl. V. 7 c) so sprecht zuerst: Friede diesem Hause! 6 Und wenn dort ein Sohn des Friedens ist, so wird euer Friede(nsgruß) sich auf ihn niederlassen; wenn aber nicht, so wird er auf euch zurückkehren. 7 In eben dem Hause bleibt, eßt und trinkt, was sie euch vorsetzen; denn der Arbeiter ist seines Lohnes wert.
vgl. V. 10 b	vgl. V. 10 b	vgl. V. 4 b	Wechselt nicht von einem Haus zu einem andern! 8 Und wenn ihr eine Stadt betretet und man euch aufnimmt, so eßt, was euch vorgesetzt wird,
V. 8 a			9 heilt die Kranken in ihr und sagt zu (den Bewohnern der Stadt):
V. 7			das Reich Gottes ist zu euch nahe herbeigekommen.
14 Und wenn man euch nicht aufnimmt und eure Worte nicht hören will, so geht fort aus jenem Haus oder jener Stadt und schüttelt den Staub von euren Füßen.	11 Und wo euch ein Ort nicht aufnimmt und man euch nicht hören will, da geht fort und schüttelt den Staub von euren Füßen, ihnen zum Zeugnis.	5 Und überall, wo man euch nicht aufnimmt, da geht fort aus jener Stadt und schüttelt den Staub von euren Füßen zum Zeugnis gegen sie.	10 Wenn ihr aber eine Stadt betretet und man euch nicht aufnimmt, so geht hinaus auf ihre Straßen und sprecht: 11 Selbst den Staub, der von eurer Stadt an unseren Füßen haftet, wischen wir (auf) euch ab. Aber das sollt ihr wissen: Das Reich Gottes ist nahe herbeigekommen.
15 Wahrlich, ich sage euch: dem Lande Sodoma und Gomorrha wird es am Gerichtstage erträglicher ergehen als jener Stadt.			12 Ich sage euch: Sodoma wird es an jenem Tage erträglicher ergehen als jener Stadt.

16 Siehe, ich sende euch wie Schafe mitten unter die Wölfe; seid also klug wie die Schlangen und ohne Falsch wie die Tauben.

3 Geht hin! Siehe, ich sende euch wie Schafe mitten unter die Wölfe.

72. Das Schicksal der Jünger

Mt 10 17–25*

17 Nehmt euch aber in acht vor den Menschen; denn sie werden euch den Gerichten
überliefern und euch in ihren Synagogen geißeln. 18 Und vor Statthalter und Könige wird
man euch schleppen um meinetwillen, zum Zeugnis für sie und die Heiden. 19 Wenn man
euch nun überliefert, so macht euch keine Sorge, wie oder was ihr reden sollt; denn es
wird euch in jener Stunde (ein)gegeben werden, was ihr reden sollt. 20 Denn nicht ihr seid es,
die da reden, sondern der Geist eures Vaters, der durch euch redet.** 21 Es wird aber ein
Bruder den andern zum Tode ausliefern und ein Vater sein Kind, und ‚Kinder werden sich
erheben gegen ihre Eltern‘ (Mich 7 6) und sie töten. 22 Und ihr werdet von allen gehaßt
werden um meines Namens willen;*** wer aber bis zum Ende ausharrt, der wird gerettet
werden. 23 Wenn man euch aber in der einen Stadt verfolgt, so flieht in die nächste. Wahr-
lich, ich sage euch: ihr werdet mit den Städten Israels nicht fertig werden, bis der Menschen-

* Mt 24 9.13 f (Nr. 229): 9 Dann wird man euch in Drangsal ausliefern

vgl. V. 14

und euch töten. Und ihr werdet von allen Völkern gehaßt werden um meines Namens willen. 13 Wer aber bis zum Ende ausharrt, der wird gerettet werden. 14 Und dieses Evangelium vom Reich wird in der ganzen Welt verkündigt werden zum Zeugnis für alle Völker, und dann (erst) wird das Ende kommen.

Mk 13 9–13 (Nr. 229): 9 Gebet acht auf euch selbst! Man wird euch den Gerichten überliefern, in den Synagogen geißeln und vor Statthalter und Könige stellen um meinetwillen, zum Zeugnis für sie. 10 Und unter allen Völkern muß zuerst das Evangelium verkündigt werden. 11 Und wenn man euch hinführt und überliefert, so macht euch nicht vorher Sorge, was ihr reden sollt; sondern was euch in jener Stunde (ein)gegeben wird, das redet! Denn nicht ihr seid es, die da reden, sondern der Heilige Geist. 12 Und es wird ein Bruder den andern zum Tode ausliefern und ein Vater sein Kind, und ‚Kinder werden sich erheben gegen ihre Eltern‘ (Mich 7 6) und sie töten. 13 Und ihr werdet von allen gehaßt werden um meines Namens willen. Wer aber bis zum Ende ausharrt, der wird gerettet werden.

V. 10

Lk 21 12–19 (Nr. 229): 12 Vor alledem aber wird man Hand an euch legen und (euch) verfolgen, indem man euch an die Synagogen(gerichte) und Gefängnisse überliefert und vor Könige und Statthalter führt um meines Namens willen. 13 Das wird für euch zu einem Zeugnis ausgehen.

14 Nehmt euch darum zu Herzen, daß ihr euch nicht auf eure Verteidigung vorbereitet; 15 denn ich will euch dann Rede und Weisheit geben, der alle eure Widersacher nicht widerstehen oder etwas entgegenhalten können sollen. 16 Ihr werdet aber sogar von Eltern und Brüdern und Verwandten und Freunden ausgeliefert werden, und man wird (einige) von euch töten. 17 Und ihr werdet von allen gehaßt werden um meines Namens willen. 18 Und (doch) wird kein Haar von eurem Haupte verlorengehen. 19 Durch eure Standhaftigkeit werdet ihr euer Leben gewinnen.

** Lk 12 11 f (Nr. 168): 11 Wenn man euch aber vor die Synagogen(gerichte) und vor die (weltlichen) Behörden und Obrigkeiten schleppt, so macht euch keine Sorge, wie oder womit ihr euch verteidigen oder was ihr sagen sollt. 12 Denn der Heilige Geist wird euch in eben der Stunde lehren, was ihr sagen müßt.

*** Joh 15 21: Aber das alles werden sie euch antun um meines Namens willen.

sohn kommt. [24]Der Jünger ist nicht über dem Meister und der Knecht nicht über seinem Herrn.* [25]Es ist genug für den Jünger, wenn er wird wie sein Meister, und der Knecht wie sein Herr. Haben sie den Hausherrn Beelzebul geheißen, um wieviel mehr seine Hausgenossen!

73. Mahnung zu furchtlosem Bekenntnis

Mt 10 26–33

[26]Fürchtet euch also nicht vor ihnen; denn nichts ist verhüllt, das nicht offenbar werden wird, und (nichts) verborgen, das nicht bekannt werden wird.† [27]Was ich euch im Dunkeln sage, das redet im (hellen) Tageslicht, und was ihr ins Ohr (geflüstert) hört, das verkündigt auf den Dächern.

[28]Und fürchtet euch nicht vor denen, die den Leib töten, die Seele aber nicht töten können.

Fürchtet euch vielmehr vor dem, der Seele und Leib in der Hölle verderben kann.

[29]Verkauft man nicht zwei Sperlinge um ein As? Und doch fällt nicht einer von ihnen zur Erde ohne euren Vater. [30]Bei euch sind aber sogar die Haupthaare alle gezählt.†† [31]Fürchtet euch also nicht! Ihr seid mehr wert als viele Sperlinge.

[32]Jeder nun, der sich zu mir vor den Menschen bekennt, zu dem werde auch ich mich vor meinem Vater im Himmel bekennen. [33]Wer mich aber vor den Menschen verleugnet, den werde auch ich vor meinem Vater im Himmel verleugnen.**

Lk 12 2–9 (Nr. 167f):

[2]Nichts aber ist verhüllt, das nicht offenbar werden wird, und (nichts) verborgen, das nicht bekannt werden wird. † [3]Darum wird alles, was ihr im Dunkeln geredet habt, im (hellen) Tageslicht gehört werden, und was ihr in den (verschlossenen) Kammern (einander) ins Ohr geflüstert habt, wird auf den Dächern verkündigt werden.

[4]Ich sage euch aber, meinen Freunden: Fürchtet euch nicht vor denen, die den Leib töten, aber danach nichts weiter (an)tun können.

[5]Ich will euch aber zeigen, vor wem ihr euch fürchten sollt: Fürchtet euch vor dem, der nach dem Töten (auch noch) die Macht hat, in die Hölle zu werfen. Ja, sage ich euch, vor dem fürchtet euch!

[6]Verkauft man nicht fünf Sperlinge um zwei As? Und doch ist nicht einer von ihnen vor Gott vergessen. [7]Aber bei euch sind auch die Haupthaare alle gezählt.†† Fürchtet euch nicht! Ihr seid mehr wert als viele Sperlinge.

[8]Ich sage euch aber: Jeder, der sich zu mir vor den Menschen bekennt, zu dem wird sich auch der Menschensohn vor den Engeln Gottes bekennen. [9]Wer mich aber vor den Menschen verleugnet, der wird vor den Engeln Gottes verleugnet werden.**

---

* Lk 6 40 (Nr. 88): Der Jünger ist nicht über dem Meister. Ist er ganz vollendet, so wird er (immer nur) sein wie sein Meister. Joh 13 16: Wahrlich, wahrlich, ich sage euch: der Knecht ist nicht größer als sein Herr noch der Gesandte größer als sein Absender. Joh 15 20: Denkt an das Wort, das ich euch gesagt habe: Der Knecht ist nicht größer als sein Herr.

† Mk 4 22 (Nr. 105): Denn nichts ist verborgen, das nicht offenbar werden soll, und nichts geheim, das nicht ans Tageslicht kommen soll.

Lk 8 17 (Nr. 105): Denn nichts ist verborgen, das nicht offenbar werden wird, und nichts ist geheim, das nicht bekannt werden und ans Tageslicht kommen wird.

†† Lk 21 18 (Nr. 229): Und (doch) wird kein Haar von eurem Haupte verlorengehen.

** Mk 8 38 (Nr. 136): Denn wer sich meiner und meiner Worte unter diesem ehebrecherischen und sündigen Geschlecht schämt, dessen wird sich auch der Menschensohn schämen, wenn er in der Herrlichkeit seines Vaters kommt mit den heiligen Engeln.

Lk 9 26 (Nr. 136): Denn wer sich meiner und meiner Worte schämt, dessen wird sich der Menschensohn schämen, wenn er in seiner Herrlichkeit und der des Vaters und der heiligen Engel kommt.

74. Zwiespalt unter den einander Nächststehenden

Mt 10 34–36

[34]Glaubt (ja) nicht, ich sei gekommen, Frieden auf die Erde zu bringen. Ich bin nicht gekommen, Frieden zu bringen, sondern das Schwert. [35]Denn ich bin gekommen,

den Menschen ‚gegen seinen Vater zu entzweien und die Tochter gegen ihre Mutter und die Schwiegertochter gegen ihre Schwiegermutter'*, [36]und ‚des Menschen Feinde werden seine (eigenen) Hausgenossen sein' (Mich 7 6).

Lk 12 51–53 (Nr. 172):

[51]Meint ihr, ich sei gekommen, Frieden auf die Erde zu bringen? Nein, sage ich euch, sondern vielmehr Entzweiung. [52]Denn von jetzt an werden fünf in einem Hause entzweit sein, drei gegen zwei und zwei gegen drei [53]werden sie entzweit sein, der Vater gegen den Sohn und ‚der Sohn gegen den Vater', die Mutter gegen die Tochter und ‚die Tochter gegen die Mutter', die Schwiegermutter gegen die Schwiegertochter und ‚die Schwiegertochter gegen die Schwiegermutter' (Mich 7 6). *

75. Bedingungen der Jüngerschaft

Mt 10 37–39

[37]Wer Vater oder Mutter mehr liebt als mich, ist meiner nicht wert, und wer Sohn oder Tochter mehr liebt als mich, ist meiner nicht wert. [38]Und wer nicht sein Kreuz (auf sich) nimmt und mir nachfolgt, ist meiner nicht wert. [39]Wer sein Leben gefunden hat, der wird es verlieren, und wer sein Leben um meinetwillen verliert, der wird es finden.**

Lk 14 26 f (Nr. 184):

[26]Wenn jemand zu mir kommt und nicht Vater und Mutter und Weib und Kinder und Brüder und Schwestern und dazu auch sein eigenes Leben haßt, so kann er nicht mein Jünger sein. [27]Wer nicht sein Kreuz trägt und mir nachfolgt, kann nicht mein Jünger sein. 17 33 (Nr. 198): Wer sein Leben zu erhalten sucht, der wird es verlieren, und wer es verliert, der wird es retten.**

---

* Mt 24 10 (Nr. 229): Und dann ‚werden viele zu Fall kommen' (Dan 10 40) und einander ausliefern und einander hassen.

Mk 13 12 (Nr. 229): Und es wird ein Bruder den andern zum Tode ausliefern und ein Vater sein Kind, und ‚Kinder werden sich erheben gegen ihre Eltern' (Mich 7 6) und sie töten.

Lk 21 11 (Nr. 229): Ihr werdet aber sogar von Eltern und Brüdern und Verwandten ausgeliefert werden.

** Mt 16 24 f (Nr. 136): [24]Darauf sprach Jesus zu seinen Jüngern: Wenn einer mir nachfolgen will, so verleugne er sich selbst und nehme sein Kreuz auf sich und (so) folge (er) mir nach. [25]Denn wer sein Leben retten will, der wird es verlieren; wer aber sein Leben meinetwegen verliert, der wird es (wieder) finden.

Mk 8 34 f (Nr. 136): [34]Und er rief das Volk samt seinen Jüngern herzu und sprach zu ihnen: Wenn einer mir nachfolgen will, so verleugne er sich selbst und nehme sein Kreuz auf sich und (so) folge (er) mir nach. [35]Denn wer sein Leben retten will, der wird es verlieren; wer aber sein Leben meinetwegen und des Evangeliums wegen verliert, der wird es retten.

Lk 9 23 f (Nr. 136): [23]Zu allen aber sprach er: Wenn einer mir nachfolgen will, so verleugne er sich selbst und nehme täglich sein Kreuz auf sich und (so folge (er)) mir nach. [24]Denn wer sein Leben retten will, der wird es verlieren; wer aber sein Leben meinetwegen verliert, der wird es retten.

Joh 12 25: Wer sein Leben liebt, der verliert es, und wer sein Leben in dieser Welt haßt, der wird es für das ewige Leben bewahren.

76. Schluß der Rede

Mt 10 40–11 1

40 Wer euch aufnimmt, der nimmt mich auf,
und wer mich aufnimmt, der nimmt den auf,
der mich gesandt hat.*
41 Wer einen Propheten auf seinen Prophetennamen hin aufnimmt, wird eines Propheten Lohn empfangen, und wer einen Gerechten auf den Gerechtennamen hin aufnimmt, wird eines Gerechten Lohn empfangen.
42 Und wer einen von diesen Kleinen auch nur mit einem Becher frischen Wassers tränkt auf den Jüngernamen hin, wahrlich, ich sage euch: er wird seinen Lohn nicht verlieren.
11 1 Und es begab sich, als Jesus die Unterweisungen für seine zwölf Jünger beendet hatte, zog er von dort weiter, um in ihren Städten zu lehren und zu predigen.

Lk 10 16 (Nr. 153):

Wer euch hört, der hört mich,
und wer euch verwirft, der verwirft mich.
Wer aber mich verwirft, der verwirft den,
der mich gesandt hat.*

Mk 9 41 (Nr. 143):

Denn wer euch
mit einem Becher Wasser
tränkt deshalb, weil ihr Christus angehört,
wahrlich, ich sage euch: er wird seinen Lohn nicht verlieren.

77. Die Anfrage des Täufers

Mt 11 2–6

2 Als aber Johannes im Gefängnis von den Werken des Messias hörte,
ließ er ihm durch seine Jünger sagen: 3 Bist du der Kommende, oder sollen wir auf einen anderen warten?

4 Und Jesus gab ihnen zur Antwort: Geht hin und verkündet dem Johannes, was ihr hört und seht: 5 ‚Blinde sehen wieder und Lahme gehen, Aussätzige werden rein, und Taube hören, und Tote stehen auf, und Arme empfangen die Frohbotschaft‘ (Is 35 5f; 61 1; vgl. 29 18f); 6 und selig ist, wer an mir nicht Anstoß nimmt.

Lk 7 18–23 (Nr. 93):

18 Und es berichteten dem Johannes seine Jünger von all dem. Da rief Johannes zwei seiner Jünger zu sich
19 und sandte sie zum Herrn und ließ (ihm) sagen: Bist du der Kommende, oder sollen wir auf einen anderen warten?
20 Die Männer kamen zu ihm und sprachen: Johannes der Täufer hat uns zu dir geschickt und läßt (dir) sagen: Bist du der Kommende, oder sollen wir auf einen anderen warten?
21 Zu jener Stunde heilte (Jesus) viele von Krankheiten, Plagen und bösen Geistern, und vielen Blinden schenkte er das Augenlicht.
22 Und er gab ihnen zur Antwort: Geht hin und verkündet dem Johannes, was ihr gesehen und gehört habt: ‚Blinde sehen wieder, Lahme gehen, Aussätzige werden rein, und Taube hören, Tote stehen auf, Arme empfangen die Frohbotschaft‘ (Is 35 5f; 61 1; vgl. 29 18f);
23 und selig ist, wer an mir nicht Anstoß nimmt.

* Mt 18 5 (Nr. 142): Und wer ein solches Kind in meinem Namen aufnimmt, der nimmt mich auf.

Mk 9 37 (Nr. 142): Wer eines von diesen Kindern in meinem Namen aufnimmt, der nimmt mich auf; und wer mich aufnimmt, der nimmt nicht mich auf, sondern den, der mich gesandt hat.

* Lk 9 48 (Nr. 142): Wer dieses Kind in meinem Namen aufnimmt, der nimmt mich auf, und wer mich aufnimmt, der nimmt den auf, der mich gesandt hat.

Joh 13 20: Wahrlich, wahrlich, ich sage euch: wer einen aufnimmt, den ich sende, der nimmt mich auf. Wer aber mich aufnimmt, der nimmt den auf, der mich gesandt hat.

78. Jesu Zeugnis über den Täufer

Mt 11 7–19

[7] Während aber diese hingingen,
begann Jesus zu den Volksmassen über
Johannes zu reden: Wozu seid ihr in die
Wüste hinausgegangen? Schilf zu sehen,
das im Winde schwankt? [8] Oder wozu
seid ihr hinausgegangen? Einen Menschen
zu sehen, der in weiche Gewänder gekleidet
ist? Siehe, die Leute, die weiche Gewänder
tragen, (trifft man) in den Palästen der Kö-
nige. [9] Oder wozu seid ihr hinausgegangen?
Einen Propheten zu sehen? Ja, ich sage euch:
mehr noch (ist dieser) als ein Prophet. [10] Er
ist der, von dem geschrieben steht: ‚Siehe,
ich sende meinen Boten vor dir her, der dir
den Weg vor dir her bereiten soll‘ (Mal 3 1).*
[11] Wahrlich, ich sage euch: unter den Weib-
geborenen ist kein größerer erstanden als
Johannes der Täufer; der Kleinste im Him-
melreich aber ist größer als er.
[12] Von den Tagen Johannes des Täufers an
bis heute bricht das Himmelreich mit Gewalt
sich Bahn, und Gewalttäter reißen es an
sich. [13] Denn alle Propheten und das Gesetz
bis auf Johannes haben geweissagt, [14] und
wenn ihr es annehmen wollt: er ist Elias, der
kommen soll. [15] Wer Ohren hat, der höre!

[16] Wem aber soll ich dieses
Geschlecht vergleichen?
Kindern gleicht es, die auf den
Marktplätzen sitzen und den anderen zu-
rufen: [17] Wir haben euch etwas vorgeblasen,
und ihr habt nicht getanzt. Wir haben Klage-
lieder angestimmt, und ihr habt nicht an
die Brust geschlagen. [18] Denn es kam Johan-
nes, aß nicht und trank
nicht — da sagen sie: Er hat einen Dämon.
[19] Es kam der Menschensohn,
aß und trank — da sagen sie: Seht den
Fresser und Weinsäufer, den Freund der
Zöllner und Sünder! Und (doch) ist die Weis-
heit aus ihren Werken gerechtfertigt worden.

Lk 7 24–35 (Nr. 94):

[24] Als aber die Boten des Johannes weggegangen wa-
ren, begann (Jesus) zu den Volksmassen über
Johannes zu reden: Was seid ihr in die
Wüste hinausgegangen? Schilf zu sehen,
das im Winde schwankt? [25] Oder was zu
sehen seid ihr hinausgegangen? Einen Men-
schen, der in weiche Gewänder gekleidet
ist? Siehe, die in prächtiger Kleidung und in Üppig-
keit leben, (trifft man) in den Palästen der Kö-
nige. [26] Oder was zu sehen seid ihr hinaus-
gegangen? Einen Propheten? Ja, ich sage euch:
mehr noch (ist dieser) als ein Prophet. [27] Er
ist der, von dem geschrieben steht: ‚Siehe,
ich sende meinen Boten vor dir her, der dir
den Weg vor dir her bereiten soll‘ (Mal 3 1).*
[28] Ich sage euch: unter den Weib-
geborenen gibt es keinen Größeren als
Johannes; der Kleinste im Got-
tesreich aber ist größer als er.
16 16 (Nr. 190): Das Gesetz und die Propheten reichen
bis zu Johannes. Seitdem wird die Frohbotschaft vom
Reiche Gottes verkündigt, und jedermann drängt sich
hinein.

[29] Und das ganze Volk, das ihn hörte, und die Zöllner
gaben Gott recht und ließen sich mit der Johannes-
taufe taufen. [30] Die Pharisäer und die Gesetzeslehrer
aber verachteten den auf sie gerichteten (Heils)rat-
schluß Gottes und ließen sich nicht von ihm taufen.
[31] Wem aber soll ich die Menschen dieses
Geschlechts vergleichen, und wem gleichen
sie? [32] Sie gleichen Kindern, die auf dem
Marktplatz sitzen und einander zu-
rufen: Wir haben euch etwas vorgeblasen,
und ihr habt nicht getanzt. Wir haben Klage-
lieder angestimmt, und ihr habt nicht ge-
weint. [33] Denn Johannes der Täufer
ist gekommen, hat nicht gegessen und ge-
trunken — da sagt ihr: Er hat einen Dämon.
[34] Der Menschensohn ist gekommen, hat ge-
gessen und getrunken — da sagt ihr: Seht den
Fresser und Weinsäufer, den Freund der
Zöllner und Sünder! [35] Und (doch) ist der Weis-
heit von seiten aller ihrer Kinder recht ge-
geben worden.

* Mk 1 2 (Nr. 14): Wie beim Propheten Isaias geschrieben steht: ‚Siehe, ich sende meinen Boten vor dir her, der dir den Weg bereiten soll‘ (Mal 3 1).

79. Gerichtsdrohung an die galiläischen Städte

Mt 11 20–24

[20]Darauf begann er die Städte, in denen
seine meisten Wundertaten geschehen waren,
zu schelten, weil sie (trotzdem) nicht umge-
kehrt waren: [21]Wehe dir, Chorazin! Wehe dir,
Bethsaida! Denn wenn in Tyrus und Sidon
die Wunder geschehen wären, die in euch
geschehen sind, hätten sie längst in Sack
und Asche sich bekehrt. [22]Aber ich
sage euch: Tyrus und Sidon wird es am
Gerichtstage erträglicher ergehen als euch.
[23]Und du, Kapharnaum, wirst du etwa ‚bis
in den Himmel erhoben werden? Bis zur
Unterwelt sollst du hinabgeschleudert wer-
den‘ (Is 14 13.15). Denn wenn in Sodoma die
Wunder geschehen wären, die in dir ge-
schehen sind, es stünde noch bis heute.
[24]Aber ich sage euch: Dem Lande Sodoma
wird es am Gerichtstage erträglicher ergehen
als dir.*

Lk 10 13–15 (Nr. 153):

[13]Wehe dir, Chorazin! Wehe dir,
Bethsaida! Denn wenn in Tyrus und Sidon
die Wunder geschehen wären, die in euch
geschehen sind, hätten sie längst in Sack
und Asche sitzend sich bekehrt. [14]Aber
Tyrus und Sidon wird es beim
Gericht erträglicher ergehen als euch.
[15]Und du, Kapharnaum, wirst du etwa ‚bis
in den Himmel erhoben werden? Bis zur
Unterwelt sollst du hinabgeschleudert werden‘
(Is 14 13.15).

80. Jubelruf Jesu

Mt 11 25–27

[25]In jener Zeit sprach Jesus:
Ich preise dich, Vater, Herr des
Himmels und der Erde, da du dies vor den
Weisen und Klugen verborgen und den Un-
mündigen geoffenbart hast. [26]Ja, Vater, so
war es wohlgefällig vor dir.
[27]Alles ist mir von meinem Vater übergeben
worden, und niemand kennt den Sohn
als nur der Vater, und niemand kennt
den Vater als nur der Sohn und wem der
Sohn es offenbaren will.**

Lk 10 21 f (Nr. 155):

[21]In eben der Stunde jubelte (Jesus) im Heiligen
Geiste und sprach: Ich preise dich, Vater, Herr des
Himmels und der Erde, daß du dies vor den
Weisen und Klugen verborgen und den Un-
mündigen geoffenbart hast. Ja, Vater, so
war es wohlgefällig vor dir.
[22]Alles ist mir von meinem Vater übergeben
worden, und niemand erkennt, wer der Sohn
ist, als nur der Vater, und wer der Vater
ist, als nur der Sohn und wem der
Sohn es offenbaren will.**

81. Heilandsruf

Mt 11 28–30

[28]Kommt her zu mir alle, ihr Mühseligen und Beladenen, und ich will euch erquicken.
[29]Nehmt mein Joch auf euch und lernt von mir; denn ich bin sanftmütig und demütig von
Herzen, ‚und ihr werdet Erquickung finden für eure Seelen‘ (Jer 6 16); [30]denn mein Joch
ist sanft und meine Last ist leicht.

* Mt 10 15 (Nr. 71): Wahrlich, ich sage euch: dem Lande Sodoma und Gomorrha wird es am Gerichtstage erträglicher ergehen als jener Stadt.

Lk 10 12 (Nr. 153): Ich sage euch: Sodoma wird es an jenem Tage erträglicher ergehen als jener Stadt.

**Joh 3 35: Der Vater liebt den Sohn und hat alles in seine Hand gegeben. 17 2: Wie du ihm Gewalt gegeben hast über alles Fleisch, damit er allem, was du ihm gegeben hast, ewiges Leben gebe.

7 29: Ich kenne ihn, weil ich aus ihm bin und er mich gesandt hat.

10 14 f: [14]Ich bin der gute Hirt, und ich kenne die Meinen, und die Meinen kennen mich, [15]so wie mich der Vater kennt und ich den Vater kenne.

82. Das Ährenpflücken am Sabbat

Mt 12 1–8	Mk 2 23–28	Lk 6 1–5
1 In jener Zeit ging Jesus am Sabbat durch die Saatfelder. Seine Jünger aber hatten Hunger und machten sich daran, Ähren abzupflücken und zu essen.	23 Und es begab sich, daß er am Sabbat durch die Saatfelder dahinging. Und seine Jünger machten sich daran, während der Wanderung Ähren abzupflücken.	1 Es begab sich am [zweitersten] Sabbat, daß er durch die Saatfelder dahinging. Und seine Jünger pflückten die Ähren ab und aßen sie, indem sie (sie) mit den Händen zerrieben.
2 Die Pharisäer aber sahen es und sprachen zu ihm: Sieh, deine Jünger tun, was man am Sabbat nicht tun darf.	24 Da sagten die Pharisäer zu ihm: Sieh, was sie am Sabbat Unerlaubtes tun!	2 Einige von den Pharisäern aber sprachen Warum tut ihr, was man am Sabbat nicht tun darf?
3 Er aber sprach zu ihnen: Habt ihr nicht gelesen, was David tat, als ihn und seine Begleiter hungerte? 4 Wie er das Gotteshaus betrat und sie die Schaubrote aßen (1 Sam 21 2–7), die (doch) er und seine Begleiter nicht essen durften, sondern nur die Priester? 5 Oder habt ihr nicht im Gesetz gelesen, daß am Sabbat die Priester im Tempel den Sabbat entweihen und (doch) schuldlos sind? 6 Ich sage euch aber: hier ist Größeres als der Tempel. 7 Hättet ihr aber begriffen, was das bedeutet: ‚Barmherzigkeit will ich und nicht Opfer' (Os 6 6),* dann hättet ihr die Schuldlosen nicht verurteilt;	25 Da sprach er zu ihnen: Habt ihr denn nie gelesen, was David tat, als er Not litt und Hunger hatte, er und seine Begleiter? 26 Wie er unter dem Hohenpriester Abiathar das Gotteshaus betrat und die Schaubrote aß, die außer den Priestern niemand essen darf, und auch seinen Begleitern (davon) gab (1 Sam 21 2–7)?	3 Und Jesus erwiderte ihnen: Habt ihr auch von dem nie gelesen, was David tat, als ihn und seine Begleiter hungerte? 4 Wie er das Gotteshaus betrat und die Schaubrote nahm und aß und auch seinen Begleitern (davon) gab (1 Sam 21 2–7), die außer den Priestern niemand essen darf?
	27 Und er sprach zu ihnen: Der Sabbat ist um des Menschen willen da und nicht der Mensch um des Sabbats willen.	5 Und er sprach zu ihnen:
8 denn der Menschensohn ist Herr über den Sabbat.	Deshalb ist der Menschensohn Herr auch über den Sabbat.	Herr ist der Menschensohn (auch) über den Sabbat.

83. Heilung einer gelähmten Hand am Sabbat

Mt 12 9–14	Mk 3 1–6	Lk 6 6–11
9 Und er ging von dort weiter und kam in ihre	1 Und er ging wieder (einmal) in eine	6 Es begab sich aber an einem anderen Sabbat, daß er in die

* Mt 9 13 (Nr. 66): Geht aber hin und lernt, was das heißt: Barmherzigkeit will ich und nicht Opfer (Os 6, 6).

Mt	Mk	Lk
Synagoge.	Synagoge.	Synagoge ging und lehrte.
10 Und siehe, da war ein Mensch mit einer gelähmten Hand.	Und es war dort ein Mensch mit einer gelähmten Hand.	Und es war dort ein Mensch, dessen rechte Hand war gelähmt.
Und sie fragten ihn: Darf man am Sabbat heilen?, um ihn (nachher) anklagen zu können.	2 Und sie paßten auf ihn auf, ob er ihn am Sabbat heilen werde, um ihn anklagen zu können.	7 Die Schriftgelehrten und Pharisäer paßten aber auf ihn auf, ob er (ihn) am Sabbat heilen werde, um einen Grund zur Anklage gegen ihn zu finden. 8 Er aber kannte ihre Gedanken
	3 Und er sprach zu dem Menschen mit der gelähmten Hand: Steh auf (und tritt) in die Mitte!	und sprach zu dem Mann mit der gelähmten Hand: Steh auf und tritt in die Mitte! Und der stand auf und trat hin.
11 Er aber sprach zu ihnen: Wer unter euch, der ein einziges Schaf besitzt, wird es nicht, wenn es am Sabbat in eine Grube fällt, ergreifen und herausziehen? 12 Wieviel mehr wert ist nun ein Mensch als ein Schaf?*		
Deshalb ist es erlaubt, am Sabbat Gutes zu tun.	4 Und er sprach zu ihnen: Ist es erlaubt, am Sabbat Gutes zu tun, oder (soll man) Böses tun, darf man ein Leben retten oder (soll man) töten? Sie aber schwiegen.	9 Da sprach Jesus zu ihnen: Ich frage euch, ob man am Sabbat Gutes tun darf oder ob man Böses tun (soll), ob man ein Leben rette darf oder töten (soll).
	5 Und er schaute sie ringsherum zornig an, betrübt über die Verhärtung ihres Herzens,	10 Und er schaute sie alle ringsherum an
13 Dann sprach er zu dem Menschen: Strecke deine Hand aus! Da streckte er sie aus, und sie wurde wiederhergestellt, gesund wie die andere.	und sprach zu dem Menschen: Strecke die Hand aus! Da streckte er sie aus, und seine Hand wurde wiederhergestellt.	und sprach zu ihm: Strecke deine Hand aus! Der tat es, und seine Hand wurde wiederhergestellt.
14 Die Pharisäer aber gingen hinaus und faßten einen Beschluß gegen ihn, um ihn umzubringen.	6 Und die Pharisäer gingen hinaus und berieten sich alsbald mit den Herodianern gegen ihn, um ihn umzubringen.	11 Sie aber wurden von blinder Wut gepackt und beredeten untereinander, was sie Jesus antun könnten.
		6 12–16 s. Nr. 85

84. Der Eindruck des Wirkens Jesu beim Volk

Mt 12 15–21	Mk 3 7–12	Lk 6 17–19
15 Als aber Jesus das erfuhr, zog er sich	7 Und Jesus zog sich mit seinen Jüngern	17 Und er stieg mit ihnen hinab und

* Lk 14 5 (Nr. 180): Und zu ihnen sprach er: Wem von euch fällt ein Sohn oder (auch nur) ein Ochs in den Brunnen, und er zieht ihn nicht alsbald heraus, (auch) am Sababt? 13 15f (Nr. 175): Der Herr aber erwiderte ihm: Ihr Heuchler! Löst nicht jeder von euch am Sabbat seinen Ochsen oder Esel von der Krippe und führt ihn zur Tränke? 16 Diese aber, eine Tochter Abrahams, die der Satan nun schon achtzehn Jahre gebunden hatte, sollte nicht am Sabbat von dieser Fessel gelöst werden dürfen?

Mt	Mk	Lk
von dort zurück.	an den See zurück.	blieb auf einem ebenen Platz stehen, dazu eine große Schar seiner Jünger und eine große Menge Volks aus ganz Judäa und Jerusalem
Und viele folgten ihm, 4 25 (Nr. 29): Und große Volksmassen aus Galiläa, der Dekapolis, Jerusalem und Judäa und von jenseits des Jordans folgten ihm,	Und eine große Volksmenge aus Galiläa folgte (ihm); und aus Judäa, 8 aus Jerusalem, aus Idumäa, von jenseits des Jordans und aus der Gegend von Tyrus und Sidon kam eine große Volksmenge auf die Kunde von dem, was er alles tat, zu ihm.	und dem Küstengebiet von Tyrus und Sidon, 18 die gekommen waren, um ihn zu hören und sich von ihren Krankheiten heilen zu lassen.
	9 Und er sagte zu seinen Jüngern, es solle ein Boot für ihn bereitliegen wegen der Menge, damit sie ihn nicht drängten.	
und er heilte sie alle. 4 24: Und der Ruf von ihm verbreitete sich über ganz Syrien. Und man brachte zu ihm alle Kranken, die mit den verschiedensten Krankheiten und Leiden behaftet waren, Besessene und Mondsüchtige und Gelähmte, und er heilte sie.	10 Denn er heilte viele, so daß alle, die von Leiden geplagt waren, sich auf ihn stürzten, um ihn anzurühren. 11 Und die unreinen Geister fielen, sobald sie ihn erblickten, vor ihm nieder und schrien: Du bist der Sohn Gottes.*	Und die von unreinen Geistern Geplagten wurden geheilt. 19 Und das ganze Volk suchte ihn anzurühren; denn eine Kraft ging von ihm aus und heilte alle.
16 Und er bedrohte sie, daß sie ihn nicht offenbar machten — 17 damit erfüllt würde, was	12 Und er bedrohte sie sehr, daß sie ihn nicht offenbar machten.	

durch den Propheten Isaias gesprochen wurde, welcher sagt:
18 ‚Siehe mein Knecht, den ich erwählt habe,
Mein Geliebter, an dem meine Seele Wohlgefallen gefunden hat.
Ich will meinen Geist auf ihn legen,
Und er wird den Völkern das Recht verkünden.
19 Er wird nicht zanken noch schreien,
Und man wird seine Stimme auf den Straßen nicht hören;
20 Das geknickte Rohr wird er nicht (vollends) zerbrechen
Und den (noch) glimmenden Docht nicht verlöschen,
Bis er das Recht zum Siege hinausgeführt hat.
21 Und auf seinen Namen werden die Völker ihre Hoffnung setzen‘
(Is 42 1–4).

85. Die Auswahl der Zwölf

Mt 10 1–4 (Nr. 71):	Mk 3 13–19	Lk 6 12–16
	13 Und er stieg auf den Berg	12 Es begab sich aber in diesen Tagen, daß er hinausging auf den Berg, um zu beten. Und er brachte die Nacht im Gebete zu Gott zu. 13 Und als es Tag wurde,
1 Und er rief seine zwölf Jünger zu sich	und rief die zu sich, die er wollte, und sie gingen zu ihm hin. 14 Und er bestimmte Zwölf, daß sie (immer) bei	rief er seine Jünger zu sich und wählte von ihnen zwölf aus,

* Lk 4 41 (Nr. 27): Es fuhren aber auch Dämonen von vielen aus, die schrien: Du bist der Sohn Gottes.

und gab ihnen Vollmacht über die unreinen Geister, sie auszutreiben, und jegliche Krankheit und jegliche Schwachheit zu heilen.* [2]Dies aber sind die Namen der zwölf Apostel: an erster Stelle Simon, Petrus genannt, und sein Bruder Andreas, und Jakobus, der Sohn des Zebedäus, und sein Bruder Johannes,

[3]Philippus und Bartholomäus, Thomas und Matthäus, der Zöllner, Jakobus, der Sohn des Alphäus, und

Thaddäus, [4]Simon Kananäus und Judas Iskariotes, der ihn auch überlieferte.**

ihm seien, und daß er sie aussende, um zu predigen [15]und Vollmacht zu haben, die Dämonen auszutreiben.*

[16]Und so bestimmte er die Zwölf—und legte dem Simon den Namen Petrus bei, [17]und Jakobus, den Sohn des Zebedäus, und Johannes, den Bruder des Jakobus, und legte ihnen den Namen Boanerges bei, das heißt Donnersöhne, [18]und den Andreas und Philippus und Bartholomäus und Matthäus und Thomas und Jakobus, den Sohn des Alphäus, und

Thaddäus und Simon Kananäus [19]und Judas Iskarioth der ihn auch überlieferte.**

die er dann Apostel nannte,

[14](nämlich) Simon, den er auch Petrus nannte, und seinen Bruder Andreas, Jakobus und Johannes,

Philippus und Bartholomäus, [15]Matthäus und Thomas, Jakobus, den Sohn des Alphäus, und Simon, der der Zelot genannt wurde, [16]Judas, den (Bruder) des Jakobus, und Judas Iskarioth, der zum Verräter wurde.**

V. 17–19 s. Nr. 84

DIE KLEINE EINSCHALTUNG DES LUKAS

Lk 6 20–8 3

Die Bergpredigt (nach Lukas)

Lk 6 20–49

86. Die Seligpreisungen und Weherufe

Mt 5 3–12 (Nr. 32):

[3]Selig die Armen im Geiste; denn ihrer ist das Himmelreich.

[4]Selig die Trauernden; denn sie werden getröstet werden.

[5]Selig ‚die Sanftmütigen'; denn sie ‚werden das Land erben' (Ps 37 [36] 11).

[6]Selig, die nach der Gerechtigkeit hungern und dürsten; denn sie werden gesättigt werden.

V. 4

[7]Selig die Barmherzigen; denn sie werden Barmherzigkeit finden.

[8]Selig die Herzensreinen; denn sie werden Gott schauen.

Lk 6 20–26

[20]Und er richtete seine Augen auf seine Jünger und sprach: Selig ihr Armen; denn euer ist das Reich Gottes.

V. 21 b

[21]Selig, die ihr jetzt hungert; denn ihr werdet gesättigt werden.

Selig, die ihr jetzt weint; denn ihr werdet lachen.

* Mk 6 7 (Nr. 120): Und er rief die Zwölf zu sich und sandte sie paarweise aus und gab ihnen Vollmacht über die unreinen Geister.

** Vgl. Apg 1 13.

Lk 9 1 (Nr. 120): Er rief aber die Zwölf zusammen und gab ihnen Kraft und Vollmacht über alle Dämonen und zur Heilung von Krankheiten.

9 Selig die Friedensstifter; denn sie werden Söhne Gottes heißen.

10 Selig die um der Gerechtigkeit willen Verfolgten; denn ihrer ist das Himmelreich.

11 Selig seid ihr, wenn man euch schmäht und verfolgt und alles (mögliche) Böse [fälschlich] wider euch redet um meinetwillen. 12 Freut euch und jubelt; denn euer Lohn ist groß im Himmel; denn so hat man (auch) die Propheten vor euch verfolgt.

22 Selig seid ihr, wenn euch die Menschen hassen und wenn sie euch ausschließen und schmähen und euren Namen als einen schlechten ausstoßen um des Menschensohnes willen. 23 Freut euch an jenem Tage und hüpft (vor Freude); denn siehe, euer Lohn ist groß im Himmel; denn ebenso haben ihre Väter den Propheten getan.

24 Aber wehe euch Reichen; denn ihr habt euren Trost (bereits) empfangen.

25 Wehe euch, die ihr jetzt satt seid; denn ihr werdet hungern.
Wehe euch, die ihr jetzt lacht; denn ihr werdet klagen und weinen.

26 Wehe (euch), wenn euch alle Menschen schmeicheln; denn ebenso haben ihre Väter den falschen Propheten getan.

87. Vom Verzicht auf Wiedervergeltung und von der Feindesliebe

Mt 5 39–42. 44–48 (Nr. 39 f):

44 Ich aber sage euch: Liebet eure Feinde und betet für die, die euch verfolgen.

39 Wer dich auf die rechte Wange schlägt, dem halte auch die andere hin, 40 und wer dich vor Gericht bringen und dir den Rock nehmen will, dem laß auch den Mantel.

41 Und wer dich nötigt, eine Meile weit (mit ihm zu gehen), mit dem geh zwei. 42 Und wer dich bittet, dem gib, und wer von dir leihen will, von dem wende dich nicht ab.

7 12 (Nr. 52): Alles nun, was ihr wollt, daß euch die Leute tun, das sollt auch ihr ihnen tun; denn das ist das Gesetz und die Propheten.

5 46 Wenn ihr nämlich (nur) die liebt, die euch lieben, welchen Lohn habt ihr (dafür zu erwarten)? Tun nicht auch die Zöllner dasselbe? 47 Und wenn ihr (nur) eure Brüder (freundlich) grüßt, was tut ihr (da) Besonderes? Tun nicht auch die Heiden dasselbe?

Lk 6 27–36

27 Aber euch, meinen Zuhörern, sage ich: Liebet eure Feinde, tut wohl denen, die euch hassen, 28 segnet, die euch fluchen, betet für die, die euch mißhandeln. 29 Dem, der dich auf die Wange schlägt, halte auch die andere hin, und dem, der dir den Mantel nimmt, verweigere auch den Rock nicht.

30 Jedem, der dich bittet, gib, und von dem, der das Deine wegnimmt, fordere es nicht zurück.

31 Und wie ihr wollt, daß euch die Leute tun, so sollt auch ihr ihnen ebenso tun.

32 Und wenn ihr (nur) die liebt, die euch lieben, welchen Dank habt ihr (dafür zu erwarten)? Lieben doch auch die Sünder die, die sie lieben. 33 Und wenn ihr (nur) denen wohltut, die euch wohltun, welchen Dank habt ihr (dafür zu erwarten)? Auch die Sünder tun doch dasselbe. 34 Und wenn ihr (nur) denen leiht, von denen ihr es wieder zu bekommen hofft, welchen Dank habt ihr (dafür zu erwarten)? Auch die Sünder leihen Sündern, um das gleiche wieder zu bekommen. 35 Vielmehr: liebet eure Feinde und tut

45 Damit ihr
Söhne eures Vaters im Himmel werdet; denn er
läßt seine Sonne aufgehen über Böse und Gute
und läßt regnen über Gerechte und Ungerechte.
48 Seid also vollkommen, wie euer himmlischer
Vater vollkommen ist.

wohl und leiht, ohne etwas zurückzuerhof-
fen, und euer Lohn wird groß sein und ihr
werdet Söhne des Höchsten sein; denn er
ist gütig (auch) gegen die Undankbaren und
Bösen.
36 Seid barmherzig, wie euer
Vater barmherzig ist.

88. Vom Richten

Mt 7 1–5 (Nr. 49):

1 Richtet nicht, damit ihr
nicht gerichtet werdet; 2 denn mit dem Gericht, mit
dem ihr richtet, werdet ihr gerichtet werden,
und mit dem Maß, mit dem ihr
meßt, wird euch gemessen werden.*

3 Was siehst du aber
den Splitter im Auge deines Bruders, den
Balken in deinem Auge aber beach-
test du nicht? 4 Oder wie kannst du zu deinem
Bruder sagen: Wart, ich will dir
den Splitter aus deinem Auge herausziehen,
und dabei steckt der Balken in deinem
Auge? 5 Du Heuchler! Zieh
zuerst den Balken aus deinem Auge, und
dann magst du zusehen, wie du den Splitter
aus dem Auge deines Bruders herausziehst.

Lk 6 37–42

37 Und richtet nicht, dann werdet ihr (auch)
nicht gerichtet werden.
Und verurteilt
nicht, dann werdet ihr (auch) nicht ver-
urteilt werden. Sprecht frei, dann werdet ihr
(auch) freigesprochen werden. 38 Gebt, dann
wird auch euch gegeben werden. Ein
gutes, gepreßtes, gerütteltes, überfließendes
Maß wird man euch ‚in den Schoß geben'
(Is 65 6 f); denn mit dem Maß, mit dem ihr
meßt, wird euch wieder gemessen werden.*
39 Er sagte ihnen aber ein Gleichnis: Kann
etwa ein Blinder einen Blinden führen? Wer-
den sie nicht beide in die Grube stürzen?**
40 Der Jünger ist nicht über dem Meister. Ist er
ganz vollendet, so wird er (immer) nur sein
wie sein Meister.*** 41 Was siehst du aber
den Splitter im Auge deines Bruders, den
Balken in deinem eigenen Auge aber beach-
test du nicht? 42 Wie kannst du zu deinem
Bruder sagen: Bruder, wart, ich will dir
den Splitter in deinem Auge herausziehen,
während du selbst den Balken in deinem
Auge nicht bemerkst? Du Heuchler! Zieh
zuerst den Balken aus deinem Auge, und
dann magst du zusehen, wie du den Splitter
im Auge deines Bruders herausziehst.

89. Das Kennzeichen der ersten Frömmigkeit

Mt 7 16.18.21 (Nr. 54 f):

18 Ein guter Baum kann keine
schlechten Früchte bringen
und ein schlechter
Baum kann keine guten

Mt 12 33–35 (Nr. 98):

33 Entweder nehmt an: der Baum
ist gut — dann ist auch seine Frucht
gut, oder nehmt an: der Baum ist
schlecht — dann ist auch seine

Lk 6 43–46

43 Denn es gibt keinen guten
Baum, der schlechte Frucht
bringt, noch umgekehrt einen
schlechten Baum, der gute

* Mk 4 24 (Nr. 105): Und er sprach zu ihnen: Achtet auf das, was ihr hört! Mit dem Maß, mit dem ihr meßt, wird euch gemessen werden, ja es wird euch noch dazugegeben werden.

** Mt 15 14 (Nr. 127): Laßt sie nur; sie sind blinde Blindenführer. Wenn aber ein Blinder den anderen führt, werden sie beide in die Grube stürzen.

*** Mt 10 24 f (Nr. 72): 24 Der Jünger ist nicht über dem Meister und der Knecht nicht über seinem Herrn. 25 Es ist genug für den Jünger, wenn er wird wie sein Meister, und der Knecht wie sein Herr. Haben sie den Hausherrn Beelzebul geheißen, um wieviel mehr seine Hausgenossen!

Früchte bringen. 16 An ihren Früchten könnt ihr sie erkennen. Sammelt man etwa von Dornsträuchern Trauben oder von Disteln Feigen?

23 Nicht jeder, der zu mir Herr, Herr! sagt, wird (deshalb schon) ins Himmelreich hineinkommen, sondern (nur) wer den Willen meines Vaters im Himmel tut.

Frucht schlecht; denn an der Frucht erkennt man den Baum.

35 Der gute Mensch bringt aus dem guten Schatz (seines Herzens) Gutes hervor, und der böse Mensch bringt aus dem bösen Schatz (seines Herzens) Böses hervor. 34b Denn wovon das Herz voll ist, davon redet der Mund.

Frucht bringt. 44 Denn jeden Baum erkennt man an seiner Frucht. Denn man sammelt von Disteln keine Feigen, und vom Dornstrauch pflückt man keine Traube. 45 Der gute Mensch bringt aus dem guten Schatz seines Herzens Gutes hervor, und der böse bringt aus dem bösen Böses hervor. Denn wovon das Herz voll ist, davon redet sein Mund. 46 Was nennt ihr mich aber: Herr, Herr!, und tut nicht, was ich sage?

90. Schlußgleichnis

Mt 7 24–27 (Nr. 56):

24 Jeder nun, der diese meine Worte hört und sie tut, der gleicht einem klugen Mann, der sein Haus auf Fels baute. 25 Da fiel der Platzregen und die Ströme kamen und die Winde bliesen und stürzten sich auf jenes Haus, aber es stürzte nicht zusammen; denn es war auf Fels gegründet. 26 Jeder aber, der diese meine Worte hört und sie nicht tut, der gleicht einem törichten Mann, der sein Haus auf Sand baute. 27 Da fiel der Platzregen, und die Ströme kamen und die Winde bliesen und stürzten sich auf jenes Haus, und es stürzte zusammen und sein Einsturz war gewaltig.

Lk 6 47–49

47 Jeder, der zu mir kommt und meine Worte hört und sie tut — ich will euch zeigen, wem er gleicht. 48 Er gleicht einem Mann, der ein Haus baute, der tief hinein grub und das Fundament auf Fels legte. Als nun das Hochwasser kam, da brandete die Strömung gegen jenes Haus, aber sie vermochte es nicht zu erschüttern, weil es gut gebaut war. 49 Wer aber (meine Worte) hört und (sie) nicht tut, der gleicht einem Mann, der ein Haus auf den Erdboden baute ohne Fundament. Als die Strömung es umbrandete, da stürzte es alsbald zusammen, und der Einsturz jenes Hauses war gewaltig.

91. Der Hauptmann von Kapharnaum*

Mt 8 5–10.13 (Nr. 59):

5 Als er aber nach Kapharnaum hineinkam, trat ein Hauptmann an ihn heran und bat ihn: 6 Herr, mein Knecht liegt zu Hause gelähmt darnieder und leidet große Qualen.

Lk 7 1–10

1 Nachdem er alle seine Worte vor den Ohren des Volkes vollendet hatte, ging er nach Kapharnaum hinein. 2 Der Knecht eines Hauptmanns aber, der ihm viel wert war, war krank und lag im Sterben. 3 Als (der Hauptmann) aber von Jesus hörte, sandte er Älteste von den Juden zu ihm und ließ ihn bitten, er möge kommen und seinen

* Vgl. Joh 4 46–54.

7Er sprach zu ihnen: Ich soll kommen und ihn heilen? 8Da antwortete der Hauptmann: Herr, ich bin's nicht wert, daß du unter mein Dach eingehst, sondern sprich nur ein Wort, dann wird mein Knecht gesund werden. 9Denn auch ich bin ein Mann, der unter Kommandogewalt (anderer) steht, und habe (anderseits) Soldaten unter mir. Sage ich nun zu diesem: Geh!, so geht er, und zu einem andern: Komm!, so kommt er, und zu meinem Knecht: Tu das!, so tut er es. 10Als Jesus (das) hörte, wunderte er sich und sprach zu seinen Begleitern: Wahrlich, ich sage euch: bei niemand habe ich solchen Glauben gefunden in Israel.

13Und Jesus sprach zu dem Hauptmann: Geh!, wie du geglaubt hast, soll dir geschehen. Und der Knecht wurde in derselben Stunde geheilt.

Knecht gesund machen. 4Und die kamen zu Jesus und baten ihn inständig und sprachen: Er ist es wert, daß du ihm dies gewährst; 5denn er liebt unser Volk und hat uns die Synagoge gebaut. 6Da ging Jesus mit ihnen. Wie er aber nicht (mehr) weit von dem Hause entfernt war, sandte der Hauptmann Freunde und ließ ihm sagen: Herr, bemühe dich nicht! Ich bin's ja nicht wert, daß du unter mein Dach eingehst — 7deshalb habe ich mich auch selber nicht für würdig gehalten, zu dir zu kommen —, sondern sprich nur ein Wort, dann wird mein Knecht gesund werden. 8Denn auch ich bin ein Mann, der unter Kommandogewalt (anderer) steht, und habe (anderseits) Soldaten unter mir. Sage ich nun zu diesem: Geh!, so geht er, und zu einem andern: Komm!, so kommt er, und zu meinem Knecht: Tu das!, so tut er es. 9Als Jesus das hörte, wunderte er sich über ihn und wandte sich zur Volksmenge, die ihm folgte, und sprach: Ich sage euch: nicht einmal in Israel habe ich solchen Glauben gefunden.

10Und als die Abgesandten in das Haus zurückkehrten, fanden sie den Knecht gesund.

92. Die Auferweckung des Jünglings von Nain

Lk 7 11–17

11Und es begab sich in der Folgezeit, da wanderte er nach einer Stadt namens Nain, und seine Jünger und viel Volk wanderten mit ihm. 12Wie er aber in die Nähe des Stadttores kam, siehe, da trug man (gerade) einen Toten heraus, den einzigen Sohn seiner Mutter, und die war eine Witwe. Und eine große Volksmenge aus der Stadt begleitete sie. 13Und als der Herr sie erblickte, erfaßte ihn Mitleid mit ihr, und er sprach zu ihr: Weine nicht! 14Und er trat hinzu und berührte den Sarg — die Träger blieben stehen — und sprach: Jüngling, ich sage dir: steh auf! 15Da setzte sich der Tote auf und begann zu sprechen; und ‚er gab ihn seiner Mutter' (3 Kön 17 23). 16Da ergriff alle Furcht, und sie priesen Gott und sprachen: Ein großer Prophet ist unter uns erstanden, und: Gott hat sein Volk (gnädig) heimgesucht. 17Und die Kunde über ihn verbreitete sich in ganz Judäa und in der ganzen Umgegend.

93. Die Anfrage des Täufers

Mt 11 2–4 (Nr. 77):

2Als aber Johannes im Gefängnis von den Werken des Messias hörte, ließ er ihm durch seine Jünger sagen: 3Bist du der Kommende, oder sollen wir auf einen anderen warten?

Lk 7 18–23

18Und es berichteten dem Johannes seine Jünger von all dem. Da rief Johannes zwei seiner Jünger zu sich 19und sandte sie zum Herrn und ließ (ihm) sagen: Bist du der Kommende, oder sollen wir auf einen anderen warten? 20Die Männer kamen zu ihm

4 Und Jesus gab ihnen zur Antwort: Geht hin und verkündet dem Johannes, was ihr hört und seht: 5 ,Blinde sehen wieder und Lahme gehen, Aussätzige werden rein und Taube hören und Tote stehen auf und Arme empfangen die Frohbotschaft' (Is 35 5 f; 61 1; vgl. 29 18 f); 6 und selig ist, wer an mir nicht Anstoß nimmt.

und sprachen: Johannes der Täufer hat uns zu dir geschickt und läßt (dir) sagen: Bist du der Kommende, oder sollen wir auf einen anderen warten?
21 Zu jener Stunde heilte Jesus viele von Krankheiten, Plagen und bösen Geistern, und vielen Blinden schenkte er das Augenlicht.
22 Und er gab ihnen zur Antwort: Geht hin und verkündet dem Johannes, was ihr gesehen und gehört habt: ,Blinde sehen wieder, Lahme gehen, Aussätzige werden rein und Taube hören, Tote stehen auf, Arme empfangen die Frohbotschaft' (Is 35 5 f; 61 1; vgl. 29 18 f);
23 und selig ist, wer an mir nicht Anstoß nimmt.

94. Jesu Zeugnis über den Täufer

Mt 11 7–11. 16–19 (Nr. 78):

7 Während aber diese hingingen, begann Jesus zu den Volksmassen über Johannes zu reden: Wozu seid ihr in die Wüste hinausgegangen? Schilf zu sehen, das im Winde schwankt?
8 Oder wozu seid ihr hinausgegangen? Einen Menschen zu sehen, der in weiche Gewänder gekleidet ist? Siehe, die Leute, die weiche Gewänder tragen, (trifft man) in den Palästen der Könige.
9 Oder wozu seid ihr hinausgegangen? Einen Propheten zu sehen? Ja, ich sage euch: mehr noch (ist dieser) als ein Prophet.
10 Er ist der, von dem geschrieben steht: ,Siehe, ich sende meinen Boten vor dir her, der dir den Weg vor dir her bereiten soll' (Mal 3 1).*
11 Wahrlich, ich sage euch: Unter den Weibgeborenen ist kein Größerer erstanden als Johannes der Täufer; der Kleinste im Himmelreich aber ist größer als er.

16 Wem aber soll ich dieses Geschlecht vergleichen? Kindern gleicht es, die auf den Marktplätzen sitzen und den anderen zurufen:
17 Wir haben euch etwas vorgeblasen, und ihr habt nicht getanzt. Wir haben Klagelieder angestimmt, und ihr habt nicht an die Brust geschlagen.
18 Denn es kam Johannes,

Lk 7 24–35

24 Als aber die Boten des Johannes weggegangen waren, begann (Jesus) zu den Volksmassen über Johannes zu reden: Was zu sehen seid ihr in die Wüste hinausgegangen? Schilf, das im Winde schwankt?
25 Oder was zu sehen seid ihr hinausgegangen? Einen Menschen, der in weiche Gewänder gekleidet ist? Siehe, die in prächtiger Kleidung und in Üppigkeit leben, (trifft man) in den Palästen der Könige.
26 Oder was zu sehen seid ihr hinausgegangen? Einen Propheten? Ja, ich sage euch: mehr noch (ist dieser) als ein Prophet.
27 Er ist der, von dem geschrieben steht: ,Siehe, ich sende meinen Boten vor dir her, der dir den Weg vor dir bereiten soll' (Mal 3 1).*
28 Ich sage euch: Unter den Weibgeborenen gibt es keinen Größeren als Johannes; der Kleinste im Gottesreich aber ist größer als er.
29 Und das ganze Volk, das ihn hörte, und die Zöllner gaben Gott recht und ließen sich mit der Johannestaufe taufen.
30 Die Pharisäer und die Gesetzeslehrer aber verachteten den auf sie gerichteten (Heils)ratschluß Gottes und ließen sich nicht von ihm taufen.**
31 Wem aber soll ich die Menschen dieses Geschlechts vergleichen und wem gleichen sie?
32 Sie gleichen Kindern, die auf dem Marktplatz sitzen und einander zurufen: Wir haben euch etwas vorgeblasen, und ihr habt nicht getanzt. Wir haben Klagelieder angestimmt, und ihr habt nicht geweint.
33 Denn Johannes ist gekommen,

* Mk 1 2 (Nr. 14): Wie beim Propheten Isaias geschrieben steht: ,Siehe, ich sende meinen Boten vor dir her, der dir den Weg bereiten soll' (Mal 3 1).

** Mt 21 32 (Nr. 218): Denn Johannes kam zu euch mit dem Weg der Gerechtigkeit, und ihr habt ihm nicht geglaubt. Die Zöllner und die Huren aber haben ihm geglaubt. Ihr aber habt euch, obwohl ihr es saht, doch nicht schließlich eines Besseren besonnen, so daß ihr ihm glaubtet.

aß nicht und trank nicht — da sagen sie: Er hat einen Dämon. [19]Es kam der Menschensohn, aß und trank — da sagen sie: Seht den Fresser und Weinsäufer, den Freund der Zöllner und Sünder! Und (doch) ist die Weisheit aus ihren Werken gerechtfertigt worden.

hat nicht gegessen und getrunken — da sagt ihr: Er hat einen Dämon. [34]Der Menschensohn ist gekommen, hat gegessen und getrunken — da sagt ihr: Seht den Fresser und Weinsäufer, den Freund der Zöllner und Sünder! [35]Und (doch) ist der Weisheit von seiten aller ihrer Kinder recht gegeben worden.

95. Jesus und die Sünderin

Lk 7 36–50

[36]Es bat ihn aber einer von den Pharisäern, bei ihm seine Mahlzeit einzunehmen. Und er trat in das Haus des Pharisäers und legte sich zu Tisch. [37]Und siehe, eine Frau in der Stadt, eine Sünderin, erfuhr, daß er im Hause des Pharisäers zu Tische liege, brachte ein Alabastergefäß voll Salböl, [38]und indem sie weinend hinten zu seinen Füßen hintrat, begann sie mit ihren Tränen seine Füße zu benetzen und trocknete sie mit ihrem Haupthaar ab, küßte seine Füße und salbte sie mit dem Salböl. [39]Als das der Pharisäer sah, der ihn geladen hatte, dachte er bei sich: Wenn dieser (wirklich) ein Prophet wäre, so müßte er wissen, wer und was für eine die Frau ist, die ihn anrührt, daß sie nämlich eine Sünderin ist. [40]Da wandte sich Jesus an ihn und sprach: Simon, ich habe dir etwas zu sagen. [41]Und der erwiderte: Meister, sprich! (Jesus sprach:) Ein Gläubiger hatte zwei Schuldner, der eine schuldete ihm fünfhundert Denare, der andere fünfzig. [42]Da sie aber nicht zahlen konnten, schenkte er (es) beiden. Wer von den beiden wird ihn nun am meisten lieben? [43]Simon antwortete: Ich nehme an: der, dem er das meiste geschenkt hat. [44]Er aber sprach zu ihm: Du hast richtig geurteilt. Und indem er sich der Frau zuwandte, sprach er zu Simon: Siehst du diese Frau? Ich habe dein Haus betreten. Du hast mir kein Wasser für die Füße gegeben; sie aber hat mit Tränen meine Füße benetzt und sie mit ihren Haaren abgetrocknet. [45]Du hast mir keinen (Begrüßungs)kuß gegeben; sie aber hat, seit ich eintrat, nicht abgelassen, meine Füße zu küssen. [46]Du hast mein Haupt nicht mit Öl gesalbt; sie aber hat mit Salböl meine Füße gesalbt. [47]Deshalb sage ich dir: ihr sind ihre vielen Sünden vergeben, weil sie viel geliebt hat. Wem aber wenig vergeben wird, der liebt (auch) wenig. [48]Dann sprach er zu ihr: Deine Sünden sind vergeben. [49]Da begannen die anderen Tischgäste bei sich zu denken: Wer ist dieser, der sogar Sünden vergibt? [50]Er sprach aber zu der Frau: Dein Glaube hat dich gerettet. Geh hin in Frieden!

96. Die dienenden Frauen

Lk 8 1–3

[1]Und es begab sich in der Folgezeit, da wanderte er von Stadt zu Stadt und von Dorf zu Dorf, predigte und verkündigte die Frohbotschaft vom Reiche Gottes, und die Zwölf (wanderten) mit ihm, [2]und einige Frauen, die von bösen Geistern und Krankheiten geheilt worden waren, Maria, genannt die Magdalenerin, aus der sieben Dämonen ausgefahren waren, [3]und Johanna, die Frau des Chuza, eines Verwalters des Herodes, und Susanna und viele andere, die sie aus ihrem Vermögen versorgten.

97. Jesus und seine Angehörigen

Mk 3 20 f

[20]Und er kam nach Hause. Und wieder strömte die Volksmenge zusammen, so daß sie nicht einmal essen konnten. [21]Und als es die Seinen hörten, brachen sie auf, um sich seiner zu bemächtigen; denn sie sagten: Er ist von Sinnen.

98. Jesu Verteidigungsrede gegen den Vorwurf des Bundes mit dem Teufel

Mt 12 22–37

22 Da wurde ein Besessener zu
ihm gebracht, der blind und
stumm war. Und er heilte ihn,
so daß der Stumme reden und
sehen konnte. 23 Da gerieten
die Volksmassen alle außer
sich und sprachen: Ist dieser
etwa der Sohn Davids? 24 Als
aber die Pharisäer das hörten,
sprachen sie:
Dieser treibt
die Dämonen nur durch
Beelzebul, den Obersten der
Dämonen, aus.*
25 Er aber kannte ihre Gedanken und sprach zu ihnen:
Jedes Reich, das
in sich selbst gespalten ist,
wird verwüstet, und
jede Stadt und jedes Haus,
das in sich selbst gespalten ist,
wird nicht Bestand
haben. 26 Und wenn der Satan den Satan austreibt,
dann ist er (ja) mit sich selbst
entzweit; wie soll dann sein
Reich Bestand haben?
27 Und wenn
ich durch Beelzebul die Dämonen austreibe, durch wen
treiben dann eure Söhne (sie)
aus? Darum werden sie eure
Richter sein. 28 Wenn ich aber
durch den Geist Gottes die
Dämonen austreibe, dann ist
ja das Reich Gottes schon zu
euch gekommen.
29 Oder wie kann einer in das

Mk 3 22–30

22 Und
die Schriftgelehrten, die von
Jerusalem herabgekommen
waren, sagten: Er hat den
Beelzebul, und: Durch
den Obersten
der Dämonen treibt er die
Dämonen aus.*
23 Da rief er sie
herzu und sprach zu ihnen in
Gleichnisform: 24 Wie kann
der Satan den Satan austreiben? Und wenn ein Reich
in sich selbst gespalten ist —
das Reich kann nicht Bestand
haben. 25 Und wenn ein Haus
in sich selbst gespalten ist —
das Haus kann nicht Bestand
haben. 26 Und wenn der Satan gegen sich selbst aufsteht
und sich entzweit, dann kann
er nicht Bestand haben, sondern es ist aus mit ihm.
27 Aber es kann niemand in das

Lk 11 14–23 (Nr. 161):

14 Und er trieb einen Dämon aus,
und der war
stumm. Es begab sich aber, als der
Dämon ausgefahren war, konnte
der Stumme reden.
Da staunten
die Volksmassen.
15 Einige
von
ihnen aber sagten:
Durch
Beelzebul, den Obersten
der Dämonen, treibt er die
Dämonen aus.* 16 Andere aber forderten, um ihn auf die Probe zu
stellen, ein Zeichen vom Himmel
von ihm. 17 Er aber kannte ihre
Gedanken und sprach zu ihnen:
Jedes Reich, das
in sich selbst gespalten ist,
wird verwüstet, und ein Haus stürzt
über das andere.
18 Wenn aber auch der Satan
mit sich selbst
entzweit ist, wie soll dann sein
Reich Bestand haben? Denn ihr
sagt, daß ich durch Beelzebul die
Dämonen austreibe. 19 Wenn aber
ich durch Beelzebul die Dämonen austreibe, durch wen
treiben dann eure Söhne (sie)
aus? Darum werden sie eure
Richter sein. 20 Wenn ich aber
durch den Finger Gottes die
Dämonen austreibe, dann ist
ja das Reich Gottes schon zu
euch gekommen.
21 Wenn der Starke wohlbewaffnet

---

* Mt 9 32–34 (Nr. 69): 32 Als sie aber fortgegangen waren, siehe, da brachte man ihm einen stummen Besessenen. 33 Und als der Dämon ausgetrieben war, konnte der Stumme reden. Da staunten die Volksmassen und sprachen: Niemals ist so (etwas) in Israel vorgekommen. 34 Die Pharisäer aber sprachen: Durch den Obersten der Dämonen treibt er die Dämonen aus.

Mt	Mk	Lk
Haus des Starken eindringen und seine Habe rauben, außer er fesselt zuerst den Starken — dann mag er sein Haus ausrauben.	Haus des Starken eindringen und seine Habe rauben, außer er fesselt zuerst den Starken — dann mag er sein Haus ausrauben.	seinen Palast bewacht, dann ist sein Besitz in Sicherheit. 22 Wenn aber einer, der stärker ist als er, (ihn) angreift und überwindet, so nimmt er ihm seine Rüstung, auf die er sein Vertrauen gesetzt hatte, und verteilt (siegreich) seine Beute. 23 Wer nicht mit mir ist, der ist wider mich, und wer nicht mit mir sammelt, der zerstreut.*
30 Wer nicht mit mir ist, der ist wider mich, und wer nicht mit mir sammelt, der zerstreut.*		
31 Darum sage ich euch: Jede (andere) Sünde und Lästerung wird den Menschen vergeben werden,	28 Wahrlich, ich sage euch: Alles wird den Menschenkindern vergeben werden an Vergehen und an Lästerungen, soviel sie auch lästern mögen;	
die Lästerung des Geistes aber wird nicht vergeben werden. 32 Und wer ein Wort gegen den Menschensohn sagt, dem wird vergeben werden;		12 10 (Nr. 168): Und jeder, der ein Wort gegen den Menschensohn sagt, dem wird vergeben werden;
wer aber (ein Wort) gegen den Heiligen Geist sagt, dem wird nicht vergeben werden, weder in dieser Welt noch in der zukünftigen.	29 wer aber gegen den Heiligen Geist lästert, für den gibt es in Ewigkeit keine Vergebung, sondern er ist ewiger Sünde schuldig — 30 weil sie sagten: Er hat einen unreinen Geist.	wer aber gegen den Heiligen Geist lästert, dem wird nicht vergeben werden.

Mt	Lk
33 Entweder nehmt an: Der Baum ist gut — dann ist auch seine Frucht gut, oder nehmt an: Der Baum ist schlecht — dann ist auch seine Frucht schlecht;	6 43–45 (Nr. 89): 43 Denn es gibt keinen guten Baum, der schlechte Frucht bringt, noch umgekehrt einen schlechten Baum, der gute Frucht bringt;
denn an der Frucht erkennt man den Baum.**	44a denn jeden Baum erkennt man an seiner Frucht.
34 Ihr Otternbrut, wie könnt ihr Gutes reden, da ihr böse seid? Denn der Mund redet, wovon das Herz voll ist.	45b Denn wovon das Herz voll ist, davon redet sein Mund.
35 Der gute Mensch bringt aus dem guten Schatz (seines Herzens) Gutes hervor, und der böse Mensch bringt aus dem bösen Schatz (seines Herzens) Böses hervor.	45a Der gute Mensch bringt aus dem guten Schatz seines Herzens Gutes hervor, und der böse bringt aus dem Bösen Böses hervor.
36 Ich sage euch aber: Über jedes unnütze Wort, das die Menschen reden, werden sie am Gerichtstage Rechenschaft ablegen müssen; 37 denn ‚nach deinen Worten wirst du gerecht gesprochen und nach deinen Worten verurteilt werden‘ (vgl. Ps 51 [50] 6).	

* Mk 9 40 (Nr. 143): Denn wer nicht gegen uns ist, der ist für uns. | Lk 9 50 (Nr. 143): Denn wer nicht gegen euch ist, der ist für euch.

** Mt 7 18.16a (Nr. 54): 18 Ein guter Baum kann keine schlechten Früchte bringen, und ein schlechter Baum kann keine guten Früchte bringen. 16a An ihren Früchten könnt ihr sie erkennen.

99. Die Zeichenforderung

Mt 12 38–42

38 Da antworteten ihm einige von den Schriftgelehrten und Pharisäern: Meister, wir möchten von dir ein Zeichen sehen. 39 Er aber erwiderte ihnen: Ein böses und ehebrecherisches Geschlecht fordert ein Zeichen, aber es wird ihm kein Zeichen gegeben werden als das Zeichen des Propheten Jonas.*
40 Wie nämlich „Jonas drei Tage und drei Nächte im Bauch des Meerungeheuers war“ (Jon 2 1), so wird auch der Menschensohn drei Tage und drei Nächte im Herzen der Erde sein.
41 Die Männer von Ninive werden beim Gericht zusammen mit diesem Geschlecht auftreten und es verurteilen; denn sie haben auf die Predigt des Jonas hin sich bekehrt, und siehe, hier ist mehr als Jonas. 42 Die Königin des Südens wird beim Gericht zusammen mit diesem Geschlecht auftreten und es verurteilen; denn sie kam von den Enden der Erde, um die Weisheit Salomons zu hören, und siehe, hier ist mehr als Salomon.

Lk 11 16.29–32 (Nr. 161.164):

16 Andere aber forderten, um ihn zu versuchen, ein Zeichen vom Himmel von ihm.
29 Als aber die Volksmassen sich versammelten, begann er zu sprechen: Dieses Geschlecht ist ein böses Geschlecht. Es fordert ein Zeichen, aber es wird ihm kein Zeichen gegeben werden als das Zeichen des Jonas.*
30 Wie nämlich Jonas für die Niniviten ein Zeichen war,
so wird es auch der Menschensohn für dieses Geschlecht sein.
32 Die Männer von Ninive werden beim Gericht zusammen mit diesem Geschlecht auftreten und es verurteilen; denn sie haben auf die Predigt des Jonas hin sich bekehrt, und siehe, hier ist mehr als Jonas. 31 Die Königin des Südens wird beim Gericht zusammen mit den Männern dieses Geschlechts auftreten und sie verurteilen; denn sie kam von den Enden der Erde, um die Weisheit Salomons zu hören, und siehe, hier ist mehr als Salomon.

100. Spruch vom Rückfall

Mt 12 43–45

43 Wenn aber der unreine Geist aus einem Menschen ausgefahren ist, durchwandert er wasserlose Gegenden, sucht einen Ruheplatz und findet ihn nicht. 44 Dann spricht er (zu sich): Ich will in mein Haus zurückkehren, das ich verlassen habe. Und er kommt und findet es leer, gefegt und geschmückt. 45 Dann geht er hin und holt sieben andere Geister, die schlimmer sind als er selbst, und sie ziehen ein und lassen sich dort nieder, und der letzte Zustand jenes Menschen wird schlimmer, als der erste war. So wird es auch diesem bösen Geschlecht ergehen.

Lk 11 24–26 (Nr. 162):

24 Wenn der unreine Geist aus einem Menschen ausgefahren ist, durchwandert er wasserlose Gegenden und sucht einen Ruheplatz. Und wenn er keinen findet, spricht er (zu sich): Ich will in mein Haus zurückkehren, das ich verlassen habe. 25 Und er kommt und findet es gefegt und geschmückt. 26 Dann geht er hin und holt sieben andere Geister, die schlimmer sind als er selbst, und sie ziehen ein und lassen sich dort nieder, und der letzte Zustand jenes Menschen wird schlimmer, als der erste war.

---

* Mt 16 1.2 a.4 (Nr. 131): 1 Und es traten die Pharisäer und Sadduzäer an ihn heran und baten ihn, um ihn zu versuchen, er möge ihnen ein Zeichen vom Himmel vorführen.
2 Er aber antwortete ihnen: 4 Das böse und ehebrecherische Geschlecht fordert ein Zeichen, aber es wird ihm kein Zeichen gegeben werden als das Zeichen des Jonas.

Mk 8 11 f (Nr. 131): 11 Und es zogen die Pharisäer aus und begannen mit ihm zu disputieren und forderten von ihm ein Zeichen vom Himmel, um ihn zu versuchen. 12 Da seufzte er in seinem Geiste auf und sprach: Was fordert dieses Geschlecht ein Zeichen? Wahrlich, ich sage euch: nie und nimmer wird diesem Geschlecht ein Zeichen gegeben werden.

101. Die wahren Verwandten Jesu

Mt 12 46–50

46 Während er noch zu den Volksmassen redete, siehe, da standen seine Mutter und seine Brüder draußen und wünschten ihn zu sprechen.

[47 Da sagte jemand zu ihm: Siehe, deine Mutter und deine Brüder stehen draußen und wünschen dich zu sprechen.] 48 Er aber antwortete dem, der es ihm sagte: Wer ist meine Mutter und wer sind meine Brüder? 49 Und er streckte seine Hand über seine Jünger aus und sprach: Siehe, das ist meine Mutter und (das sind) meine Brüder. 50 Denn jeder, der den Willen meines Vaters im Himmel tut, der ist mir Bruder, Schwester und Mutter.*

Mk 3 31–35

31 Und es kamen seine Mutter und seine Brüder, und sie blieben draußen stehen und schickten zu ihm und ließen ihn rufen. 32 Und um ihn herum saß eine Volksmenge. Da sagte man zu ihm: Siehe, deine Mutter und deine Brüder [und Schwestern] stehen draußen und suchen dich. 33 Da antwortete er ihnen: Wer ist meine Mutter und meine Brüder? 34 Und er blickte auf die rings um ihn Sitzenden und sprach: Siehe, das ist meine Mutter und (das sind) meine Brüder. 35 Jeder, der den Willen Gottes tut, der ist mir Bruder, Schwester und Mutter.*

Lk 8 19–21 (Nr. 115):

19 Es kamen aber seine Mutter und seine Brüder zu ihm, konnten aber wegen der Volksmenge nicht zu ihm hingelangen. 20 Da wurde ihm gemeldet: Deine Mutter und deine Brüder stehen draußen und wollen dich sehen. 21 Er aber antwortete ihnen: Meine Mutter und meine Brüder sind die, die das Wort Gottes hören und tun.*

102. Das Gleichnis vom Säemann

Mt 13 1–9

1 An jenem Tage verließ Jesus das Haus und ließ sich am See nieder. 2 Und es versammelten sich große Volksmassen um ihn. Deshalb stieg er in ein Boot und setzte sich (darin) nieder, während die ganze Volksmenge am Ufer stand. 3 Und er redete viel zu ihnen in Gleichnissen und sprach: Siehe, ein Säemann ging aus, um zu säen. 4 Und als er säte, fiel einiges auf den Weg, und es kamen die Vögel und fraßen es auf.

Mk 4 1–9

1 Und wieder (einmal) lehrte er am See. Und es versammelte sich eine sehr große Volksmenge um ihn. Deshalb stieg er in ein Boot und ließ sich (in ihm) auf dem See nieder, während die ganze Volksmenge am See(ufer) auf dem Lande stand. 2 Und er lehrte sie viel in Gleichnissen und sprach zu ihnen, als er sie lehrte: 3 Höret! Siehe, ein Säemann ging aus, um zu säen. 4 Und es begab sich, beim Säen fiel einiges auf den Weg, und es kamen die Vögel und fraßen es auf. 5 Und

Lk 8 4–8

4 Als aber viel Volk zusammenkam und die Leute aus allen Städten ihm zuströmten, sprach er in Gleichnisform: 5 Ein Säemann ging aus, um seinen Samen zu säen. Und als er säte, fiel einiges auf den Weg, und es wurde zertreten und die Vögel des Himmels fraßen es auf. 6 Und

* Joh 15 14: Ihr seid meine Freunde, wenn ihr tut, was ich euch gebiete.

Mt	Mk	Lk
5 Anderes aber fiel auf steinigen Boden, wo es nicht viel Erdreich hatte, und alsbald schoß es auf, weil es kein tiefes Erdreich hatte. 6 Als aber die Sonne aufging, wurde es versengt, und weil es keine Wurzel hatte, verdorrte es.	anderes fiel auf steinigen Boden, wo es nicht viel Erdreich hatte, und alsbald schoß es auf, weil es kein tiefes Erdreich hatte. 6 Als aber die Sonne aufging, wurde es versengt, und weil es keine Wurzel hatte, verdorrte es.	anderes fiel auf Felsen(boden); und als es aufgegangen war, verdorrte es, weil es keine Feuchtigkeit hatte.
7 Anderes aber fiel unter die Dornen, und die Dornen gingen auf und erstickten es.	7 Und anderes fiel unter die Dornen, und die Dornen gingen auf und erstickten es, und es brachte keine Frucht.	7 Und anderes fiel mitten unter die Dornen, und die Dornen wuchsen mit (ihm) auf und erstickten es.
8 Anderes aber fiel auf gutes Erdreich und brachte Frucht, teils hundert-, teils sechzig-, teils dreißigfach.	8 Und anderes fiel auf gutes Erdreich und brachte Frucht, indem es aufging und wuchs, und es trug dreißig- und sechzig- und hundertfach.	8 Und anderes fiel auf gutes Erdreich, ging auf und brachte hundertfache Frucht.
9 Wer Ohren hat, der höre!	9 Und er sprach: Wer Ohren hat, zu hören, der höre!	Als er das sagte, rief er aus: Wer Ohren hat, zu hören, der höre!

103. Der Zweck der Gleichnisreden Jesu

Mt 13 10–17	Mk 4 10–12	Lk 8 9f
10 Da traten die Jünger zu ihm hin und sprachen zu ihm: Warum redest du zu ihnen in Gleichnissen? 11 Er aber antwortete: Euch ist es gegeben, die Geheimnisse des Himmelreiches zu erkennen, jenen aber ist es nicht gegeben.	10 Und als er allein war, fragten ihn die, welche mit den Zwölfen um ihn waren, nach den Gleichnissen. 11 Und er sprach zu ihnen: Euch ist das Geheimnis des Gottesreiches gegeben; jenen draußen aber	9 Seine Jünger aber fragten ihn, was dieses Gleichnis bedeute. 10 Er aber sprach: Euch ist es gegeben, die Geheimnisse des Gottesreiches zu erkennen, den übrigen aber
12 Denn wer hat, dem wird (dazu)gegeben werden, und er wird Überfluß haben; wer aber nicht(s) hat, dem wird auch, was er hat, weggenommen werden.	4 25 (Nr. 105)	8 18 b (Nr. 105)
13 Deshalb rede ich in Gleichnissen zu ihnen, weil sie ‚sehend nicht sehen und hörend nicht hören noch verstehen‘.	wird alles in Gleichnissen (mitgeteilt), 12 damit sie ‚sehend sehen und doch nicht erkennen, hörend hören und doch nicht verstehen, damit sie sich nicht bekehren und ihnen vergeben werde‘ (Is 6 9f).	(werden sie nur) in Gleichnissen (mitgeteilt), damit sie ‚sehend nicht sehen und hörend nicht verstehen‘ (Is 6 9f).
14 Und es erfüllt sich (an) ihnen die Weissagung des Isaias, die sagt: ‚Ihr sollt mit den Ohren hören und (doch) nicht verstehen Und mit den Augen sehen und (doch) nicht erkennen. 15 Denn verstockt wurde das Herz dieses Volkes		

Und mit den Ohren hören sie schwer
Und ihre Augen halten sie geschlossen,
Damit sie mit ihren Augen nicht sehen
Und mit ihren Ohren nicht hören
Und mit ihrem Herzen nicht verstehen und sich bekehren,
Daß ich sie heile' (Is 6 9f).

16 Aber selig eure Augen, weil sie sehen, und eure Ohren, weil sie hören. 17 Denn wahrlich, ich sage euch: viele Propheten und Gerechte verlangten zu sehen, was ihr seht, und haben es nicht gesehen, und zu hören, was ihr hört, und haben es nicht gehört.

Lk 10 23 f (Nr. 155):

23 Und zu den Jüngern allein gewendet sprach er: Selig die Augen, die sehen, was ihr seht. 24 Denn ich sage euch: viele Propheten und Könige wollten sehen, was ihr seht, und haben es nicht gesehen, und hören, was ihr hört, und haben es nicht gehört.

104. Deutung des Gleichnisses vom Säemann

Mt 13 18–23

18 Ihr also, hört (die Deutung) des Gleichnisses vom Säemann!

19 Bei jedem, der das Wort vom Reiche hört, es aber nicht versteht, kommt der Böse und raubt das, was in sein Herz gesät wurde; das ist der auf den Weg Gesäte.

20 Der auf den steinigen Boden Gesäte aber, das ist der, der das Wort hört und es sogleich mit Freuden aufnimmt; 21 er hat aber keine Wurzel in sich, sondern ist ein Augenblicksmensch; wenn aber Trübsal oder Verfolgung um des Wortes willen eintritt, kommt er alsbald zu Fall.

22 Der unter die Dornen Gesäte aber, das ist der, der das Wort (wohl) hört, aber (dann) ersticken die Sorgen der Welt und der Trug des Reichtums das Wort, und es

Mk 4 13–20

13 Und er sprach zu ihnen: Ihr versteht dieses Gleichnis nicht — wie wollt ihr dann alle Gleichnisse verstehen? 14 Der Säemann sät das Wort. 15 Das aber sind die auf dem Wege: wo das Wort gesät wird, und wenn sie es hören, kommt alsbald der Satan und nimmt das in sie gesäte Wort weg.

16 Und das sind, entsprechend, die auf den steinigen Boden gesät wurden: die, sobald sie das Wort hören, es sogleich mit Freuden aufnehmen, 17 aber sie haben keine Wurzel in sich, sondern sind Augenblicksmenschen; wenn dann Trübsal oder Verfolgung um des Wortes willen eintritt, kommen sie alsbald zu Fall. 18 Und andere sind die, welche unter die Dornen gesät werden: das sind die, die das Wort (wohl) gehört haben, 19 aber die Sorgen der Welt, der Trug des Reichtums und die sonstigen Begierden dringen ein und ersticken das Wort, und es

Lk 8 11–15

11 Dies aber bedeutet das Gleichnis:

Der Same ist das Wort Gottes. 12 Die auf dem Wege sind die, welche (es) zwar hören; dann aber kommt der Teufel und nimmt das Wort aus ihrem Herzen weg, damit sie nicht glauben und gerettet werden.

13 Die auf dem Felsen(boden) aber (sind die), welche, sobald sie (es) hören, das Wort mit Freuden aufnehmen; aber diese haben keine Wurzel; eine Zeitlang glauben sie, aber zur Zeit der Versuchung fallen sie ab.

14 Das unter die Dornen Gefallene aber, das sind die, welche (es zwar) hören, aber von den Sorgen, dem Reichtum und den Lüsten des Lebens werden sie unterwegs erstickt und kommen

bringt keine Frucht.
23 Der auf den guten Boden Gesäte aber, das ist der, welcher das Wort

hört und es versteht; der bringt dann auch Frucht und trägt teils hundert-, teils sechzig-, teils dreißigfach.

bringt keine Frucht. 20 Und das sind die, die auf den guten Boden gesät wurden: die das Wort

hören und aufnehmen und Frucht bringen,

dreißig- und sechzig- und hundertfach.

nicht zur Reife.
15 Das auf dem guten Boden aber, das sind die, welche das Wort mit einem edlen und guten Herzen hören und festhalten und Frucht bringen in Beharrlichkeit.

105. Sprüche vom rechten Hören

Mk 4 21–25

21 Und er sprach zu ihnen: Ist das Licht etwa dazu da, um unter den Scheffel oder unter das Bett gestellt zu werden? Nicht vielmehr dazu, um auf den Leuchter gestellt zu werden?*
22 Denn nichts ist verborgen, das nicht offenbar werden soll, und nichts geheim, das nicht ans Tageslicht kommen soll.**
23 Wer Ohren hat, zu hören, der höre. 24 Und er sprach zu ihnen: Achtet auf das, was ihr hört. Mit dem Maß, mit dem ihr meßt, wird euch gemessen werden, ja es wird euch noch dazugegeben werden.***

Lk 8 16–18

16 Niemand aber zündet ein Licht an und bedeckt es mit einem Gefäß oder stellt es unter das Bett, sondern er stellt es auf den Leuchter, damit die Eintretenden das Licht sehen.* 17 Denn nichts ist verborgen, das nicht offenbar werden wird, und nichts geheim, das nicht bekannt werden und ans Tageslicht kommen wird.**

18 Gebt also acht, wie ihr hört!

Mt 13 12 (Nr. 103):
Denn wer hat, dem wird (dazu)gegeben werden, und er wird Überfluß haben; wer aber nicht(s) hat, dem wird auch, was er hat, weggenommen werden.†

25 Denn wer hat, dem wird (dazu)gegeben werden; wer aber nicht(s) hat, dem wird auch, was er hat, weggenommen werden.†

Denn wer hat, dem wird (dazu)gegeben werden; wer aber nicht(s) hat, dem wird auch, was er zu haben meint, weggenommen werden.†

106. Das Gleichnis von der selbstwachsenden Saat

Mk 4 26–29

26 Und er sprach: So verhält es sich mit dem Gottesreich, wie wenn ein Mensch den Samen aufs Land sät 27 und (dann) schläft und (wieder) aufsteht, Nacht und Tag, und der Same sproßt (inzwischen) und wächst, ohne daß (der Mensch) selbst davon weiß. 28 Von

* Mt 5 15 (Nr. 33): Man zündet auch nicht ein Licht an und stellt es unter den Scheffel, sondern auf den Leuchter, und dann leuchtet es allen, die im Hause sind.

** Mt 10 26 (Nr. 73): Denn nichts ist verhüllt, das nicht offenbar werden wird, und (nichts) verborgen, das nicht bekannt werden wird.

*** Mt 7 2 (Nr. 49): Denn mit dem Gericht, mit dem ihr richtet, werdet ihr gerichtet werden, und mit dem Maß, mit dem ihr meßt, wird euch gemessen werden.

† Mt 25 29 (Nr. 238): Denn jedem, der hat, wird (dazu)gegeben werden, und er wird Überfluß haben; wer aber nicht(s) hat, dem wird auch, was er hat, weggenommen werden.

Lk 11 33 (Nr. 165): Niemand zündet ein Licht an und stellt es in ein Kellerloch oder unter den Scheffel, sondern auf den Leuchter, damit die Eintretenden den Schein sehen.

Lk 12 2 (Nr. 167): Nichts aber ist verhüllt, das nicht offenbar werden wird, und (nichts) verborgen, das nicht bekannt werden wird.

Lk 6 38 (Nr. 88): Denn mit dem Maß, mit dem ihr meßt, wird euch wieder gemessen werden.

Lk 19 26 (Nr. 210): Ich sage euch: jedem, der hat, wird (dazu)gegeben werden; wer aber nicht(s) hat, dem wird auch, was er hat, weggenommen werden.

selbst bringt die Erde Frucht, zuerst den Halm, dann die Ähre, dann volles Korn in der Ähre. [29]Sobald aber die Frucht es erlaubt, ‚schickt er alsbald die Sichel; denn die Ernte ist da‘ (Joel 4 13).

107. Gleichnis vom Unkraut unter dem Weizen

Mt 13 24–30

[24]Ein anderes Gleichnis trug er ihnen vor und sprach: Mit dem Himmelreich verhält es sich wie mit einem Mann, der guten Samen auf seinen Acker gesät hatte. [25]Während aber die Leute schliefen, kam ein Feind, säte Unkraut unter den Weizen und ging davon. [26]Als aber die Saat aufging und die Frucht ansetzte, da kam auch das Unkraut zum Vorschein. [27]Da traten die Knechte des Hausherrn zu ihm und sprachen zu ihm: Herr, hast du nicht guten Samen auf deinen Acker gesät? Woher hat er nun das Unkraut? [28]Er aber sprach zu ihnen: Ein Feind hat das getan. Die Knechte aber sprachen zu ihm: Willst du nun, daß wir hingehen und es sammeln? [29]Er aber sprach: Nein, ihr könntet beim Sammeln des Unkrauts zugleich damit auch den Weizen ausreißen. [30]Laßt beides zusammen wachsen bis zur Ernte. Wenn dann die Ernte da ist, will ich zu den Schnittern sagen: Sammelt zuerst das Unkraut und bindet es in Bündel, um es zu verbrennen. Den Weizen aber bringt ein in meine Scheune.

108. Gleichnis vom Senfkorn

Mt 13 31f

[31]Ein anderes Gleichnis trug er ihnen vor und sprach: Das Himmelreich gleicht einem Senfkorn, das ein Mensch nahm und auf seinen Acker säte. [32]Es ist das kleinste von allen Samenkörnern; sobald es aber ausgewachsen ist, ist es größer als (alle) Kräuter und wird ein Baum, so daß ‚die Vögel des Himmels kommen und in seinen Zweigen wohnen‘ (Ez 17 23; 31 6; Dan 4 9.18).

Mk 4 30–32

[30]Und er sprach: Womit sollen wir das Gottesreich vergleichen oder in welchem Gleichnis es darstellen? [31]Es gleicht einem Senfkorn, das, wenn es auf die Erde gesät wird, das kleinste von allen Samenkörnern auf der Erde ist; [32]sobald es aber gesät ist, geht es auf und wird größer als alle Kräuter und treibt große Zweige, so daß ‚unter seinem Schatten die Vögel des Himmels wohnen können‘ (Ez 17 23; 31 6; Dan 4 9.18).

Lk 13 18f (Nr. 176):

[18]Er sprach nun: Wem ist das Gottesreich gleich und womit soll ich es vergleichen? [19]Es ist einem Senfkorn gleich, das ein Mensch nahm und in seinen Garten säte, und es wuchs und wurde zu einem Baum, und ‚die Vögel des Himmels wohnten in seinen Zweigen‘ (Ez 17 23; 31 6; Dan 4 9.18).

109. Gleichnis vom Sauerteig

Mt 13 33

[33]Ein anderes Gleichnis sagte er ihnen: Das Himmelreich ist einem Sauerteig gleich, den eine Frau nahm und unter drei Scheffel Mehl mengte, bis es ganz durchsäuert war.

Lk 13 20f (Nr. 176):

[20]Und wiederum sprach er: Womit soll ich das Gottesreich vergleichen? [21]Es ist einem Sauerteig gleich, den eine Frau nahm und unter drei Scheffel Mehl mengte, bis es ganz durchsäuert war.

110. Die Bedeutung der Gleichnisreden Jesu

Mt 13 34 f

[34]All das redete Jesus in Gleichnissen zu
den Volksmassen,
und ohne Gleichnisse redete
er nichts zu ihnen,

[35]damit erfüllt würde, was durch den Pro-
pheten [Isaias] gesprochen wurde, welcher
sagt:
,Ich will meinen Mund in Gleichnissen auf-
tun,
Will hervorsprudeln, was von der Schöpfung
an verborgen war‘ (Ps 78 [77] 2).

Mk 4 33 f

[33]Und in vielen solchen Gleichnissen redete
er zu ihnen das Wort entsprechend ihrer
Fassungskraft. [34]Ohne Gleichnis aber redete
er nicht zu ihnen; seinen Jüngern aber er-
klärte er, wenn sie mit ihm allein waren,
alles.

111. Deutung des Gleichnisses vom Unkraut unter dem Weizen

Mt 13 36–43

[36]Darauf entließ er die Volksmassen und ging in sein Haus. Da traten seine Jünger
zu ihm und sprachen: Deute uns das Gleichnis vom Unkraut auf dem Acker! [37]Er aber
antwortete: Der den guten Samen sät, ist der Menschensohn; [38]der Acker aber ist die Welt;
der gute Same, das sind die Söhne des Reiches; das Unkraut sind die Söhne des Bösen;
[39]der Feind, der es gesät hat, ist der Teufel; die Ernte ist das Ende der Welt; die Schnitter
sind die Engel. [40]Wie nun das Unkraut gesammelt und im Feuer verbrannt wird, so wird
es (auch) am Ende der Welt sein: [41]der Menschensohn wird seine Engel senden, und sie
werden aus seinem Reiche ,alle Ärgernisse und Übeltäter‘ (Soph 1 3) sammeln [42]und sie in
den Feuerofen werfen. Dort wird Heulen und Zähneknirschen herrschen.* [43]Dann ,werden
die Gerechten leuchten‘ (Dan 12 3) wie die Sonne im Reiche ihres Vaters. Wer Ohren hat,
der höre!

112. Gleichnisse vom Schatz und der Perle

Mt 13 44–46

[44]Mit dem Himmelreich verhält es sich wie mit einem Schatz, der im Acker verborgen
war. Den fand ein Mensch und deckte ihn (wieder) zu. Und voll Freude geht er hin und ver-
kauft alles, was er besitzt, und kauft jenen Acker.
[45]Ferner verhält es sich mit dem Himmelreich wie mit einem Kaufmann, der edle
Perlen suchte. [46]Als er aber eine kostbare Perle fand, ging er hin, verkaufte alles, was er
besaß, und kaufte sie.

113. Gleichnis vom Fischnetz

Mt 13 47–50

[47]Ferner verhält es sich mit dem Himmelreich wie mit einem Fischnetz, das ins Meer
geworfen wurde und (Fische) aller Art zusammenbrachte. [48]Als es voll war, zogen (die
Leute) es ans Ufer, setzten sich hin und lasen die guten (Fische) in Gefäße, die schlechten

* Vgl. Mt 13 50 (Nr. 113) und zu Mt 8 12 (Nr. 59).

aber warfen sie weg. [49]So wird es (auch) am Ende der Welt sein: die Engel werden ausziehen
und die Bösen von den Gerechten scheiden [50]und sie in den Feuerofen werfen. Dort wird
Heulen und Zähneknirschen herrschen.*

114. Schluß der Gleichnisrede

Mt 13 51 f

[51]Habt iht dies alles verstanden? Sie sprachen zu ihm: Ja.[52]Er aber sprach zu ihnen:
Darum ist jeder Schriftgelehrte, der für das Himmelreich geschult ist, einem Hausherrn
gleich, der aus seinem Schatz Neues und Altes hervorholt.

115. Die wahren Verwandten Jesu

Mt 12 46–50 (Nr. 101):

[46]Während er noch zu den Volksmassen redete, siehe, da standen seine Mutter und seine Brüder draußen und wünschten ihn zu sprechen.

[[47]Da sagte jemand zu ihm: Siehe, deine Mutter und deine Brüder stehen draußen und wünschen dich zu sprechen.] [48]Er aber antwortete dem, der es ihm sagte: Wer ist meine Mutter und wer sind meine Brüder? [49]Und er streckte seine Hand über seine Jünger aus und sprach: Siehe, das ist meine Mutter und (das sind) meine Brüder. [50]Denn jeder, der den Willen meines Vaters im Himmel tut, der ist mir Bruder, Schwester und Mutter.**

Mk 3 31–35 (Nr. 101):

[31]Und es kamen seine Mutter und seine Brüder, und sie blieben draußen stehen und schickten zu ihm und ließen ihn rufen. [32]Und um ihn herum saß eine Volksmenge.

Da sagte man zu ihm: Siehe, deine Mutter und deine Brüder [und Schwestern] stehen draußen und suchen dich. [33]Da antwortete er ihnen: Wer ist meine Mutter und meine Brüder? [34]Und er blickte auf die rings um ihn Sitzenden und sprach: Siehe, das ist meine Mutter und (das sind) meine Brüder. [35]Jeder, der den Willen Gottes tut, der ist mir Bruder, Schwester und Mutter.**

Lk 8 19–21

[19]Es kamen aber seine Mutter und seine Brüder zu ihm, konnten aber wegen der Volksmenge nicht zu ihm hingelangen.
[20]Da wurde ihm gemeldet: Deine Mutter und deine Brüder stehen draußen und wollen dich sehen. [21]Er aber antwortete ihnen:

Meine Mutter und meine Brüder sind die, die das Wort Gottes hören und tun.**

116. Die Stillung des Seesturmes

Mt 8 18.23–27 (Nr. 62 f):

[18]Als aber Jesus eine große Volksmenge um sich sah, befahl er, an das andere Ufer wegzufahren. [23]Und

Mk 4 35–41

[35]Und er sprach zu ihnen an jenem Tage, als es Abend geworden war: Wir wollen an das andere Ufer hinüberfahren. [36]Da ließen (die Jünger) die Volksmenge

Lk 8 22–25

[22]Es begab sich aber eines Tages, da stieg er mit seinen Jüngern in ein Boot und sprach zu ihnen: Wir wollen an das andere Ufer des Sees hinüberfahren. Und sie fuhren ab.

---

* Vgl. Mt 13 42 (Nr. 111) und zu Mt 8 12 (Nr. 59).
** Joh 15 14: Ihr seid meine Freunde, wenn ihr tut, was ich euch gebiete.

er stieg in das Boot,
und seine Jünger folgten ihm.

V. 24 b

24 Und siehe, es erhob sich ein heftiger Sturm auf dem See,
so daß das Boot von den Wellen bedeckt wurde.
Er aber schlief.
25 Da traten sie zu ihm hin, weckten ihn und sprachen: Herr, rette (uns), wir gehen unter! 26 Da sprach er zu ihnen: Was seid ihr (so) furchtsam, ihr Kleingläubigen? Dann stand er auf, schalt die Winde und den See,
und es ward völlige Stille.

V. 26 a

27 Die Leute aber verwunderten sich und sprachen: Wer ist denn dieser, daß selbst die Winde und der See ihm gehorchen?

---

nach Hause gehen und nahmen ihn, wie er war, im Boote mit, und andere Boote fuhren mit.

V. 28 a

37 Da erhob sich ein heftiger Sturmwind, und die Wellen schlugen in das Boot, so daß das Boot sich schon (mit Wasser) füllte.
38 Er aber lag im Hinterteil des Bootes und schlief auf einem Kissen. Da weckten sie ihn und sprachen: Meister, kümmert es dich nicht, daß wir untergehen?

V. 40

39 Da stand er auf, schalt den Wind und sprach zum See: Schweig, sei still! Da legte sich der Wind, und es ward völlige Stille.
40 Und er sprach zu ihnen: Was seid ihr (so) furchtsam? Habt ihr noch keinen Glauben? 41 Da befiel sie große Furcht, und sie sagten zueinander: Wer ist denn dieser, daß selbst Sturm und See ihm gehorchen?

---

23 Während sie aber dahinfuhren, schlief er ein.
Da fuhr ein Sturmwind herab auf den See, und das Boot füllte sich (mit Wasser), und ihre Lage wurde gefährlich.

V. 23 a

24 Da traten sie zu ihm hin, weckten ihn und sprachen: Meister, Meister, wir gehen unter!

V. 25 a

Er aber stand auf, schalt den Wind und den Wogenschwall, und sie hörten auf, und es ward Stille.
25 Da sprach er zu ihnen: Wo ist euer Glaube? Sie aber gerieten in Furcht und Staunen und sagten zueinander: Wer ist denn dieser, daß er selbst den Winden gebietet und dem Wasser, und sie gehorchen ihm?

117. Die Heilung des Besessenen von Gerasa

Mt 8 28–34 (Nr. 64):

28 Und als er an das jenseitige Ufer in das Land der Gadarener kam,
da kamen ihm zwei Besessene entgegen, die aus den Gräbern heraustraten;
die waren sehr gefährlich,

Mk 5 1–20

1 Und sie kamen an das jenseitige Ufer des Sees, in das Land der Gerasener.
2 Und als er aus dem Boot stieg, kam ihm alsbald aus den Gräbern ein Mann entgegen, der in (der Gewalt) eines unreinen Geistes stand;
3 der hauste in den Gräbern, und nicht einmal mit Fesseln konnte ihn jemand binden;
4 denn oft hatte man ihn schon mit Fußfesseln und Ketten gefesselt, aber die Ketten

Lk 8 26–39

26 Und sie fuhren zum Land der Gerasener, das Galiläa gegenüberliegt.
27 Als er aber ans Land stieg, kam ihm ein Mann aus der Stadt entgegen, der Dämonen hatte und seit langer Zeit kein Gewand mehr anzog und sich in keinem Hause mehr aufhielt, sondern in den Gräbern.

V. 29 b

so daß niemand auf jenem Wege
vorübergehen konnte.

29 Und siehe, sie schrien:
Was haben wir mit dir zu tun,
Sohn
Gottes? Bist du hierher ge-
kommen, uns vor der Zeit zu quä-
len?

30 Es weidete aber
in (einiger) Entfernung von ihnen
eine große Schweineherde.

31 Die Dämonen baten ihn nun:
Wenn du uns austreibst,
so schicke uns in die Schweineherde!
32 Da sprach er zu ihnen: Fahret
hin! Da fuhren sie
aus und
fuhren in die Schweine; und
siehe, die ganze Herde stürmte den
Abhang hinab in den See
und
kam im Wasser um.
33 Die Hirten
aber flohen, und als
sie in die Stadt gekommen waren,

waren von ihm zerrissen und
die Fußfesseln zerrieben wor-
den, und niemand vermochte
ihn zu bändigen. 5 Und be-
ständig, Tag und Nacht, hielt
er sich in den Gräbern und
auf den Bergen auf, schrie und
schlug sich mit Steinen. 6 Und
als er Jesus von weitem er-
blickte, lief er herzu, warf
sich vor ihm nieder 7 und
schrie mit lauter Stimme:
Was habe ich mit dir zu tun,
Jesus, du Sohn des höchsten
Gottes? Ich beschwöre dich
bei Gott, quäle mich nicht!
8 Denn (Jesus) hatte zu ihm
gesagt: Fahre aus, du unrei-
ner Geist, aus dem
Menschen!

V. 4f

9 Und er fragte ihn:
Wie heißt du? Und er sprach:
Ich heiße Legion; denn wir
sind viele.
10 Und er bat
dringend, er möge sie nicht
aus dem Lande vertreiben.
11 Es weidete aber
dort an dem Berge
eine große Schweineherde.

12 Da baten ihn (die Dämo-
nen):
Schicke uns in die Schweine,
laß uns in sie hineinfahren!
13 Und er erlaubte es ihnen.
Da fuhren die unreinen Gei-
ster aus und
fuhren in die Schweine, und
die Herde stürmte den
Abhang hinab in den See, an
zweitausend Stück, und er-
tranken im See. 14 Da flohen
ihre Hirten
und melde-
ten es in der Stadt und auf

28 Als er
aber Jesus er-
blickte, schrie er auf, fiel
vor ihm nieder und
rief mit lauter Stimme:
Was habe ich mit dir zu tun,
du Sohn des höchsten
Gottes? Ich bitte dich,
quäle mich nicht!
29 Denn Jesus hatte dem
unrei-
nen Geist befohlen, aus dem
Menschen auszufahren. Denn
schon oft hatte er ihn gepackt,
und man hatte ihn mit Ketten
und Fußfesseln gefesselt und
bewacht, aber er zerriß die
Fesseln und wurde von dem
Dämon in die Einöde getrie-
ben. 30 Jesus aber fragte ihn:
Wie heißt du? Er sprach:
Legion. Denn viele
Dämonen waren in ihn gefah-
ren. 31 Und (die Dämonen) baten
ihn, er möge ihnen nicht be-
fehlen, in den Abgrund zu
fahren. 32 Es war aber
dort
eine Herde von vielen Schwei-
nen, die an dem Berge weide-
ten. Da baten sie ihn,

er möge ihnen erlauben, in
diese zu fahren.
Und er erlaubte es ihnen.
33 Da fuhren die Dämonen
aus dem Menschen aus und
fuhren in die Schweine, und
die Herde stürmte den
Abhang hinab in den See
und er-
trank. 34 Als aber
die Hirten sahen, was gesche-
hen war, flohen sie und melde-
ten es in der Stadt und auf

meldeten sie alles, auch das von den Besessenen. 34 Und siehe, die ganze Stadt zog hinaus, Jesus entgegen, und als sie ihn sahen, baten sie ihn, er möge ihr Gebiet verlassen.

den Höfen. Und (die Leute) kamen, um zu sehen, was geschehen war. 15 Und sie kamen zu Jesus und sahen den Besessenen, der die „Legion“ gehabt hatte, dasitzen, bekleidet und bei Sinnen, und gerieten in Furcht. 16 Und die Augenzeugen erzählten ihnen, was (mit) dem Besessenen geschehen war, und (die Sache) mit den Schweinen. 17 Da baten sie ihn, er möge ihr Gebiet verlassen.

18 Und als er in das Boot stieg, bat ihn der (früher) Besessene, bei ihm bleiben zu dürfen. 19 Er aber erlaubte es ihm nicht, sondern sprach zu ihm: Geh nach Hause zu den Deinen und melde ihnen, was der Herr Großes an dir getan und (wie er) sich deiner erbarmt hat. 20 Da ging er hinweg und verkündigte in der Dekapolis, was Jesus an ihm Großes getan hatte, und alle verwunderten sich.

den Höfen. 35 Da kamen (die Leute) hinaus, um zu sehen, was geschehen war. Und sie kamen zu Jesus und fanden den Menschen, aus dem die Dämonen ausgefahren waren, bekleidet und bei Sinnen zu den Füßen Jesu dasitzen und gerieten in Furcht. 36 Die Augenzeugen aber berichteten ihnen, wie der Besessene gesund geworden war.

37 Da bat ihn die ganze Bevölkerung aus dem Gebiet der Gerasener, er möge sie verlassen; denn sie waren von großer Furcht erfüllt. Er aber stieg in das Boot und fuhr zurück. 38 Der Mann aber, aus dem die Dämonen ausgefahren waren, bat ihn, bei ihm bleiben zu dürfen. Er schickte ihn aber fort und sprach: 39 Kehre in dein Haus zurück und erzähle, was Gott Großes an dir getan hat.

Da ging er hinweg und verkündigte in der ganzen Stadt, was Jesus an ihm Großes getan hatte.

118. Die Auferweckung der Tochter des Jairus und die Heilung der blutflüssigen Frau

Mt 9 18–26 (Nr. 68):

18 Während er dies zu ihnen sprach, siehe, da trat ein Vorsteher heran, fiel vor ihm nieder und sprach: Meine Tochter

Mk 5 21–43

21 Und als Jesus im Boot wieder an das andere Ufer hinübergefahren war, versammelte sich eine große Volksmenge um ihn, und er befand sich am See. 22 Da kam einer von den Synagogenvorstehern, Jairus mit Namen. Und als er ihn erblickte, fiel er ihm zu Füßen 23 und bat ihn inständig: Mein Töchterchen (vgl. V. 42)

Lk 8 40–56

40 Es begab sich aber, als Jesus zurückkehrte, nahm ihn das Volk in Empfang; denn alle warteten auf ihn. 41 Und siehe, da kam ein Mann namens Jairus, und der war Vorsteher der Synagoge. Und er fiel Jesus zu Füßen und bat ihn, in sein Haus zu kommen; 42 denn er hatte eine einzige Tochter von etwa zwölf Jah-

ist soeben gestorben;
aber komm und lege ihr die Hand
auf, dann wird sie (wieder)
lebendig werden. 19 Und
Jesus stand auf und
folgte ihm
mit seinen Jüngern.
20 Und siehe, eine Frau, die (schon)
zwölf Jahre an Blutfluß
litt,

trat
zu ihm hin und
berührte von hinten die
Quaste seines Gewandes;
21 denn sie dachte bei sich:
Wenn ich nur sein
Gewand berühre, so werde ich
gesund werden.

22 Jesus
aber
wand-
te sich um,

---

liegt im Sterben.
Komm und lege ihr die Hän-
de auf, damit sie gesund wird
und am Leben bleibt. 24 Da
ging (Jesus) mit ihm, und
eine große Menge folgte ihm,
und sie umdrängten ihn.
25 Und eine Frau, die (schon)
zwölf Jahre an Blutfluß
litt 26 und viel gequält worden
war von vielen Ärzten und ihr
ganzes Vermögen
aufgewendet, aber keinen Er-
folg gehabt hatte, sondern
nur noch elender geworden
war, 27 — die hatte von Jesus
gehört und kam unter der
Volksmenge und
berührte von hinten
sein Gewand;
28 denn sie sagte (sich):
Wenn ich auch nur seine
Kleider berühre, so werde ich
gesund werden. 29 Und so-
gleich versiegte der Quell
ihres Blutes, und sie spürte
es an ihrem Körper, daß sie
von ihrem Leiden geheilt sei.
30 Und sogleich merkte Jesus
an sich, daß eine Kraft von
ihm ausgegangen war, wand-
te sich in der Menge um und
sprach: Wer hat meine Klei-
der angerührt?
31 Da sagten seine
Jünger zu ihm:
Du siehst (doch), wie
die Menge dich umdrängt,

und du sagst (noch): Wer hat
mich angerührt?
32 Und er blickte umher, um
die zu sehen, die es getan
hatte.
V. 30 a
33 Die Frau aber, voll Furcht
und Zittern, im Bewußtsein
dessen, was (an) ihr gesche-
hen war, kam
(herbei), fiel vor ihm nieder
und sagte ihm die ganze
Wahrheit.

---

ren, und die lag im Sterben.

Während
aber (Jesus) hinging,

umdrängten ihn die Massen.
43 Und eine Frau, die (schon)
seit zwölf Jahren an Blutfluß
litt
(und) die [ihr
ganzes Vermögen für die Ärzte
aufgewendet, aber] von kei-
nem hatte geheilt werden kön-
nen,

44 trat
zu ihm hin und
berührte von hinten [die
Quaste] sein[es] Gewand[es].

Und so-
gleich kam ihr Blutfluß zum
Stillstand.

45 Und Jesus
(vgl. V. 46 b)

sprach: Wer war es, der mich
angerührt hat? Als es aber
alle leugneten, sagte Petrus
[und seine Genossen]: Mei-
ster,
die Volksmassen umringen
und bedrängen dich (doch)
[,und du fragst: Wer war es,
der mich angerührt hat?].
46 Jesus aber sprach: Es hat
mich jemand angerührt; denn
ich merkte, wie eine Kraft
von mir ausging. 47 Als nun
die Frau sah, daß sie nicht
verborgen geblieben war,

kam sie zitternd
(herbei), fiel vor ihm nieder
und bekannte vor allem Volk,
weshalb sie ihn angerührt

und als er
sie sah, sprach er: Fasse Mut, meine
Tochter, dein Glaube hat dir
geholfen.

Und die Frau ward gesund von
jener Stunde an.

23 Und als Jesus in das Haus
des Vorstehers kam
und die Flötenspieler und die lärmende Menge sah,

sprach er: 24 Geht
weg; denn das Mädchen
ist nicht gestorben, sondern
schläft (nur). Da verlachten
sie ihn.

25 Als aber die Menge hinausgetrieben war,

trat
er ein
und ergriff ihre Hand,

und
das Mädchen
stand auf.

---

34 Er aber
sprach zu ihr: Meine
Tochter, dein Glaube hat dir
geholfen; geh hin in Frieden
und sei geheilt von deinem
Leiden!

35 Während er noch redete,
kamen Leute vom (Hause
des) Synagogenvorsteher(s)
und sagten: Deine Tochter
ist gestorben. Was bemühst
du den Meister noch? 36 Jesus
aber, der nebenher hörte, was
gesprochen wurde, sprach zu
dem Synagogenvorsteher:
Fürchte dich nicht, glaube
nur!

37 Und er erlaubte niemand,
ihn zu begleiten außer dem
Petrus, Jakobus und Johannes, dem Bruder des Jakobus.

V. 40 b

38 Und sie gingen zum Haus
des Synagogenvorstehers, und
er gewahrte den Lärm, wie
sie weinten und laut wehklagten. 39 Und er trat
ein und sprach zu ihnen: Was
lärmt und weint ihr? Das Kind
ist nicht gestorben, sondern
schläft (nur). 40 Da verlachten
sie ihn.

Er aber wies alle hinaus und
nahm (nur) den Vater und
die Mutter des Mädchens und
seine Begleiter mit und trat
(in das Zimmer), wo das Kind
lag. 41 Und er ergriff die Hand
des Kindes und sprach zu ihr:
Talitha kumi!, das heißt übersetzt: Mädchen, ich sage dir,
steh auf! 42 Und
sogleich stand das Mädchen
auf und ging umher; es war
nämlich zwölf Jahre alt.

V. 43 b

Da gerieten
(die Leute) sogleich außer sich

---

hatte und wie sie sofort geheilt worden war. 48 Er aber
sprach zu ihr: Meine
Tochter, dein Glaube hat dir
geholfen, geh hin in Frieden!

49 Während er noch redete,
kam jemand vom (Hause
des) Synagogenvorsteher(s)
und sagte: Deine Tochter
ist gestorben. Bemühe den
Meister nicht mehr! 50 Jesus
aber hörte (das)
und redete (den Jairus) an:
Fürchte dich nicht, glaube
nur, und sie wird gerettet
werden. 51 Als er aber das
Haus betrat, ließ er niemand
mit sich eintreten außer dem
Petrus, Johannes und Jakobus
und dem Vater und der Mutter des Mädchens.

52 Es weinten aber alle und
klagten um sie. Er aber
sprach: Weint
nicht; sie
ist nicht gestorben, sondern
schläft (nur). 53 Da verlachten
sie ihn, da sie ja wußten,
daß sie gestorben war.

V. 51

54 Er aber ergriff ihre Hand
und rief:

Mädchen,
steh auf! 55 Da kehrte ihr Geist
zurück, und sie stand sogleich
auf;

V. 42 a

und er befahl, man solle ihr
zu essen geben. 56 Da gerieten
ihre Eltern (ganz) außer sich.

<table>
<tr>
<td>26 Und die Kunde davon drang hinaus in die ganze Gegend.</td>
<td>vor Schrecken. 43 Und er gebot ihnen dringend, daß niemand dies erfahren solle, und sagte, man solle ihr zu essen geben.</td>
<td>Er aber gebot ihnen, niemand das Geschehene zu erzählen. V. 55 b</td>
</tr>
</table>

119. Jesu Predigt und Verwerfung in Nazareth

<table>
<tr>
<th>Mt 13 53–58</th>
<th>Mk 6 1–6 a</th>
<th>Lk 4 16.22.24 (Nr. 23):</th>
</tr>
<tr>
<td>53 Und es begab sich, als Jesus diese Gleichnisse beendet hatte, zog er von dort weiter. 54 Und er kam in seine Vaterstadt und lehrte sie in ihrer Synagoge, so daß sie staunten und sprachen: Woher hat der diese Weisheit und die Wundertaten? 55 Ist das nicht der Sohn des Zimmermanns?* Heißt nicht seine Mutter Maria und seine Brüder Jakobus, Joseph, Simon und Judas? 56 Und sind nicht seine Schwestern alle bei uns? Woher hat er nun das alles? 57 Und sie nahmen Anstoß an ihm. Jesus aber sprach zu ihnen: Nirgends ist ein Prophet mißachtet außer in seiner Vaterstadt und in seiner Familie.** 58 Und er vollbrachte dort nicht viele Wundertaten wegen ihres Unglaubens.</td>
<td>1 Und er ging von dort weg und kam in seine Vaterstadt, und seine Jünger begleiteten ihn. 2 Und am Sabbat lehrte er in der Synagoge; und die Vielen, die zuhörten, staunten und sprachen: Woher hat der das? Und was ist das für eine Weisheit, die diesem gegeben ist? Und solche Wundertaten, die durch seine Hände geschehen!? 3 Ist das nicht der Zimmermann,* der Sohn der Maria und der Bruder des Jakobus, Joses, Judas und Simon? Und sind nicht seine Schwestern hier bei uns? Und sie nahmen Anstoß an ihm. 4 Und Jesus sprach zu ihnen: Nirgends ist ein Prophet mißachtet außer in seiner Vaterstadt, bei seinen Verwandten und in seiner Familie.** 5 Und er konnte dort keine einzige Wundertat vollbringen. Nur einigen Kranken legte er die Hände auf und heilte sie. 6 Und er wunderte sich über ihren Unglauben.</td>
<td>16 Und er kam nach Nazareth, wo er aufgewachsen war, und ging nach seiner Gewohnheit am Sabbat in die Synagoge. Und er stand auf, um vorzulesen. 22 Und alle spendeten ihm Beifall und staunten über die lieblichen Worte, die aus seinem Munde kamen, und sprachen: Ist das nicht der Sohn Josephs?* 24 Er sprach aber: Wahrlich, ich sage euch: kein Prophet wird in seiner Vaterstadt anerkannt.**</td>
</tr>
</table>

* Joh 6 42: Ist das nicht Jesus, der Sohn Josephs, dessen Vater und Mutter wir kennen?

* Joh 4 44: Denn Jesus selbst bezeugte, daß ein Prophet in seiner Heimat keine Ehre genießt.

120. Die Aussendung der Jünger

Mt 9 35 (Nr. 70):	Mk 6 6 b–13	Lk 9 1–6
9 35 Und Jesus zog umher durch alle Städte und Dörfer, lehrte in ihren Synagogen, predigte die Frohbotschaft vom Reich und heilte jegliche Krankheit und jegliches Gebrechen.	6 Und er durchzog die Dörfer ringsum und lehrte.	
10 1 (Nr. 71): Und er rief seine zwölf Jünger zu sich und gab ihnen Vollmacht über die unreinen Geister, sie auszutreiben, und jegliche Krankheit und jegliches Gebrechen zu heilen.*	7 Und er rief die Zwölf zu sich und sandte sie paarweise aus und gab ihnen Vollmacht über die unreinen Geister.*	1 Er rief aber die Zwölf zusammen und gab ihnen Kraft und Vollmacht über alle Dämonen und zur Heilung von Krankheiten. 2 Und er sandte sie aus, das Reich Gottes zu verkündigen und zu heilen,*
9 Erwerbt euch kein Gold, noch Silber noch Kupfer in euren Gürtel, 10 (nehmt) keinen Ranzen (mit) auf den Weg, noch zwei Röcke noch Schuhe noch einen (Wander)stab;**	8 Und er befahl ihnen, sie sollten nichts auf den Weg mitnehmen außer einem (Wander)stab, kein Brot, keinen Ranzen, kein Geld im Gürtel, 9 nur Sandalen an den Füßen; und zieht nicht zwei Röcke an!**	3 und sprach zu ihnen: Nehmt nichts mit auf den Weg, weder einen (Wander)stab noch einen Ranzen, noch Brot noch Geld, noch sollt ihr zwei Röcke haben.**
denn der Arbeiter ist seiner Nahrung wert.***	10 Und er sprach zu ihnen:	
11 Wenn ihr eine Stadt oder ein Dorf betretet, so erkundet, wer darin (dessen) wert ist; und dort bleibt, bis ihr weiterwandert.† 14 Und wenn man euch nicht aufnimmt und eure Worte nicht hören will, so geht fort aus jenem Haus oder jener Stadt und schüttelt den Staub von euren Füßen.††	Wo ihr in ein Haus einkehrt, dort bleibt, bis ihr von dort weiterwandert.† 11 Und wo euch ein Ort nicht aufnimmt und euch nicht hören will, da geht fort und schüttelt den Staub von euren Füßen, ihnen zum Zeugnis.††	4 Und in dem Haus, in das ihr einkehrt, da bleibt und von dort wandert weiter.† 5 Und überall, wo man euch nicht aufnimmt, da geht fort aus jener Stadt und schüttelt den Staub von euren Füßen zum Zeugnis gegen sie.††
	12 Und sie zogen aus und predigten, (die Leute) sollten umkehren, 13 trieben viele Dämonen aus und salbten viele Kranke mit Öl und heilten sie.	6 Und sie zogen aus von Dorf zu Dorf, verkündigten die Frohbotschaft und heilten überall.

* Mt 10 7 f (Nr. 71): Geht aber hin und predigt: Das Himmelreich ist zu euch nahe herbeigekommen. Heilt Kranke! Vgl. Mk 3 14 f (Nr. 85) | Lk 10 9 (Nr. 153): Heilt die Kranken in ihr und sagt zu ihnen (den Bewohnern der Stadt): Das Gottesreich ist zu euch nahe herbeigekommen.

** Lk 10 4 (Nr. 153): Nehmt keinen Geldbeutel mit, keinen Ranzen und keine Schuhe!

*** Lk 10 7 b (Nr. 153): Denn der Arbeiter ist seines Lohnes wert.

† Lk 10 7 c (Nr. 153): Wechselt nicht von einem Haus zu einem andern!

†† Lk 10 10 f (Nr. 153): 10 Wenn ihr aber eine Stadt betretet und man euch nicht aufnimmt, so geht hinaus auf ihre Straßen und sprecht: 11 Selbst den Staub, der von eurer Stadt an unseren Füßen haftet, wischen wir (auf) euch ab. Aber das sollt ihr wissen: Das Reich Gottes ist nahe herbeigekommen.

121. Das Urteil des Herodes über Jesus

Mt 14 1 f

[1] In jener Zeit hörte der Vierfürst Herodes die Kunde von Jesus. [2] Und er sprach zu seinen Dienern:
Der ist Johannes der Täufer. Der ist von den Toten auferstanden, und deshalb wirken die (Wunder)kräfte in ihm.

Mk 6 14–16

[14] Und der König Herodes hörte — denn sein Name war bekannt geworden —, daß man sagte:
Johannes der Täufer ist von den Toten auferstanden, und deshalb wirken die (Wunder)kräfte in ihm. [15] Andere aber sagten: Er ist Elias; wieder andere sagten: Er ist ein Prophet, wie einer von den Propheten.
[16] Herodes aber, der (davon) hörte, sagte: Johannes, den ich habe enthaupten lassen, der ist auferstanden.

Lk 9 7–9

[7] Der Vierfürst Herodes aber hörte alles, was geschah, und er war in Besorgnis, weil manche sagten:
Johannes ist von den Toten auferstanden,
[8] manche: Elias ist erschienen, andere (wieder):
Einer von den alten Propheten ist auferstanden. [9] Herodes aber sprach: Den Johannes habe ich (doch) enthaupten lassen. Wer ist aber der, von dem ich solche Dinge höre? Und er suchte ihn zu Gesicht zu bekommen.

122. Das Ende des Täufers

Mt 14 3–12

[3] Herodes hatte nämlich (einstmals) den Johannes ergreifen und fesseln und ins Gefängnis werfen lassen wegen der Herodias, der Frau seines Bruders Philippus.
[4] Denn Johannes hatte zu ihm gesagt: Es ist dir nicht erlaubt, sie (zur Frau) zu haben.*
[5] Und er hätte ihn gerne töten lassen, fürchtete aber das Volk; denn sie hielten ihn für einen Propheten.
[6] Als aber Herodes Geburtstag hatte,
tanzte die Tochter der Herodias vor der Gesellschaft und erregte das Wohlgefallen des Königs.

Mk 6 17–29

[17] Er nämlich, Herodes, hatte (einstmals) den Johannes ergreifen und gefesselt ins Gefängnis werfen lassen wegen der Herodias, der Frau seines Bruders Philippus, weil er sie geheiratet hatte. [18] Denn Johannes hatte zu Herodes gesagt: Es ist dir nicht erlaubt, die Frau deines Bruders (zur Frau) zu haben.* [19] Herodias aber trug es ihm nach und hätte ihn gern töten lassen, konnte es aber nicht; [20] denn Herodes hatte Scheu vor Johannes, weil er wußte, daß er ein gerechter und heiliger Mann war, und ließ ihn bewachen, und wenn er ihn hörte, stellte er viele Fragen (an ihn) und hörte ihm gerne zu. [21] An einem gelegenen Tage aber, als Herodes an seinem Geburtstag seinen Würdenträgern, Offizieren und den Vornehmsten von Galiläa ein Festmahl gab, [22] da trat die Tochter eben jener Herodias herein, tanzte und erregte das Wohlgefallen des Herodes und seiner Gäste. Der König aber sprach zu dem Mädchen: Verlange von mir, was du

* Lk 3 19 f (Nr. 18): Der Vierfürst Herodes aber, der von ihm wegen der Herodias, der Frau seines Bruders, und wegen alles Bösen, das Herodes getan hatte, getadelt wurde, [20] fügte zu all dem auch noch dies hinzu: er ließ Johannes ins Gefängnis sperren.

[7]Deshalb
versprach er ihr unter einem Eid, ihr zu
geben, was immer sie verlangen würde.
[8]Sie aber sagte, von ihrer Mutter ange-
stiftet:

Gib mir
hier auf einer Schüssel den Kopf Johannes
des Täufers! [9]Da wurde der
König betrübt; aber wegen seiner
Schwüre und wegen der Gäste ließ er ihn
ihr geben; [10]und er sandte hin

und ließ den
Johannes im Gefängnis enthaupten. [11]Und
sein Kopf wurde auf einer Schüssel gebracht
und dem Mädchen übergeben, und sie
brachte ihn ihrer Mutter. [12]Und seine
Jünger kamen herbei, nahmen
den Leichnam und begruben ihn;
dann gingen sie hin und meldeten es Jesus.

willst, und ich will es dir geben. [23]Und er
schwur ihr: Was du auch von mir verlangst,
will ich dir geben, bis zur Hälfte meines
Reiches. [24]Da ging sie hinaus und sagte zu
ihrer Mutter: Was soll ich verlangen? Die
aber sprach: Den Kopf Johannes des Täu-
fers. [25]Da trat sie sofort in Eile hinein zum
König und bat: Ich wünsche, daß du mir
sofort auf einer Schüssel den Kopf Johannes
des Täufers geben lassest. [26]Da wurde der
König sehr betrübt; aber wegen seiner
Schwüre und wegen der Gäste wagte er sie
nicht abzuweisen. [27]Und sogleich schickte der
König einen Henker ab und befahl ihm,
seinen Kopf zu bringen. Und der ging hin,
enthauptete ihn im Gefängnis [28]und brachte
seinen Kopf auf einer Schüssel und über-
reichte ihn dem Mädchen, und das Mädchen
gab ihn seiner Mutter. [29]Und als seine
Jünger es hörten, kamen sie und holten
seinen Leichnam und bestatteten ihn in
einem Grabe.

123. Die Rückkehr der Jünger von der Mission

Mk 6 30 f

[30]Und die Apostel versammelten sich (wie-
der) bei Jesus und erzählten (ihm) alles, was
sie getan und was sie gelehrt hatten. [31]Und
er sprach zu ihnen: Kommt her, ihr allein, an
einen einsamen Ort und ruht ein wenig aus!
Denn die kamen und gingen, waren viele, so
daß sie nicht einmal zum Essen Zeit hatten.

Lk 9 10 a

[10]Und die Apostel kehrten zurück
und erzählten (Jesus) alles, was
sie getan hatten.

124. Die Speisung der Fünftausend*

Mt 14 13–21

[13]Als aber Jesus das
hörte, entwich er von
dort in einem Boot
an einen einsamen
Ort, fort von den
Menschen. Aber

Mk 6 32–44

[32]Da fuhren
sie in einem Boot
an einen einsamen
Ort, fort von den
Menschen. [33]Aber

Lk 9 10 b–17

[10] Da nahm er sie
mit und zog sich mit
ihnen allein zurück
nach einer Stadt na-
mens Bethsaida.

Joh 6 1–15

[1]Darauf ging Jesus
fort auf das jenseitige
Ufer des galiläischen
Sees von Tiberias.

* Mt 15, 32–39 (Nr. 130):

[32]Jesus aber rief seine Jünger zu
sich und sprach: Mich jammert des Volkes;
denn es sind schon drei Tage, daß sie bei mir aus-
halten und nichts zu essen haben. Sie
hungrig entlassen will ich nicht, damit sie nicht unter-
wegs ermatten.

Mk 8, 1–10 (Nr. 130): [1]In jenen Tagen, als wieder eine
große Volksmenge anwesend war und sie nichts zu
essen hatten,
rief er die Jünger zu
sich und sprach zu ihnen: [2]Mich jammert des Volkes;
denn es sind schon drei Tage, daß sie bei mir aus-
halten und nichts zu essen haben. [3]Und wenn ich sie
hungrig nach Hause gehen lasse, werden sie unter-
wegs ermatten;

die Volksmassen erfuhren es und folgten ihm zu Fuß aus den Städten.	man sah sie abfahren, und viele erfuhren es und liefen zu Fuß aus allen Städten dort zusammen und kamen ihnen zuvor.	11 Die Volksmassen aber erfuhren es und folgten ihm.	2 Es folgte ihm aber eine große Volksmenge, weil sie die Wunder sahen, die er an den Kranken wirkte.
14 Und als er ausstieg, sah er eine große Volksmenge und wurde von Mitleid mit ihnen ergriffen	34 Und als er ausstieg, sah er eine große Volksmenge und wurde von Mitleid mit ihnen ergriffen; denn sie waren ‚wie Schafe ohne Hirt‘ (Num 27 17; 3 Kön 22 17; Ez 34 5);* und er lehrte sie vieles.	Und er nahm sie an	
und heilte ihre Kranken.		und redete zu ihnen vom Reiche Gottes und machte die Heilungsbedürftigen gesund.	
			3 Jesus aber stieg auf einen Berg und setzte sich dort mit seinen Jüngern nieder. 4 Ostern aber, das Fest der Juden, war nahe.
15 Als es aber Abend geworden war, traten die Jünger zu ihm hin und spra-	35 Und als es schon spät geworden war, traten seine Jünger zu ihm hin und spra-	12 Der Tag aber begann sich zu neigen. Da traten die Zwölf zu ihm hin und spra-	

	und einige von ihnen sind von weit hergekommen. 4 Da antworteten ihm seine Jünger: Woher könnte einer diese hier in der Einöde mit Brot sättigen?
33 Da sprachen die Jünger zu ihm: Woher sollen wir hier in der Einöde so viele Brote nehmen, daß wir eine so große Volksmenge sättigen könnten? 34 Und Jesus sprach zu ihnen: Wie viele Brote habt ihr? Sie sagten:	5 Und er fragte sie: Wie viele Brote habt ihr?
Sieben, und einige kleine Fische. 35 Da befahl er der Menge, sich auf die Erde zu lagern, 36 nahm die sieben Brote und die Fische, sprach das Dankgebet, brach sie und gab sie den Jüngern, die Jünger aber (gaben sie) den Volksmassen. V. 34b. 36a	V. 7 6 Da befahl er der Menge, sich auf der Erde zu lagern, nahm die sieben Brote, sprach das Dankgebet, brach sie und gab sie seinen Jüngern zum Vorsetzen, und sie setzten sie der Menge vor. 7 Und sie hatten (auch) einige kleine Fische, und er sprach den Segen über sie und ließ auch sie vorsetzen.
37 Und alle aßen und wurden satt. Und sie hoben die übriggebliebenen Brocken auf, sieben Körbchen voll. 38 Derer aber, die aßen, waren viertausend, ungerechnet die Frauen und Kinder. Und er entließ die Volksmassen,	8 Und sie aßen und wurden satt. Und sie hoben die übriggebliebenen Brocken auf, sieben Körbchen voll. 9 Es waren aber etwa viertausend. Und er entließ sie.
stieg in das Boot und kam in das Gebiet von Magadan.	10 Und sogleich stieg er mit seinen Jüngern in das Boot und kam in die Gegend von Dalmanutha.

* Mt 9 36 (Nr. 70): Als er aber die Volksmassen sah, wurde er von Mitleid mit ihnen ergriffen; denn sie waren abgehetzt und hingestreckt wie Schafe, die keinen Hirten haben.

chen: Die Gegend ist öde, und die Stunde (des Essens) ist schon vorüber; entlaß also die Volksmassen, damit sie in die	chen: Die Gegend ist öde und es ist schon spät; [36]entlaß sie, damit sie in die umliegenden Höfe und	chen: Entlaß das Volk, damit sie in die umliegenden Dörfer und	
Dörfer gehen und sich etwas zu essen kaufen.	Dörfer gehen und sich etwas zu essen kaufen.	Höfe gehen und Unterkunft und Nahrung finden; denn wir sind hier in einer öden Gegend.	
[16]Jesus aber sprach zu ihnen: Sie brauchen nicht fortzugehen; gebt ihr ihnen zu essen!	[37]Er aber antwortete ihnen: Gebt ihr ihnen zu essen!	[13]Er aber sprach zu ihnen: Gebt ihr ihnen zu essen!	[5]Als nun Jesus die Augen erhob und sah, daß eine große Volksmenge zu ihm kam, sprach er zu Philippus: Woher sollen wir Brot kaufen, damit diese (alle) essen (können)? [6]Das sagte er aber (nur), um ihn auf die Probe zu stellen; denn er selbst wußte, was er tun wollte.
[17]Sie aber sprachen zu ihm:	Da sprachen sie zu ihm: Sollen wir fortgehen und für zweihundert Denare Brot kaufen und ihnen zu essen geben? [38]Er aber sprach zu ihnen: Wieviel Brote habt ihr? Geht und seht nach!	Sie aber sprachen: V. 13 b	[7]Philippus antwortete ihm: Für zweihundert Denare Brot reicht nicht für sie, daß jeder nur ein wenig bekommt. [8]Da sprach einer von seinen Jüngern, Andreas, der Bruder des Simon Petrus:
Wir haben hier nur fünf Brote und zwei Fische.	Und sie stellten es fest und sagten: Fünf, und zwei Fische. V. 37 b	Wir haben hier nicht mehr als fünf Brote und zwei Fische, es sei denn, daß wir hingehen und für das ganze Volk hier Nahrungsmittel kaufen —	[9]Es ist ein Knabe hier, der fünf Gerstenbrote und zwei Fische hat. Aber was ist das für so viele?
V. 21	V. 44	[14]es waren nämlich ungefähr fünftausend Mann.	V. 10 b
[18]Er aber sprach: Bringt sie mir her! [19]Und er ließ die Massen sich	[39]Da befahl er ihnen, es sollten sich alle in lauter Tischgemein-	Da sprach er zu seinen Jüngern: Laßt sie sich in Gruppen	[10]Da sprach Jesus: Laßt die Leute sich

Mt	Mk	Lk	Joh
im Grase lagern,	schaften auf dem grünen Rasen lagern.	zu je ungefähr fünfzig lagern.	lagern. Es war aber viel Gras an dem Ort. So lagerten sich denn die Männer, ungefähr fünftausend an der Zahl.
	40 Und sie lagerten sich in Gruppen zu je hundert und fünfzig.	15 Und sie taten so und ließen alle sich lagern.	
nahm die fünf Brote und die zwei Fische, blickte zum Himmel, sprach den Segen, brach die Brote und reichte sie den Jüngern, die Jünger aber (reichten sie) den Volksmassen.	41 Da nahm er die fünf Brote und die zwei Fische, blickte zum Himmel, sprach den Segen, brach die Brote und reichte sie den Jüngern, um sie ihnen vorzusetzen, und die zwei Fische teilte er (ebenso) an alle aus.	16 Da nahm er die fünf Brote und die zwei Fische, blickte zum Himmel, segnete und brach sie und reichte sie den Jüngern, sie dem Volke vorzusetzen.	11 Jesus nahm nun die Brote, sprach das Dankgebet und verteilte sie unter die Lagernden, ebenso auch von den Fischen soviel sie wollten.
20 Und sie aßen alle und wurden satt.	42 Und sie aßen alle und wurden satt.	17 Und sie aßen und wurden alle satt.	12 Als sie aber satt waren, sprach er zu seinen Jüngern: Sammelt die übriggebliebenen Brocken, damit nichts zugrunde geht.
Und sie hoben die übriggebliebenen Brocken auf, zwölf Körbe voll.	43 Und sie hoben die Brocken auf, zwölf Körbe voll, und (die Reste) von den Fischen.	Und man hob die von ihnen übriggelassenen Brocken auf, zwölf Körbe voll.	13 Sie sammelten (sie) und füllten zwölf Körbe mit Brocken von den fünf Gerstenbroten, die die Essenden übrig gelassen hatten.
21 Derer aber, die aßen, waren ungefähr fünftausend Mann, ungerechnet die Frauen und Kinder.	44 Und derer, die von den Broten gegessen hatten, waren fünftausend Mann.	V. 14 a	V. 10 b

14 Als nun die Leute das Wunder sahen, das (Jesus) gewirkt hatte, sprachen sie: Dieser ist wahrhaftig der Prophet, der in die Welt kommen soll. 15 Als Jesus nun erkannte, daß sie kommen und sich seiner bemächtigen wollten, um ihn zum König zu machen, entwich er wiederum auf den Berg, er allein.

125. Jesus wandelt über den See

Mt 14 22–33

22 Und [sogleich] nötigte er
die Jünger,
ins Boot
zu steigen und ihm ans jen-
seitige Ufer vorauszufahren,
während er die Volks-
massen entließ. 23 Und als er
die Volksmassen entlassen
hatte, stieg er allein auf den
Berg, um zu beten. Als
es aber Abend geworden war,
war er allein dort. 24 Das Boot
aber war schon viele Stadien
vom Land entfernt, schwer
mit den Wellen kämpfend;
denn es hatte Ge-
genwind. 25 In der
vierten Nachtwache aber kam
er auf dem See wandelnd zu
ihnen.
26 Als ihn aber
die Jünger auf dem See wan-
deln sahen, entsetzten sie sich,
weil sie meinten, es sei ein Ge-
spenst, und schrien vor
Furcht.
27 Jesus
aber redete sie sogleich an
und sprach: Habet
Mut, ich bin's, fürchtet euch
nicht!

Mk 6 45–52

45 Und sogleich nötigte er
seine Jünger,
ins Boot
zu steigen und
vorauszufahren
[hinüber] nach Bethsaida,
während er selbst das Volk
entließ. 46 Und als er
sie verabschiedet
hatte, ging er weg auf den
Berg, um zu beten. 47 Und als
es Abend geworden war,
befand sich das Boot mitten
auf dem See und er allein an
Land. 48 Und als er sah, wie
sie sich beim Rudern abmüh-
ten — sie hatten nämlich Ge-
genwind —, kam er um die
vierte Nachtwache
auf dem See wandelnd zu
ihnen und wollte an ihnen
vorbeigehen. 49 Als sie ihn
aber auf dem See wan-
deln sahen,
meinten sie, es sei ein Ge-
spenst, und schrien laut auf;
50 denn alle sahen ihn
und waren entsetzt. Er
aber redete sie sogleich an
und sprach zu ihnen: Habet
Mut, ich bin's, fürchtet euch
nicht!

Joh 6 16–21

16 Als es aber Abend gewor-
den war, gingen seine Jünger
an den See hinab, 17 stiegen in
ein Boot und
fuhren
über den See nach Kaphar-
naum.
Und die
Dunkelheit war bereits herein
gebrochen, und Jesus war
noch immer nicht zu ihnen
gekommen. 18 Und
der See wurde aufgewühlt,
da ein heftiger Wind wehte.
19 Als sie nun etwa fünfund-
zwanzig bis dreißig Stadien
gefahren waren, sahen sie
Jesus auf dem See wandeln
und dem Boot sich nähern;
und sie fürchteten sich.
20 Er
aber
sprach zu ihnen:
Ich bin's, fürchtet euch
nicht!

28 Petrus aber antwortete ihm: Herr, wenn du es bist, so laß mich auf
dem Wasser zu dir kommen! 29 Er aber sprach: Komm! Da stieg Petrus
aus dem Boot, wandelte über das Wasser und kam auf Jesus zu. 30 Als
er aber den Wind sah, bekam er Furcht, und er begann zu sinken und
schrie laut: Herr, hilf mir! 31 Jesus aber streckte sogleich seine Hand
aus, ergriff ihn und sprach zu ihm: Du Kleingläubiger, warum hast du
gezweifelt?

32 Und als sie ins Boot gestie-
gen waren, legte sich der
Wind. 33 Die im Boote aber
fielen vor ihm nieder und
sprachen: Wahrhaftig, du
bist Gottes Sohn!

51 Und er stieg zu ihnen ins
Boot, und der Wind legte
sich. Da gerieten sie ganz und
gar außer sich; 52 denn sie
waren bei den Broten (noch)
nicht zur Einsicht gekommen,
sondern ihr Herz war ver-
stockt.

21 Da nahmen sie ihn mit
Freuden in das Boot auf, und
augenblicklich war das Boot
am Ufer, da, wohin sie fahren
wollten.

126. Jesus im Gebiet von Genesareth

Mt 14 34–36

34 Und sie fuhren hinüber und landeten in
Genesareth. 35 Und
die Leute jenes Ortes erkannten
ihn und sandten Boten in die ganze Umgegend,
und man brachte alle Kranken zu
ihm.
36 Und sie baten ihn, daß sie
nur die Quaste seines Gewandes anrühren
dürften. Und alle, die ihn anrührten, wurden
gesund.

Mk 6 53–56

53 Und sie fuhren hinüber ans Land, kamen
nach Genesareth und landeten. 54 Und als
sie aus dem Boot stiegen, erkannten ihn (die
Leute) alsbald, 55 liefen in der ganzen Gegend
umher und brachten die Kranken auf ihren
Bahren dorthin, wo sie hörten, daß er sei.
56 Und wo er in Dörfer oder Städte oder Gehöfte
kam, da legten sie die Kranken auf die
freien Plätze und baten ihn, daß sie wenigstens
die Quaste seines Gewandes anrühren
dürften. Und alle, die ihn anrührten, wurden
gesund.

127. Streitrede über Rein und Unrein

Mt 15 1–20

1 Da kamen von Jerusalem Pharisäer
und Schriftgelehrte zu Jesus
und
sprachen: 2 Warum übertreten deine Jünger
die Überlieferung der Alten?
Sie waschen sich ja die Hände nicht vor
der Mahlzeit. 3 Er aber antwortete ihnen:
Warum übertretet denn ihr selbst das Gebot
Gottes eurer Überlieferung zuliebe?
4 Gott hat doch (zum Beispiel) gesagt:
‚Ehre deinen Vater und deine Mutter' (Ex
20 12; Deut 5 16), und: ‚Wer Vater und
Mutter schmäht, soll des Todes sterben'
(Ex 21 17; Lev 20 9). 5 Ihr aber sagt: Wer
zu Vater oder Mutter sagt: Opfergabe (soll
sein), was dir von mir zugute kommen sollte,
6 der braucht seinen Vater [oder seine Mutter]
nicht zu ehren. Und (damit) habt ihr Gottes

Mk 7 1–23

1 Und es versammelten sich bei ihm die Pharisäer
und einige Schriftgelehrte, die von
Jerusalem gekommen waren. 2 Und als sie
einige seiner Jünger mit (kultisch) unreinen,
das heißt ungewaschenen Händen ihre Mahlzeit
einnehmen sahen — 3 die Pharisäer und
die Juden überhaupt essen nämlich nur,
wenn sie sich mit einer Handvoll (Wasser)
die Hände abgespült haben, getreu der Überlieferung
der Alten, 4 und vom Markt kommend
essen sie nur, wenn sie sich gewaschen
haben, und (noch) vieles andere gibt es, was
sie zu halten überkommen haben, wie das
Abspülen von Bechern und Krügen und
Kupfergeschirr [und der Speiselager] —,
5 da fragten ihn die Pharisäer und Schriftgelehrten:
Warum wandeln deine Jünger
nicht nach der Überlieferung der Alten,
sondern nehmen ihre Mahlzeit mit unreinen
Händen ein? 6 Er aber sprach zu ihnen:

V. 9–13

Wort eurer Überlieferung zuliebe außer Kraft gesetzt. [7]Ihr Heuchler! Gut hat Isaias über euch geweissagt:

[8]‚Dieses Volk ehrt mich mit den Lippen,
Ihr Herz aber ist fern von mir;
[9]Vergebens aber ehren sie mich,
Indem sie als Lehre (bloße) Menschengebote vortragen‘ (Is 29 13).

V. 3–6

[10]Und er rief das Volk herbei und sprach zu ihnen: Hört und begreift! [11]Nicht was in den Mund hineinkommt, macht den Menschen unrein, sondern was aus dem Munde herauskommt, das macht den Menschen unrein.

[12]Da traten die Jünger heran und sprachen zu ihm: Weißt du, daß die Pharisäer, als sie (dein) Wort hörten, (daran) Anstoß nahmen? [13]Er aber antwortete ihnen: Jede Pflanze, die nicht mein himmlischer Vater gepflanzt hat, wird ausgerissen werden. [14]Laßt sie nur; sie sind blinde Blindenführer. Wenn aber ein Blinder den anderen führt, werden sie beide in die Grube stürzen.*

[15]Da nahm Petrus das Wort und sprach zu ihm: Erkläre uns das Rätselwort. [16]Er aber sprach: Seid auch ihr noch immer verständnislos? [17]Begreift ihr nicht, daß alles, was in

Gut hat Isaias über euch Heuchler geweissagt, wie geschrieben steht:

‚Dieses Volk ehrt mich mit den Lippen,
Ihr Herz aber ist fern von mir;
[7]Vergebens aber ehren sie mich,
Indem sie als Lehre (bloße) Menschengebote vortragen‘ (Is 29 13).

[8]Gottes Gebot laßt ihr außer acht und haltet (dafür) Menschenüberlieferung. [9]Und er sprach zu ihnen: Trefflich setzt ihr Gottes Gebot außer Kraft, um an eurer Überlieferung festzuhalten. [10]Denn Moses hat (zum Beispiel) gesagt: ‚Ehre deinen Vater und deine Mutter‘ (Ex 20 12; Deut 5 16), und: ‚Wer Vater und Mutter schmäht, soll des Todes sterben‘ (Ex 21 17; Lev 20 9). [11]Ihr aber sagt: Wenn einer zu seinem Vater oder seiner Mutter sagt: ‚Korban‘, das heißt Opfergabe (soll sein), was dir von mir zugute kommen sollte — [12]dann laßt ihr ihn für seinen Vater und seine Mutter nichts mehr leisten [13]und setzt damit Gottes Wort durch eure Überlieferung, die ihr überliefert habt, außer Kraft. Und ähnliche derartige Dinge tut ihr noch viele.

[14]Und er rief wieder das Volk herbei und sprach zu ihnen: Hört mir alle zu und begreift! [15]Nichts, was von außerhalb des Menschen her in ihn hineinkommt, kann ihn unrein machen, sondern das, was aus dem Menschen herauskommt, macht den Menschen unrein. [[16]Wenn einer Ohren hat zu hören, so höre er!]

[17]Und als er von der Menge weg nach Hause kam, fragten ihn seine Jünger nach dem Rätselwort. [18]Und er sprach zu ihnen: Seid auch ihr so verständnislos? Begreift ihr nicht, daß alles, was von außen in

* Lk 6 39 (Nr. 88): Er sagte ihnen aber ein Gleichnis: Kann etwa ein Blinder einen Blinden führen? Werden sie nicht beide in die Grube stürzen?

den Mund hineinkommt,
in den Bauch kommt
und (dann) in den Abort hinausgeworfen
wird?
18 Was aber aus dem Munde heraus-
kommt, das kommt aus dem Herzen, und
das macht den Menschen unrein. 19 Denn
aus dem Herzen
kommen die bösen Gedanken heraus,
Sünden des Mordes, des Ehebruchs, der
Hurerei, des Diebstahls, des falschen Zeug-
nisses, der Lästerung.
20 Das
sind die Dinge,
die den Menschen unrein machen,
das Essen mit ungewaschenen Händen aber
macht den Menschen nicht unrein.

den Menschen hineinkommt, ihn nicht un-
rein machen kann, 19 weil es nicht in sein
Herz, sondern in seinen Bauch hineinkommt
und (dann) in den Abort hinausgeht — wo-
mit er alle Speisen für rein erklärte. 20 Er
sprach aber: Was aus dem Menschen heraus-
kommt,
das macht den Menschen unrein. 21 Denn von
innen, (nämlich) aus dem Herzen der Men-
schen, kommen die bösen Gedanken heraus,
Sünden der Hurerei, des Diebstahls, des
Mordes, 22 des Ehebruchs, der Habsucht und
der Bosheit, Arglist, Ausschweifung, Neid,
Lästerung, Überhebung, Unvernunft. 23 Alle
diese bösen Dinge kommen von innen heraus
und machen den Menschen unrein.

128. Die Syrophönizierin

Mt 15 21–28

21 Und Jesus ging von dort fort und entwich
in das Gebiet von Tyrus und Sidon.
22 Und siehe, eine kanaanäische Frau
aus jener Gegend kam herbei und schrie:
Erbarme dich meiner, Herr, Sohn Davids!
Meine Tochter wird von einem Dämon
schrecklich geplagt. 23 Er aber antwortete
ihr kein Wort. Da traten seine Jünger hinzu
und baten ihn: Schicke sie (doch) weg; sie
schreit ja hinter uns her. 24 Er aber antwor-
tete: Ich bin nur zu den verlorenen Schafen
des Hauses Israel gesandt. 25 Sie aber kam
(herbei), fiel vor ihm nieder
und sprach: Herr,
hilf mir!
26 Er aber antwortete:
Es ist nicht
recht, das Brot der Kinder zu nehmen und
es den Hündlein vorzuwerfen. 27 Sie aber
sprach: Aber doch, Herr: auch die
Hündlein fressen ja von den
Brosamen, die vom Tisch ihrer Herren fallen.
28 Da antwortete ihr Jesus: Frau, dein Glaube
ist groß. Dir geschehe, wie du wünschest!
Und ihre Tochter
wurde von jener Stunde an gesund.

Mk 7 24–30

24 Und von da brach er auf und ging fort
in das Gebiet von Tyrus [und Sidon]. Und er
trat in ein Haus und wollte, daß es niemand
erfahre, konnte aber (doch) nicht verborgen
bleiben. 25 Vielmehr hörte sogleich eine Frau
von ihm,
deren Töchterchen einen unreinen Geist
hatte,
kam
und fiel ihm zu Füßen — 26 die
Frau war aber eine Heidin, eine Syrophöni-
zierin ihrer Herkunft nach — und bat ihn,
er möge den Dämon aus ihrer Tochter aus-
treiben. 27 Und er sprach zu ihr: Laß zuerst
die Kinder satt werden; denn es ist nicht
recht, das Brot der Kinder zu nehmen und
es den Hündlein vorzuwerfen. 28 Sie aber
erwiderte ihm: Aber doch, Herr; auch die
Hündlein unter dem Tisch fressen von den
Brosamen der Kinder.
29 Da sprach er zu ihr: Um dieses Wortes
willen geh hin; der Dämon ist aus deiner
Tochter ausgefahren. 30 Und sie ging weg in
ihr Haus und fand das Kind auf dem Bett
liegend und den Dämon ausgefahren.

129. Heilung eines Taubstummen (Mk)* — vieler Kranker (Mt)

Mt 15 29–31

29 Und Jesus zog von dort fort
und kam an den galiläischen
See,
stieg auf den Berg und setzte sich dort.
30 Da kamen große Volksmassen zu ihm, die
hatten Lahme, Krüppel, Blinde, Stumme
und viele andere (Kranke) bei sich und leg-
ten sie ihm zu Füßen. Und er heilte sie,
31 so daß das Volk
staunte, als sie Stumme reden sahen, Krüp-
pel gesund, Lahme gehen und Blinde sehen.
Und sie priesen den Gott Israels.

Mk 7 31–37

31 Und er verließ das Gebiet von Tyrus wie-
der und kam über Sidon an den galiläischen
See, mitten in das Gebiet der Dekapolis.
32 Da brachte man ihm einen, der taub war
und nur stammeln konnte und bat ihn, er
möge ihm die Hand auflegen. 33 Und er nahm
ihn beiseite von der Menge weg, legte ihm die
Finger in seine Ohren, spuckte (auf seine Fin-
ger) und berührte (damit) seine Zunge,
34 blickte zum Himmel auf, seufzte und
sprach zu ihm: Ephphata, das heißt: Sei ge-
öffnet! 35 Da taten seine Ohren sich auf, und
das Band seiner Zunge löste sich, und er
konnte richtig reden. 36 Und er befahl ihnen,
es niemand zu sagen; je mehr er es ihnen aber
befahl, desto mehr verkündigten sie es. 37 Und
sie waren ganz außer sich vor Staunen und
sagten: Gut hat er alles gemacht; die Tauben
macht er hören und die Stummen reden.

130. Die Speisung der Viertausend**

Mt 15 32–39

32 Jesus aber rief seine Jünger zu sich und
sprach: Mich jammert des Volkes;
denn es sind schon drei Tage, daß sie bei mir
aushalten und nichts zu essen haben.
Sie hungrig entlassen will ich nicht,
damit sie nicht unterwegs ermatten.
33 Da sprachen die Jünger zu ihm:
Woher sollen wir hier in der Einöde
so viele Brote nehmen, daß wir eine so große
Volksmenge sättigen könnten? 34 Und Jesus
sprach zu ihnen: Wie viele Brote habt ihr?
Sie sagten: Sieben, und einige kleine Fische.
35 Da befahl er der Menge, sich auf die Erde
zu lagern, 36 nahm die sieben Brote und die
Fische, sprach das Dankgebet, brach sie und
gab sie den Jüngern, die Jünger
aber (gaben sie) den Volksmassen.
V. 34 b, 36 a

Mk 8 1–10

1 In jenen Tagen, als wieder eine große
Volksmenge anwesend war und sie nichts zu
essen hatten, rief er die Jünger zu sich und
sprach zu ihnen: 2 Mich jammert des Volkes;
denn es sind schon drei Tage, daß sie bei mir
aushalten und nichts zu essen haben. 3 Und
wenn ich sie hungrig nach Hause gehen
lasse, werden sie unterwegs ermatten; und
einige von ihnen sind von weit hergekom-
men. 4 Da antworteten ihm seine Jünger:
Woher könnte einer diese hier in der Einöde
mit Brot
sättigen? 5 Und er
fragte sie: Wie viele Brote habt ihr?
Sie sagten: Sieben. V. 7
6 Da befahl er der Menge, sich auf der Erde
zu lagern, nahm die sieben Brote,
sprach das Dankgebet, brach sie und
gab sie seinen Jüngern zum Vorsetzen, und
sie setzten sie der Menge vor. 7 Und sie hat-
ten (auch) einige kleine Fische, und er sprach

* Vgl. Nr. 133.
** Vgl. Nr. 124.

[37]Und alle aßen und wurden satt. Und
sie hoben die übriggebliebenen Brocken auf,
sieben Körbchen voll. [38]Derer aber, die
aßen, waren viertausend Mann, ungerech-
net die Frauen und Kinder. Und er entließ
die Volksmassen, stieg
in das Boot und kam
in das Gebiet von Magadan.

den Segen über sie und ließ auch sie vor-
setzen. [8]Und sie aßen und wurden satt. Und
sie hoben die übriggebliebenen Brocken auf,
sieben Körbchen voll. [9]Es waren aber etwa
viertausend.
Und er entließ
sie. [10]Und sogleich stieg er
mit seinen Jüngern in das Boot und kam
in die Gegend von Dalmanutha.

131. Die Zeichenforderung der Pharisäer

Mt 16 1–4

[1]Und es traten die Pharisäer
und die Sadduzäer an ihn
heran
und baten ihn,
um ihn zu versuchen, er möge
ihnen ein Zeichen vom Him-
mel vorführen. [2]Er aber
antwortete ihnen: [Wenn es
Abend wird,
dann sagt ihr:
Es gibt schönes Wetter; denn
der Himmel ist rot, [3]und am
Morgen: Heute gibt es Regen;
denn der Himmel ist rot und
trüb. Das An-
gesicht des Himmels
versteht ihr zu beurteilen,
die Zeichen der Zeiten aber
nicht?] [4]Das
böse und ehebrecherische Ge-
schlecht fordert ein Zeichen,
aber
es wird
ihm kein Zeichen gegeben
werden als das Zeichen des
Jonas.* Und er ließ sie stehen
und ging davon.

Mk 8 11–13

[11]Und es zogen die Pharisäer
aus und
begannen mit ihm zu dispu-
tieren und forderten von ihm
ein Zeichen vom Himmel, um
ihn zu versuchen.
[12]Da seufzte
er in seinem Geiste auf und
sprach:
Was
fordert dieses Ge-
schlecht ein Zeichen? Wahr-
lich, ich sage euch: nie und
nimmer wird diesem Ge-
schlecht ein Zeichen gegeben
werden.*
[13]Und er ließ sie stehen,
stieg wieder ein und fuhr an
das jenseitige Ufer.

Lk 12 54–56 (Nr. 173):

[54]Er aber sprach zu den Volks-
massen:
Wenn ihr Gewölk im We-
sten aufsteigen seht, dann sagt ihr
sofort: Es gibt Regen, und es kommt
so. [55]Und wenn (ihr) den Südwind
wehen (seht), dann sagt ihr: Es gibt
Hitze, und es geschieht.
[56]Ihr Heuchler! Das An-
gesicht der Erde und des Himmels
versteht ihr zu beurteilen. Warum
versteht ihr die gegenwärtige Zeit
nicht (richtig) zu beurteilen?

* Mt 12 38–40 (Nr. 99): [38]Da antworteten ihm einige
von den Schriftgelehrten und Pharisäern: Meister, wir
möchten von dir ein Zeichen sehen. [39]Er aber erwi-
derte ihnen:
Ein böses und ehebrecheri-
sches Geschlecht fordert ein Zeichen, aber es wird
ihm kein Zeichen gegeben werden als das Zeichen
des Propheten Jonas. [40]Wie nämlich Jonas drei Tage
und drei Nächte im Bauch des Meerungeheuers war
(Jon 2 1), so wird auch der Menschensohn drei Tage
und drei Nächte im Herzen der Erde sein.

Lk 11 16.29 f (Nr. 161.164): [16]Andere aber forderten,
um ihn zu versuchen, ein Zeichen vom Himmel von
ihm. [29]Als aber die
Volksmassen sich versammelten, begann er zu spre-
chen: Dieses Geschlecht ist ein böses
Geschlecht. Es fordert ein Zeichen, aber es wird
ihm kein Zeichen gegeben werden als das Zeichen
des Jonas. [30]Wie nämlich Jonas für die
Niniviten ein Zeichen war,
so wird es auch der Menschensohn für
dieses Geschlecht sein.

132. Die verständnislosen Jünger

Mt 16 5–12

5 Und als die Jünger an das jenseitige Ufer
kamen, hatten sie vergessen, Brote mitzu-
nehmen.
6 Jesus aber sprach zu
ihnen: Gebt acht, hütet euch vor dem Sauer-
teig der Pharisäer und
Sadduzäer.* 7 Sie aber machten sich bei
sich Gedanken und sprachen: Wir haben
keine Brote mitgenommen. 8 Jesus aber
merkte es und sprach: Was macht
ihr euch bei euch darüber Gedanken,
ihr Kleingläubigen, daß ihr keine Brote (bei
euch) habt? 9 Begreift ihr noch
nicht
und denkt ihr nicht an
die fünf Brote der Fünf-
tausend, und wieviel Körbe
ihr da aufgehoben habt?
10 Und an die sieben Brote der
Viertausend, und wieviel Körbchen
ihr da aufgehoben habt?
11 Wie
könnt ihr (nun) nicht begreifen, daß ich
nicht Brote gemeint habe, als ich zu euch sprach: Hütet euch vor dem Sauer-
teig der Pharisäer und Sadduzäer? 12 Da verstanden sie, daß er nicht gemeint
hatte, sie sollten sich vor dem Sauerteig [,den man zum Brote braucht], son-
dern vor der Lehre der Pharisäer und Sadduzäer hüten.

Mk 8 14–21

14 Und
sie hatten vergessen, Brote mitzu-
nehmen, und hatten nur ein einziges Brot
bei sich im Boot. 15 Und er schärfte ihnen
ein: Gebt acht, hütet euch vor dem Sauer-
teig der Pharisäer und dem Sauerteig des
Herodes.* 16 Und sie machten sich mit-
einander Gedanken darüber, daß sie
keine Brote (bei sich) hätten. 17 Und er
merkte es und sprach zu ihnen: Was macht
ihr euch darüber Gedanken,
daß ihr keine Brote (bei
euch) habt? Begreift und versteht ihr noch
immer nicht? Ist euer Herz verstockt?
18 ‚Augen habt ihr und seht nicht, und Ohren
und hört nicht‘ (Jer 5 21; Ez 12 2; vgl.
Is 6 9 f). Und denkt ihr nicht daran: 19 als
ich die fünf Brote brach für die Fünf-
tausend, wieviel Körbe voll Brocken
habt ihr da aufgehoben? Sie sprachen zu
ihm: Zwölf. 20 (Und) wie die sieben für die
Viertausend, wieviel Körbchen voll Brocken
habt ihr da aufgehoben? Und sie sprachen:
Sieben. 21 Und er sprach zu ihnen: Versteht
ihr noch nicht?

133. Heilung eines Blinden bei Bethsaida**

Mk 8 22–26

22 Und sie kamen nach Bethsaida. Da brachte man ihm einen Blinden und bat ihn,
er möchte ihn berühren. 23 Und er nahm den Blinden bei der Hand und führte ihn zum Dorf
hinaus, spuckte ihm in die Augen, legte ihm die Hände auf und fragte ihn: Siehst du etwas?
24 Da blickte (der Blinde) auf und sagte: Ich sehe die Menschen; denn ich sehe (etwas) wie
Bäume umhergehen. 25 Darauf legte er ihm nochmals die Hände auf seine Augen; da blickte
er scharf hin und ward wiederhergestellt und sah alles ganz deutlich. 26 Und er schickte ihn
nach Hause und sprach: Geh auch nicht (erst) in das Dorf hinein.

---

* Lk 12 1 (Nr. 167): Als unterdessen ungezählte Volksmassen zusammenströmten, so daß sie einander traten, begann (Jesus) zuerst zu seinen Jüngern zu sprechen: Hütet euch vor dem Sauerteig der Pharisäer, der (nichts als) Heuchelei ist.

** Vgl. Nr. 129.

134. Das Messiasbekenntnis des Petrus und die Primatverheißung*

Mt 16 13–20

13 Als aber Jesus in das Gebiet von Cäsarea Philippi kam, fragte er seine Jünger: Für wen halten die Leute den Menschensohn? 14 Sie aber sagten: Die einen für Johannes den Täufer, andere für Elias, wieder andere für Jeremias oder irgendeinen von den Propheten. 15 Da sprach er zu ihnen: Ihr aber, für wen haltet ihr mich? 16 Da antwortete Simon Petrus: Du bist der Messias, der Sohn des lebendigen Gottes. 17 Da antwortete ihm Jesus: Selig bist du, Simon Barjona; denn nicht Fleisch und Blut hat dir (das) geoffenbart, sondern mein Vater im Himmel. 18 So sage auch ich dir: Du bist Petrus, und auf diesen Felsen will ich meine Kirche bauen, und die Pforten der Unterwelt sollen sie nicht überwältigen. 19 Ich will dir die Schlüssel des Himmelreiches geben, und was du auf Erden bindest, das soll im Himmel gebunden sein, und was du auf Erden lösest, das soll im Himmel gelöst sein.** 20 Dann verbot er den Jüngern streng, irgend jemand zu sagen, daß er der Messias sei.

Mk 8 27–30

27 Und Jesus und seine Jünger zogen fort in die Dörfer von Cäsarea Philippi. Und unterwegs fragte er seine Jünger: Für wen halten mich die Leute? 28 Sie aber sagten zu ihm: Für Johannes den Täufer, und andere für Elias, wieder andere für irgendeinen von den Propheten. 29 Da fragte er sie: Ihr aber, für wen haltet ihr mich? Da antwortete ihm Petrus: Du bist der Messias. 30 Da verbot er ihnen streng, mit irgend jemand von ihm zu sprechen.

Lk 9 18–21

18 Und es begab sich, als er in der Einsamkeit betete, waren die Jünger bei ihm. Und er fragte sie: Für wen halten mich die Volksmassen? 19 Sie aber antworteten: Für Johannes den Täufer, andere für Elias; wieder andere glauben, einer von den alten Propheten sei auferstanden. 20 Da sprach er zu ihnen: Ihr aber, für wen haltet ihr mich? Da antwortete Petrus: Für den Messias Gottes. 21 Da verbot er ihnen streng, dies irgend jemand zu sagen.

135. Die erste Leidensweissagung

Mt 16 21–23

21 Von da an begann Jesus [Christus] seinen Jüngern klarzumachen, daß er nach Jerusalem gehen und viel leiden müsse von den Ältesten, Hohenpriestern und Schriftgelehrten und ge-

Mk 8 31–33

31 Und er begann sie zu belehren: Der Menschensohn muß viel leiden und von den Ältesten, Hohenpriestern und Schriftgelehrten verworfen und ge-

Lk 9 22

Und er sprach: Der Menschensohn muß viel leiden und von den Ältesten, Hohenpriestern und Schriftgelehrten verworfen und ge-

---

* Joh 6 66–71: 66 Von da an zogen sich viele von seinen Jüngern zurück und gingen nicht mehr mit ihm. 67 Da sprach Jesus zu den Zwölfen: Wollt nicht auch ihr fortgehen? 68 Simon Petrus antwortete ihm: Herr, zu wem sollten wir fortgehen; Du hast Worte ewigen Lebens. 69 Und wir haben geglaubt und erkannt, daß du der Heilige Gottes bist. 70 Jesus antwortete ihnen: Habe nicht ich euch, die Zwölf, auserwählt. Und (doch) ist einer von euch ein Teufel. 71 Er meinte aber (damit) den Judas, den Sohn des Simon, des Iskariothen; dieser nämlich sollte ihn überliefern, einer von den Zwölfen.

** Mt 18 18 (Nr. 147): Wahrlich, ich sage euch: alles, was ihr auf Erden bindet, das soll im Himmel gebunden sein, und was ihr auf Erden löst, das soll im Himmel gelöst sein.

Mt 16

tötet werden und am dritten Tage auferweckt werden.

[22]Da nahm ihn Petrus beiseite und begann ihm Vorstellungen zu machen und sprach: Das möge Gott verhüten, Herr! Das darf dir nicht widerfahren. [23]Er aber wandte sich um und sprach zu Petrus: Weg von mir, du Satan! Du bist mir ein Ärgernis; denn du denkst nicht die Gedanken Gottes, sondern die der Menschen.

Mk 8

tötet werden und nach drei Tagen auferstehen. [32]Und ganz offen sprach er das Wort. Da nahm ihn Petrus beiseite und begann ihm Vorstellungen zu machen.

[33]Er aber wandte sich um und fuhr, auf seine Jünger blickend, den Petrus an: Weg von mir, du Satan! Denn du denkst nicht die Gedanken Gottes, sondern die der Menschen.

Lk 9

tötet werden und am dritten Tage auferweckt werden.

136. Nachfolge Jesu ist Leidensnachfolge

Mt 16 24–28

[24]Darauf sprach Jesus zu seinen Jüngern: Wenn einer mir nachfolgen will, so verleugne er sich selbst und nehme sein Kreuz auf sich und (so) folge er mir nach. [25]Denn wer sein Leben retten will, der wird es verlieren; wer aber sein Leben meinetwegen verliert, der wird es (wieder) finden.*
[26]Denn was wird er einem Menschen nützen, wenn er die ganze Welt gewinnt, aber sein Leben einbüßt.
Oder was kann ein Mensch als Preis geben, um sein Leben zurückzukaufen? [27]Denn

Mk 8 34–9 1

[34]Und er rief das Volk samt seinen Jüngern herzu und sprach zu ihnen: Wenn einer mir nachfolgen will, so verleugne er sich selbst und nehme sein Kreuz auf sich und (so) folge er mir nach. [35]Denn wer sein Leben retten will, der wird es verlieren; wer aber sein Leben meinetwegen und des Evangeliums wegen verliert, der wird es retten.*
[36]Denn was nützt es einem Menschen, die ganze Welt zu gewinnen und (dabei) sein Leben einzubüßen?
[37]Denn was kann ein Mensch als Preis geben, um sein Leben zurückzukaufen? [38]Denn wer sich meiner und meiner

Lk 9 23–27

[23]Zu allen aber sprach er: Wenn einer mir nachfolgen will, so verleugne er sich selbst und nehme täglich sein Kreuz auf sich und (so) folge er mir nach. [24]Denn wer sein Leben retten will, der wird es verlieren; wer aber sein Leben meinetwegen verliert, der wird es retten.*
[25]Denn was nützt es einem Menschen, die ganze Welt zu gewinnen, wenn er (dabei) sich selbst verliert oder einbüßt?

[26]Denn wer sich meiner und meiner

* Mt 10 38f (Nr. 75): [38]Und wer nicht sein Kreuz (auf sich) nimmt und mir nachfolgt, ist meiner nicht wert. [39]Wer sein Leben gefunden hat, der wird es verlieren, und wer sein Leben um meinetwillen verliert, der wird es finden.

Lk 14 27 (Nr. 184): Wer nicht sein Kreuz trägt und mir nachfolgt, kann nicht mein Jünger sein.
17 33 (Nr. 198): Wer sein Leben zu erhalten sucht, der wird es verlieren, und wer es verliert, der wird es retten.

Joh 12 25: Wer sein Leben liebt, der verliert es, und wer sein Leben in dieser Welt haßt, der wird es für das ewige Leben bewahren.

der Menschensohn wird in der Herrlichkeit seines Vaters mit seinen Engeln kommen, und dann ‚wird er einem jeden vergelten nach seinem Tun‘ (Ps 62 [61] 13).

[28]Wahrlich, ich sage euch: es sind einige unter den hier Stehenden, die den Tod nicht kosten werden, bis sie den Menschensohn mit seinem Reiche kommen sehen.

Worte unter diesem ehebrecherischen und sündigen Geschlecht schämt, dessen wird sich auch der Menschensohn schämen, wenn er in der Herrlichkeit seines Vaters kommt mit den heiligen Engeln.*

[1]Und er sprach zu ihnen: Wahrlich, ich sage euch: es sind einige unter den hier Stehenden, die den Tod nicht kosten werden, bis sie die Gottesherrschaft in Macht gekommen sehen.

Worte schämt, dessen wird sich der Menschensohn schämen, wenn er in seiner Herrlichkeit und der des Vaters und der heiligen Engel kommt.*

[27]Ich sage euch aber wahrhaftig: es sind einige unter den hier Stehenden, die den Tod nicht kosten werden, bis sie das Reich Gottes sehen.

137. Die Verklärung Jesu

Mt 17 1–9

[1]Und nach sechs Tagen nahm Jesus den Petrus, Jakobus und dessen Bruder Johannes mit sich und führte sie ganz allein auf einen hohen Berg.

[2]Da wurde er vor ihren Augen verwandelt, und sein Antlitz leuchtete wie die Sonne, seine Kleider aber wurden weiß wie das Licht.

[3]Und siehe, es erschienen ihnen Moses und Elias im Gespräch mit ihm.

Mk 9 2–10

[2]Und nach sechs Tagen nahm Jesus den Petrus, Jakobus und Johannes mit sich und führte sie ganz allein auf einen hohen Berg.

Da wurde er vor ihren Augen verwandelt,

[3]und seine Kleider glänzten in strahlendem Weiß, wie sie kein Walker auf Erden so weiß machen könnte.

[4]Und es erschien ihnen Elias mit Moses im Gespräch mit Jesus.

Lk 9 28–36

[28]Es begab sich aber nach diesen Worten, etwa acht Tage später, da nahm (Jesus) den Petrus, Johannes und Jakobus mit sich und stieg auf den Berg, um zu beten.

[29]Und es begab sich, während er betete, veränderte sich das Aussehen seines Antlitzes und sein Gewand leuchtete weiß.

[30]Und siehe, zwei Männer redeten mit ihm, das waren Moses und Elias, [31]die erschienen in Herrlichkeit und sprachen von seinem Ende, das sich in Jerusalem erfüllen sollte. [32]Petrus und seine Begleiter aber waren vom Schlaf beschwert. Als sie aber erwachten, sahen sie seine Herrlichkeit und die zwei Männer, die bei ihm standen. [33]Und es

* Mt 10 33 (Nr. 73): Wer mich aber vor den Menschen verleugnet, den werde auch ich vor meinem Vater im Himmel verleugnen.

Lk 12 9 (Nr. 168): Wer mich aber vor den Menschen verleugnet, der wird vor den Engeln Gottes verleugnet werden.

[4]Petrus aber sprach zu Jesus: Herr, es ist gut, daß wir hier sind. Wenn du willst, so will ich hier drei Hütten bauen, eine für dich, eine für Moses und eine für Elias.

[5]Während er noch redete, siehe, da überschattete sie eine lichte Wolke;

und siehe, eine Stimme erscholl aus der Wolke: ‚Dies ist mein geliebter Sohn‘ (Ps 2 7), ‚an dem ich mein Wohlgefallen gefunden habe‘ (Is 42 1), ‚auf ihn sollt ihr hören‘ (Deut 18 15).

[6]Und als die Jünger das hörten, fielen sie auf ihr Angesicht nieder und fürchteten sich sehr. [7]Da trat Jesus zu ihnen hin, rührte sie an und sprach: Steht auf und fürchtet euch nicht!

[8]Als sie aber ihre Augen erhoben, sahen sie niemand (mehr) als Jesus allein.

[9]Und als sie vom Berge herabstiegen, gebot ihnen Jesus: Erzählt niemand von dem Gesicht, bis der Menschensohn von den Toten auferweckt worden ist.

---

[5]Da sprach Petrus zu Jesus: Meister, es ist gut, daß wir hier sind.

Wir wollen drei Hütten bauen, eine für dich, eine für Moses und eine für Elias. [6]Er wußte nämlich nicht, was er sagte; denn sie waren ganz erschrocken.

[7]Da kam eine Wolke, die sie überschattete;

und eine Stimme erscholl aus der Wolke: ‚Dies ist mein geliebter Sohn‘ (Ps 2 7),

‚auf ihn sollt ihr hören‘ (Deut 18 15).

V. 6 b

[8]Und plötzlich, als sie sich umsahen, erblickten sie niemand mehr bei sich als Jesus allein.

[9]Und als sie vom Berge herabstiegen, gebot er ihnen, niemand zu erzählen, was sie gesehen hatten, ehe nicht der Menschensohn von den Toten auferstanden sei. [10]Und sie befolgten das Verbot, disputierten aber miteinander darüber, was das „von den Toten auferstehen“ bedeute.

---

begab sich, als sie von ihm scheiden wollten, sprach Petrus zu Jesus: Meister, es ist gut, daß wir hier sind.

Wir wollen drei Hütten bauen, eine für dich, eine für Moses und eine für Elias — er wußte (dabei) nicht, was er sagte.

[34]Während er so sprach, kam eine Wolke und überschattete sie. Es befiel sie aber Furcht, als (jene) in die Wolke eintraten. [35]Und es erscholl eine Stimme aus der Wolke: ‚Dies ist mein auserwählter Sohn‘ (Ps 2 7),

‚auf ihn sollt ihr hören‘ (Deut 18 15).

V. 34 b

[36]Und während die Stimme erscholl, fand sich, daß

Jesus allein (da) war.

V. 37
(Nr. 139)

Und sie schwiegen und erzählten niemand in jenen Tagen etwas von dem, was sie gesehen hatten.

138. Von der Wiederkunft des Elias

Mt 17 10–13

[10]Und die Jünger fragten ihn: Warum sagen denn die Schriftgelehrten, Elias müsse zuerst kommen? [11]Er aber antwortete ihnen: Allerdings kommt Elias und, wird alles wiederherstellen‘ (Mal 3 23 f).

Mk 9 11–13

[11]Und sie fragten ihn: Warum sagen die Schriftgelehrten, Elias müsse zuerst kommen? [12]Er aber sprach zu ihnen: Allerdings kommt Elias zuerst und ‚stellt alles wieder her‘ (Mal 3 23 f). Wie steht aber über den Men-

Mt

12 Ich sage euch aber: Elias ist bereits gekommen, aber sie haben ihn nicht erkannt, sondern mit ihm getan, was sie wollten.

So wird auch der Menschensohn durch sie leiden müssen. 13 Da verstanden die Jünger, daß er zu ihnen von Johannes dem Täufer gesprochen hatte.

Mk

schensohn geschrieben, daß er viel leiden und verachtet werden soll? 13 Aber ich sage euch: Auch Elias ist (bereits) gekommen, und sie haben mit ihm getan, was sie wollten, wie über ihn geschrieben steht.

139. Heilung eines besessenen Knaben

Mt 17 14–21

14 Und als sie zu der Volksmenge kamen, trat ein Mann zu ihm hin, fiel vor ihm auf die Knie 15 und sprach: Herr, erbarme dich meines Sohnes; denn er ist mondsüchtig und hat schwer zu leiden.

Denn oft fällt er ins Feuer und oft ins Wasser. 16 Und ich habe ihn (schon) zu deinen Jüngern gebracht, aber sie konnten ihn nicht heilen. 17 Da erwiderte Jesus: O ungläubiges und ‚verkehrtes Geschlecht' (vgl. Deut 32 5.20), wie lange soll ich noch bei euch sein? Wie lange soll ich

Mk 9 14–29

14 Und als sie zu den (übrigen) Jüngern zurückkehrten, sahen sie viel Volk um sie versammelt und Schriftgelehrte mit ihnen disputieren. 15 Und die ganze Volksmenge, sobald sie ihn sahen, erschraken sie, liefen auf ihn zu und begrüßten ihn. 16 Und (Jesus) fragte sie: Was disputiert ihr mit ihnen? 17 Da antwortete ihm einer aus der Volksmenge: Meister, ich habe meinen Sohn zu dir gebracht, der von einem stummen Geist besessen ist. 18 Und wenn der ihn packt, zerrt er ihn hin und her; dann schäumt er, knirscht mit den Zähnen und liegt starr da.

V. 22 a

Und ich habe deinen Jüngern gesagt, sie möchten ihn austreiben, aber sie vermochten es nicht. 19 Da erwiderte er ihnen: O ungläubiges Geschlecht, wie lange soll ich noch bei euch sein? Wie lange soll ich

Lk 9 37–43 a

37 Es begab sich aber am folgenden Tage, als sie vom Berge herabstiegen, da kam ihnen eine große Volksmenge entgegen. 38 Und siehe, ein Mann aus der Volksmenge schrie: Meister, ich bitte dich, nimm dich um meinen Sohn an; denn er ist mein einziger; 39 und siehe, ein Geist packt ihn, und dann schreit er plötzlich, und er zerrt ihn hin und her, so daß er schäumt, und nur schwer weicht er von ihm und reibt ihn ganz auf.

40 Und ich habe deine Jünger gebeten, sie möchten ihn austreiben, aber sie konnten es nicht. 41 Da erwiderte Jesus: O ungläubiges und ‚verkehrtes Geschlecht' (vgl. Deut 32 5.20), wie lange soll ich noch bei euch sein und

euch noch ertragen? Bringt ihn mir her!

V. 15 b

[18] Und Jesus bedrohte ihn,

und der Dämon fuhr von ihm aus,

und der Knabe wurde von jener Stunde an geheilt.

[19] Da traten die Jünger zu Jesus, als sie allein waren, und sprachen: Warum konnten wir ihn nicht austreiben? [20] Er aber sprach zu ihnen: Wegen eures Kleinglaubens. Denn wahrlich, ich sage euch: wenn ihr Glauben hättet (wenn auch nur so groß) wei ein Senfkorn, so könntet ihr zu dem Berge da sagen: Rücke weg von hier, dorthin!,

euch noch ertragen? Bringt ihn her zu mir! [20] Und sie brachten ihn zu ihm hin. Und als der Geist ihn erblickte, warf er (den Knaben) sofort in Krämpfe, und (dieser) stürzte zu Boden und wälzte sich, Schaum vor dem Munde. [21] Da fragte (Jesus) seinen Vater: Wie lange ist es her, daß ihn das betroffen hat? Der antwortete: Von Kindheit auf. [22] Und oft hat er ihn ins Feuer und ins Wasser geworfen, um ihn zu töten. Aber wenn du etwas vermagst, habe Mitleid mit uns und hilf uns! [23] Jesus aber sprach zu ihm: „Wenn du etwas vermagst“? Alles vermag, wer glaubt. [24] Sofort schrie der Vater des Knaben: Ich glaube, hilf meinem Unglauben! [25] Als aber Jesus sah, daß das Volk zusammenlief, bedrohte er den unreinen Geist mit den Worten: Du stummer und tauber Geist, ich befehle dir: fahre aus von ihm und kehre nicht mehr in ihn zurück! [26] Und unter Geschrei und heftigem Schütteln fuhr er aus; und der Knabe war wie tot, so daß die Menge sagte: Er ist gestorben. [27] Jesus aber ergriff ihn bei der Hand und richtete ihn auf. Und er stand auf.

[28] Und als (Jesus) nach Hause kam, fragten ihn seine Jünger, als sie allein waren: Warum konnten wir ihn nicht austreiben? [29] Und er sprach zu ihnen:

euch ertragen? Bring deinen Sohn her! [42] Während er aber noch im Herbeikommen war, zerrte ihn der Dämon hin und her und warf ihn in Krämpfe.

Jesus aber bedrohte den unreinen Geist

und heilte (so) den Knaben und gab ihn seinem Vater wieder. [43] Alle aber gerieten außer sich über die Größe Gottes.

17 6 (Nr. 194): Der Herr aber sprach:

Wenn ihr Glauben hättet (wenn auch nur so groß) wie ein Senfkorn, so würdet ihr zu dem Maulbeerfeigenbaum da sagen: Entwurzle dich und pflanze

und er würde wegrücken, und nichts würde euch unmöglich sein.* [21 Diese Art aber kann nur durch Gebet und Fasten ausgetrieben werden.]

Diese Art kann nur durch Gebet [und Fasten] ausgetrieben werden.

dich im Meer an! ,und er würde euch gehorchen.*

140. Die zweite Leidensweissagung

Mt 17 22 f

22 Als sie aber miteinander in Galiläa wanderten, sprach Jesus zu ihnen:

Der Menschensohn wird in die Hände der Menschen überliefert werden, 23 und sie werden ihn töten, aber am dritten Tage wird er auferweckt werden.

Da wurden (die Jünger) sehr betrübt.

Mk 9 30–32

30 Und sie zogen von dort fort und wanderten durch Galiläa. Und er wollte nicht, daß es jemand erfahre. 31 Denn er widmete sich der Belehrung seiner Jünger (allein) und sprach zu ihnen:

Der Menschensohn wird in die Hände der Menschen überliefert, und sie werden ihn töten, aber drei Tage nach seinem Tode wird er auferstehen. 32 Sie aber verstanden das Wort nicht, scheuten sich aber, ihn zu fragen.

Lk 9 43 b–45

43 b Während aber alle über alles, was er tat, staunten, sprach er zu seinen Jüngern: 44 Nehmt diese Worte in eure Ohren auf: der Menschensohn soll nämlich in die Hände der Menschen überliefert werden.

45 Sie aber verstanden dieses Wort nicht und es war vor ihnen verhüllt, daß sie es nicht verstanden. Sie scheuten sich aber, ihn wegen dieses Wortes zu fragen.

141. Die Tempelsteuer

Mt 17 24–27

24 Als sie aber nach Kapharnaum kamen, traten die Einnehmer der Doppeldrachme zu Petrus und sprachen: Zahlt euer Meister die Doppeldrachme nicht? 25 Der sagte: Doch. Und als er das Haus betrat, kam ihm Jesus mit der Frage zuvor: Was meinst du, Simon? Von wem nehmen die Könige der Erde Zoll oder Steuer? Von ihren Söhnen oder von den Fremden? 26 Als er antwortete: Von den Fremden, sprach Jesus zu ihm: Also sind die Söhne frei. 27 Damit wir ihnen aber keinen Anstoß geben, geh hin an den See, wirf die Angel aus, und den ersten Fisch, der hochkommt, nimm, und wenn du sein Maul öffnest, wirst du einen Stater (darin) finden. Den nimm und gib ihn ihnen für mich und dich.

Mk 9 33 a

Und sie kamen nach Kapharnaum.

---

* Mt 21 21 (Nr. 216): Jesus aber antwortete ihnen: Wahrlich, ich sage euch: wenn ihr Glauben habt und nicht zweifelt, dann werdet ihr nicht nur das mit dem Feigenbaum (Geschehene) vollbringen, sondern selbst wenn ihr zu dem Berge da sprecht: Hebe dich hinweg und stürze dich ins Meer!, so wird es geschehen.

Mk 11 22 f (Nr. 216): 22 Da antwortete ihnen Jesus: Habt Glauben an Gott! 23 Wahrlich, ich sage euch: wer zu dem Berge da spräche: Hebe dich hinweg und stürze dich ins Meer! und in seinem Herzen nicht zweifelte, sondern glaubte, daß, was er sagt, geschieht, dem würde es zuteil werden.

142. Der Rangstreit der Jünger

Mt 18 1–5

1 In jener Stunde traten die
Jünger zu Jesus und sprachen:
Wer (von uns) ist nun der
Größte im Himmelreich?

2 Da rief er ein Kind herbei,
stellte es in ihre Mitte
3 und sprach:

Wahrlich, ich sage euch: wenn
ihr nicht umkehrt und werdet wie die Kinder, so werdet
ihr nicht in das Himmelreich
eingehen. 4 Wer sich nun erniedrigt wie dieses Kind, der
ist der Größte im Himmelreich.** 5 Und wer ein solches
Kind in meinem Namen
aufnimmt, der nimmt mich
auf.***

Mk 9 33 b–37

33 b Und als er zu Hause angelangt war, fragte er sie: Worüber habt ihr unterwegs gesprochen? 34 Sie aber schwiegen; sie hatten nämlich unterwegs darüber gestritten,
wer (von ihnen) der
Größte sei. 35 Da
setzte er sich nieder, rief
die Zwölf und sprach zu
ihnen: Wenn einer der Erste
sein will, der muß der Letzte
von allen und der Diener
aller sein.*
36 Und
er nahm ein Kind,
stellte es in ihre Mitte, nahm
es in seine Arme und sprach
zu ihnen:

10 15 (Nr. 203): Wahrlich, ich sage euch: wer das Reich Gottes nicht annimmt wie ein Kind, wird nicht hineingelangen.

37 Wer eines von diesen
Kindern in meinem Namen
aufnimmt, der nimmt mich
auf; und wer mich aufnimmt,
der nimmt nicht mich auf, sondern den, der mich gesandt
hat.***

V. 35 b

Lk 9 46–48

46 Es kam aber die Überlegung bei ihnen auf, wer wohl der Größte von ihnen sei.

V. 48 b

47 Jesus aber, der die Gedanken ihres Herzens kannte,
nahm ein Kind bei der Hand,
stellte es neben sich
48 und sprach
zu ihnen:

18 17 (Nr. 203): Wahrlich, ich sage euch: wer das Reich Gottes nicht annimmt wie ein Kind, wird nicht hineingelangen.

Wer dieses
Kind in meinem Namen
aufnimmt, der nimmt mich
auf; und wer mich aufnimmt,
der nimmt
den auf, der mich gesandt
hat.*** Denn wer der Kleinste
unter euch allen ist, der ist groß.

---

* Mt 20 26 f (Nr. 207): 26 Bei euch soll es nicht so sein; sondern wer unter euch der Größte sein will, soll euer Diener sein, 27 und wer unter euch der Erste sein will, soll euer Knecht sein.
23 11 (Nr. 225): Der Größte unter euch aber soll euer Diener sein.

Mk 10 43 f (Nr. 207): 43 Bei euch aber soll es nicht so sein; sondern wer unter euch der Größte sein will, soll euer Diener sein, 44 und wer unter euch der Erste sein will, soll der Knecht aller sein.

Lk 22 26 (Nr. 247): Bei euch aber (soll es) nicht so (sein), sondern der Größte unter euch werde wie der Jüngste und der Oberste wie der Diener.

** Mt 23 12 (Nr. 225): Wer sich aber selbst erhöht, der wird erniedrigt werden, und wer sich selbst erniedrigt, der wird erhöht werden.

Lk 14 11 (Nr. 181): Denn jeder, der sich selbst erhöht, wird erniedrigt werden, und wer sich selbst erniedrigt, wird erhöht werden.
18 14 (Nr. 200): Denn jeder, der sich selbst erhöht, wird erniedrigt werden, wer sich aber selbst erniedrigt, wird erhöht werden.

*** Mt 10 40 (Nr. 76): Wer euch aufnimmt, der nimmt mich auf, und wer mich aufnimmt, der nimmt den auf, der mich gesandt hat.

Lk 10 16 (Nr. 153): Wer euch hört, der hört mich, und wer euch verwirft, der verwirft mich. Wer aber mich verwirft, der verwirft den, der mich gesandt hat.

Joh 13 20: Wahrlich, wahrlich, ich sage euch: wer einen aufnimmt, den ich sende, der nimmt mich auf. Wer aber mich aufnimmt, der nimmt den auf, der mich gesandt hat.

143. Der fremde Exorzist

Mk 9 38–41

38 Es sprach zu ihm Johannes:
Meister, wir sahen einen in deinem Namen
Dämonen austreiben, der uns nicht nach-
folgt, und wir suchten ihn zu hindern, weil er
uns nicht nachfolgt. 39 Jesus aber
sprach: Hindert ihn nicht; denn
niemand, der in meinem Namen eine Wun-
dertat vollbringt, wird so bald von mir Übles
reden können. 40 Denn wer nicht gegen uns
ist, der ist für uns.*

Mt 10 42 (Nr. 76): Denn wer einen von diesen Kleinen auch nur mit einem Becher frischen Wassers tränkt auf den Jüngernamen hin, wahrlich, ich sage euch: er wird seinen Lohn nicht verlieren.

41 Denn wer
euch (nur) mit einem Becher
Wasser tränkt deshalb, weil ihr Christus
angehört, wahrlich, ich sage euch: er
wird seinen Lohn nicht verlieren.

Lk 9 49f

49 Da nahm Johannes das Wort und sprach:
Meister, wir sahen einen in deinem Namen
Dämonen austreiben,
und wir suchten ihn zu hindern, weil er
nicht mit uns (dir) nachfolgt. 50 Jesus aber
sprach zu ihm: Hindert (ihn) nicht;
denn wer nicht gegen euch
ist, der ist für euch.*

144. Warnung vor Ärgernis

Mt 18 6–9

6 Wer aber einem von diesen
Kleinen, die an mich glauben,
Ärgernis gibt, dem wäre es
besser, wenn ihm ein Mühl-
stein um den Hals gehängt
und er in die Tiefe des Meeres
versenkt würde.

7 Wehe der Welt wegen der
Ärgernisse! Es müssen ja
Ärgernisse kommen. Doch wehe dem
Menschen, durch den das Ärgernis
kommt!
8 Wenn dich aber deine Hand oder dein
Fuß ärgert, dann hau ihn ab und wirf
ihn von dir! Besser ist es für dich, als
Krüppel oder hinkend ins Leben ein-
zugehen, als mit zwei Händen und zwei
Füßen in das ewige Feuer geworfen zu
werden.

Mk 9 42–48

42 Und wer einem von diesen
Kleinen, die glauben,
Ärgernis gibt, dem wäre es
besser, wenn ihm ein Mühl-
stein um den Hals gehängt
und er ins Meer
geworfen würde.

43 Und wenn dich deine Hand
ärgert, dann hau sie ab!
Besser ist es für dich, als
Krüppel ins Leben ein-
zugehen, als mit zwei Händen
zur Hölle zu fahren, in
das Feuer, das nie erlischt. [44] 45 Und
wenn dich dein Fuß ärgert, dann hau
ihn ab! Besser ist es für dich, hinkend
ins Leben einzugehen, als mit zwei Fü-
ßen in die Hölle geworfen zu werden.[46]

Lk 17 1–3a (Nr. 192):

1 Er sprach aber zu seinen Jüngern:
Es ist unmöglich, daß nicht Ärger-
nisse kommen. Wehe aber dem,
durch den sie kommen! 2 Besser
wäre es für ihn, wenn ihm ein Mühl-
stein um den Hals gehängt
und er ins Meer
geworfen würde, als daß er einem
von diesen Kleinen Ärgernis gibt.
3 Nehmt euch in acht!
V. 1

---

* Mt 12 30 (Nr. 98): Wer nicht mit mir ist, der ist wider mich, und wer nicht mit mir sammelt, der zerstreut.

Lk 11 23 (Nr. 161): Wer nicht mit mir ist, der ist wider mich, und wer nicht mit mir sammelt, der zerstreut.

9 Und wenn dich dein Auge ärgert, dann reiß es aus und wirf es von dir! Besser ist es für dich, einäugig ins Leben einzugehen, als mit beiden Augen in die Feuerhölle geworfen zu werden.*

47 Und wenn dich dein Auge ärgert, dann reiß es aus! Besser ist es für dich, einäugig in das Reich Gottes einzugehen, als mit beiden Augen in die Hölle geworfen zu werden, 48 wo ‚ihr Wurm nicht stirbt und das Feuer nicht erlischt‘ (Is 66 24).*

145. Vom Salz

Mk 9 49 f

49 Denn ein jeder wird mit Feuer gesalzen werden. 50 Etwas Gutes ist das Salz. Wenn aber das Salz salzlos wird, womit wollt ihr es würzen?** Habt Salz in euch und haltet Frieden untereinander!

146. Das Gleichnis vom verirrten Schaf

Mt 18 10–14

10 Hütet euch, daß ihr keinen von diesen Kleinen verachtet; denn ich sage euch: ihre Engel schauen im Himmel allezeit das Angesicht meines Vaters im Himmel. [11 Denn der Menschensohn ist gekommen, das Verlorene zu retten.] 12 Was meint ihr? Wenn jemand hundert Schafe hat und sich eines von ihnen verirrt, wird er nicht die neunundneunzig auf den Bergen lassen und hingehen und das verirrte suchen?
13 Und wenn er es glücklich findet, wahrlich, ich sage euch: er freut sich darüber mehr als über die neunundneunzig, die sich nicht verirrt haben.
14 So ist es (auch) nicht der Wille eures Vaters im Himmel, daß (auch nur) eines von diesen Kleinen verlorengeht.

Lk 15 3–7 (Nr. 185):

3 Da sagte er zu ihnen folgendes Gleichnis: 4 Wer von euch, der hundert Schafe hat und eines von ihnen verliert, läßt nicht die neunundneunzig in der Wüste und geht dem verlorenen nach, bis er es findet?
5 Und wenn er es gefunden hat, so nimmt er es voller Freude auf seine Schultern, 6 und nach Hause gekommen ruft er seine Freunde und Nachbarn zusammen und spricht zu ihnen: Freut euch mit mir; denn ich habe mein Schaf wiedergefunden, das verloren war. 7 Ich sage euch: ebenso wird im Himmel mehr Freude sein über einen Sünder, der umkehrt, als über neunundneunzig Gerechte, die der Umkehr nicht bedürfen.

147. Verhalten gegen den sündigen Bruder

Mt 18 15–18

15 Wenn aber dein Bruder sich [gegen dich] verfehlt, dann geh hin und weise ihn unter vier Augen zurecht. Hört er auf dich, so hast du deinen Bruder gewonnen. 16 Hört er aber nicht,

Lk 17 3 b (Nr. 193):

Wenn dein Bruder sich verfehlt, so weise ihn zurecht, und wenn er (dann) umkehrt, so vergib ihm!

* Mt 5 29 f (Nr. 36): 29 Wenn dich dein rechtes Auge ärgert, dann reiß es aus und wirf es von dir! Denn besser ist es für dich, daß eines von deinen Gliedern verlorengeht, als daß dein ganzer Leib in die Hölle geworfen wird. 30 Und wenn dich deine rechte Hand ärgert, dann hau sie ab und wirf sie von dir! Denn besser ist es für dich, daß eines von deinen Gliedern verlorengeht, als daß dein ganzer Leib zur Hölle fährt.

** Mt 5 13 (Nr. 33): Ihr seid das Salz der Erde. Wenn aber das Salz schal wird, womit soll man es salzen? Es taugt zu nichts mehr, als weggeworfen und von den Leuten zertreten zu werden.

Lk 14 34 f (Nr. 184): 34 Etwas Gutes ist das Salz. Wenn aber das Salz schal wird, womit soll man es würzen? 35 Es ist weder auf das Land noch auf den Düngerhaufen brauchbar. Man wirft es weg. Wer Ohren hat zu hören, der höre!

dann nimm noch einen oder zwei mit dir, damit ‚auf zweier oder dreier Mund jede Sache festgestellt werde‘ (Deut 19 15). [17]Hört er aber (auch) auf sie nicht, dann sag es der Gemeinde. Hört er aber auch auf die Gemeinde nicht, dann soll er für dich gleich einem Heiden und Zöllner gelten.
[18]Wahrlich, ich sage euch: alles, was ihr auf Erden bindet, das soll im Himmel gebunden sein, und was ihr auf Erden löst, das soll im Himmel gelöst sein.*

148. Erhörung gemeinsamen Gebets

Mt 18 19 f

[19]Ferner sage ich euch [wahrlich]: wenn zwei von euch auf Erden eins werden, daß sie um irgend etwas beten wollen, so wird es ihnen von meinem Vater im Himmel zuteil werden.
[20]Denn wo zwei oder drei in meinem Namen versammelt sind, da bin ich mitten unter ihnen.

149. Von der Versöhnlichkeit

Mt 18 21 f

[21]Da trat Petrus zu ihm und sprach zu ihm: Herr, wie oft muß ich meinem Bruder, wenn er sich gegen mich verfehlt, vergeben? Bis zu siebenmal? [22]Jesus sprach zu ihm: Nicht bis zu siebenmal, sondern bis zu siebzigmal siebenmal.

Lk 17 4 (Nr. 193):
Und wenn er siebenmal am Tage sich gegen dich verfehlt und siebenmal wieder zu dir kommt und spricht: Ich bereue, so vergib ihm!

150. Der begnadigte Schuldner ein unbarmherziger Gläubiger

Mt 18 23–35

[23]Deshalb verhält es sich mit dem Himmelreich wie mit einem König, der mit seinen Knechten abrechnen wollte. [24]Als aber er abzurechnen anfing, wurde ihm einer vorgeführt, der (ihm) zehntausend Talente schuldig war. [25]Da er aber nicht bezahlen konnte, befahl der Herr, ihn, seine Frau und seine Kinder und seine ganze Habe zu verkaufen und (den Erlös ihm) zu bezahlen. [26]Da fiel ihm der Knecht zu Füßen und sprach: Habe Geduld mit mir, ich will dir alles bezahlen. [27]Da erbarmte sich der Herr jenes Knechtes, ließ ihn frei und erließ ihm die Schuld. [28]Als aber jener Knecht wegging, traf er einen von seinen Mitknechten, der ihm hundert Denare schuldig war. Und er packte und würgte ihn und sprach: Bezahle, was du schuldig bist! [29]Sein Mitknecht fiel (vor ihm) nieder und bat: Habe Geduld mit mir, ich will dir alles bezahlen. [30]Er aber gab nicht nach, sondern ging hin und ließ ihn ins Gefängnis werfen, bis er die Schuld bezahlt hätte. [31]Als nun seine Mitknechte das sahen, empörten sie sich sehr darüber, gingen hin und teilten ihrem Herrn alles mit, was geschehen war. [32]Da ließ ihn sein Herr zu sich rufen und sprach zu ihm: Du böser Knecht! Jene ganze Schuld habe ich dir erlassen, weil du mich batest. [33]Hättest du nicht auch mit deinem Mitknecht Erbarmen haben müssen, wie ich mich über dich erbarmt habe? [34]Und voller Zorn übergab ihn sein Herr den Folterern, bis er ihm die ganze Schuld bezahlt hätte. [35]So wird auch mein himmlischer Vater mit euch verfahren, wenn ihr nicht, ein jeder seinem Bruder, von Herzen vergebt.

---

* Mt 16 19 (Nr. 134): Ich will dir die Schlüssel des Himmelreiches geben, und was du auf Erden bindest, das soll im Himmel gebunden sein, und was du auf Erden lösest, das soll im Himmel gelöst sein.

DIE GROSSE EINSCHALTUNG DES LUKAS

Der sogenannte lukanische Reisebericht

Lk 9 51–18 14

151. Die feindlichen Samariter

Lk 9 51–56

51 Es begab sich aber, als sich die Tage seiner Hinwegnahme erfüllten, da richtete er
sein Antlitz darauf hin, nach Jerusalem zu gehen. 52 Und er sandte Boten vor sich her. Und
die gingen hin und kamen in ein Dorf der Samariter, um ihm Quartier zu machen. 53 Aber
man nahm ihn nicht auf, weil sein Antlitz auf die Reise nach Jerusalem gerichtet war.
54 Als das die Jünger Jakobus und Johannes sahen, sprachen sie: Herr, willst du, daß wir
sagen, es solle „Feuer vom Himmel fallen und sie verzehren" [‚wie auch Elias getan hat']
(4 Kön 1 10–12)? 55 Er aber wandte sich um und verwies es ihnen [und sprach: Ihr wißt
nicht, welches Geistes ihr seid! 56 Der Menschensohn ist nicht gekommen, Menschenleben
zu vernichten, sondern zu retten]. Und sie gingen in ein anderes Dorf.

152. Von der Nachfolge Jesu

Mt 8 19–22 (Nr. 62):	Lk 9 57–62
19 Da trat ein Schriftgelehrter an ihn heran und sprach zu ihm: Meister, ich will dir folgen, wohin immer du gehst. 20 Da sprach Jesus zu ihm: Die Füchse haben Höhlen und die Vögel des Himmels Nester, der Menschensohn aber hat nicht(s), wo er sein Haupt hinlegen kann.	57 Und wie sie dahinzogen, sprach unterwegs einer zu ihm: Ich will dir folgen, wohin immer du gehst. 58 Da sprach Jesus zu ihm: Die Füchse haben Höhlen und die Vögel des Himmels Nester, der Menschensohn aber hat nicht(s), wo er sein Haupt hinlegen kann.
21 Ein anderer aber, (einer) von den Jüngern, sprach zu ihm: Herr, erlaube mir, zuerst hinzugehen und meinen Vater zu begraben! 22 Jesus aber sprach zu ihm: Folge mir und laß die Toten ihre Toten begraben!	59 Zu einem anderen aber sprach er: Folge mir nach! Der sprach: Erlaube mir, zuerst hinzugehen und meinen Vater zu begraben. 60 Er aber sprach zu ihm: Laß die Toten ihre Toten begraben; du aber geh hin und verkünde das Reich Gottes!

61 Und (wieder) ein anderer sprach: Ich will dir nachfolgen, Herr. Zuerst
aber erlaube mir, von den Leuten in meinem Hause Abschied zu nehmen.
62 Jesus aber sprach zu ihm: Niemand, der die Hand an den Pflug legt und
zurückschaut, ist tauglich für das Reich Gottes.

153. Die Aussendung der (zweiund)siebzig Jünger

Mt 9 37 f (Nr. 70):	Lk 10 1–16
	1 Hierauf aber bestimmte der Herr noch andere [zweiund]siebzig und sandte sie paarweise vor sich her in jede Stadt und (jeden) Ort, wohin er selbst kommen wollte.
37 Da sprach er zu seinen Jüngern: Die Ernte ist groß, aber die Arbeiter sind wenige. 38 Bittet also den Herrn der Ernte, daß er Arbeiter in seine Ernte sende.	2 Er sprach aber zu ihnen: Die Ernte ist groß, aber die Arbeiter sind wenige. Bittet also den Herrn der Ernte, daß er Arbeiter in seine Ernte sende.
10 16 (Nr. 71): Siehe, ich sende euch wie Schafe	3 Geht hin! Siehe, ich sende euch wie Schafe

mitten unter die Wölfe; seid also klug wie die Schlangen und ohne Falsch wie die Tauben.

12 Wenn ihr aber ein Haus betretet, so bietet ihm den Gruß. 13 Und wenn das Haus dessen wert ist, so soll euer Friede(nsgruß) darauf kommen; wenn es aber (dessen) nicht wert ist, so soll euer Friede(nsgruß) zu euch zurückkehren.

10b Denn der Arbeiter ist seiner Nahrung wert.

8a Heilt Kranke, erweckt Tote, macht Aussätzige rein, treibt Dämonen aus! 7 Geht aber hin und predigt: Das Himmelreich ist zu euch nahe herbeigekommen.

15 Wahrlich, ich sage euch: Dem Lande Sodoma und Gomorrha wird es am Gerichtstage erträglicher ergehen als jener Stadt.

11 21–23 (Nr. 79): 21 Wehe dir, Chorazin! Wehe dir, Bethsaida! Denn wenn in Tyrus und Sidon die Wunder geschehen wären, die in euch geschehen sind, hätten sie längst in Sack und Asche sich bekehrt. 22 Aber ich sage euch: Tyrus und Sidon wird es am Gerichtstage erträglicher ergehen als euch. 23 Und du, Kapharnaum, wirst du etwa ‚bis in den Himmel erhoben werden? Bis zur Unterwelt sollst du hinabgeschleudert werden' (Is 14 13. 15).

mitten unter die Wölfe.

4 Nehmt keinen Geldbeutel mit, keinen Ranzen und keine Schuhe*; und grüßt niemand unterwegs!

5 Wenn ihr ein Haus betretet, so sprecht zuerst: Friede diesem Hause!
6 Und wenn dort ein Sohn des Friedens ist, so wird euer Friede(nsgruß) sich auf ihn niederlassen; wenn aber nicht, so wird er auf euch zurückkehren.
7 In eben dem Hause bleibt, eßt und trinkt, was sie euch vorsetzen; denn der Arbeiter ist seines Lohnes wert. Wechselt nicht von einem Haus zu einem andern!**
8 Und wenn ihr eine Stadt betretet und man euch aufnimmt, so eßt, was euch vorgesetzt wird,
9 heilt die Kranken in ihr und sagt zu (den Bewohnern der Stadt):
Das Reich Gottes ist zu euch nahe herbeigekommen.
10 Wenn ihr aber eine Stadt betretet und man euch nicht aufnimmt, so geht hinaus auf ihre Straßen und sprecht:
11 Selbst den Staub, der von eurer Stadt an unseren Füßen haftet, wischen wir (auf) euch ab. Aber das sollt ihr wissen: Das Reich Gottes ist nahe herbeigekommen.***
12 Ich sage euch: Sodoma wird es an jenem Tage erträglicher ergehen als jener Stadt.
13 Wehe dir, Chorazin! Wehe dir, Bethsaida! Denn wenn in Tyrus und Sidon die Wunder geschehen wären, die in euch geschehen sind, hätten sie längst in Sack und Asche sitzend sich bekehrt.
14 Aber Tyrus und Sidon wird es beim Gericht erträglicher ergehen als euch.
15 Und du, Kapharnaum, wirst du etwa ‚bis in den Himmel erhoben werden? Bis zur Unterwelt sollst du hinabgeschleudert werden' (Is 14 13. 15).

* Mt 10 9f (Nr. 71): 9 Erwerbt euch kein Gold, noch Silber noch Kupfer in euren Gürtel, 10 (nehmt) keinen Ranzen (mit) auf den Weg, noch zwei Röcke noch Schuhe noch einen (Wanderstab)!

** Mt 10 11 b (Nr. 71): Und dort bleibt, bis ihr weiterwandert.

*** Mt 10 14 (Nr. 71): Und wenn man euch nicht aufnimmt und eure Worte nicht hören will, so geht fort aus jenem Haus oder jener Stadt und schüttelt den Staub von euren Füßen.

Mk 6 8f (Nr. 120): 8 Und er befahl ihnen, sie sollten nichts auf den Weg mitnehmen außer einem (Wander)-stab, kein Brot, keinen Ranzen, kein Geld im Gürtel, 9 nur Sandalen an den Füßen; und zieht nicht zwei Röcke an!

Mk 6 10 (Nr. 120): Und er sprach zu ihnen: Wo ihr in ein Haus einkehrt, dort bleibt, bis ihr von dort weiterwandert.

Mk 6 11 (Nr. 120): Und wo euch ein Ort nicht aufnimmt und man euch nicht hören will, da geht fort und schüttelt den Staub von euren Füßen, ihnen zum Zeugnis.

Lk 9 3 (Nr. 120): Und er sprach zu ihnen: Nehmt nichts mit auf den Weg, weder einen (Wander)-stab noch einen Ranzen noch Brot noch Geld, noch sollt ihr zwei Röcke haben!

Lk 9 4 (Nr. 120): Und in dem Haus, in das ihr einkehrt, da bleibt und von dort wandert weiter.

Lk 9 5 (Nr. 120): Und überall, wo man euch nicht aufnimmt, da geht fort aus jener Stadt und schüttelt den Staub von euren Füßen zum Zeugnis gegen sie.

10 40 (Nr. 76): Wer euch aufnimmt, der nimmt mich auf,
und wer mich aufnimmt, der nimmt den auf, der mich gesandt hat.*

16 Wer euch hört, der hört mich, und wer euch verwirft, der verwirft mich. Wer aber mich verwirft, der verwirft den, der mich gesandt hat.*

154. Die Rückkehr der (zweiund)siebzig Jünger

Lk 10 17–20

17 Die [Zweiund]siebzig kehrten aber voll Freude zurück und sprachen: Herr, auch
die Dämonen sind uns in deinem Namen untertan. 18 Er aber sprach zu ihnen: Ich sah den
Satan wie einen Blitz vom Himmel fallen. 19 Siehe, ich habe euch die Vollmacht gegeben,
‚auf Schlangen und Skorpione zu treten' (Ps 91 [90] 13), und (Vollmacht) über jede Macht
des Feindes, und in nichts wird er euch schaden können. 20 Doch nicht darüber freut euch,
daß euch die Geister untertan sind, freut euch vielmehr darüber, daß eure Namen im Himmel eingeschrieben sind.

155. Der Jubelruf Jesu und die Seligpreisung der Jünger

Mt 11 25–27 (Nr. 80):

25 In jener Zeit
sprach Jesus: Ich preise dich, Vater, Herr des Himmels und der Erde, daß du dies vor den Weisen und Klugen verborgen und den Unmündigen geoffenbart hast. 26 Ja, Vater, so war es wohlgefällig vor dir.
27 Alles ist mir von meinem Vater übergeben worden, und niemand kennt den Sohn als nur der Vater, und niemand kennt den Vater als nur der Sohn und wem der Sohn es offenbaren will.** 13 16 f (Nr. 103): 16 Aber
selig eure Augen, weil sie sehen, und eure Ohren, weil sie hören. 17 Denn wahrlich, ich sage euch: viele Propheten und Gerechte verlangten zu sehen, was ihr seht, und haben es nicht gesehen, und zu hören, was ihr hört, und haben es nicht gehört.

Lk 10 21–24

21 In eben jener Stunde jubelte (Jesus) im Heiligen Geiste und sprach: Ich preise dich, Vater, Herr des Himmels und der Erde, daß du dies vor den Weisen und Klugen verborgen und den Unmündigen geoffenbart hast. Ja, Vater, so war es wohlgefälliger vor dir.
22 Alles ist mir von meinem Vater übergeben worden, und niemand erkennt, wer der Sohn ist, als nur der Vater, und wer der Vater ist, als nur der Sohn und wem der Sohn es offenbaren will.** 23 Und zu den Jüngern allein gewendet sprach er: Selig die Augen, die sehen, was ihr seht.
24 Denn
ich sage euch: viele Propheten und Könige wollten sehen, was ihr seht, und haben es nicht gesehen, und hören, was ihr hört, und haben es nicht gehört.

* Mt 18 5 (Nr. 142): Und wer ein solches Kind in meinem Namen aufnimmt, der nimmt mich auf.

Mk 9 37 (Nr. 142): Wer eines von diesen Kindern in meinem Namen aufnimmt, der nimmt mich auf; und wer mich aufnimmt, der nimmt nicht mich auf, sondern den, der mich gesandt hat.

Lk 9 48 (Nr. 142): Wer dieses Kind in meinem Namen aufnimmt, der nimmt mich auf; und wer mich aufnimmt, der nimmt den auf, der mich gesandt hat.

Joh 13 20: Wahrlich, wahrlich, ich sage euch: wer einen aufnimmt, den ich sende, der nimmt mich auf. Wer aber mich aufnimmt, der nimmt den auf, der mich gesandt hat.

** Joh 3 35: Der Vater liebt den Sohn und hat alles in seine Hand gegeben.

17 2: Wie du ihm Gewalt gegeben hast über alles Fleisch, damit er allem, was du ihm gegeben hast, ewiges Leben gebe.

7 29: Ich kenne ihn, weil ich aus ihm bin und er mich gesandt hat.

10 14 f: 14 Ich bin der gute Hirt, und ich kenne die Meinen, und die Meinen kennen mich, 15 so wie mich der Vater kennt und ich den Vater kenne.

156. Die Frage nach dem Hauptgebot.

Das Gleichnis vom barmherzigen Samariter

Mt 22 34–40 (Nr. 223):

[34] Als aber die Pharisäer hörten, daß er die Sadduzäer zum Schweigen gebracht hatte, versammelten sie sich, [35] und einer von ihnen, ein Gesetzeslehrer, fragte ihn um ihn zu versuchen: [36] Meister, welches Gebot ist das größte im Gesetz?

[37] Er aber sprach zu ihm:

‚Du sollst den Herrn, deinen Gott, lieben mit deinem ganzen Herzen und mit deiner ganzen Seele und mit deiner ganzen Vernunft‘ (Deut 6 5).

[38] Die ist das größte und erste Gebot. [39] Das zweite ist ihm gleich(wertig): ‚Du sollst deinen Nächsten lieben wie dich selbst‘ (Lev 19 18). [40] In diesen beiden Geboten hängt das ganze Gesetz und die Propheten.

Mk 12 28–31 (Nr. 223):

[28] Da trat einer von den Schriftgelehrten, der sie miteinander disputieren gehört (und) bemerkt hatte, daß (Jesus) ihnen treffend geantwortet, hinzu und fragte ihn:

Welches Gebot ist das erste von allen?

[29] Jesus antwortete:

Das erste ist: ‚Höre Israel, der Herr, unser Gott, ist Herr allein, [30] und du sollst den Herrn, deinen Gott, lieben aus deinem ganzen Herzen und aus deiner ganzen Seele und aus deiner ganzen Vernunft und aus deiner ganzen Kraft‘ (Deut 6 4 f).

[31] Das zweite ist dies: ‚Du sollst deinen Nächsten lieben wie dich selbst‘ (Lev 19 18). Größer als diese ist kein anderes Gebot.

Lk 10 25–37

[25] Und siehe, ein Gesetzeslehrer trat auf und sprach, um ihn zu versuchen: Meister, was muß ich tun, um das ewige Leben zu gewinnen?

[26] Er aber sprach zu ihm: Was steht im Gesetz geschrieben, wie liest du? [27] Er antwortete:

‚Du sollst den Herrn, deinen Gott lieben, aus deinem ganzen Herzen und mit deiner ganzen Seele und mit deiner ganzen Kraft und mit deiner ganzen Vernunft‘ (Deut 6 5)

und

‚deinen Nächsten wie dich selbst‘ (Lev 19 18).

[28] (Jesus) sprach zu ihm: Du hast recht geantwortet; ‚tu dies, so wirst du leben‘ (Lev 18 5). [29] Er aber wollte sich rechtfertigen und sprach zu Jesus: Und wer ist mein Nächster? [30] Jesus nahm das Wort und sprach: Ein Mann ging von Jerusalem nach Jericho hinab und fiel (unterwegs) Räubern in die Hände; die plünderten ihn aus, schlugen ihn, ließen ihn halbtot liegen und machten sich davon. [31] Zufällig ging ein Priester auf jener Straße hinab, sah ihn und ging vorüber. [32] Ebenso kam auch ein Levit an den Ort, sah ihn und ging (auch) vorüber. [33] Ein reisender Samariter aber traf ihn (ebenfalls). Und als er ihn sah, wurde er von Mitleid ergriffen, [34] trat zu ihm hin, verband seine Wunden und goß Öl und Wein darauf, hob ihn auf sein Reittier, brachte ihn zur Herberge und pflegte ihn. [35] Und am andern Tag zog er zwei Denare heraus, gab sie dem Wirt und sprach: Pflege ihn, und was du mehr aufwendest, will ich dir bezahlen, wenn ich zurückkomme. [36] Wer von diesen dreien, meinst du, hat sich dem, der unter die Räuber fiel, als der Nächste erwiesen? [37] Er sprach: Der an ihm Barmherzigkeit geübt hat. Da sprach Jesus zu ihm: Geh hin und handle ebenso.

157. Von dem einen Notwendigen

Lk 10 38–42

[38] Es begab sich aber, während sie auf der Wanderung waren, kam er in ein Dorf. Eine Frau aber namens Martha nahm ihn in ihr Haus auf. [39] Und sie hatte eine Schwester, Maria genannt, die setzte sich zu den Füßen des Herrn und lauschte auf sein Wort. [40] Martha aber,

die sich durch seine Bewirtung ganz in Anspruch nehmen ließ, trat hinzu und sprach: Herr,
liegt dir nichts daran, daß meine Schwester mir die Bewirtung allein überläßt? Sag ihr doch,
sie solle mit mir Hand anlegen. 41 Da antwortete ihr der Herr: Martha, Martha, du sorgst
und beunruhigst dich um vieles. 42 [Weniges oder] eines nur ist notwendig; denn Maria hat
den guten Teil erwählt, der ihr nicht entrissen werden wird.

158. Das Vaterunser

Mt 6 9–13 (Nr. 43):

9 So nun sollt ihr
beten: Unser Vater im Himmel, geheiligt werde
dein Name, 10 es komme dein Reich, es geschehe
dein Wille wie im Himmel so auch auf Erden!
11 Unser Brot für den kommenden Tag gib uns
heute, 12 und erlaß uns unsere Schulden, wie auch
wir unseren Schuldnern erlassen haben, 13 und
führe uns nicht in Versuchung, sondern rette uns
von dem Bösen.

Lk 11 1–4

1 Und es begab sich, als (Jesus) an einem Orte
betete, da sprach, als er geendet hatte, einer von
seinen Jüngern zu ihm: Herr, lehre uns beten,
wie auch Johannes seine Jünger (beten) lehrte.
2 Da sprach er zu ihnen: Wenn ihr betet, so
sprecht: Vater, geheiligt werde
dein Name, es komme dein Reich,

3 unser Brot für den kommenden Tag gib uns täg-
lich, 4 und vergib uns unsere Sünden; denn auch
wir vergeben jedem, der unser Schuldner ist, und
führe uns nicht in Versuchung.

159. Gleichnis vom erhörenden Freund

Lk 11 5–8

5 Und er sprach zu ihnen: Wer von euch hätte einen Freund und käme zu ihm um
Mitternacht und sagte zu ihm: Freund, leihe mir drei Brote; 6 denn ein Freund von mir ist
auf der Reise zu mir gekommen, und ich habe nichts, was ich ihm vorsetzen kann, 7 wird der
von drinnen zur Antwort geben: Laß mich in Ruhe! Die Türe ist schon verschlossen, und
meine Kinder sind bei mir im Bett. Ich kann nicht aufstehen und dir (etwas) geben?
8 Ich sage euch: wenn er auch nicht deshalb aufstehen und ihm (das Erbetene) geben wird,
weil er sein Freund ist, so wird er doch wegen seiner Zudringlichkeit aufstehen und ihm alles
geben, was er braucht.

160. Mahnung zum vertrauensvollen Gebet

Mt 7 7–11 (Nr. 51):

7 Bittet, und es wird euch ge-
geben werden, suchet, und ihr werdet finden,
klopft an, und es wird euch aufgetan werden.
8 Denn jeder, der bittet, empfängt, und wer sucht,
findet, und wer anklopft, dem wird aufgetan
werden. 9 Oder gibt es einen unter euch, den sein
Sohn um Brot bittet, und der
ihm einen Stein geben würde? 10 Oder der, wenn
er ihn um einen Fisch bittet, ihm
eine Schlange geben würde?

11 Wenn nun

Lk 11 9–13

9 Und ich sage euch: Bittet, und es wird euch ge-
geben werden, suchet, und ihr werdet finden,
klopft an, und es wird euch aufgetan werden.
10 Denn jeder, der bittet, empfängt, und wer sucht,
findet, und wer anklopft, dem wird aufgetan
werden. 11 Wen von euch aber, der Vater ist,
würde sein Sohn [um Brot bitten — würde er
ihm etwa einen Stein geben? Oder würde er ihn]
um einen Fisch bitten — würde er ihm etwa
statt eines Fisches eine Schlange geben? 12 Oder
er würde ihn um ein Ei bitten — würde er ihm
etwa einen Skorpion dafür geben? 13 Wenn nun

(schon) ihr, die ihr böse seid, euren Kindern gute Gaben zu geben wißt, wieviel mehr wird euer Vater im Himmel denen Gutes geben, die ihn bitten!

(schon) ihr, die ihr böse seid, euren Kindern gute Gaben zu geben wißt, wieviel mehr wird der Vater im Himmel den Heiligen Geist denen geben, die ihn bitten!

161. Jesu Verteidigungsrede gegen den Vorwurf des Bundes mit dem Teufel

Mt 12 22–30 (Nr. 98):

[22]Da wurde ein Besessener zu ihm gebracht, der blind und stumm war. Und er heilte ihn, so daß der Stumme reden und sehen konnte. [23]Da gerieten die Volksmassen alle außer sich und sprachen: Ist dieser etwa der Sohn Davids? [24]Als aber die Pharisäer das hörten, sprachen sie: Dieser treibt die Dämonen nur durch Beelzebul, den Obersten der Dämonen, aus.*

12 38 (Nr. 99): Da antworteten ihm einige von den Schriftgelehrten und Pharisäern: Meister, wir möchten von dir ein Zeichen sehen.

[25]Er aber kannte ihre Gedanken und sprach zu ihnen: Jedes Reich, das in sich selbst gespalten ist, wird verwüstet, und jede Stadt und jedes Haus, das in sich selbst gespalten ist, wird nicht Bestand haben. [26]Und wenn der Satan den Satan austreibt, dann ist er (ja) mit sich selbst entzweit; wie soll dann sein Reich Bestand haben?

[27]Und wenn ich durch Beelzebul die Dämonen austreibe, durch wen treiben dann eure Söhne (sie) aus? Darum werden sie eure Richter sein. [28]Wenn ich aber durch den Geist Gottes die Dämonen austreibe, dann ist ja das

Mk 3 22–27 (Nr. 98):

[22]Und die Schriftgelehrten, die von Jerusalem herabgekommen waren, sagten: Er hat den Beelzebul, und: Durch den Obersten der Dämonen treibt er die Dämonen aus.*

[23]Da rief er sie herzu und sprach zu ihnen in Gleichnisform: [24]Wie kann der Satan den Satan austreiben? Und wenn ein Reich in sich selbst gespalten ist — das Reich kann nicht Bestand haben. [25]Und wenn ein Haus in sich selbst gespalten ist — das Haus kann nicht Bestand haben. [26]Und wenn der Satan gegen sich selbst aufsteht und sich entzweit, dann kann er nicht Bestand haben, sondern es ist aus mit ihm.

Lk 11 14–23

[14]Und er trieb einen Dämon aus, und der war stumm. Es begab sich aber, als der Dämon ausgefahren war, konnte der Stumme reden. Da staunten die Volksmassen.

[15]Einige von ihnen aber sagten: Durch Beelzebul, den Obersten der Dämonen, treibt er die Dämonen aus.*

[16]Andere aber forderten, um ihn zu versuchen, ein Zeichen vom Himmel von ihm. [17]Er aber kannte ihre Gedanken und sprach zu ihnen: Jedes Reich, das in sich selbst gespalten ist, wird verwüstet, und ein Haus stürzt über das andere.

[18]Wenn aber auch der Satan mit sich selbst entzweit ist, wie soll dann sein Reich Bestand haben? Denn ihr sagt, daß ich durch Beelzebul die Dämonen austreibe. [19]Wenn ich aber durch Beelzebul die Dämonen austreibe, durch wen treiben dann eure Söhne (sie) aus? Darum werden sie eure Richter sein. [20]Wenn ich aber durch den Finger Gottes die Dämonen austreibe, dann ist ja das

* Mt 9 32–34 (Nr. 69): [32]Als sie aber fortgegangen waren, siehe, da brachte man ihm einen stummen Besessenen. [33]Und als der Dämon ausgetrieben war, konnte der Stumme reden. Da staunten die Volksmassen und sprachen: Niemals ist so (etwas) in Israel vorgekommen. [34]Die Pharisäer aber sprachen: Durch den Obersten der Dämonen treibt er die Dämonen aus.

Reich Gottes schon zu euch gekommen.
29 Oder wie kann einer in das Haus des Starken eindringen und seine Habe rauben, außer er fesselt zuerst den Starken — dann mag er sein Haus ausrauben.

30 Wer nicht mit mir ist, der ist wider mich, und wer nicht mit mir sammelt, der zerstreut.*

27 Aber es kann niemand in das Haus des Starken eindringen und seine Habe rauben, außer er fesselt zuerst den Starken — dann mag er sein Haus ausrauben.

Reich Gottes schon zu euch gekommen.
21 Wenn der Starke wohlbewaffnet seinen Palast bewacht, dann ist sein Besitz in Sicherheit.
22 Wenn aber einer, der stärker ist als er, (ihn) angreift und überwindet, so nimmt er ihm seine Rüstung, auf die er sein Vertrauen gesetzt hatte, und verteilt (siegreich) seine Beute.
23 Wer nicht mit mir ist, der ist wider mich, und wer nicht mit mir sammelt, der zerstreut.*

162. Spruch vom Rückfall

Mt 12 43–45 (Nr. 100):

43 Wenn aber der unreine Geist aus einem Menschen ausgefahren ist, durchwandert er wasserlose Gegenden, sucht einen Ruheplatz und findet ihn nicht.
44 Dann spricht er (zu sich): Ich will in mein Haus zurückkehren, das ich verlassen habe. Und er kommt und findet es leer, gefegt und geschmückt.
45 Dann geht er hin und holt sieben andere Geister, die schlimmer sind als er selbst, und sie ziehen ein und lassen sich dort nieder, und der letzte Zustand jenes Menschen wird schlimmer, als der erste war. So wird es auch diesem bösen Geschlecht ergehen.

Lk 11 24–26

24 Wenn der unreine Geist aus einem Menschen ausgefahren ist, durchwandert er wasserlose Gegenden und sucht einen Ruheplatz. Und wenn er keinen findet, spricht er (zu sich): Ich will in mein Haus zurückkehren, das ich verlassen habe.
25 Und er kommt und findet es gefegt und geschmückt.
26 Dann geht er hin und holt sieben andere Geister, die schlimmer sind als er selbst, und sie ziehen ein und lassen sich dort nieder, und der letzte Zustand jenes Menschen wird schlimmer, als der erste war.

163. Seligpreisung der Mutter Jesu

Lk 11 27 f

27 Es begab sich aber, während er dies sagte, erhob eine Frau aus der Menge ihre Stimme und sprach zu ihm: Selig der Leib, der dich getragen hat, und die Brüste, an denen du gesogen hast.
28 Er aber sprach: Vielmehr selig, die das Wort Gottes hören und befolgen!

164. Die Zeichenforderung

Mt 12 38–42 (Nr. 99):

38 Da antworteten ihm einige von den Schriftgelehrten und Pharisäern: Meister, wir möchten von dir ein Zeichen sehen.

39 Er aber erwiderte ihnen:
Ein böses und ehebrecherisches Geschlecht fordert ein Zeichen, aber es wird ihm kein

Lk 11 29–32

11 16 (Nr. 161): Andere aber forderten, um ihn zu versuchen, ein Zeichen vom Himmel von ihm.

29 Als aber die Volksmassen sich versammelten, begann er zu sprechen: Dieses Geschlecht ist ein böses Geschlecht. Es fordert ein Zeichen, aber es wird ihm kein

* Mk 9 40 (Nr. 143): Denn wer nicht gegen uns ist, der ist für uns.

Lk 9 50 (Nr. 143): Denn wer nicht gegen euch ist, der ist für euch.

Zeichen gegeben werden als das Zeichen des Propheten Jonas.* 40 Wie nämlich „Jonas drei Tage und drei Nächte im Bauch des Meerungeheuers war“ (Jon 2 1), so wird auch der Menschensohn drei Tage und drei Nächte im Herzen der Erde sein.
42 Die Königin des Südens wird beim Gericht zusammen mit diesem Geschlecht auftreten und es verurteilen; denn sie kam von den Enden der Erde, um die Weisheit Salomons zu hören, und siehe, hier ist mehr als Salomon.
41 Die Männer von Ninive werden beim Gericht zusammen mit diesem Geschlecht auftreten und es verurteilen; denn sie haben auf die Predigt des Jonas hin sich bekehrt, und siehe, hier ist mehr als Jonas.

Zeichen gegeben werden als das Zeichen des Jonas.* 30 Wie nämlich Jonas für die Niniviten ein Zeichen war, so wird es auch der Menschensohn für dieses Geschlecht sein.
31 Die Königin des Südens wird beim Gericht zusammen mit den Männern dieses Geschlechts auftreten und sie verurteilen; denn sie kam von den Enden der Erde, um die Weisheit Salomons zu hören, und siehe, hier ist mehr als Salomon.
32 Die Männer von Ninive werden beim Gericht zusammen mit diesem Geschlecht auftreten und es verurteilen; denn sie haben auf die Predigt des Jonas hin sich bekehrt, und siehe, hier ist mehr als Jonas.

165. Vom Licht

Mt 5 15 (Nr. 33):

Man zündet auch nicht ein Licht an und stellt es unter den Scheffel, sondern auf den Leuchter, und dann leuchtet es allen, die im Hause sind.**
6 22f (Nr. 46): 22 Das Licht des Leibes ist das Auge. Wenn nun dein Auge gesund ist, dann wird dein ganzer Leib licht sein. 23 Wenn aber dein Auge schlecht ist, dann wird dein ganzer Leib finster sein. Wenn nun das Licht in dir Finsternis ist, wie groß (wird) dann die Finsternis (sein)!

Lk 11 33–36

33 Niemand zündet ein Licht an und stellt es in ein Kellerloch oder unter den Scheffel, sondern auf den Leuchter, damit die Eintretenden den Schein sehen.**
34 Das Licht des Leibes ist dein Auge. Wenn dein Auge gesund ist, dann ist auch dein ganzer Leib licht. Wenn es aber schlecht ist, dann ist auch dein Leib finster. 35 Gib also darauf acht, ob das Licht in dir nicht Finsternis ist.
36 Wenn nun dein ganzer Leib licht ist und keinen finsteren Teil hat, dann wird er ganz licht sein, wie wenn das Licht dich mit seinem Strahl beleuchtet.

166. Rede Jesu gegen die Pharisäer und Schriftgelehrten

Mt 23 1–36 (Nr. 225):

Lk 11 37–54

37 Während er redete, bat ihn ein Pharisäer, bei ihm zu essen. Und er trat ein und setzte sich (sogleich) zu Tisch. 38 Der Pharisäer aber bemerkte

* Mt 16 1.2 a.4 (Nr. 131): 1 Und es traten die Pharisäer und Sadduzäer an ihn heran und baten ihn, um ihn zu versuchen, er möge ihnen ein Zeichen vom Himmel vorführen. 2 Er aber antwortete ihnen: 4 Das böse und ehebrecherische Geschlecht fordert ein Zeichen, aber es wird ihm kein Zeichen gegeben werden als das Zeichen des Jonas.
** Mk 4 21 (Nr. 105): Und er sprach zu ihnen: Ist das Licht etwa dazu da, um unter den Scheffel oder unter das Bett gestellt zu werden? Nicht vielmehr dazu, um auf den Leuchter gestellt zu werden?

Mk 8 11f (Nr. 131): 11 Und es zogen die Pharisäer aus und begannen mit ihm zu disputieren und forderten von ihm ein Zeichen vom Himmel, um ihn zu versuchen. 12 Da seufzte er in seinem Geiste auf und sprach: Was fordert dieses Geschlecht ein Zeichen? Wahrlich, ich sage euch; nie und nimmer wird diesem Geschlecht ein Zeichen gegeben werden.
Lk 8 16 (Nr. 105): Niemand aber zündet ein Licht an und bedeckt es mit einem Gefäß oder stellt es unter das Bett, sondern er stellt es auf den Leuchter, damit die Eintretenden das Licht sehen.

[25]Wehe euch, Schriftgelehrte
und Pharisäer, ihr Heuchler! Ihr reinigt das
Äußere an Becher und Schüssel, inwendig aber
sind sie voll von Raub und Unmäßigkeit. [26]Blinder Pharisäer! Mach zuerst, was drinnen ist im
Becher [und in der Schüssel], rein,
damit auch
das Äußere davon rein werde. [23]Wehe
euch, Schriftgelehrte und Pharisäer, ihr Heuchler! Ihr verzehntet Minze, Dill und Kümmel
und laßt das Gewichtigste am Gesetz
beiseite, das Recht, die Barmherzigkeit und die
Treue. Dies sollte man tun und jenes nicht
unterlassen. [6]Sie lieben es,
den obersten Platz bei den Gastmählern und
die ersten Sitze in den Synagogen einzunehmen,
[7]lassen sich gern auf den Märkten grüßen*
und von den Leuten Rabbi nennen. [27]Wehe
euch, Schriftgelehrte und Pharisäer, ihr Heuchler! Ihr gleicht getünchten Gräbern, die von
außen schön aussehen, inwendig aber sind sie voll
von Totengebein und aller (möglichen) Unreinheit.

[4]Sie binden schwere [und unerträgliche]
Lasten zusammen und legen sie den Menschen
auf die Schultern, sie selbst aber krümmen keinen
Finger, um sie von der Stelle zu bewegen. [29]Wehe
euch, Schriftgelehrte und Pharisäer, ihr Heuchler! Ihr baut den Propheten Gräber und schmückt
die Grabmäler der Gerechten [30]und sagt (dabei):
Hätten wir in den Tagen unserer Väter gelebt,
wir hätten uns nicht mitschuldig gemacht am
Blute der Propheten. [31]Damit stellt ihr euch
selbst das Zeugnis aus, daß ihr die (echten) Söhne
der Prophetenmörder seid. [32]Macht ihr nur das
Maß eurer Väter voll! [34]Darum:
Siehe, ich sende zu
euch Propheten, Weise und Schriftgelehrte. Von
ihnen werdet ihr die einen töten und kreuzigen,
die anderen in euren Synagogen geißeln und von
Stadt zu Stadt verfolgen, [35]damit über euch
komme alles gerechte Blut, das

es und wunderte sich darüber, daß er sich nicht
vor dem Essen (die Hände) wusch. [39]Der Herr
aber sprach zu ihm: Nun, ihr Pharisäer,
das Äußere des Bechers
und der Schüssel reinigt ihr, euer Inneres aber
ist voll von Raub und Bosheit. [40]Ihr
Toren! Hat nicht der, welcher das Äußere gemacht hat, auch das Innere gemacht? [41]Gebt
vielmehr den Inhalt als Almosen, und siehe,
alles ist euch rein. [42]Aber wehe
euch Pharisäern!
Ihr verzehntet Minze und Raute und jedes Gartenkraut und geht
am Recht und an der Liebe Gottes
vorbei. Dies sollte man tun und jenes nicht
unterlassen. [43]Wehe euch Pharisäern! Ihr liebt
den ersten Platz
in den Synagogen
und laßt euch gern auf den Märkten grüßen.*
[44]Wehe
euch!
Ihr gleicht unkenntlichen Gräbern; die Menschen gehen darüber hinweg und wissen es nicht.

[45]Da entgegnete ihm einer von den Gesetzeslehrern: Meister, mit diesen Worten beleidigst du
auch uns. [46]Er aber sprach: Wehe auch euch
Gesetzeslehrern! Ihr ladet den Menschen kaum
zu tragende Lasten auf,
und selbst rührt ihr die
Lasten nicht mit einem Finger an. [47]Wehe
euch!
Ihr baut den Propheten Grabmäler,

und eure Väter haben sie getötet.

[48]So seid ihr Zeugen
für die Taten eurer Väter und stimmt ihnen zu.
Jene töteten sie, und ihr baut (die Grabmäler für
sie). [49]Deshalb hat auch die
Weisheit Gottes gesagt: Ich werde zu
ihnen Propheten und Apostel senden, und sie
werden von ihnen (einige) töten
und
verfolgen, [50]damit
das Blut aller Propheten, das seit Grundlegung

* Mk 12 38f (Nr. 225): [38]Hütet euch vor den Schriftgelehrten, die es lieben, in Talaren einherzugehen und auf den öffentlichen Plätzen gegrüßt zu werden und die ersten Sitze in den Synagogen und die ersten Plätze bei den Gastmählern einzunehmen.

Lk 20 46 (Nr. 225): Hütet euch vor den Schriftgelehrten, die es lieben, in Talaren einherzugehen, und Wert darauf legen, auf den öffentlichen Plätzen gegrüßt zu werden und die ersten Sitze in den Synagogen und die ersten Plätze bei den Gastmählern einzunehmen.

auf Erden vergossen wurde, vom Blute Abels, des Gerechten, an bis zum Blute des Zacharias, des Sohnes des Barachias, den ihr zwischen Tempel(haus) und Altar ermordet habt. 36 Wahrlich, ich sage euch: dies alles wird über dieses Geschlecht kommen. 13 Wehe euch, Schriftgelehrte und Pharisäer, ihr Heuchler! Ihr schließt das Himmelreich vor den Menschen zu. Ihr selbst kommt ja nicht hinein; aber ihr laßt auch die, welche hineinkommen wollen, nicht hinein.

der Welt vergossen wurde, von diesem Geschlecht gefordert werde, 51 vom Blute Abels an bis zum Blute des Zacharias, der zwischen dem Altar und dem Tempel(haus) umgebracht wurde. Ja, ich sage euch: es wird von diesem Geschlecht gefordert werden. 52 Wehe euch Gesetzeslehrern! Ihr habt den Schlüssel der Erkenntnis weggeräumt. Selbst seid ihr nicht hineingegangen, und andere, die hineinkommen wollten, habt ihr daran gehindert.

53 Und als er von dort weggegangen war, fingen die Schriftgelehrten und Pharisäer an, ihm sehr aufsässig zu werden und ihm in mancherlei Fragen auf den Mund zu sehen, 54 indem sie ihn belauerten, um etwas aus seinem Munde zu erjagen.

167. Warnung vor der Heuchelei der Pharisäer

Mt 10 26 f (Nr. 73):

26 Fürchtet euch also nicht vor ihnen; denn nichts ist verhüllt, das nicht offenbar werden wird, und (nichts) verborgen, das nicht bekannt werden wird.** 27 Was ich euch im Dunkeln sage, das redet im (hellen) Tageslicht, und was ihr ins Ohr geflüstert hört, das verkündigt auf den Dächern.

Lk 12 1–3

1 Als unterdessen ungezählte Volksmassen zusammenströmten, so daß sie einander traten, begann (Jesus) zuerst zu seinen Jüngern zu sprechen: Hütet euch vor dem Sauerteig der Pharisäer, der (nichts als) Heuchelei ist.* 2 Nichts aber ist verhüllt, das nicht offenbar werden wird, und (nichts) verborgen, das nicht bekannt werden wird.** 3 Darum wird alles, was ihr im Dunkeln geredet habt, im (hellen) Tageslicht gehört werden, und was ihr in den (verschlossenen) Kammern (einander) ins Ohr geflüstert habt, wird auf den Dächern verkündigt werden.

168. Mahnung zu furchtlosem Bekenntnis

Mt 10 28–33 (Nr. 73):

28 Und fürchtet euch nicht vor denen, die den Leib töten, die Seele aber nicht töten können. Fürchtet euch vielmehr vor dem, der Seele und Leib in der Hölle verderben kann.

Lk 12 4–12

4 Ich sage euch aber, meinen Freunden: Fürchtet euch nicht vor denen, die den Leib töten, aber darnach nichts weiter (an)tun können. 5 Ich will euch aber zeigen, vor wem ihr euch fürchten sollt: Fürchtet euch vor dem, der nach dem Töten (auch noch) die Macht hat, in die Hölle zu werfen. Ja, sage ich euch:

---

* Mt 16 6 (Nr. 132): Jesus aber sprach zu ihnen: Gebt acht, hütet euch vor dem Sauerteig der Pharisäer und Sadduzäer!

Mk 8 15 (Nr. 132): Und er schärfte ihnen ein: Gebt acht, hütet euch vor dem Sauerteig der Pharisäer und dem Sauerteig des Herodes!

** Mk 4 22 (Nr. 105): Denn nichts ist verborgen, das nicht offenbar werden soll, und nichts geheim, das nicht ans Tageslicht kommen soll.

Lk 8 17 (Nr. 105): Denn nichts ist verborgen, das nicht offenbar werden wird, und nichts ist geheim, das nicht bekannt werden und ans Tageslicht kommen wird.

29 Verkauft man nicht zwei Sperlinge um ein As? Und doch fällt nicht einer von ihnen zur Erde ohne euren Vater. 30 Bei euch sind aber sogar die Haupthaare alle gezählt.* 31 Fürchtet euch also nicht! Ihr seid mehr wert als viele Sperlinge.

32 Jeder nun, der sich zu mir vor den Menschen bekennt, zu dem werde auch ich mich vor meinem Vater im Himmel bekennen. 33 Wer mich aber vor den Menschen verleugnet, den werde ich auch vor meinem Vater im Himmel verleugnen.**

12 32 (Nr. 98): Und wer ein Wort gegen den Menschensohn sagt, dem wird vergeben werden; wer aber (ein Wort) gegen den Heiligen Geist sagt, dem wird nicht vergeben werden, weder in dieser Welt noch in der zukünftigen.***

vor dem fürchtet euch! 6 Verkauft man nicht fünf Sperlinge um zwei As? Und doch ist nicht einer von ihnen vor Gott vergessen.
7 Aber bei euch sind auch die Haupthaare alle gezählt.* Fürchtet euch nicht! Ihr seid mehr wert als viele Sperlinge.
8 Ich sage euch aber: Jeder, der sich zu mir vor den Menschen bekennt, zu dem wird sich auch der Menschensohn vor den Engeln Gottes bekennen. 9 Wer mich aber vor den Menschen verleugnet, der wird vor den Engeln Gottes verleugnet werden.**
10 Und jeder, der ein Wort gegen den Menschensohn sagt, dem wird vergeben werden; wer aber gegen den Heiligen Geist lästert, dem wird nicht vergeben werden.***
11 Wenn man euch aber vor die Synagogen(gerichte) und vor die (weltlichen) Behörden und Obrigkeiten schleppt, so macht euch keine Sorge, wie oder womit ihr euch verteidigen oder was ihr sagen sollt.
12 Denn der Heilige Geist wird euch in eben der Stunde lehren, was ihr sagen sollt.†

169. Gleichnis vom törichten Reichen

Lk 12 13–21

13 Es sprach aber einer aus der Volksmenge zu ihm: Meister, sage meinem Bruder, er soll mit mir das Erbe teilen. 14 Er aber sprach zu ihm: Mensch, wer hat mich zum Richter oder Erbteiler über euch eingesetzt? 15 Er sprach aber zu ihnen: Seht zu und hütet euch vor aller Habsucht; denn (auch) wenn einer Überfluß hat, so hat er (doch) sein Leben (noch lange) nicht aus seinem Besitz.
16 Er sagte aber ein Gleichnis zu ihnen: Eines reichen Mannes Land hatte gut getragen.
17 Da überlegte er bei sich: Was soll ich tun? Denn ich habe nicht Platz, um (alle) meine

* Lk 21 18 (Nr. 229): Und (doch) wird kein Haar von eurem Haupte verlorengehen.

** Mk 8 38 (Nr. 136): Denn wer sich meiner und meiner Worte unter diesem ehebrecherischen und sündigen Geschlecht schämt, dessen wird sich auch der Menschensohn schämen, wenn er in der Herrlichkeit seines Vaters kommt mit den heiligen Engeln.

Lk 9 26 (Nr. 136): Denn wer sich meiner und meiner Worte schämt, dessen wird sich der Menschensohn schämen, wenn er in seiner Herrlichkeit und der des Vaters und der heiligen Engel kommt.

*** Mt 12 31 (Nr. 98): Darum sage ich euch: Jede (andere) Sünde und Lästerung wird den Menschen vergeben werden, die Lästerung des Geistes aber wird nicht vergeben werden.

Mk 3 28f (Nr. 98): 28 Wahrlich, ich sage euch: alles wird den Menschen vergeben werden an Vergehen und an Lästerungen, soviel sie auch lästern mögen; 29 wer aber gegen den Heiligen Geist lästert, für den gibt es in Ewigkeit keine Vergebung, sondern er ist ewiger Sünde schuldig.

† Mt 10 19f (Nr. 72): 19 Wenn man euch nun überliefert, so macht euch keine Sorge, wie oder was ihr reden sollt; denn es wird euch in jener Stunde (ein)gegeben werden, was ihr reden sollt. 20 Denn nicht ihr seid es, die da reden, sondern der Geist eures Vaters, der durch euch redet.

Mk 13 11 (Nr. 229): Und wenn man euch hinführt und überliefert, so macht euch nicht vorher Sorge, was ihr reden sollt; sondern was euch in jener Stunde (ein)gegeben wird, das redet! Denn nicht ihr seid es, die da reden, sondern der Heilige Geist.

Lk 21 14f (Nr. 229): Nehmt euch darum zu Herzen, daß ihr euch nicht auf eure Verteidigung vorbereitet; 15 denn ich will euch dann Rede und Weisheit geben, der alle eure Widersacher nicht widerstehen oder etwas entgegenhalten können sollen.

Früchte unterzubringen. [18]Und er sprach (zu sich): So will ich's machen: Ich werde meine
Scheunen niederreißen und größere bauen und (darin) all meine Ernte und meine Güter
unterbringen, [19]und (dann) will ich zu meiner Seele sagen: Liebe Seele, du hast (nun) viele
Güter daliegen auf viele Jahre hinaus; ruh dich aus, iß, trink und laß dir's wohl sein! [20]Aber
da sprach Gott zu ihm: Du Tor, in dieser Nacht (noch) wird man deine Seele von dir fordern.
Und was du aufgehäuft hast — wer wird es bekommen? [21]So geht es dem, der für sich
Schätze sammelt und nicht bei Gott reich ist.

170. Vom Sorgen und Schätzesammeln

Mt 6 25–33 (Nr. 48):

[25]Darum
sage ich euch: sorgt nicht für euer Leben, was ihr
essen [oder trinken], noch für euren Leib, was
ihr anziehen sollt. Ist nicht das Leben mehr als
die Nahrung und der Leib (mehr) als die Klei-
dung? [26]Schaut die Vögel des Himmels an: sie
säen nicht und ernten nicht und sammeln nicht
in Scheunen, und euer himmlischer Vater ernährt
sie. Seid ihr nicht viel mehr (wert) als sie?
[27]Wer von euch vermag aber durch sein Sorgen
seiner (Lebens)länge eine einzige Elle hinzuzu-
fügen?

[28]Und wozu macht ihr euch Sorgen
wegen (eurer) Kleidung? Betrachtet die Lilien
des Feldes, wie sie wachsen; sie arbeiten nicht
und spinnen nicht. [29]Ich sage euch aber: selbst
Salomon in all seiner Pracht war nicht gekleidet
wie eine von diesen. [30]Wenn aber Gott (schon)
das Gras des Feldes, das heute steht und
morgen in den Ofen geworfen wird, so kleidet,
sollte er es nicht vielmehr euch (tun), ihr Klein-
gläubigen? [31]Macht euch also keine Sorgen und
sprecht nicht: Was sollen wir essen? oder: Was
sollen wir trinken? oder: Was sollen wir anziehen?
[32]Denn nach all dem trachten die Heiden.
Euer himmlischer Vater weiß ja,
daß ihr das alles braucht. [33]Trachtet vielmehr
zuerst nach seinem Reich und seiner Gerechtig-
keit, und all dies (andere) wird euch dazugegeben
werden.

6 19–21 (Nr. 45): [19]Sammelt euch nicht Schätze
auf Erden, wo Motte und Wurm (sie) zerstören
und wo Diebe einbrechen und stehlen. [20]Sam-
melt euch vielmehr Schätze im Himmel, wo
weder Motte noch Wurm (sie) zerstören und wo
Diebe nicht einbrechen und stehlen. [21]Denn wo
dein Schatz ist, da wird auch dein Herz sein.

Lk 12 22–34

[22]Er sprach aber zu seinen Jüngern: Darum
sage ich euch: sorgt nicht für das Leben, was ihr
essen, noch für den Leib, was
ihr anziehen sollt. [23]Denn das Leben ist mehr als
die Nahrung und der Leib (mehr) als die Klei-
dung. [24]Achtet auf die Raben: sie
säen nicht und ernten nicht, sie haben nicht
Speicher noch Scheune, und Gott ernährt
sie. Wieviel mehr seid ihr (wert) als die Vögel!
[25]Wer von euch vermag aber durch sein Sorgen
seiner (Lebens)länge eine Elle hinzuzu-
fügen? [26]Wenn ihr nun nicht einmal so Ge-
ringes vermögt, warum macht ihr euch Sorgen
um das übrige? [27]Achtet auf die Lilien,
wie sie weder
spinnen noch weben. Ich sage euch aber: selbst
Salomon in all seiner Pracht war nicht gekleidet
wie eine von diesen. [28]Wenn aber Gott (schon)
auf dem Felde das Gras, das heute steht und
morgen in den Ofen geworfen wird, so kleidet,
wieviel mehr euch, ihr Klein-
gläubigen! [29]So fragt auch ihr nicht,
was ihr essen und was
ihr trinken sollt, und ängstigt euch nicht!
[30]Denn nach all dem trachten die Heiden (in)
der Welt. Euer Vater aber weiß,
daß ihr das braucht. [31]Trachtet vielmehr
nach seinem Reich,
und dies (andere) wird euch dazugegeben
werden.
[32]Fürchte dich nicht, du kleine Herde, denn es
war eures Vaters gnädiger Ratschluß, euch das
Reich zu geben.
[33]Verkauft eure Habe
und gebt (damit) Almosen!
Macht euch Geldbeutel, die nicht alt werden,
einen unerschöpflichen Schatz im Himmel, wo
kein Dieb herankommt und keine Motte zerstört.
[34]Denn wo
euer Schatz ist, da wird auch euer Herz sein.

171. Mahnung zur Wachsamkeit und Treue

Mt 24 43–51 (Nr. 236):

Lk 12 35–48

[35] Eure Lenden sollen umgürtet und eure Lampen angezündet [36] und ihr (selbst) Leuten gleich sein, die auf ihren Herrn warten, wenn er vom Festgelage heimkehrt, damit sie ihm, wenn er kommt und anklopft, alsbald auftun. [37] Selig jene Knechte, die der Herr, wenn er kommt, wachend findet! Wahrlich, ich sage euch: er wird sich umgürten und sie sich zu Tische legen lassen und herumgehen und sie bedienen. [38] Und kommt er (erst) in der zweiten oder dritten Nachtwache und findet (sie) so, selig sind sie.

Mt 24 43–51	Lk 12 39–46
[43] Das aber seht ihr ein: wenn der Hausherr wüßte, in welcher Nachtwache der Dieb kommt, würde er wachen und nicht in sein Haus einbrechen lassen. [44] Darum seid auch ihr bereit; denn der Menschensohn kommt zu einer Stunde, da ihr es nicht meint.*	[39] Das aber seht ihr ein: wenn der Hausherr wüßte, zu welcher Stunde der Dieb kommt, würde er nicht in sein Haus einbrechen lassen. [40] Auch ihr, seid bereit; denn der Menschensohn kommt zu einer Stunde, da ihr es nicht meint.*
	[41] Da sprach Petrus [zu ihm]: Herr, sagst du dieses Gleichnis (nur) zu uns oder auch zu allen (anderen)? [42] Und der Herr sprach:
[45] Wer ist nun der treue und kluge Knecht, den der Herr über seine Dienerschaft gesetzt hat, um ihnen ihre Nahrung zur rechten Zeit zu geben? [46] Selig jener Knecht, den der Herr, wenn er kommt, so tun findet! [47] Wahrlich, ich sage euch: über alle seine Habe wird er ihn setzen. [48] Wenn aber jener böse Knecht in seinem Herzen denkt: Mein Herr bleibt noch lange aus, [49] und anfängt, seine Mitknechte zu schlagen, und mit trunkenen Gesellen schmaust und zecht, [50] so wird der Herr jenes Knechtes kommen an einem Tage, da er es nicht erwartet, und in einer Stunde, die er nicht kennt, [51] und wird ihn in Stücke hauen und ihm seinen Anteil unter den Heuchlern anweisen. Dort wird Heulen und Zähneknirschen sein.	Wer ist nun der treue und kluge Verwalter, den der Herr über seine Dienerschaft setzen wird, um (ihnen) zur rechten Zeit ihren Anteil an Nahrung zu geben? [43] Selig jener Knecht, den der Herr, wenn er kommt, so tun findet! [44] Wahrlich, ich sage euch: über alle seine Habe wird er ihn setzen. [45] Wenn aber jener Knecht in seinem Herzen denkt: Mein Herr bleibt noch lange aus, und anfängt, die Knechte und die Mägde zu schlagen, zu essen und zu trinken und sich zu betrinken, [46] so wird der Herr jenes Knechtes kommen an einem Tage, da er es nicht erwartet, und in einer Stunde, die er nicht kennt, und wird ihn in Stücke hauen und ihm seinen Anteil unter den Treulosen anweisen.

[47] Jener Knecht aber, der den Willen seines Herrn kennt und nicht (das Aufgetragene) bereitet oder nach seinem Willen tut, wird viele Schläge bekommen. [48] Der ihn aber nicht kennt und tut, was Schläge verdient, wird wenige Schläge bekommen.
Von jedem aber, dem viel gegeben wurde, wird viel gefordert werden, und von dem, dem viel anvertraut wurde, wird man um so mehr verlangen.

172. Die Zeit der Entscheidung

Mt 10 34–36 (Nr. 74):

Lk 12 49–53

[49] Ein Feuer auf die Erde zu werfen, bin ich gekommen, und wie wünschte ich, es wäre schon entzündet! [50] Mit einer Taufe muß ich getauft werden, und wie ist mir bange, bis sie vollendet

* Mk 13 33.35 (Nr. 234): [33] Gebt acht, wachet; denn ihr wißt nicht, wann der Zeitpunkt eintritt. [35] Wachet also; denn ihr wißt nicht, wann der Hausherr kommt, ob abends oder um Mitternacht oder beim Hahnenschrei oder (erst) am Morgen.

34 Glaubt (ja) nicht, ich sei gekommen, Frieden auf die Erde zu bringen. Ich bin nicht gekommen, Frieden zu bringen, sondern das Schwert.
35 Denn ich bin gekommen,

den Menschen ‚gegen seinen Vater zu entzweien und die Tochter gegen ihre Mutter und die Schwiegertochter gegen ihre Schwiegermutter‘, 36 und ‚des Menschen Feinde werden seine (eigenen) Hausgenossen sein‘ (Mich 7 6).**

ist!* 51 Meint ihr, ich sei gekommen, Frieden auf die Erde zu bringen? Nein, sage ich euch, sondern vielmehr Entzweiung.
52 Denn von jetzt an werden fünf in einem Hause entzweit sein, drei gegen zwei und zwei gegen drei 53 werden sie entzweit sein, der Vater gegen den Sohn und ‚der Sohn gegen den Vater‘, die Mutter gegen die Tochter und ‚die Tochter gegen die Mutter‘, die Schwiegermutter gegen die Schwiegertochter und ‚die Schwiegertochter gegen die Schwiegermutter‘ (Mich 7 6).**

173. Die Zeichen der Zeit

Mt 16 2f (Nr. 131):

2 Er aber antwortete ihnen: [Wenn es Abend wird, dann sagt ihr: Es gibt schönes Wetter; denn der Himmel ist rot, 3 und am Morgen: Heute gibt es Regen; denn der Himmel ist rot und trüb. Das Angesicht des Himmels versteht ihr zu beurteilen, die Zeichen der Zeit aber nicht?]

5 25f (Nr. 35): 25 Sei zu rascher Versöhnung mit deinem (Prozeß)gegner bereit, solange du mit ihm (noch) auf dem Wege (zum Richter) bist,

sonst wird dich der Gegner dem Richter übergeben und der Richter dem Gerichtsdiener, und du würdest ins Gefängnis geworfen werden. 26 Wahrlich, ich sage dir: du wirst von dort gewiß nicht herauskommen, bis du den letzten Heller bezahlt hast.

Lk 12 54–59

54 Er sprach aber auch zu den Volksmassen: Wenn ihr Gewölk im Westen aufsteigen seht, dann sagt ihr sofort: Es gibt Regen, und es kommt so. 55 Und wenn (ihr) den Südwind wehen (seht), dann sagt ihr: Es gibt Hitze, und es geschieht. 56 Ihr Heuchler! Das Angesicht der Erde und des Himmels versteht ihr zu beurteilen. Warum versteht ihr die gegenwärtige Zeit nicht (richtig) zu beurteilen?
57 Und warum könnt ihr nicht von euch selbst aus beurteilen, was (jetzt) das Rechte ist?
58 Denn während du (noch) mit deinem (Prozeß)-gegner auf dem Wege zum Richter bist, gib dir Mühe, von ihm loszukommen, solange du mit ihm unterwegs bist, sonst wird er dich vor den Richter schleppen, und der Richter wird dich dem Gerichtsdiener übergeben, und der Gerichtsdiener wird dich ins Gefängnis werfen.
59 Ich sage dir: du wirst von dort gewiß nicht herauskommen, bis du auch den letzten Heller bezahlt hast.

174. Ruf zur Umkehr

Lk 13 1–9

1 In eben dem Augenblick kamen einige Leute und meldeten ihm von den Galiläern,
deren Blut Pilatus mit dem ihrer Opfer vermischt hatte. 2 Da antwortete er ihnen: Meint ihr,
daß diese Galiläer größere Sünder waren als alle anderen Galiläer, weil ihnen dies widerfahren ist? 3 Nein, sage ich euch. Vielmehr wenn ihr nicht umkehrt, werdet ihr alle ebenso
umkommen. 4 Oder jene Achtzehn, auf die der Turm von Siloah fiel und die er erschlug,
meint ihr, daß sie schuldiger waren als alle anderen Bewohner von Jerusalem? 5 Nein, sage
ich euch. Vielmehr wenn ihr nicht umkehrt, werdet ihr alle ebenso umkommen.

* Mk 10 38 (Nr. 207): Könnt ihr den Kelch trinken, den ich trinke, oder mit der Taufe getauft werden, mit der ich getauft werde?

** Mt 24 10 (Nr. 229): Und dann ‚werden viele zu Fall kommen‘ (Dan 11 41), und einander ausliefern und einander hassen.

Mk 13 12 (Nr. 229): Und es wird ein Bruder den andern zum Tode ausliefern und ein Vater sein Kind, und ‚Kinder werden sich erheben gegen ihre Eltern‘ (Mich 7 6) und sie töten.

Lk 21 16 (Nr. 229): Ihr werdet aber sogar von Eltern und Brüdern und Verwandten und Freunden ausgeliefert werden.

[6]Er sagte aber folgendes Gleichnis: Es hatte einer einen Feigenbaum in seinem Wein-
berg stehen, und er kam und suchte Frucht an ihm, fand aber keine. [7]Da sprach er zum
Weingärtner: Sieh, drei Jahre komme ich nun schon und suche Frucht an diesem Feigen-
baum und finde keine. Hau ihn um, wozu saugt er den Boden aus? [8]Der antwortete ihm:
Herr, laß ihn dieses Jahr noch stehen, bis ich rings um ihn umgrabe und Dünger daran tue.
[9]Vielleicht bringt er in Zukunft Frucht. Wenn nicht, dann hau ihn um!

175. Heilung einer verkrümmten Frau am Sabbat

Lk 13 10–17

[10]Er lehrte aber in einer Synagoge am Sabbat. [11]Und siehe, da war eine Frau, die hatte
seit achtzehn Jahren einen Geist der Krankheit und war verkrümmt und konnte sich nicht
vollständig aufrichten. [12]Als aber Jesus sie sah, rief er sie heran und sprach zu ihr: Frau,
du bist erlöst von deiner Krankheit, [13]und legte ihr die Hände auf. Und sogleich richtete sie
sich auf und pries Gott. [14]Der Synagogenvorsteher aber sprach, unwillig darüber, daß Jesus
am Sabbat heilte, zum Volk: Sechs Tage sind's, an denen man arbeiten soll. An denen also
kommt und laßt euch heilen, aber nicht am Sabbat! [15]Der Herr aber erwiderte ihm: Ihr
Heuchler! Löst nicht jeder von euch am Sabbat seinen Ochsen oder Esel von der Krippe
und führt ihn zur Tränke? [16]Diese aber, eine Tochter Abrahams, die der Satan nun schon
achtzehn Jahre gebunden hatte, sollte nicht am Sabbat von dieser Fessel gelöst werden
dürfen?* [17]Und als er dies sagte, ‚schämten sich alle seine Widersacher' (Is 45 16), und das
ganze Volk freute sich über all die herrlichen Taten, die durch ihn geschahen.

176. Gleichnisse vom Senfkorn und Sauerteig

Mt 13 31–33 (Nr. 108f):	Mk 4 30–32 (Nr. 108):	**Lk 13** 18–21
[31]Ein anderes Gleichnis trug er ihnen vor und sprach: Das Himmelreich gleicht einem Senfkorn, das ein Mensch nahm und auf seinen Acker säte. [32]Es ist das kleinste von allen Samenkörnern. Sobald es aber ausgewachsen ist, ist es größer als (alle) Kräuter und wird ein Baum, so daß ‚die Vögel des Himmels kommen und in seinen Zweigen wohnen' (Ez 17 23; 31 6; Dan 4 9.18). [33]Ein anderes Gleichnis sagte er ihnen: Das Himmelreich ist einem Sauerteig gleich, den eine Frau nahm und unter drei Scheffel Mehl mengte, bis es ganz durchsäuert war.	[30]Und er sprach: Womit sollen wir das Gottesreich vergleichen oder mit welchem Gleichnis es darstellen? [31]Es gleicht einem Senfkorn, das, wenn es auf die Erde gesät wird, das kleinste von allen Samenkörnern auf der Erde ist; [32]sobald es aber gesät ist, geht es auf und wird größer als alle Kräuter und treibt große Zweige, so daß ‚unter seinem Schatten die Vögel des Himmels wohnen können' (Ez 17 23; 31 6; Dan 4 9. 18).	[18]Er sprach nun: Wem ist das Gottesreich gleich, und womit soll ich es vergleichen? [19]Es ist einem Senfkorn gleich, das ein Mensch nahm und in seinen Garten säte, und es wuchs und wurde zu einem Baum, und ‚die Vögel des Himmels wohnten in seinen Zweigen' (Ez 17 23; 31 6; Dan 4 9, 18). [20]Und wiederum sprach er: Womit soll ich das Gottesreich vergleichen? [21]Es ist einem Sauerteig gleich, den eine Frau nahm und unter drei Scheffel Mehl mengte, bis es ganz durchsäuert war.

* Mt 12 11f (Nr. 83): [11]Er aber sprach zu ihnen: Wer unter euch, der ein einziges Schaf besitzt, wird es nicht, wenn es am Sabbat in eine Grube fällt, ergreifen und herausziehen? [12]Wieviel mehr wert ist nun ein Mensch als ein Schaf?

Lk 14 5 (Nr. 180): Und zu ihnen sprach er: Wem von euch fällt ein Sohn oder (auch nur) ein Ochs in den Brunnen, und er zieht ihn nicht alsbald heraus, (auch) am Sabbat?

177. Die Verwerfung der Juden und Berufung der Heiden

Mt 7 13 f (Nr. 53):

13 Geht ein durch die enge Pforte; denn weit ist die Pforte und breit der Weg, der ins Verderben führt, und viele sind es, die auf ihm hineinkommen. 14 Denn eng ist die Pforte und schmal der Weg, der ins Leben führt, und wenige sind es, die ihn finden.

7 22 f (Nr. 55): 22 Viele werden zu mir an jenem Tage sagen: Herr, Herr! Haben wir nicht ‚in deinem Namen geweissagt' (Jer 14 14) und mit deinem Namen Dämonen ausgetrieben und mit deinem Namen viele Wunder gewirkt? 23 Und dann werde ich zu ihnen sagen:
Ich habe euch nie gekannt; ‚weicht von mir, ihr Übeltäter' (Ps 6 9).

8 11 f (Nr. 59): 11 Ich sage euch aber: Viele werden von Osten und Westen kommen und mit Abraham, Isaak und Jakob im Himmelreich zu Tische liegen; 12 die Söhne des Reiches aber werden hinausgestoßen werden in die Finsternis draußen; dort wird Heulen und Zähneknirschen herrschen.

Lk 13 22–30

22 Und er zog von Stadt zu Stadt und von Dorf zu Dorf, indem er lehrte und die Reise nach Jerusalem fortsetzte. 23 Es sprach aber einer zu ihm: Herr, sind es wenige, die gerettet werden? Er aber sprach zu ihnen: 24 Ringet darum, durch die enge Türe hineinzukommen; denn viele, sage ich euch, werden hineinzukommen suchen, es aber nicht vermögen.

25 Wenn aber der Hausherr (einmal) sich erhoben und die Türe verschlossen hat und ihr (dann) anfangt, draußen zu stehen und an die Türe zu klopfen und zu sprechen: Herr, mach uns auf!, dann wird er euch antworten: Ich weiß nicht, woher ihr seid. 26 Dann werdet ihr anfangen zu sprechen:

Wir haben (doch) mit dir gegessen und getrunken, und auf unseren Straßen hast du gelehrt.

27 Er aber wird sagen: Ich sage euch: ich weiß nicht, woher ihr seid; ‚weicht von mir alle, ihr Übeltäter' (Ps 6 9).

28 Dort wird Heulen und Zähneknirschen herrschen, wenn ihr Abraham, Isaak und Jakob und alle Propheten im Reiche Gottes sehen werdet, euch selber aber hinausgestoßen. 29 Und sie werden von Osten und Westen und von Norden und Süden kommen und im Reiche Gottes zu Tische liegen. 30 Und siehe, es gibt Letzte, die Erste sein werden, und es gibt Erste, die Letzte sein werden.*

178. Die Nachstellungen des Herodes und der Ratschluß Gottes

Lk 13 31–33

31 Zu eben der Stunde traten einige Pharisäer herzu und sagten zu ihm: Geh weg und wandere fort von hier; denn Herodes will dich töten. 32 Da sprach er zu ihnen: Geht hin und meldet diesem Fuchs: Siehe, ich treibe Dämonen aus und vollbringe Heilungen heute und morgen, und am dritten Tage werde ich vollendet. 33 Aber heute (noch) und morgen und am folgenden Tage muß ich wandern; denn es geht nicht an, daß ein Prophet außerhalb Jerusalems umkommt.

* Mt 19 30 (Nr. 204): Viele Erste aber werden Letzte sein und die Letzten Erste.
20 16 (Nr. 205): So werden die Letzten Erste sein und die Ersten Letzte.

Mk 10 31 (Nr. 204): Viele Erste aber werden Letzte sein und die Letzten Erste.

179. Drohweissagung über Jerusalem

Mt 23 37–39 (Nr. 225):

37 Jerusalem, Jerusalem, die du die Propheten tötest und die zu dir Gesandten steinigst, wie oft habe ich deine Kinder sammeln wollen, wie eine Henne ihre Jungen unter ihre Flügel sammelt, und ihr habt nicht gewollt! 38 Siehe, ‚euer Haus wird euch [verödet] überlassen' (Jer 22 5). 39 Denn ich sage euch: ihr werdet mich von nun an nicht (mehr) sehen, bis ihr sprecht: ‚Gesegnet ist, der da kommt im Namen des Herrn' (Ps 118 [117] 26).

Lk 13 34 f

34 Jerusalem, Jerusalem, die du die Propheten tötest und die zu dir Gesandten steinigst, wie oft habe ich deine Kinder sammeln wollen, wie eine Henne ihre Brut unter ihre Flügel sammelt, und ihr habt nicht gewollt! 35 Siehe, ‚euer Haus wird euch überlassen' (Jer 22 5). Ich sage euch aber: ihr werdet mich nicht (mehr) sehen, bis die Zeit kommt, da ihr sprecht: ‚Gesegnet ist, der da kommt im Namen des Herrn' (Ps 118 [117] 26).

180. Heilung eines Wassersüchtigen

Lk 14 1–6

1 Und es begab sich, als er an einem Sabbat in das Haus eines von den Führern der Pharisäer zur Mahlzeit kam, da belauerten sie ihn. 2 Und siehe, da erschien ein wassersüchtiger Mann vor ihm. 3 Da ergriff Jesus das Wort und sprach zu den Gesetzeslehrern und Pharisäern: Ist es erlaubt, am Sabbat zu heilen oder nicht? 4 Sie aber schwiegen. Da faßte er ihn an, heilte ihn und ließ ihn gehen. 5 Und zu ihnen sprach er: Wem von euch fällt ein Sohn oder (auch nur) ein Ochs in den Brunnen, und er zieht ihn nicht alsbald heraus, (auch) am Sabbat?* 6 Und sie vermochten ihm darauf nichts zu erwidern.

181. Die Wahl der Plätze beim Gastmahl

Lk 14 7–11

7 Er sagte aber zu den Geladenen ein Gleichnis, da er beobachtete, wie sie sich die ersten Plätze aussuchten, und sprach zu ihnen: 8 Wenn du von jemand zu einem Festmahl geladen bist, so setze dich nicht auf den ersten Platz. Es könnte sonst ein Vornehmerer als du von ihm geladen sein 9 und der, der dich und ihn geladen hat, kommen und zu dir sagen: Mach diesem Platz!, und du müßtest mit Beschämung dich daran machen, den letzten Platz einzunehmen. 10 Vielmehr, wenn du geladen bist, so gehe hin und setze dich auf den letzten Platz, damit, wenn der, der dich geladen hat, kommt, er zu dir sagt: Freund, rücke weiter hinauf! Dann wird dir das Ehre einbringen vor allen deinen Tischgenossen. 11 Denn jeder, der sich selbst erhöht, wird erniedrigt werden, und wer sich selbst erniedrigt, wird erhöht werden.*

182. Die rechten Gäste

Lk 14 12–14

12 Er sprach aber auch zu dem, der ihn geladen hatte: Wenn du ein Frühstück oder ein Abendmahl gibst, so lade nicht deine Freunde noch deine Brüder noch deine Verwandten noch reiche Nachbarn ein, sonst laden sie dich wieder ein, und du bekommst deine Vergeltung.

* Mt 12 11 f (Nr. 83): 11 Er aber sprach zu ihnen: Wer unter euch, der ein einziges Schaf besitzt, wird es nicht, wenn es am Sabbat in eine Grube fällt, ergreifen und herausziehen? 12 Wieviel mehr wert ist nun ein Mensch als ein Schaf?

Lk 13 15 f (Nr. 175): 15 Der Herr aber erwiderte ihm: Ihr Heuchler! Löst nicht jeder von euch am Sabbat seinen Ochsen oder Esel von der Krippe und führt ihn zur Tränke? 16 Diese aber, eine Tochter Abrahams, die der Satan nun schon achtzehn Jahre gebunden hatte, sollte nicht am Sabbat von dieser Fessel gelöst werden dürfen?

** Mt 23 12 (Nr. 225): Wer sich aber selbst erhöht, der wird erniedrigt werden, und wer sich selbst erniedrigt, der wird erhöht werden.

Lk 18 14 (Nr. 200): Denn jeder, der sich selbst erhöht, wird erniedrigt werden, und wer sich selbst erniedrigt, wird erhöht werden.

[13] Vielmehr, wenn du ein Gastmahl gibst, so lade Arme, Krüppel, Lahme und Blinde ein, [14] und dann wirst du selig sein, weil sie dir nicht vergelten können; denn es wird dir vergolten werden bei der Auferstehung der Gerechten.

183. Das Gleichnis vom großen Gastmahl

Mt 22 1–10 (Nr. 220):

[1] Und Jesus nahm das Wort und sprach nochmals in Gleichnisform zu ihnen: [2] Mit dem Himmelreich verhält es sich wie mit einem König, der seinem Sohne Hochzeit hielt. [3] Und er schickte seine Knechte aus, um die zur Hochzeit Geladenen zu rufen; aber sie wollten nicht kommen. [4] Noch einmal sandte er andere Knechte aus und sprach: Sagt den Geladenen: Siehe, ich habe mein Mahl bereitet, meine Ochsen und meine Mastkälber sind geschlachtet, und alles ist bereit. Kommt zur Hochzeit! [5] Sie aber kümmerten sich nicht darum, sondern gingen fort, der eine auf seinen Acker, der andere zu seinem (Handels)geschäft.

[6] Die übrigen aber ergriffen seine Knechte, mißhandelten und töteten sie.

[7] Da wurde der König zornig, schickte sein Heer aus, ließ jene Mörder umbringen und ihre Stadt in Brand stecken. [8] Dann sprach er zu seinen Knechten: Die Hochzeit ist bereitet, aber die Geladenen waren (der Einladung) unwürdig.

[9] So geht nun an die Straßenkreuzungen, und wen immer ihr trefft, den ladet zur Hochzeit! [10] Und die Knechte gingen hinaus auf die Straßen und brachten alle zusammen, die sie antrafen, Böse und Gute, und der Hochzeitssaal füllte sich mit Gästen.

Lk 14 15–24

[15] Als aber einer von den Tischgenossen das hörte, sprach er zu ihm: Selig, wer im Reiche Gottes am Mahle teilnehmen darf. [16] Er aber sprach zu ihm: Ein Mann veranstaltete ein großes Gastmahl und lud viele (dazu) ein.

[17] Und zur Stunde des Gastmahls schickte er seinen Knecht aus, den Geladenen zu sagen: Kommt; denn es ist (alles) bereit.

[18] Da fingen auf einmal alle an, sich zu entschuldigen. Der erste ließ ihm sagen: Ich habe einen Acker gekauft und muß unbedingt hingehen und ihn besichtigen. Bitte, betrachte mich als entschuldigt! [19] Und ein anderer sprach: Ich habe fünf Joch Ochsen gekauft und bin (gerade) auf dem Wege, sie zu prüfen. Bitte, betrachte mich als entschuldigt! [20] Und (wieder) ein anderer sprach: Ich habe (eben) geheiratet und kann deshalb nicht kommen.

[21] Und der Knecht kam (zurück) und meldete das (alles) seinem Herrn. Da wurde der Hausherr zornig und sprach zu seinem Knecht:

Geh schleunigst hinaus auf die Straßen und Gassen der Stadt und hole die Armen, Krüppel, Blinden und Lahmen herein! [22] Und der Knecht sprach: Herr, was du befohlen hast, ist geschehen. Aber es ist immer noch Platz da. [23] Da sprach der Herr zum Knecht: So geh hinaus auf die Landstraßen und (an die) Zäune und nötige sie, hereinzukommen, damit mein Haus voll werde!

[24] Denn ich sage euch: Keiner von jenen Männern, die (zuerst) geladen waren, soll von meinem Mahl kosten.

184. Der Ernst der Jüngerschaft

Mt 10 37 f (Nr. 75):

[37]Wer Vater
oder Mutter mehr liebt als mich, ist meiner nicht
wert, und wer Sohn oder Tochter mehr liebt als
mich, ist meiner nicht wert.
[38]Und wer nicht sein Kreuz (auf sich) nimmt und
mir nachfolgt, ist meiner nicht wert.*

Lk 14 25–35

[25]Es zogen aber große Volksscharen mit ihm,
und er wandte sich um und sprach zu ihnen:
[26]Wenn jemand zu mir kommt und nicht Vater
und Mutter und Weib und Kinder und Brüder
und Schwestern und dazu auch sein eigenes
Leben haßt, so kann er nicht mein Jünger sein.
[27]Wer nicht sein Kreuz trägt und
mir nachfolgt, kann nicht mein Jünger sein.*
[28]Denn wer von euch, der einen Turm bauen will, setzt sich nicht zuerst hin
und berechnet die Kosten, ob er (die Mittel) hat zur Ausführung, [29]damit
nicht, wenn er den Grund gelegt hat und dann (den Bau) nicht zu vollen-
den vermag, alle, die es sehen, anfangen über ihn zu spotten, [30]indem sie
sagen: Dieser Mann hat zu bauen angefangen und (es) nicht vollenden können.
[31]Oder welcher König, der auszieht, um mit einem anderen König Krieg zu
führen, setzt sich nicht zuerst hin und überlegt, ob er imstande ist, mit zehn-
tausend (Mann) dem entgegenzutreten, der mit zwanzigtausend gegen ihn an-
marschiert. [32]Wenn nicht, so schickt er, während jener noch fern ist, eine Ge-
sandtschaft an ihn und bittet ihn um Frieden. [33]So nun kann keiner von euch,
der nicht all seinem Besitz entsagt, mein Jünger sein.
[34]Etwas Gutes ist das Salz. Wenn aber das Salz schal wird, womit soll man
es würzen? [35]Es ist weder auf das Land noch auf den Düngerhaufen brauch-
bar. Man wirft es weg. Wer Ohren hat zu hören, der höre!**

185. Das Gleichnis vom verlorenen Schaf

Mt 18 12–14 (Nr. 146):

[12]Was meint ihr?
Wenn jemand hundert Schafe hat und sich eines
von ihnen verirrt, wird er nicht die neunund-
neunzig auf den Bergen lassen und hingehen und
das verirrte suchen? [13]Und wenn er es glücklich
findet, wahrlich, ich sage euch: er freut sich
darüber mehr als über die neunundneunzig, die
sich nicht verirrt haben.
[14]So ist es (auch) nicht der
Wille eures Vaters im Himmel, daß eines von
diesen Kleinen verlorengeht.

Lk 15 1–7

[1]Es kamen aber allerlei Zöllner und Sünder zu
ihm, um ihn zu hören. [2]Da murrten die Phari-
säer und Schriftgelehrten und sprachen: Der
nimmt Sünder auf und ißt mit ihnen! [3]Da sagte
er zu ihnen folgendes Gleichnis: [4]Wer von euch,
der hundert Schafe hat und eines
von ihnen verliert, läßt nicht die neunund-
neunzig in der Wüste und geht dem verlorenen
nach, bis er es findet? [5]Und wenn er es gefunden
hat, so nimmt er es voller Freude auf seine
Schultern, [6]und nach Hause gekommen ruft
er seine Freunde und Nachbarn zusammen und
spricht zu ihnen: Freut euch mit mir; denn ich
habe mein Schaf wiedergefunden, das verloren
war. [7]Ich sage euch: ebenso wird im Himmel
mehr Freude sein über einen Sünder, der um-
kehrt, als über neunundneunzig Gerechte, die
der Umkehr nicht bedürfen.

* Mt 16 24 (Nr. 136): Wenn einer mir nachfolgen will, so verleugne er sich selbst und nehme sein Kreuz auf sich und (so) folge er mir nach. | Mk 8 34 (Nr. 136): Wenn einer mir nachfolgen will, so verleugne er sich selbst und nehme sein Kreuz auf sich und (so) folge er mir nach. | Lk 9 23 (Nr. 136): Wenn einer mir nachfolgen will, so verleugne er sich selbst und nehme täglich sein Kreuz auf sich und (so) folge er mir nach.

** Mt 5 13 (Nr. 33): Ihr seid das Salz der Erde. Wenn aber das Salz schal wird, womit soll man es salzen? Es taugt zu nichts mehr, als weggeworfen und von den Leuten zertreten zu werden. | Mk 9 50 (Nr. 145): Etwas Gutes ist das Salz. Wenn aber das Salz salzlos wird, womit wollt ihr es würzen?

186. Das Gleichnis von der verlorenen Drachme

Lk 15 8–10

[8]Oder welche Frau, die zehn Drachmen hat, zündet nicht, wenn sie eine verliert, ein Licht an und kehrt das Haus und sucht sorgfältig, bis sie (sie) findet? [9]Und wenn sie (sie) gefunden hat, ruft sie ihre Freundinnen und Nachbarinnen zusammen und spricht: Freut euch mit mir; denn ich habe meine Drachme wiedergefunden, die ich verloren hatte. [10]Ebenso, sage ich euch, wird Freude sein vor den Engeln Gottes über einen Sünder, der umkehrt.

187. Das Gleichnis vom verlorenen Sohn

Lk 15 11–31

[11]Er sprach aber: Ein Mann hatte zwei Söhne. [12]Und der jüngere von ihnen sprach zum Vater: Vater, gib mir den auf mich treffenden Teil des Vermögens! Da teilte er den Besitz unter sie. [13]Und wenige Tage darnach packte der jüngere Sohn alles zusammen und zog fort in ein fernes Land, und dort vergeudete er sein Vermögen in einem liederlichen Leben. [14]Als er aber alles verbraucht hatte, entstand in jenem Land eine große Hungersnot, und er geriet in bittere Not. [15]Und er ging hin und klammerte sich an einen Bürger jenes Landes, und der schickte ihn auf seine Felder zum Schweinehüten. [16]Und er hätte gerne sich den Bauch mit den Schoten gefüllt, welche die Schweine fraßen, aber niemand gab (sie) ihm. [17]Da ging er in sich und sprach: Wieviele Taglöhner meines Vaters haben Brot in Fülle, und ich gehe hier vor Hunger zugrunde! [18]Ich will mich aufmachen und zu meinem Vater gehen und zu ihm sagen: Vater, ich habe gesündigt gegen den Himmel und vor dir; [19]ich bin nicht mehr wert, dein Sohn zu heißen; behandle mich wie einen von deinen Taglöhnern. [20]Und er machte sich auf und ging zu seinem Vater. Als er aber noch weit weg war, erblickte ihn sein Vater und wurde von Mitleid (mit ihm) ergriffen, lief (ihm entgegen), fiel ihm um den Hals und küßte ihn. [21]Der Sohn aber sprach zu ihm: Vater, ich habe gesündigt gegen den Himmel und vor dir; ich bin nicht mehr wert, dein Sohn zu heißen [; behandle mich wie einen von deinen Taglöhnern]. [22]Der Vater aber sprach zu seinen Knechten: Geschwind bringt das beste Gewand und zieht es ihm an und steckt ihm einen Ring an die Hand und Schuhe an die Füße [23]und holt das Mastkalb und schlachtet es, und (dann) wollen wir essen und fröhlich sein; [24]denn dieser mein Sohn war tot und ist wieder lebendig geworden, er war verloren und ist wieder gefunden. Und sie begannen ein fröhliches Fest zu feiern.

[25]Sein älterer Sohn aber war auf dem Felde. Und als er (heim)kam und sich dem Hause näherte, hörte er Musik und Reigen. [26]Da rief er einen von den Knechten herbei und erkundigte sich, was das bedeute. [27]Der sprach zu ihm: Dein Bruder ist gekommen, und dein Vater hat das Mastkalb schlachten lassen, weil er ihn gesund wieder hat. [28]Da wurde er zornig und wollte nicht hineingehen. Sein Vater aber kam heraus und redete ihm zu. [29]Er aber erwiderte seinem Vater: Sieh, so viele Jahre diene ich dir (schon), und nie habe ich ein Gebot von dir übertreten, und mir hast du nie (auch nur) einen Ziegenbock geschenkt, damit ich mir mit meinen Freunden einen guten Tag machte. [30]Wo aber dieser dein Sohn da gekommen ist, der dein Hab und Gut mit Dirnen verpraßte, da hast du ihm das Mastkalb geschlachtet! [31]Er aber sprach zu ihm: Kind, du bist allezeit bei mir, und alles, was mir gehört, gehört (auch) dir. [32](Jetzt) aber mußte man ein fröhliches Fest feiern; denn dieser dein Bruder war tot und ist wieder lebendig geworden, war verloren und ist wieder gefunden.

188. Gleichnis vom ungerechten Verwalter

Lk 16 1–13

[1]Er sprach aber auch zu den Jüngern: Es war (einmal) ein reicher Mann, der hatte einen Verwalter, und dieser wurde bei ihm verklagt, daß er sein Vermögen verschleudere. [2]Da ließ er ihn rufen und sprach zu ihm: Was muß ich von dir hören? Lege Rechenschaft über deine

Verwaltung ab; denn du kannst nicht länger Verwalter bleiben. [3]Da sprach der Verwalter
bei sich: Was soll ich tun, da mir mein Herr das Verwalteramt nimmt? Graben kann ich
nicht, zu betteln schäme ich mich — [4](halt!) ich weiß, was ich tue, damit mich, wenn ich
von der Verwaltung abgesetzt werde, (die Leute) in ihre Häuser aufnehmen. [5]Und er ließ
die Schuldner seines Herrn einen nach dem andern zu sich kommen und sprach zum ersten:
Wieviel bist du meinem Herrn schuldig? [6]Der sprach: Hundert Bath Öl. Da sprach er zu
ihm: (Hier,) nimm deinen Schuldschein, setze dich und schreibe geschwind fünfzig! [7]Darauf
sprach er zu einem anderen: Wieviel bist du schuldig? Der sprach: Hundert Kor Weizen. Er
sprach zu ihm: (Hier), nimm deinen Schuldschein und schreibe achtzig! [8]Und der Herr
lobte den ungerechten Verwalter, daß er klug gehandelt habe. Denn die Söhne dieser Welt
sind im Verkehr mit ihresgleichen klüger als die Söhne des Lichts.

[9]Und ich sage euch: Macht euch Freunde mit dem ungerechten Mammon, damit man
euch, wenn er zu Ende geht, in die ewigen Hütten aufnimmt. [10]Wer im Geringsten treu
ist, der ist auch im Großen treu, und wer im Geringsten ungerecht ist, der ist auch im
Großen ungerecht. [11]Wenn ihr nun bei dem ungerechten Mammon euch nicht als treu
erwiesen habt, wer wird euch (dann) das wahre (Gut) anvertrauen? [12]Und wenn ihr euch
bei dem fremden (Gut) nicht als treu erwiesen habt, wer wird euch (dann) das eurige geben?

Mt 6 24 (Nr. 47): Niemand kann zwei Herren dienen; denn er wird entweder den einen hassen und den andern lieben, oder dem einen anhangen und den andern verachten. Ihr könnt nicht Gott dienen und dem Mammon.

[13]Kein Knecht kann zwei Herren dienen; denn er wird entweder den einen hassen und den anderen lieben, oder dem einen anhangen und den anderen verachten. Ihr könnt nicht Gott dienen und dem Mammon.

189. Verurteilung des pharisäischen Geistes

Lk 16 14 f

[14]Es hörten aber die Pharisäer, die geldgierig sind, dies alles und verhöhnten ihn.
[15]Da sprach er zu ihnen: Ihr seid die, die sich vor den Menschen als gerecht hinstellen; Gott
aber kennt euer Herz. Denn was bei den Menschen hoch ist, ist ein Greuel vor Gott.

190. Vom Gesetz und der Ehescheidung

Mt 11 12 f (Nr. 78):

[12]Von den Tagen Johannes des Täufers bis heute bricht das Himmelreich mit Gewalt sich Bahn, und Gewalttäter reißen es an sich. [13]Denn alle Propheten und das Gesetz bis auf Johannes haben geweissagt.

Mt 5 18 (Nr. 34): Denn wahrlich, ich sage euch: bis Himmel und Erde vergehen, wird nicht ein Jota oder Häkchen vom Gesetz vergehen, bis alles geschieht.

Mt 5 32 (Nr. 37): Jeder, der seine Frau entläßt, abgesehen vom Fall der Unzucht, der macht sie zur Ehebrecherin, und wer eine Entlassene heiratet, bricht die Ehe.*

Lk 16 16–18

[16]Das Gesetz und die Propheten (reichen) bis zu Johannes. Seitdem wird die Frohbotschaft vom Reiche Gottes verkündigt und jedermann drängt sich hinein.

[17]Leichter ist es aber, daß Himmel und Erde vergehen, als daß (auch nur) ein Häkchen vom Gesetz hinfällig werde.

[18]Jeder, der seine Frau entläßt und eine andere heiratet, bricht die Ehe, und wer eine von ihrem Mann Entlassene heiratet, bricht die Ehe.*

* Mt 19 9 (Nr. 202): Ich sage euch aber: wer seine Frau entläßt, außer wegen Unzucht, und eine andere heiratet, der bricht die Ehe [und wer eine Geschiedene heiratet, der bricht die Ehe].

Mk 10 11 f (Nr. 202): [11]Und er sprach zu ihnen: Wer seine Frau entläßt und eine andere heiratet, bricht ihr die Ehe. [12]Und wenn sie ihren Mann entläßt und einen anderen heiratet, bricht sie die Ehe.

191. Gleichnis vom reichen Mann und vom armen Lazarus

Lk 16 19–31

19 Es war aber (einmal) ein reicher Mann, der kleidete sich in Purpur und Byssus und lebte alle Tage herrlich und in Freuden. 20 Ein Armer aber, namens Lazarus, lag vor seiner Tür voller Geschwüre, 21 und er hätte sich gern von dem gesättigt, was vom Tische des Reichen fiel. Dazu kamen noch die Hunde und leckten an seinen Geschwüren. 22 Es begab sich aber, daß der Arme starb und von den Engeln in Abrahams Schoß davongetragen wurde. Es starb aber auch der Reiche und wurde begraben. 23 Und als er in der Unterwelt, wo er sich in Qualen befand, seine Augen erhob, sah er Abraham von weitem und Lazarus in seinem Schoß. 24 Da rief er laut: Vater Abraham, erbarme dich meiner und schicke (mir) den Lazarus, daß er seine Fingerspitze in Wasser tauche und meine Zunge kühle; denn ich leide schrecklich in dieser Glut. 25 Abraham aber sprach: Mein Kind, denke daran, daß du dein Gutes in deinem Leben empfangen hast, Lazarus aber ebenso das Böse; jetzt wird er hier getröstet, du aber wirst gepeinigt. 26 Und außerdem ist zwischen uns und euch eine große Kluft aufgerichtet, damit die, welche von hier zu euch hinüber möchten, es nicht können, noch die von drüben zu uns herüber. 27 (Der Reiche) sprach: Dann bitte ich dich, Vater, ihn in mein Vaterhaus zu schicken; 28 denn ich habe (noch) fünf Brüder, daß er sie warne, damit nicht auch sie an diesen Ort der Qual kommen. 29 Abraham aber sprach: Sie haben Moses und die Propheten. Auf die sollen sie hören. 30 Er aber sprach: Nein, Vater Abraham, sondern wenn einer aus dem Totenreich zu ihnen kommt, dann werden sie umkehren. 31 (Abraham) aber sprach zu ihm: Wenn sie auf Moses und die Propheten nicht hören, so werden sie auch dann, wenn einer von den Toten aufersteht, sich nicht überzeugen lassen.

192. Vom Ärgernis

Mt 18 6f (Nr. 144):	Mk 9 42 (Nr. 144):	**Lk 17** 1–3a
		1 Er sprach aber zu seinen Jüngern: Es ist unmöglich, daß nicht Ärgernisse kommen. Wehe aber dem, durch den sie kommen!
6 Wer aber einem von diesen Kleinen, die an mich glauben, Ärgernis gibt, dem wäre es besser, wenn ihm ein Mühlstein um den Hals gehängt und er in die Tiefe des Meeres versenkt würde.	Und wer einem von diesen Kleinen, die glauben, Ärgernis gibt, dem wäre es besser, wenn ihm ein Mühlstein um den Hals gehängt und er ins Meer geworfen würde.	2 Besser wäre es für ihn, wenn ihm ein Mühlstein um den Hals gehängt und er ins Meer geworfen würde, als daß er einem von diesen Kleinen Ärgernis gibt. 3a Nehmt euch in acht!
7 Wehe der Welt wegen der Ärgernisse! Es müssen ja Ärgernisse kommen. Doch wehe dem Menschen, durch den das Ärgernis kommt!		V. 1

193. Die Pflicht der Vergebung

Mt 18 15 (Nr. 147):	**Lk 17** 3b–4
Wenn aber dein Bruder sich [gegen dich] verfehlt, dann geh hin und weise ihn unter vier Augen zurecht. Hört er auf dich, so hast du deinen Bruder gewonnen.	3b Wenn dein Bruder sich verfehlt, so weise ihn zurecht, und wenn er (dann) umkehrt, so vergib ihm!

Mt 18 21 f (Nr. 149): 21 Da trat Petrus zu ihm und sprach zu ihm: Herr, wie oft muß ich meinem Bruder, wenn er sich gegen mich verfehlt, vergeben? Bis zu siebenmal? 22 Jesus sprach zu ihm: Nicht bis zu siebenmal, sondern bis zu siebzigmal siebenmal.

4 Und wenn er siebenmal am Tage sich gegen dich verfehlt und siebenmal wieder zu dir kommt und spricht: Ich bereue, so vergib ihm!

194. Vom Glauben

Mt 17 20 (Nr. 139):

Er aber sprach zu ihnen: Wegen eures Unglaubens. Denn wahrlich, ich sage euch: Wenn ihr Glauben hättet (wenn auch nur so groß) wie ein Senfkorn, so könntet ihr zu dem Berge da sagen: Rücke weg von hier, dorthin!, und er würde wegrücken, und nichts würde euch unmöglich sein.*

Lk 17 5 f

5 Und die Apostel sprachen zum Herrn: Mehre uns den Glauben! 6 Der Herr aber sprach:

Wenn ihr Glauben hättet (wenn auch nur so groß) wie ein Senfkorn, so würdet ihr zu dem Maulbeerfeigenbaum da sagen: Entwurzle dich und pflanze dich im Meer an!, und er würde euch gehorchen.*

195. Gleichnis vom Knecht

Lk 17 7–10

7 Wer von euch, der einen Knecht hat, der (draußen) pflügt oder das Vieh hütet, wird zu ihm, wenn er vom Felde (heim)kommt, sagen: Komm nur sogleich her und setze dich zu Tisch! 8 Wird er nicht vielmehr zu ihm sagen: Richte mir etwas zu essen her, dann schürze dich und bediene mich, bis ich gegessen und getrunken habe, und hernach kannst du essen und trinken? 9 Weiß er etwa dem Knecht Dank, weil er das Befohlene getan hat? 10 So auch ihr: wenn ihr alles getan habt, was euch befohlen wurde, dann müßt ihr denken: Nichtsnutzige Knechte sind wir; wir haben (bloß) unsere Schuldigkeit getan.

196. Der dankbare Samariter

Lk 17 11–19

11 Und es begab sich, auf der Reise nach Jerusalem zog er mitten durch (oder: zwischen) Samaria und Galiläa hindurch. 12 Und als er in ein Dorf kam, da kamen (ihm) zehn aussätzige Männer entgegen, die blieben in der Ferne stehen, 13 erhoben ihre Stimme und riefen: Jesus, Meister, erbarme dich unser! 14 Und als er sie erblickte, sprach er zu ihnen: Geht hin und zeigt euch den Priestern! Und es begab sich, während sie hingingen, wurden sie rein. 15 Einer von ihnen aber kehrte, als er sah, daß er geheilt war, um, pries Gott mit lauter Stimme, 16 fiel (Jesus) zu Füßen auf sein Angesicht nieder und dankte ihm. Und das war ein Samariter. 17 Jesus aber sprach: Sind denn nicht zehn rein geworden? 18 Wo sind denn die (andern) neun? Hat sich keiner gefunden, der umkehrte und Gott die Ehre gäbe, als (gerade) dieser Fremdling? 19 Und er sprach zu ihm: Steh auf und geh! Dein Glaube hat dir geholfen.

* Mt 21 21 (Nr. 216): Jesus aber antwortete ihnen: Wahrlich, ich sage euch: wenn ihr Glauben habt und nicht zweifelt, dann werdet ihr nicht nur das mit dem Feigenbaum (Geschehene) vollbringen, sondern selbst wenn ihr zu dem Berge da sprecht: Hebe dich hinweg und stürze dich ins Meer!, so wird es geschehen.

Mk 11 22 f (Nr. 216): 22 Da antwortete ihnen Jesus: Habt Glauben an Gott! 23 Wahrlich, ich sage euch: wer zu dem Berge spräche: Hebe dich hinweg und stürze dich ins Meer! und in seinem Herzen nicht zweifelte, sondern glaubte, daß, was er sagt, geschieht, dem würde es zuteil werden.

197. Das Kommen des Gottesreiches

Lk 17 20 f

[20] Als er aber von den Pharisäern gefragt wurde, wann das Reich Gottes komme, antwortete er ihnen: Das Reich Gottes kommt nicht so, daß man (sein Kommen) berechnen kann, [21] und man kann auch nicht sagen: Sieh, hier (ist es), oder: Da; denn siehe, das Reich Gottes ist (plötzlich) mitten unter euch (da).

198. Der Tag des Menschensohnes

Mt 24 26 f (Nr. 230):

[26] Wenn sie also zu euch sagen: Siehe, in der Wüste ist er, so geht nicht hinaus, (oder): Siehe, in den Kammern (ist er), so glaubt es nicht! [27] Denn wie der Blitz von Osten ausgeht und bis zum Westen leuchtet, so wird es mit der Ankunft des Menschensohnes sein.

24 37–41 (Nr. 235): [37] Denn wie die Tage Noes, so wird es mit der Ankunft des Menschensohnes sein. [38] Denn wie sie in den Tagen vor der Sintflut aßen und tranken, heirateten und sich heiraten ließen bis zu dem Tage, da ‚Noe in die Arche ging‘ (Gen 7 7), [39] und nicht zur Erkenntnis kamen, bis die Flut kam und alle hinwegraffte,

so wird es [auch] mit der Ankunft des Menschensohnes sein.

Lk 17 22–37

[22] Er sprach aber zu den Jüngern: Es werden Tage kommen, da ihr euch darnach sehnen werdet, (auch nur) einen von den Tagen des Menschensohnes zu sehen, ihn aber nicht sehen werdet. [23] Dann wird man zu euch sagen: Siehe da (ist er), siehe, hier! Geht nicht hin und lauft nicht hinterdrein! [24] Denn wie der Blitz beim Aufblitzen von einem Ende bis zum andern unter dem Himmel hin leuchtet, so wird es mit dem Menschensohn sein an seinem Tage.* [25] Zuerst aber muß er viel leiden und von diesem Geschlecht verworfen werden.** [26] Und wie es in den Tagen Noes war, so wird es auch in den Tagen des Menschensohnes sein:

[27] sie aßen (und) tranken, heirateten (und) ließen sich heiraten bis zu dem Tage, da ‚Noe in die Arche ging‘ (Gen 7 7);

da kam die Flut und vernichtete alle. [28] Und wie es in den Tagen Lots war: sie aßen (und) tranken, kauften (und) verkauften, pflanzten (und) bauten. [29] Aber an dem Tage, da Lot aus Sodoma auszog, ‚da ließ (Gott) Feuer und Schwefel regnen‘ (Gen 19 24) und vernichtete alle, — [30] genau so wird es sein an dem Tage, da der Menschensohn offenbar werden wird.

---

* Mt 24,23–25 (Nr. 230):

[23] Wenn dann jemand zu euch sagt: Siehe, hier ist der Messias, oder: hier so glaubt es nicht! [24] Denn es werden falsche Messiasse auftreten und ‚falsche Propheten‘ und werden große ‚Zeichen und Wunder tun‘ (Dan 13,1), so daß sie womöglich (auch) die Auserwählten verführen. [25] Siehe, ich habe es euch vorausgesagt.

Mk 13,21–23 (Nr. 230):

[21] Und wenn dann jemand zu euch sagt: Siehe, hier ist der Messias, siehe, dort ist er, so glaubt es nicht! [22] Denn es werden falsche Messiasse auftreten und ‚falsche Propheten‘ und werden ‚Zeichen und Wunder tun‘ (Dan 13,1), um womöglich (auch) die Auserwählten zu verführen. [23] Ich aber gebt acht; ich habe euch alles vorausgesagt.

** Mt 16 21 (Nr. 135): Von da an begann Jesus [Christus] seinen Jüngern klarzumachen, daß er nach Jerusalem gehen und viel leiden müsse von den Ältesten, Hohenpriestern und Schriftgelehrten und getötet werden und am dritten Tage auferstehen.

Mk 8 31 (Nr. 135): Und er begann sie zu belehren: Der Menschensohn muß viel leiden und von den Ältesten, Hohenpriestern und Schriftgelehrten verworfen und getötet werden und nach drei Tagen auferstehen.

Lk 9 22 (Nr. 135): Und er sprach: Der Menschensohn muß viel leiden und von den Ältesten, Hohenpriestern und Schriftgelehrten verworfen und getötet werden und am dritten Tage auferstehen.

10 39 (Nr. 75): Wer sein Leben gefunden hat, der wird es verlieren, und wer sein Leben um meinetwillen verliert, der wird es finden.**
24 40 (Nr. 235): Dann werden zwei auf dem Felde sein, einer wird mitgenommen und einer zurückgelassen.
41 Zwei (Frauen) mahlen an der Mühle, eine wird mitgenommen und eine zurückgelassen.

24 28 (Nr. 230): ‚Wo das Aas ist, da sammeln sich die Geier' (Job 39 30).

31 Wer an jenem Tage (gerade) auf dem Dache ist, während sein Gerät im Hause liegt, der soll nicht (erst) herabsteigen, um es zu holen, und desgleichen soll, wer auf dem Felde ist, ‚sich nicht rückwärts wenden' (Gen 19 26).* 32 Denkt an Lots Weib!
33 Wer sein Leben zu erhalten sucht, der wird es verlieren, und wer es verliert, der wird es retten.** 34 Ich sage euch: in dieser Nacht werden zwei in einem Bette liegen, der eine wird mitgenommen und der andere zurückgelassen werden. 35 Zwei (Frauen) werden an derselben (Mühle) mahlen, die eine wird mitgenommen, die andere aber zurückgelassen werden. [36 Zwei werden auf dem Felde sein, der eine wird mitgenommen und der andere zurückgelassen werden.] 37 Da sprachen sie zu ihm: Wo, Herr? Er sprach aber zu ihnen: ‚Wo das Aas ist, da sammeln sich auch die Geier' (Job 39 30).

199. Gleichnis vom Richter und der Witwe

Lk 18 1–8

1 Er sagte ihnen aber ein Gleichnis mit Bezug darauf, daß sie allezeit beten und nicht müde werden sollten: 2 Es war (einmal) ein Richter in einer Stadt, der Gott nicht fürchtete und sich vor keinem Menschen scheute. 3 Es war aber eine Witwe in jener Stadt, die kam immer wieder zu ihm und sprach: Schaffe mir Recht gegen meinen Widersacher! 4 Eine Zeitlang wollte er nicht. Dann aber sagte er bei sich: Wenn ich auch Gott nicht fürchte und mich vor keinem Menschen scheue, so will ich doch dieser Witwe Recht schaffen, 5 weil sie mir keine Ruhe läßt, damit sie mich nicht durch ihr ewiges Kommen aufreibt. 6 Und der Herr sprach: Hört, was der ungerechte Richter sagt! 7 Und Gott sollte seinen Auserwählten nicht Recht schaffen, die Tag und Nacht zu ihm schreien, und sollte ihnen gegenüber (mit seiner Hilfe) zögern? 8 Ich sage euch: er wird ihnen in Kürze Recht schaffen.
Wird aber der Menschensohn, wenn er kommt, den Glauben auf Erden finden?

200. Gleichnis vom Pharisäer und Zöllner

Lk 18 9–14

9 Er sagte aber auch zu einigen, die zu sich selbst das Vertrauen hatten, gerecht zu sein, und die anderen verachteten, folgendes Gleichnis: 10 Zwei Menschen gingen in den Tempel hinauf, um zu beten, der eine ein Pharisäer und der andere ein Zöllner. 11 Der Phari-

* Mt 24 17 f (Nr. 230): 17 Wer (gerade) auf dem Dache ist, soll nicht (erst) herabsteigen, um die Sachen in seinem Hause zu holen, 18 und wer auf dem Felde ist, soll nicht (erst) zurückkehren, um seinen Mantel zu holen.

Mk 13 15 f (Nr. 230): 15 Wer aber (gerade) auf dem Dache ist, soll nicht (erst) herabsteigen und hineingehen, um etwas aus seinem Hause zu holen, 16 und wer auf dem Felde ist, soll nicht (erst) zurückkehren, um seinen Mantel zu holen.

** Mt 16 25 (Nr. 136): Denn wer sein Leben retten will, der wird es verlieren; wer aber sein Leben meinetwegen verliert, der wird es (wieder) finden.

Mk 8 35 (Nr. 136): Denn wer sein Leben retten will, der wird es verlieren; wer aber sein Leben meinetwegen und des Evangeliums wegen verliert, der wird es retten.

Lk 9 24 (Nr. 136): Denn wer sein Leben retten will, der wird es verlieren; wer aber sein Leben meinetwegen verliert, der wird es retten.

Joh 12 25: Wer sein Leben liebt, der verliert es, und wer sein Leben in dieser Welt haßt, der wird es für das ewige Leben bewahren.

säer stellte sich hin und betete bei sich also: Gott, ich danke dir, daß ich nicht so bin wie die anderen Menschen, Räuber, Betrüger, Ehebrecher oder auch wie dieser Zöllner da. 12 Ich faste zweimal in der Woche, ich gebe von allem, was ich einnehme, den Zehnten. 13 Der Zöllner aber stand von ferne und wagte nicht einmal, seine Augen zum Himmel zu erheben, sondern schlug an seine Brust und sprach: Gott, sei mir Sünder gnädig! 14 Ich sage euch: dieser ging gerechtfertigt nach Hause im Unterschied von jenem. Denn jeder, der sich selbst erhöht, wird erniedrigt werden, wer sich aber selbst erniedrigt, wird erhöht werden.*

201. Jesu Abschied von Galiläa

Mt 19 1f	Mk 10 1
1 Und es begab sich, als Jesus diese Worte beendet hatte, ging er aus Galiläa weg und zog in das Gebiet von Judäa jenseits des Jordans. 2 Und es folgten ihm große Volksmassen, und er heilte sie dort.	Und er brach von dort auf und zog in das Gebiet von Judäa und Peräa, und wieder strömten Volksmassen bei ihm zusammen, und wie er es gewohnt war, lehrte er sie wieder.

202. Ehescheidung und Ehelosigkeit

Mt 19 3–12	Mk 10 2–12
3 Da traten Pharisäer an ihn heran, die ihn versuchen wollten, und sprachen: Darf man seine Frau aus jeder beliebigen Ursache entlassen?	2 Da traten Pharisäer an ihn heran und fragten ihn, ob ein Mann seine Frau entlassen dürfe — womit sie ihn versuchen wollten.
4 Er aber antwortete: V. 7f	3 Er aber antwortete ihnen: Was hat euch Moses geboten? 4 Sie aber sprachen: Moses hat erlaubt, ‚einen Scheidebrief auszustellen und (sie damit) zu entlassen‘ (Deut 24 1). 5 Jesus aber sprach zu ihnen: (Nur) wegen eurer Herzenshärte hat er euch dieses Gebot vorgeschrieben.
Habt ihr nicht gelesen, daß der Schöpfer von Anbeginn an ‚sie als Mann und Weib geschaffen‘ (Gen 1 27) 5 und gesagt hat: ‚Deshalb wird ein Mann Vater und Mutter verlassen und seinem Weibe anhangen, und die beiden werden ein Fleisch sein‘ (Gen 2 24)? 6 Also sind sie nicht mehr zwei, sondern ein Fleisch. Was nun Gott zu einem Paar verbunden hat, das darf ein Mensch nicht scheiden.	6 Von Anbeginn der Schöpfung aber ‚schuf er sie als Mann und Weib‘ (Gen 1 27). 7 ‚Deshalb wird ein Mann seinen Vater und seine Mutter verlassen [und seinem Weibe anhangen], 8 und die beiden werden ein Fleisch sein‘ (Gen 2 24). Also sind sie nicht mehr zwei, sondern ein Fleisch. 9 Was nun Gott zu einem Paar verbunden hat, das darf ein Mensch nicht scheiden.
7 Da sprachen sie zu ihm: Wozu hat dann Moses geboten, ‚einen Scheidebrief auszustellen und (sie damit) zu entlassen‘ (Deut 24 1)? 8 Er sprach zu ihnen: Moses hat euch (nur) wegen eurer Herzenshärte erlaubt, eure Frauen zu entlassen. Von Anbeginn aber ist es nicht so gewesen.	V. 4f
9 Ich sage euch aber:	10 Und zu Hause befragten ihn seine Jünger nochmals darüber. 11 Und er sprach zu ihnen:

* Mt 23 12 (Nr. 225): Wer sich aber selbst erhöht, der wird erniedrigt werden, und wer sich selbst erniedrigt, der wird erhöht werden.	Lk 14 11 (Nr. 181): Denn jeder, der sich selbst erhöht, wird erniedrigt werden, und wer sich selbst erniedrigt, der wird erhöht werden.

wer seine Frau entläßt, außer wegen Unzucht, und eine andere heiratet, der bricht die Ehe [, und wer eine Geschiedene heiratet, der bricht die Ehe].*

Wer seine Frau entläßt und eine andere heiratet, bricht ihr die Ehe. [12]Und wenn sie ihren Mann entläßt und einen anderen heiratet, bricht sie die Ehe.*

[10]Da sagten die Jünger zu ihm: Wenn es so steht um das Verhältnis des Mannes zur Frau, dann ist es nicht gut, zu heiraten. [11]Er aber sprach zu ihnen: Nicht alle fassen dieses Wort, sondern nur die, denen es gegeben ist. [12]Denn es gibt Verschnittene, die aus dem Mutterleibe (schon) so geboren wurden, und es gibt Verschnittene, die von den Menschen verschnitten wurden, und es gibt Verschnittene, die sich selbst um des Himmelreiches willen verschnitten haben. Wer es fassen kann, der fasse es!

203. Jesus segnet die Kinder

Mt 19 13–15

[13]Da wurden Kinder zu ihm gebracht, damit er ihnen die Hände auflege und (über sie) bete. Die Jünger aber fuhren die an (, die sie herbeibrachten). [14]Jesus aber sprach: Laßt die Kinder und wehrt ihnen nicht, zu mir zu kommen; denn solcher ist das Himmelreich.

18 3 (Nr. 142): Wahrlich, ich sage euch: wenn ihr nicht umkehrt und werdet wie die Kinder, so werdet ihr nicht in das Himmelreich eingehen.

[15]Und er legte ihnen die Hände auf und zog (von dort) weiter.

Mk 10 13–16

[13]Und man brachte Kinder zu ihm, damit er sie berühre. Die Jünger aber fuhren die an (, die sie herbeibrachten). [14]Als aber Jesus das sah, wurde er unwillig und sprach zu ihnen: Laßt die Kinder zu mir kommen, wehrt ihnen nicht; denn solcher ist das Reich Gottes. [15]Wahrlich, ich sage euch: wer das Reich Gottes nicht annimmt wie ein Kind, wird nicht hineingelangen. [16]Und er schloß sie in die Arme und segnete sie, indem er ihnen die Hände auflegte.

Lk 18 15–17

[15]Man brachte aber auch die kleinen Kinder zu ihm, damit er sie berühre. Als aber die Jünger das sahen, fuhren sie die an (, die sie herbeibrachten). [16]Jesus aber rief (die Kinder) zu sich heran und sprach: Laßt die Kinder zu mir kommen und wehrt ihnen nicht; denn solcher ist das Reich Gottes. [17]Wahrlich, ich sage euch: wer das Reich Gottes nicht annimmt wie ein Kind, wird nicht hineingelangen.

204. Von der Gefährlichkeit des Reichtums

Mt 19 16–30

[16]Und siehe, einer trat an ihn heran und sprach zu ihm: Meister, was soll ich Gutes tun, um das ewige Leben zu erlangen? [17]Er sprach zu ihm: Was fragst du mich

Mk 10 17–31

[17]Und als er sich auf den Weg machte, lief einer auf ihn zu, fiel vor ihm auf die Knie und fragte ihn: Guter Meister, was soll ich tun, um das ewige Leben zu gewinnen? [18]Jesus sprach zu ihm: Was nennst du mich

Lk 18 18–30

[18]Und ein Vorsteher fragte ihn: Guter Meister, was soll ich tun, um das ewige Leben zu gewinnen? [19]Jesus sprach zu ihm: Was nennst du mich

* Mt 5 32 (Nr. 37): Jeder, der seine Frau entläßt, abgesehen vom Fall der Unzucht, der macht sie zur Ehebrecherin, und wer eine Entlassene heiratet, bricht die Ehe.

Lk 16 18 (Nr. 190): Jeder, der seine Frau entläßt und eine andere heiratet, bricht die Ehe, und wer eine von ihrem Mann Entlassene heiratet, bricht die Ehe.

über das Gute? Einer ist der
Gute. Wenn du aber
ins Leben eingehen willst, so
halte die Gebote. [18]Der sprach
zu ihm: Welche? Jesus aber
sprach: ‚Du sollst nicht töten.
nicht ehebrechen, nicht steh-
len, nicht falsches Zeugnis ab-
legen,
[19]ehre Vater und
Mutter' (Ex 20 12–16; Deut 5
16–20) und ‚du sollst deinen
Nächsten lieben wie dich
selbst' (Lev 19 18).
[20]Der Jüngling sprach zu
ihm: Das alles habe
ich gehalten.
Was fehlt mir noch?
[21]Jesus
sprach
zu ihm: Wenn du vollkommen
sein willst, so geh hin, verkaufe
deine Habe, gib (das
Geld) den Armen, dann wirst
du einen Schatz im Himmel
haben, und (dann) komm und
folge mir nach! [22]Als der
Jüngling das Wort hörte, ging
er betrübt davon;
denn er hatte viele Güter.
[23]Jesus aber
sprach zu seinen Jün-
gern: Wahrlich, ich sage euch:
ein Reicher wird schwer
in das Himmelreich hineinge-
langen.
[24]Noch einmal
sage ich euch:
leichter
kommt ein Kamel durch ein
Nadelöhr hindurch als ein
Reicher ins Reich Gottes hin-
ein. [25]Als die Jünger das hör-
ten, erschraken sie sehr und
sagten: Wer
kann (dann überhaupt) ge-
rettet werden? [26]Jesus aber
blickte sie an und sprach zu

gut? Niemand ist gut außer
einem, Gott. [19]Du kennst
die Gebote:
‚Du sollst nicht töten,
nicht ehebrechen, nicht steh-
len, nicht falsches Zeugnis ab-
legen, nicht vorenthalten,
ehre deinen Vater und deine
Mutter' (Ex 20 12–16; Deut 5
16–20; 24 14).
[20]Er aber sprach zu
ihm: Meister, das alles habe
ich von Jugend auf gehalten.
[21]Jesus aber blickte ihn
an, liebkoste ihn und sprach
zu ihm: Eines fehlt dir (noch);
geh hin, verkaufe
alles, was du hast, und gib es
den Armen, dann wirst
du einen Schatz im Himmel
haben, und (dann) komm und
folge mir nach! [22]Der aber
entsetzte sich über das Wort
und ging betrübt davon;
denn er hatte viele Güter.
[23]Und Jesus blickte um sich
und sprach zu seinen Jün-
gern: Wie
schwer werden die Reichen
in das Reich Gottes hineinge-
langen! [24]Die Jünger aber
wurden bestürzt über seine
Worte. Jesus aber sagte noch-
mals zu ihnen: Kinder! Wie
schwer ist es doch [für die,
die auf das Geld vertrauen],
in das Reich Gottes hineinzu-
kommen! [25]Leichter
kommt ein Kamel durch ein
Nadelöhr hindurch als ein
Reicher ins Reich Gottes hin-
ein. [26]Da
erschraken sie noch mehr und
sagten zueinander: Ja, wer
kann (dann überhaupt) ge-
rettet werden? [27]Jesus
blickte sie an und sprach:

gut? Niemand ist gut außer
einem, Gott. [20]Du kennst
die Gebote:
‚Du sollst nicht ehebre-
chen, nicht töten, nicht steh-
len, nicht falsches Zeugnis ab-
legen,
ehre deinen Vater und deine
Mutter' (Ex 20 12–16; Deut 5
16–20).
[21]Er aber sprach:
Das alles habe
ich von Jugend auf gehalten.
[22]Als Jesus das hörte,
sprach er
zu ihm: Eines fehlt dir noch;
verkaufe
alles, was du hast, und verteile
es unter die Armen, dann wirst
du einen Schatz im Himmel
haben, und (dann) komm und
folge mir nach! [23]Der aber
wurde, als er das hörte,
tief betrübt;
denn er war sehr reich.
[24]Als Jesus ihn (so) betrübt
sah, sprach er:
Wie
schwer gelangen die Reichen
in das Reich Gottes hinein!
[25]Denn leichter
kommt ein Kamel durch ein
Nadelöhr hindurch als ein
Reicher ins Reich Gottes hin-
ein. [26]Da
sprachen die Zuhörer: Ja, wer
kann (dann überhaupt) ge-
rettet werden? [27]Er aber
sprach:

ihnen: Bei den Menschen ist das unmöglich, ‚bei Gott aber ist alles möglich‘ (Gen 18 14).	Bei den Menschen ist es unmöglich, aber nicht bei Gott; denn ‚bei Gott ist alles möglich‘ (Gen 18 14).	Was bei den Menschen unmöglich ist, ist bei Gott möglich.
[27]Da gab ihm Petrus zur Antwort: Sieh, wir haben alles verlassen und sind dir nachgefolgt! Was wird uns denn (dafür) zuteil werden? [28]Jesus aber sprach zu ihnen: Wahrlich, ich sage euch:	[28]Da nahm Petrus das Wort und sprach zu ihm: Sieh, wir haben alles verlassen und sind dir nachgefolgt! [29]Da sprach Jesus: Wahrlich, ich sage euch:	[28]Petrus aber sprach: Sieh, wir haben unseren Besitz verlassen und sind dir nachgefolgt! [29]Er aber sprach zu ihnen: Wahrlich, ich sage euch:
ihr, die ihr mir nachgefolgt seid, werdet bei der Welterneuerung, wenn der Menschensohn auf seinem Herrlichkeitsthron sitzen wird, ebenfalls auf zwölf Thronen sitzen und die zwölf Stämme Israels richten.		22 28–30 (Nr. 247): [28]Ihr aber seid die, die mit mir in meinen Versuchungen ausgeharrt haben. [29]So bestimme ich euch denn das Reich, wie es mir mein Vater bestimmt hat, [30]daß ihr an meinem Tische essen und trinken sollt in meinem Reiche und auf Thronen sitzen, um die zwölf Stämme Israels zu richten.
[29]Und jeder, der Häuser oder Brüder oder Schwestern oder Vater oder Mutter oder Kinder oder Äcker um meines Namens willen verlassen hat, wird es hundertfältig (wieder)empfangen	ein jeder, der Haus oder Brüder oder Schwestern oder Mutter oder Vater oder Kinder oder Äcker um meinet- und des Evangeliums willen verlassen hat, [30]wird es hundertfältig (wieder) empfangen, jetzt in dieser Welt, Häuser und Brüder und Schwestern und Mütter und Kinder und Äcker, (wenn auch) unter Verfolgungen,	ein jeder, der Haus oder Weib oder Geschwister oder Eltern oder Kinder um des Reiches Gottes willen verlassen hat, [30]wird es vielfältig in dieser Welt (wieder) empfangen
und das ewige Leben gewinnen.	und in der künftigen Welt das ewige Leben.	und in der künftigen Welt das ewige Leben.
[30]Viele Erste aber werden Letzte sein und die Letzten Erste (vgl. 20 16).	[31]Viele Erste aber werden Letzte sein und die Letzten Erste.	13 30 (Nr. 177): Und siehe, es gibt Letzte, die Erste sein werden, und es gibt Erste, die Letzte sein werden.

205. Gleichnis vom gleichen Lohn für ungleiche Arbeit

Mt 20 1–16

[1]Denn mit dem Himmelreich verhält es sich wie mit einem Hausherrn. der frühmorgens ausging, um Arbeiter für seinen Weinberg zu dingen. [2]Und als er mit den Arbeitern um einen Denar für den Tag eins geworden war, schickte er sie in seinen Weinberg. [3]Und um die dritte Stunde ging er (wieder) aus und sah andere müßig auf dem Markt (herum-) stehen [4]und sprach zu ihnen: Geht auch ihr in meinen Weinberg, und ich will euch geben, was recht ist. [5]Und sie gingen hin. Um die sechste und neunte Stunde aber ging er wieder aus und tat ebenso. [6]Und als er um die elfte Stunde (nochmals) ausging, traf er nochmals

andere, die (herum)standen, und sprach zu ihnen: Was steht ihr hier den ganzen Tag
müßig? 7 Sie sprachen zu ihm: Weil uns niemand gedungen hat. Er sprach zu ihnen: Geht
auch ihr in (meinen) Weinberg. 8 Als es aber Abend geworden war, sprach der Weinberg-
besitzer zu seinem Verwalter: Rufe die Arbeiter und zahle ihnen den Lohn aus, und fange
bei den Letzten an — bis zu den Ersten. 9 Und es kamen die um die elfte Stunde (Gedunge-
nen) und erhielten je einen Denar. 10 Als nun die Ersten kamen, meinten sie, sie würden mehr
bekommen. 11 Aber auch sie erhielten (nur) je einen Denar. Als sie ihn aber empfingen, murr-
ten sie gegen den Hausherrn 12 und sagten: Diese Letzten haben (nur) eine Stunde gearbeitet,
und du hast sie uns gleichgestellt, die wir die Last des Tages getragen haben und die Hitze!
13 Er aber erwiderte einem von ihnen: Mein Lieber, ich tue dir kein Unrecht. Bist du nicht
um einen Denar mit mir eins geworden? 14 Nimm, was du bekommen hast, und geh! Es ist
aber (nun einmal) mein Wille, diesem Letzten (ebensoviel) zu geben wie dir. 15 Darf ich
mit dem, was mir gehört, nicht tun, was ich will? Oder ist dein Auge böse, weil ich gütig bin?
16 So werden die Letzten Erste sein und die Ersten Letzte (vgl. 19 30). [Denn viele
sind berufen, wenige aber auserwählt.]

206. Die dritte Leidensweissagung

Mt 20 17–19	Mk 10 32–34	Lk 18 31–34
17 Als Jesus aber sich anschickte, nach Jerusalem hinaufzuziehen,	32 Sie waren aber auf dem Wege nach Jerusalem hinauf, und Jesus ging ihnen voran, und (die Jünger) staunten (darüber), die Nachfolgenden aber fürchteten sich.	
nahm er die Zwölf allein beiseite und sprach unterwegs zu ihnen:	Da nahm er wiederum die Zwölf beiseite und begann ihnen zu sagen, was ihm bevorstünde:	31 Und er nahm die Zwölf beiseite und sprach zu ihnen:
18 Siehe, wir ziehen nach Jerusalem hinauf,	33 Siehe, wir ziehen nach Jerusalem hinauf,	Siehe, wir ziehen nach Jerusalem, hinauf, und es wird alles vollendet werden, was durch die Propheten über den Menschensohn geschrieben ist.
und der Menschensohn wird den Hohenpriestern und Schriftgelehrten überliefert werden, und sie werden ihn zum Tode verurteilen	und der Menschensohn wird den Hohenpriestern und den Schriftgelehrten überliefert werden, und sie werden ihn zum Tode verurteilen	
19 und ihn den Heiden überliefern, daß sie	und ihn den Heiden überliefern;	32 Denn er wird den Heiden überliefert,
ihn verspotten,	34 und (diese) werden ihn verspotten,	verspottet,
	anspeien,	mißhandelt und angespien werden,
geißeln und kreuzigen, und am dritten Tage wird er auferstehen.	geißeln und töten, und nach drei Tagen wird er auferstehen.	33 und sie werden ihn geißeln und töten, und am dritten Tage wird er auferstehen. 34 Und sie verstanden nichts davon, und dieses Wort war vor ihnen verborgen, und sie begriffen das Gesagte nicht.

207. Der Ehrgeiz der Zebedäussöhne

Mt 20 20–28

20 Darauf trat die Mutter der Söhne des Zebedäus mit ihren Söhnen zu ihm, fiel ihm zu Füßen und wollte etwas von ihm erbitten.

21 Er aber sprach zu ihr: Was willst du? Sie sprach zu ihm: Sprich, daß diese meine zwei Söhne in deinem Reiche einer dir zur Rechten und einer zur Linken sitzen. 22 Jesus aber antwortete: Ihr wißt nicht, um was ihr bittet. Könnt ihr den Kelch trinken, den ich trinken werde?

Sie sprachen zu ihm: Wir können es. 23 Er sprach zu ihnen: Meinen Kelch werdet ihr zwar (auch) trinken.

Das Sitzen mir zur Rechten und zur Linken aber, das habe nicht ich zu vergeben, sondern (es ist für die,) denen es von meinem Vater bereitet ist.

Mk 10 35–45

35 Und es traten Jakobus und Johannes, die Söhne des Zebedäus, an ihn heran und sprachen zu ihm: Meister, wir möchten, daß du uns tust, um was wir dich bitten. 36 Er aber sprach zu ihnen: Was wollt ihr, daß ich euch tun soll? 37 Da sprachen sie zu ihm: Gewähre uns, daß wir in deiner Herrlichkeit einer dir zur Rechten und einer zur Linken sitzen. 38 Jesus aber sprach zu ihnen: Ihr wißt nicht, um was ihr bittet. Könnt ihr den Kelch trinken, den ich trinke, oder mit der Taufe getauft werden, mit der ich getauft werde?* 39 Sie sprachen zu ihm: Wir können es. Jesus aber sprach zu ihnen: Den Kelch, den ich trinke, werdet ihr (auch) trinken, und mit der Taufe, mit der ich getauft werde, werdet ihr (auch) getauft werden. 40 Das Sitzen mir zur Rechten oder zur Linken aber habe nicht ich zu vergeben, sondern (es ist für die,) denen es bereitet ist.

Mt

24 Als die Zehn das hörten, entrüsteten sie sich über die zwei Brüder. 25 Jesus aber rief sie herbei und sprach zu ihnen: Ihr wißt, daß die Herrscher der Völker ein Gewaltregiment über sie führen und daß die Großen sie vergewaltigen.

26 Bei euch soll es nicht so sein; sondern wer unter euch der Größte sein will, soll euer Diener sein, 27 und wer unter euch der Erste sein will, soll euer Knecht sein** — 28 wie der Menschensohn nicht gekommen ist, um sich bedienen zu lassen, sondern um zu dienen und sein Leben als Lösegeld für viele hinzugeben.

Mk

41 Als die Zehn das hörten, entrüsteten sie sich über Jakobus und Johannes. 42 Da rief Jesus sie herbei und sprach zu ihnen: Ihr wißt, daß die, welche als Herrscher der Völker gelten, ein Gewaltregiment über sie führen und daß ihre Großen sie vergewaltigen.

43 Bei euch aber soll es nicht so sein; sondern wer unter euch der Größte sein will, soll euer Diener sein, 44 und wer unter euch der Erste sein will, soll der Knecht aller sein.** 45 Denn auch der Menschensohn ist nicht gekommen, um sich bedienen zu lassen, sondern um zu dienen und sein Leben als Lösegeld für viele hinzugeben.

Lk 22 24–27 (Nr. 247):

24 Es entstand aber auch ein Streit unter ihnen, wer von ihnen als der Größte zu gelten habe. 25 Er aber sprach zu ihnen: Die Könige der Völker herrschen über sie (mit Gewalt) und ihre Gewalthaber lassen sich „Wohltäter" nennen. 26 Bei euch aber (soll es) nicht so (sein); sondern der Größte unter euch werde wie der Jüngste und der Oberste wie der Diener.** 27 Denn wer ist größer, der zu Tische sitzt oder der bedient? Nicht, der zu Tische sitzt? Ich aber bin unter euch wie der Diener.

---

* Lk 12 50 (Nr. 172): Mit einer Taufe muß ich getauft werden, und wie ist mir bange, bis sie vollendet ist.

** Mt 23 11 (Nr. 225): Der Größte unter euch aber soll euer Diener sein.

Mk 9 35 (Nr. 142): Wenn einer der Erste sein will, der muß der Letzte von allen und der Diener aller sein.

Lk 9 48 b (Nr. 142): Denn wer der Kleinste unter euch allen ist, der ist groß.

208. Die Heilung des blinden Bartimäus*

Mt 20 29–34

29 Und als sie
Jericho verließen, folgte ihm
eine große Volksmenge. 30 Und
siehe, zwei Blinde
saßen am
Wege. Und als sie
hörten,
daß Jesus
vorbeikomme, schrien
sie: Herr, erbarme
dich unser, Sohn Davids!
31 Die Volksmenge aber fuhr
sie an, sie sollten
schweigen. Sie aber schrien
(nur) noch lauter: Herr, erbar-
me dich unser, Sohn Davids!
32 Da blieb Jesus stehen,
ließ sie herbeirufen
und sprach:
Was wollt ihr, daß ich euch
tun soll? 33 Sie
sprachen zu ihm: Herr, daß
unsere Augen geöffnet werden.
34 Da berührte Jesus, von Mit-
leid ergriffen, ihre Augen,
und so-
gleich konnten sie wieder
sehen und folgten ihm.

Mk 10 46–52

46 Und sie kamen nach Jeri-
cho. Und als er mit seinen
Jüngern und vielem Volk
Jericho verließ,
saß
der Sohn des Timäus, Barti-
mäus, ein blinder Bettler, am
Wege. 47 Und als er
hörte,
es sei Jesus von Naza-
reth, begann
er zu schreien: Sohn Davids,
Jesus, erbarme dich meiner!
48 Da fuhren ihn viele
an, er solle
schweigen. Er aber schrie
(nur) noch lauter: Sohn Da-
vids, erbarme dich meiner!
49 Da blieb Jesus stehen und
sprach: Ruft ihn her! Und
sie riefen dem Blinden und
sagten zu ihm: Fasse Mut,
steh auf, er ruft dich. 50 Da
warf er seinen Mantel ab,
sprang auf und kam zu Jesus.
51 Und Jesus redete
ihn an und sprach zu ihm:
Was willst du, daß ich dir
tun soll? Der Blinde aber
sprach zu ihm: Rabbuni, ich
möchte wieder sehen können.
52 Da sprach Jesus zu ihm:
Geh,
dein Glaube
hat dir geholfen. Und so-
gleich konnte er wieder
sehen und folgte ihm auf dem
Wege.

Lk 18 35–43

35 Es begab
sich aber, als er
in die Nähe von
Jericho kam,
saß
ein Blinder
am
Wege und bettelte. 36 Als der
hörte, wie eine Volksmenge
vorüberzog, fragte er, was
das bedeute. 37 Und man teilte
ihm mit, daß Jesus von Naza-
reth vorüberziehe. 38 Da rief
er laut: Jesus, Sohn Davids,
erbarme dich meiner!
39 Da fuhren ihn die (im Zuge)
Vorangehenden an, er solle
schweigen. Er aber schrie
(nur) noch lauter: Sohn Da-
vids, erbarme dich meiner!
40 Da blieb Jesus stehen und
ließ ihn zu sich führen.
41 Als er nahe herangekom-
men war, fragte er ihn:
Was willst du, daß ich dir
tun soll? Er aber
sprach: Herr, ich
möchte wieder sehen können.
42 Da sprach Jesus zu ihm:
Sei
wieder sehend, dein Glaube
hat dir geholfen. 43 Und so-
gleich konnte er wieder
sehen und folgte ihm,
Gott preisend. Und das
ganze Volk, das zusah, gab
Gott die Ehre.

---

* Mt 9 27–31 (Nr. 69): 27 Und als Jesus von da weiterging, folgten ihm zwei Blinde, die schrien: Erbarme dich unser, Sohn Davids! 28 Als er aber das Haus betrat, kamen die zwei Blinden zu ihm, und Jesus sprach zu ihnen: Glaubt ihr, daß ich dies tun kann? Sie sprachen zu ihm: Ja, Herr. 29 Da berührte er ihre Augen und sprach: Nach eurem Glauben geschehe euch! 30 Da wurden ihre Augen geöffnet. Und Jesus fuhr sie an: Nehmt euch in acht, niemand soll es erfahren! 31 Sie aber gingen hinaus und verbreiteten die Kunde von ihm in jener ganzen Gegend.

209. Jesu Einkehr beim Oberzöllner Zakchäus

Lk 19 1–10

[1]Und er ging nach Jericho hinein und zog hindurch. [2]Und siehe, da war ein Mann namens Zakchäus, der war Oberzöllner und war reich. [3]Und er wollte gern Jesus sehen, wer er wäre, konnte es aber wegen der Volksmenge nicht, weil er klein von Gestalt war. [4]Da lief er voraus und stieg auf einen Maulbeerfeigenbaum, um ihn zu sehen; denn dort mußte er vorbeikommen. [5]Und als Jesus an die Stelle kam, blickte er empor und sprach zu ihm: Zakchäus, steig eilends herab! Denn ich muß heute in deinem Hause einkehren. [6]Da stieg er eilends herab und nahm ihn mit Freuden (gastlich) auf. [7]Da murrten alle, die es sahen: Bei einem Zöllner ist er eingekehrt, um zu rasten! [8]Zakchäus aber trat hin und sprach zum Herrn: Sieh, Herr, die Hälfte meiner Habe gebe ich den Armen, und wenn ich von jemand etwas erpreßt habe, so erstatte ich es vierfach zurück. [9]Da sprach Jesus zu ihm (gewendet): Heute ist diesem Hause Heil zuteil geworden, ist er doch auch ein Sohn Abrahams. [10]Denn der Menschensohn ist gekommen, ‚das Verlorene zu suchen‘ (Ez 34 16) und zu retten.

210. Gleichnis von den Minen

Mt 25 14–30 (Nr. 238):

[14]Denn (es ist so), wie wenn ein Mann, der auf Reisen ging,

seine Knechte rief und ihnen seine Habe übergab. [15]Dem einen gab er fünf Talente, einem anderen zwei, wieder einem anderen eines, einem jeden nach seiner Tüchtigkeit. Dann reiste er ab. Alsbald [16]ging der, der die fünf Talente empfangen hatte, hin und arbeitete mit ihnen und gewann fünf andere (dazu). [17]Ebenso gewann der, der zwei empfangen hatte, zwei andere (dazu). [18]Der aber, der das eine empfangen hatte, ging hin, grub ein Loch in die Erde und versteckte das Geld seines Herrn.

[19]Nach langer Zeit aber kam der Herr jener Knechte (zurück) und rechnete mit ihnen ab.

[20]Da trat der, der die fünf Talente empfangen hatte, herzu, brachte fünf andere Talente und sprach: Herr, fünf Talente hast du mir übergeben; hier sind fünf andere Talente, die ich (dazu)gewonnen habe. [21]Da sprach sein Herr zu ihm: Recht so, du guter und treuer Knecht! Du bist über wenigem treu

Lk 19 11–27

[11]Während sie dies hörten, trug er nochmals ein Gleichnis vor, weil er nahe bei Jerusalem war und sie meinten, das Reich Gottes werde (nun) bald in Erscheinung treten. [12]Er sprach also: Ein Mann von vornehmer Geburt reiste in ein fernes Land, um sich die Königswürde zu holen und (dann) zurückzukehren. [13]Und er rief zehn von seinen Knechten, gab ihnen zehn Minen und sprach zu ihnen: Treibt damit Geschäfte, bis ich (wieder)komme!

[14]Seine Mitbürger aber haßten ihn und schickten eine Gesandtschaft hinter ihm her und ließen sagen: Wir wollen nicht, daß dieser über uns König werde. [15]Und es begab sich, als er im Besitz der Königswürde zurückkehrte, da ließ er jene Knechte zu sich rufen, denen er das Geld gegeben hatte, um zu erfahren, was ein jeder erhandelt hätte. [16]Da erschien der erste

und sprach: Herr, deine Mine hat zehn andere Minen dazugebracht.

[17]Da sprach er zu ihm: Recht so, du guter Knecht! Weil du im Geringsten treu

gewesen; ich will dich über viel setzen. Geh ein
in die Freude deines Herrn! 22 Da trat auch der
mit den zwei Talenten herzu und sprach: Herr,
zwei Talente hast du mir übergeben; hier sind
zwei andere Talente, die ich (dazu)gewonnen
habe. 23 Da sprach sein Herr zu ihm: Recht so,
du guter und treuer Knecht! Du bist über wenigem treu gewesen; ich will dich über viel setzen.
Geh ein in die Freude deines Herrn! 24 Da trat
auch der herzu, der das eine Talent empfangen
hatte, und sprach: Herr,
ich wußte, daß du ein
harter Mann bist, erntest, wo du nicht gesät,
und sammelst, wo du nicht ausgestreut hast,
25 und weil ich mich fürchtete, ging ich hin und
versteckte dein Talent in der Erde. Da hast du
dein Geld! 26 Da antwortete ihm sein Herr:
Du schlechter und
fauler Knecht! Du wußtest, daß ich
ernte, wo ich nicht gesät, und
einnehme, wo ich nicht ausgestreut habe!?
27 Dann hättest du mein Geld bei den Bankhaltern anlegen sollen, und ich hätte bei meiner
Rückkehr mein Geld mit Zinsen zurückerhalten.

28 Darum nehmt ihm das Talent und gebt es
dem, der die zehn Talente hat!

29 Denn jedem, der hat, wird
(dazu)gegeben werden, und er wird Überfluß
haben; wer aber nicht(s) hat, dem wird auch,
was er hat, weggenommen werden.* 30 Und den
nichtsnutzigen Knecht werft hinaus in die Finsternis draußen; dort wird Heulen und Zähneknirschen herrschen.

gewesen bist, sollst du Herr sein über zehn
Städte. 18 Und es kam der
zweite und sprach: Deine
Mine, Herr, hat fünf andere Minen dazugebracht.
19 Auch zu diesem sprach er:

Auch du sollst über fünf Städte gesetzt werden.
20 Und der
nächste kam
und sprach: Herr, da hast du deine
Mine, die ich im Schweißtuch aufbewahrt hatte.
21 Denn ich fürchtete mich vor dir, weil du ein
harter Mann bist, abhebst, was du nicht eingezahlt, und erntest, was du nicht gesät hast.

22 Er sprach zu
ihm: Auf Grund deiner eigenen Worte will ich
dir das Urteil sprechen, du schlechter
Knecht! Du wußtest, daß ich ein harter
Mann bin, abhebe, was ich nicht eingezahlt, und
ernte, was ich nicht gesät habe!?
23 Warum hast du(dann) mein Geld nicht auf die
Bank gelegt? Dann hätte ich es bei meiner
Rückkehr mit Zinsen abgehoben.
24 Und zu den dabeistehenden (Dienern) sprach
er: Nehmt ihm die Mine und gebt sie
dem, der die zehn Minen hat! 25 Da sprachen
sie zu ihm: Herr, er hat (doch schon) zehn
Minen! 26 Ich sage euch: Jedem, der hat, wird
(dazu)gegeben werden;
wer aber nicht(s) hat, dem wird auch,
was er hat, weggenommen werden.*

27 Doch jene meine Feinde,
die nicht wollten, daß ich König über sie werde,
bringt hierher und haut sie vor meinen Augen
nieder!

* Mt 13 12 (Nr. 103): Denn wer hat, dem wird (dazu)gegeben werden, und er wird Überfluß haben; wer aber nicht(s) hat, dem wird auch, was er hat, weggenommen werden.

Mk 4 25 (Nr. 105): Denn wer hat, dem wird (dazu)gegeben werden; wer aber nicht(s) hat, dem wird auch, was er hat, weggenommen werden.

Lk 8 18 (Nr. 105): Denn wer hat, dem wird (dazu)gegeben werden; wer aber nicht(s) zu haben meint, weggenommen werden.

DIE LETZTEN TAGE JESU IN JERUSALEM

Mt 21—27 = Mk 11—15 = Lk 19 28–23

Erster Abschnitt

Jesu letztes öffentliches Auftreten

Mt 21—25 = Mk 11—13 = Lk 19 28–21

211. Jesus zieht als Messias in Jerusalem ein

Mt 21 1–9	**Mk 11 1–10**	**Lk 19 28–40**	**Joh 12 12–19**
[1] Und als sie in die Nähe von Jerusalem kamen und nach Bethphage am Ölberg gelangten, da sandte Jesus zwei Jünger voraus [2] und sprach zu ihnen: Geht in das Dorf, das da vor euch liegt, und sogleich werdet ihr eine Eselin angebunden finden und ein Füllen bei ihr. Bindet sie los und bringt sie mir. [3] Und wenn euch jemand anspricht, dann sagt: Der Herr braucht sie; und sogleich wird er sie ziehen lassen. [4] Das aber ist geschehen, damit erfüllt würde, was durch den Propheten gesprochen ist, welcher sagt: [5] ‚Sagt der Tochter Sion‘ (Is 62 11): ‚Sieh, dein König kommt zu dir, Sanftmütig und auf einem Esel reitend Und auf einem Füllen, dem Jungen des Lasttieres‘ (Zach 9 9).	[1] Und als sie in die Nähe von Jerusalem kamen, nach Bethphage und Bethanien am Ölberg, sandte er zwei seiner Jünger voraus [2] und sprach zu ihnen: Geht in das Dorf, das da vor euch liegt, und sogleich beim Betreten werdet ihr ein Eselsfüllen angebunden finden, auf dem noch nie ein Mensch gesessen hat. Bindet es los und bringt es her. [3] Und wenn euch jemand anspricht: Was tut ihr da?, dann sagt: Der Herr braucht es und schickt es sogleich wieder hierher.	[28] Und nach diesen Worten zog er weiter, hinauf nach Jerusalem. [29] Und es begab sich, als er in der Nähe von Bethphage und Bethanien an den sogenannten Ölberg kam, sandte er zwei von den Jüngern voraus [30] und sprach: Geht in das Dorf vor euch. Dort werdet ihr beim Betreten ein Eselsfüllen angebunden finden, auf dem noch nie ein Mensch gesessen hat. Bindet es los und bringt es her. [31] Und wenn euch jemand fragt: Warum bindet ihr es los?, dann sagt: Der Herr braucht es.	V. 14b–15
[6] Die Jünger aber gingen hin	[4] Und sie gingen fort und fanden das Eselsfüllen an einer Haustüre angebunden, außen auf	[32] Die Abgesandten gingen fort und fanden (es), wie er ihnen gesagt hatte.	V. 14 a

und taten, wie ihnen Jesus geboten hatte,	der Straße, und banden es los. 5 Da sprachen einige von den dort Stehenden zu ihnen: Was macht ihr da, daß ihr das Füllen losbindet? 6 Da antworteten sie ihnen, wie ihnen Jesus gesagt hatte, und man ließ sie gewähren.	33 Als sie aber das Füllen losbanden, sprachen dessen Besitzer zu ihnen: Warum bindet ihr das Füllen los? 34 Da antworteten sie ihnen: Der Herr braucht es.	
7 und brachten die Eselin und das Füllen, legten ihre Kleider auf sie, und er setzte sich auf sie.	7 Und sie brachten das Füllen zu Jesus, legten ihre Kleider darauf, und er setzte sich darauf.	35 Und sie brachten es zu Jesus, breiteten ihre Kleider auf das Füllen und ließen Jesus aufsitzen.	V. 14 a
8 Die gewaltige Volksmenge aber breitete ihre Kleider auf den Weg, andere aber hieben Zweige von den Bäumen und streuten sie auf den Weg.	8 Und viele breiteten ihre Kleider auf den Weg, andre aber grüne Büschel, die sie von den Feldern abschnitten.	36 Und während er dahinritt, breiteten sie ihre Kleider auf den Weg.	12 Am nächsten Tage nahm die zahlreiche Volksmenge, die zum Fest gekommen war, als sie hörte, daß Jesus nach Jerusalem komme, 13 die Palmzweige, zog aus, ihm entgegen,
9 Die Volksmassen aber, welche voran- und hinterdreingingen, riefen:	9 Und die, welche voran- und hinterdreingingen, riefen:	37 Als er sich aber dem Abstieg des Ölberges näherte, begann die ganze Jüngerschar voller Freude Gott mit lauter Stimme zu preisen wegen all der Wundertaten, die sie gesehen hatten, 38 indem sie riefen:	und rief:
‚Hosanna' dem Sohne Davids!	‚Hosanna!'		‚Hosanna!'
‚Gesegnet ist, der da kommt im Namen des Herrn' (Ps 118 [117] 25f).	‚Gesegnet ist, der da kommt im Namen des Herrn' (Ps 118 [117] 25f).	‚Gesegnet ist, der da kommt,' der König ‚im Namen des Herrn' (Ps 118 [117] 26).	‚Gesegnet ist, der da kommt im Namen des Herrn' (Ps 118 [117] 25f) und: Der König Israels!
	10 Gesegnet ist das kommende Reich unseres Vaters David.		
‚Hosanna' in der Höhe!	‚Hosanna' in der Höhe!	Im Himmel ist Heil und Ehre in der Höhe.	
V. 6f V. 4f	V. 47	V. 32 35	14 Jesus aber fand ein Eselsfüllen und setzte sich darauf, wie geschrieben steht: 15 ‚Fürchte dich nicht, Tochter Sion! Sieh, dein König kommt Auf einem Eselsfüllen sitzend' (Zach 9 9). 16 Das verstanden seine Jünger zunächst nicht. Als aber Jesus verherrlicht war, da erinnerten sie sich, daß dies über ihn ge-

schrieben stand und daß sie ihm dies getan hatten. 17 Die Volks-
menge nun, die bei ihm gewesen war, als er den Lazarus aus
dem Grabe gerufen und von den Toten erweckt hatte, legte
Zeugnis ab. 18 Deshalb zog ihm auch die Volksmenge entgegen,
weil sie gehört hatten, daß er dieses Wunder gewirkt habe.

39 Und einige Pharisäer aus der
Menge sprachen zu ihm: Meister,
weise (doch) deine Jünger zurecht!
40 Er aber antwortete: Ich sage
euch: wenn diese schweigen, ‚werden die Steine schreien‘ (Hab 2 11).

19 Die Pharisäer aber sprachen zueinander: Da seht ihr, daß ihr nichts ausrichtet; siehe, die (ganze) Welt läuft ihm nach.

212. Jesu Tränen über Jerusalem

Lk 19 41–44

41 Und als er näher kam und die Stadt erblickte, weinte er über sie
42 und sprach: Wenn doch du an diesem deinem Tage erkannt hättest, was (dir) zum Heile dient! Nun aber ist es vor deinen Augen verborgen.
43 Denn es werden Tage über dich kommen, da werden deine Feinde einen Wall gegen dich aufwerfen und dich einschließen und von allen Seiten bedrängen.
44 Und sie werden dich dem Erdboden gleichmachen und deine Kinder in dir (zu Boden schmettern) und in dir keinen Stein auf dem andern lassen, weil du die Zeit deiner Heimsuchung nicht erkannt hast.

213. Jesus im Tempel. Rückkehr nach Bethanien

Mt 21 10–17

10 Und als er nach Jerusalem hineinging, geriet die ganze Stadt in Bewegung und sagte: Wer ist (denn) dieser?
11 Die (ihn begleitenden) Volksmassen aber sagten: Das ist der Prophet Jesus von Nazareth in Galiläa.
12 Und Jesus ging in den Tempel und trieb alle Verkäufer und Käufer im Tempel hinaus und stieß die Tische der Geldwechsler und die Sitze der Taubenverkäufer um
13 und sprach zu ihnen: Es steht geschrieben: ‚Mein Haus soll ein Bethaus heißen‘ (Is 56 7). Ihr aber macht daraus ‚eine Räuberhöhle‘ (Jer 7 11).
14 Und Lahme und Blinde kamen im Tempel zu ihm, und er heilte sie.
15 Als aber die Hohenpriester und die Schriftgelehrten die Wundertaten sahen, die er wirkte, und die Kinder, die im Tempel riefen: ‚Hosanna‘ dem Sohne Davids!, da wurden sie ungehalten
16 und sprachen zu ihm: Hörst du, was diese sagen? Jesus aber sprach zu ihnen: Gewiß. Habt ihr nie gelesen: ‚Aus dem Munde der Unmündigen und Säuglinge hast du (dir) Lob bereitet‘ (Ps 8 3)?
17 Und er ließ sie stehen und ging aus der Stadt hinaus nach Bethanien und blieb dort die Nacht.

Mk 11 11

Und er ging nach Jerusalem hinein in den Tempel; und als er alles angesehen hatte, ging er, da es schon spät an der Zeit war, mit den Zwölfen nach Bethanien hinaus.

V. 15–17 (Nr. 215)

V. 45 f (Nr. 215)

214. Die Verfluchung des Feigenbaums

Mt 21 18 f

18 Als er aber frühmorgens in die Stadt zurückkehrte, hungerte ihn.
19 Da sah er einen Feigenbaum am Wege und ging zu ihm hin, fand aber an ihm nichts als Blätter. Da sprach er zu ihm: Nie mehr in Ewigkeit soll von dir Frucht kommen! Und der Feigenbaum verdorrte auf der Stelle.

Mk 11 12–14

12 Und am anderen Morgen, als sie Bethanien verließen, hungerte ihn.
13 Da sah er von weitem einen Feigenbaum voller Blätter und ging hin, ob er vielleicht etwas daran fände. Als er aber zu ihm hinkam, fand er nichts als Blätter; es war nämlich nicht die Zeit für Feigen.
14 Da redete er ihn an und sprach zu ihm: In Ewigkeit soll nie mehr jemand von dir Frucht essen! Und seine Jünger hörten es.

215. Die Tempelreinigung

Mt 21 12 f (Nr. 213):

12 Und Jesus ging in den Tempel und trieb alle Verkäufer und Käufer im Tempel hinaus und stieß die Tische der Geldwechsler und die Sitze der Taubenhändler um
13 und sprach zu ihnen: Es steht geschrieben: ‚Mein Haus soll ein Bethaus heißen‘ (Is 56 7). Ihr aber

Mk 11 15–19

15 Und sie kamen nach Jerusalem. Und er ging in den Tempel und begann die Verkäufer und Käufer im Tempel hinauszutreiben und stieß die Tische der Geldwechsler und die Sitze der Taubenhändler um
16 und duldete nicht, daß jemand ein Gerät durch den Tempel trug.
17 Und er lehrte und sprach zu ihnen: Steht nicht geschrieben: ‚Mein Haus soll ein Bethaus heißen für alle Völker‘ (Is 56 7)? Ihr aber

Lk 19 45–48

45 Und er ging in den Tempel und begann die Verkäufer hinauszutreiben
46 und sprach zu ihnen: Es steht geschrieben: ‚Und mein Haus soll ein Bethaus sein‘ (Is 56 7). Ihr aber

Joh 2 13–17

13 Und das Pascha der Juden war nahe, und Jesus zog nach Jerusalem hinauf.
14 Und er fand im Tempel die Rinder-, Schaf- und Taubenhändler und die Geldwechsler dasitzen.
15 Da machte er aus Stricken eine Geißel und trieb alle aus dem Tempel hinaus, auch die Schafe und Rinder, und verschüttete das Geld der Geldwechsler und stieß (ihre) Tische um.
16 Und zu den Taubenhändlern sprach er: Schafft das da von hier fort, macht das Haus meines Vaters nicht zu einem Kaufhaus!

macht daraus ‚eine Räuberhöhle‘ (Jer 7 11).

22 33 (Nr. 222)

habt daraus ‚eine Räuberhöhle‘ (Jer 7 11) gemacht.

18 Und die Hohenpriester und die Schriftgelehrten hörten (das) und suchten (einen Weg), wie sie ihn töten könnten.

Sie fürchteten ihn nämlich; denn das ganze Volk staunte über seine Lehre.

19 Und als es gegen Abend ging, verließen sie die Stadt.

habt daraus ‚eine Räuberhöhle‘ (Jer 7 11) gemacht.

47 Und er lehrte täglich im Tempel. Die Hohenpriester und die Schriftgelehrten aber suchten ihn zu töten und die Führer des Volkes, 48 wußten aber nicht, was sie tun sollten; denn das ganze Volk war darauf gespannt, ihn zu hören.

17 Seine Jünger dachten (dabei) daran, daß geschrieben steht: ‚Der Eifer für dein Haus wird mich verzehren‘ (Ps 69 [68] 10).

216. Sprüche vom Glauben

Mt 21 20–22

20 Und als das die Jünger sahen,

staunten sie und sprachen: Wie ist der Feigenbaum auf der Stelle verdorrt! 21 Jesus aber antwortete ihnen: Wahrlich, ich sage euch: wenn ihr Glauben habt und nicht zweifelt, dann werdet ihr nicht nur das mit dem Feigenbaum (Geschehene) vollbringen, sondern selbst wenn ihr zu dem Berge da sprecht: Hebe dich hinweg und stürze dich ins Meer!,

so wird es geschehen.*

22 Und alles, was ihr im Gebet erbittet, werdet ihr, wenn ihr nur glaubt, empfangen.

6 14 f (Nr. 43): 14 Wenn ihr nämlich den (Mit)menschen

Mk 11 20–26

20 Und als sie am (nächsten) Morgen vorbeikamen, sahen sie den Feigenbaum von den Wurzeln aus verdorrt. 21 Da erinnerte sich Petrus und sprach zu ihm: Meister, sieh, der Feigenbaum, den du verflucht hast, ist verdorrt. 22 Da antwortete ihnen Jesus: Habt Glauben an Gott! 23 Wahrlich, ich sage euch:

wer zu dem Berge da spräche: Hebe dich hinweg und stürze dich ins Meer! und in seinem Herzen nicht zweifelte, sondern glaubte, daß, was er sagt, geschieht, dem würde es zuteil werden.* 24 Deshalb sage ich euch: alles, um was ihr betet und bittet, glaubt, daß ihr es empfangen habt, und es wird euch zuteil werden. 25 Und wenn ihr dasteht und betet, vergebt,

* Mt 17 20 (Nr. 139): Er aber sprach zu ihnen: Wegen eures Unglaubens. Denn wahrlich, ich sage euch: wenn ihr Glauben hättet (wenn auch nur so groß) wie ein Senfkorn, so könntet ihr zu dem Berge da sagen: Rücke weg von hier, dorthin!, und er würde wegrücken, und nichts würde euch unmöglich sein.

Lk 17 6 (Nr. 194): Der Herr aber sprach: Wenn ihr Glauben hättet (wenn auch nur so groß) wie ein Senfkorn, so würdet ihr zu dem Maulbeerfeigenbaum da sagen: Entwurzle dich und pflanze dich im Meer an!, und er würde euch gehorchen.

ihre Verfehlungen vergebt, so wird auch euch euer himmlischer Vater
vergeben. 15 Wenn ihr aber den (Mit)menschen [ihre Verfehlungen] nicht vergebt, dann wird auch euer Vater eure Übertretungen nicht vergeben.

wenn ihr etwas gegen jemand habt, damit auch euer Vater im Himmel euch eure Übertretungen vergebe. [26 Wenn ihr aber nicht vergebt, dann wird auch euer Vater im Himmel euch eure Übertretungen nicht vergeben.]

217. Die Frage nach Jesu Vollmacht

Mt 21 23–27

23 Und als er den Tempel betreten hatte, traten, während er (dort) lehrte, die Hohenpriester und die Ältesten des Volkes zu ihm und sprachen: Kraft welcher Vollmacht tust du dies? Und wer hat dir diese Vollmacht gegeben?
24 Jesus aber antwortete ihnen: Ich will an euch auch eine Frage stellen. Wenn ihr sie mir beantwortet, dann will auch ich euch sagen, kraft welcher Vollmacht ich dies tue. 25 Woher war die Taufe des Johannes? Vom Himmel oder (nur) von Menschen? Da überlegten sie bei sich: Wenn wir sagen: Vom Himmel, dann wird er zu uns sagen: Warum habt ihr ihm dann nicht geglaubt? 26 Wenn wir aber sagen: Von Menschen, dann haben wir das Volk zu fürchten; denn alle halten den Johannes für einen Propheten.
27 So antworteten sie Jesus: Wir wissen es nicht. Da sprach auch er zu ihnen: Dann sage ich euch auch nicht, kraft welcher Vollmacht ich dies tue.

Mk 11 27–33

27 Und sie kamen wieder nach Jerusalem. Und als er im Tempel umherging, traten die Hohenpriester und Schriftgelehrten und Ältesten zu ihm hin 28 und sprachen zu ihm: Kraft welcher Vollmacht tust du dies? Oder wer hat dir diese Vollmacht gegeben, dies zu tun?
29 Jesus aber sprach zu ihnen: Ich will (zuerst) an euch eine Frage stellen, und ihr sollt mir antworten, und dann will ich euch sagen, kraft welcher Vollmacht ich dies tue.
30 War die Taufe des Johannes vom Himmel oder (nur) von Menschen? Antwortet mir! 31 Da überlegten sie bei sich: Wenn wir sagen: Vom Himmel, dann wird er sagen: Warum habt ihr ihm dann nicht geglaubt? 32 Oder sollen wir sagen: Von Menschen? — (Dafür) fürchteten sie das Volk (zu sehr); denn alle hielten den Johannes wirklich für einen Propheten.
33 So antworteten sie Jesus: Wir wissen es nicht. Da sprach Jesus zu ihnen: Dann sage ich euch auch nicht, kraft welcher Vollmacht ich dies tue.

Lk 20 1–8

1 Und es begab sich eines Tages, als er im Tempel lehrte und die Frohbotschaft verkündigte, traten die Hohenpriester und Schriftgelehrten mit den Ältesten (an ihn) heran 2 und sprachen zu ihm: Sage uns, kraft welcher Vollmacht du dies tust, oder wer ist es, der dir diese Vollmacht gegeben hat?
3 Er aber antwortete ihnen: Auch ich will an euch eine Frage stellen, und ihr sollt mir antworten:
4 War die Taufe des Johannes vom Himmel oder (nur) von Menschen?
5 Da überlegten sie bei sich: Wenn wir sagen: Vom Himmel, dann wird er sagen: Warum habt ihr ihm dann nicht geglaubt? 6 Wenn wir aber sagen: Von Menschen, dann wird uns das ganze Volk steinigen; denn es ist überzeugt, daß Johannes ein Prophet ist.
7 So antworteten sie, sie wüßten nicht, woher (sie sei). 8 Da sprach Jesus zu ihnen: Dann sage ich euch auch nicht, kraft welcher Vollmacht ich dies tue.

218. Gleichnis von den ungleichen Söhnen

Mt 21 28–32

28 Was meint ihr aber (zum Folgenden)? Ein Mann hatte zwei Söhne. Er ging zum ersten und sprach: Mein Sohn, geh, arbeite heute im Weinberg! 29 Der antwortete: Ja, Herr!, ging aber nicht hin. 30 Da ging er zum zweiten und sprach ebenso. Der antwortete: Ich mag

nicht. Nachher (jedoch) besann er sich eines Besseren und ging doch hin. [31]Wer von den beiden hat den Willen des Vaters getan? Sie sagten: Der letztere. Da sprach Jesus zu ihnen: Wahrlich, ich sage euch: die Zöllner und die Huren kommen eher in das Reich Gottes hinein als ihr. [32]Denn Johannes kam zu euch mit dem Weg der Gerechtigkeit, und ihr habt ihm nicht geglaubt. Die Zöllner und die Huren aber haben ihm geglaubt. Ihr aber habt euch, obwohl ihr es saht, doch nicht schließlich eines Besseren besonnen, so daß ihr ihm glaubtet.*

219. Das Gleichnis von den bösen Winzern

Mt 21 33–46

[33]Hört ein anderes
Gleichnis:
Es war (einmal) ein Hausherr, der ‚pflanzte einen Weinberg, machte einen Zaun darum, grub darin eine Kelter, baute einen Turm‘ (Is 51f), verpachtete ihn an Bauern und reiste außer Landes. [34]Als aber die Zeit der Früchte nahte, sandte er seine Knechte zu den Pächtern, um seine Früchte in Empfang zu nehmen.
[35]Aber die Pächter ergriffen seine Knechte, prügelten den einen, töteten den anderen und steinigten den dritten. [36]Wieder sandte er andere Knechte, mehr als das erste Mal, und ihnen machten sie es ebenso.

[37]Zuletzt sandte er seinen Sohn zu ihnen, weil er (sich) sagte: Vor meinem Sohn werden sie Respekt haben. [38]Als aber die Pächter

Mk 12 1–12

[1]Und er redete zu ihnen in
Gleichnisform:
Jemand ‚pflanzte einen Weinberg, machte einen Zaun darum, grub eine Kelter, baute einen Turm‘ (Is 51f), verpachtete ihn an Bauern und reiste außer Landes. [2]Und er sandte zu den Pächtern, als es Zeit war, einen Knecht, um von den Pächtern (seinen Teil) von den Früchten des Weinbergs in Empfang zu nehmen.
[3]Aber die ergriffen ihn, prügelten ihn und schickten ihn mit leeren Händen fort. [4]Und wieder sandte er zu ihnen einen anderen Knecht.
Auch den mißhandelten und beschimpften sie.

[5]Und (wieder) sandte er
einen anderen.
Und den schlugen sie tot.

Und noch viele andere — die einen mißhandelten sie, die anderen schlugen sie tot.
[6]Nun hatte er noch einen, seinen geliebten Sohn; den sandte er als letzten zu ihnen, weil er (sich) sagte: Vor meinem Sohn werden sie Respekt haben. [7]Jene Pächter aber

Lk 20 9–19

[9]Er trug aber dem Volk folgendes Gleichnis vor:

Jemand ‚pflanzte einen Weinberg‘ (Is 51),

verpachtete ihn an Bauern und reiste für lange Zeit außer Landes. [10]Und als es Zeit war, sandte er zu den Pächtern einen Knecht, damit sie ihm von dem Ertrag des Weinbergs (seinen Teil) ablieferten.
Die Pächter aber prügelten ihn und schickten ihn mit leeren Händen fort.
[11]Da sandte er nochmals einen anderen Knecht.
Sie aber schlugen und beschimpften auch den und schickten ihn mit leeren Händen fort. [12]Da sandte er nochmals einen dritten Knecht.
Sie aber verwundeten auch den und warfen ihn hinaus.

[13]Da sprach der Besitzer des Weinbergs: Was soll ich tun? Ich will meinen geliebten Sohn senden. Vielleicht werden sie vor dem doch Respekt haben. [14]Als aber die Pächter

* Lk 7 29f (Nr. 94): [29]Und das ganze Volk, das ihn hörte, und die Zöllner gaben Gott die Ehre und ließen sich mit der Johannestaufe taufen. [30]Die Pharisäer und die Gesetzeslehrer aber verachteten den auf sie gerichteten (Heils)ratschluß Gottes und ließen sich nicht von ihm taufen.

den Sohn erblickten, sagten sie zueinander: Das ist der Erbe. Kommt, wir wollen ihn töten und sein Erbe in Besitz nehmen. 39 Und sie ergriffen ihn, warfen ihn zum Weinberg hinaus und schlugen ihn tot. 40 Wenn nun der Besitzer des Weinbergs kommt, was wird er (mit)jenen Pächtern tun? 41 Sie sagten zu ihm: Die Bösewichter, bös wird er sie umbringen und den Weinberg an andere Bauern verpachten, die ihm die Früchte zu ihrer Zeit abliefern.	sagten zueinander: Das ist der Erbe. Kommt, wir wollen ihn töten, und dann wird das Erbe uns gehören. 8 Und sie ergriffen ihn, schlugen ihn tot und warfen ihn zum Weinberg hinaus. 9 Was wird der Besitzer des Weinbergs (nun) tun? Er wird kommen und die Pächter töten und den Weinberg an andere vergeben.	ihn erblickten, berieten sie sich miteinander und sprachen: Das ist der Erbe. Wir wollen ihn töten, damit das Erbe unser werde. 15 Und sie warfen ihn zum Weinberg hinaus und schlugen ihn tot. Was wird nun der Besitzer des Weinbergs (mit) ihnen tun? 16 Er wird kommen und diese Pächter töten und den Weinberg anderen vergeben. Als sie (das) hörten, sprachen sie: Das doch nicht!
42 Jesus sprach zu ihnen: Habt ihr nie in den Schriften gelesen: ‚Der Stein, den die Bauleute verworfen haben, der ist zum Eckstein geworden. Vom Herrn her ist das geschehen, und ein Wunder ist's in unseren Augen' (Ps118 [117] 22 f)? 43 Deshalb sage ich euch: Das Reich Gottes wird von euch genommen und einem Volk gegeben werden, das seine Früchte bringt. [44 Und wer auf diesen Stein fällt, der wird (daran) zerschellen; auf wen er aber fällt, den wird er zermalmen.]	10 Und habt ihr nicht die Schriftstelle gelesen: ‚Der Stein, den die Bauleute verworfen haben, der ist zum Eckstein geworden. 11 Vom Herrn her ist das geschehen, und ein Wunder ist's in unseren Augen' (Ps 118 [117] 22 f)?	17 (Jesus) aber blickte sie an und sprach: Was bedeutet denn dieses Schriftwort: ‚Der Stein, den die Bauleute verworfen haben, der ist zum Eckstein geworden' (Ps 118 [117] 22)? 18 Jeder, der auf jenen Stein fällt, wird (daran) zerschellen; auf wen er aber fällt, den wird er zermalmen.
45 Und als die Hohenpriester und die Pharisäer seine Gleichnisse hörten, verstanden sie, daß er sie meinte. 46 Und sie hätten ihn gerne festgenommen, fürchteten aber die Volksmassen, da (diese) ihn für einen Propheten hielten. V. 45	V. 12 b 12 Und sie hätten ihn gern festgenommen, fürchteten aber das Volk; denn sie verstanden, daß er das Gleichnis mit Bezug auf sie gesprochen hatte. So ließen sie ihn (stehen) und gingen davon.	19 Und die Schriftgelehrten und die Hohenpriester V. 19 b hätten gerne (noch) zur selben Stunde Hand an ihn gelegt, fürchteten aber das Volk; denn sie verstanden, daß er dieses Gleichnis mit Bezug auf sie gesprochen hatte.
22 22 (Nr. 221)		

220. Das Gleichnis vom königlichen Hochzeitsmahl

Mt 22 1–14

1 Und Jesus nahm das Wort und sprach noch-
mals in Gleichnisform zu ihnen: 2 Mit dem Him-
melreich verhält es sich wie mit einem König,
der seinem Sohne Hochzeit hielt. 3 Und
er schickte seine Knechte aus, um die zur Hoch-
zeit Geladenen zu rufen; aber sie wollten nicht
kommen. 4 Noch einmal sandte er andere Knechte
aus und sprach: Sagt den Geladenen: Siehe,
ich habe mein Mahl bereitet, meine Ochsen und
meine Mastkälber sind geschlachtet und alles
ist bereit. Kommt zur Hochzeit! 5 Sie aber küm-
merten sich nicht darum, sondern gingen fort,
der eine auf seinen Acker, der andere zu seinem
(Handels)geschäft.

6 Die übrigen aber ergriffen seine Knechte, miß-
handelten und töteten sie.

7 Da wurde der König zornig, schickte sein
Heer aus, ließ jene Mörder umbringen und ihre
Stadt in Brand stecken. 8 Dann sprach er zu
seinen Knechten: Die Hochzeit ist bereitet, aber
die Geladenen waren (der Einladung) unwürdig.

9 So geht nun an die
Straßenkreuzungen, und wen immer
ihr trefft, den ladet zur Hochzeit!
10 Und die Knechte gingen hinaus auf die
Straßen und brachten alle zusammen, die sie
antrafen, Böse und Gute, und der Hochzeitssaal
füllte sich mit Gästen.

Lk 14 16–24 (Nr. 183):

16 Er aber sprach zu ihm:
Ein Mann
veranstaltete ein großes Gastmahl und lud viele
(dazu) ein. 17 Und zur Stunde des Gastmahls
schickte er seinen Knecht aus,
den Geladenen zu sagen: Kommt;

denn es
ist jetzt (alles) bereit. 18 Da fingen auf
einmal alle an, sich zu entschuldigen. Der erste
ließ ihm sagen: Ich habe einen Acker gekauft und
muß unbedingt hingehen und ihn besichtigen.
Bitte, betrachte mich als entschuldigt! 19 Und
ein anderer sprach: Ich habe fünf Joch Ochsen
gekauft und bin (gerade) auf dem Wege, sie zu
prüfen. Bitte, betrachte mich als entschuldigt!
20 Und (wieder) ein anderer sprach: Ich habe
(eben) geheiratet und kann deshalb nicht kommen.

21 Und der Knecht kam
(zurück) und meldete das (alles) seinem Herrn.
Da wurde der Hausherr zornig

und sprach zu
seinem Knecht:

Geh schleunigst hinaus auf die Straßen und
Gassen der Stadt und hole die Armen, Krüppel,
Blinden und Lahmen herein! 22 Und der Knecht
sprach: Herr, was du befohlen hast, ist geschehen.
Aber es ist immer noch Platz da. 23 Da sprach
der Herr zum Knecht: So geh hinaus auf die
Landstraßen und (an die) Zäune und nötige sie,
hereinzukommen, damit mein Haus voll werde!

24 Denn ich sage euch: Keiner
von jenen Männern, die (zuerst) geladen waren,
soll von meinem Mahl kosten.

11 Als der König eintrat, sich die Gäste anzusehen, erblickte er dort einen
Menschen, der kein Hochzeitsgewand anhatte. 12 Da sprach er zu ihm: Mein
Lieber, wie (konntest) du (es wagen), hier ohne Hochzeitsgewand zu er-
scheinen? Der aber verstummte. 13 Da sprach der König zu den Dienern:
Bindet ihn an Füßen und Händen und werft ihn hinaus in die Finsternis
draußen! Dort wird Heulen und Zähneknirschen herrschen.* 14 Denn viele
sind gerufen, wenige aber auserwählt.

* Vgl. zu Mt 8 12 (Nr. 59).

221. Die Frage der Pharisäer nach der Berechtigung der Kaisersteuer

Mt 22 15–22	Mk 12 13–17	Lk 20 20–26
15 Da gingen die Pharisäer hin und faßten einen Beschluß, ihn durch ein Wort zu fangen.		
16 Und sie sandten ihre Jünger mit den Herodianern zu ihm	13 Und sie sandten zu ihm einige von den Pharisäern und den Herodianern, um ihn durch ein Wort zu fangen.	20 Und sie belauerten ihn und sandten Aufpasser, die sich den Anschein geben sollten, gesetzestreu zu sein, um ihn bei einem Worte zu fassen, damit sie ihn der Obrigkeit und der Gewalt des (römischen) Statthalters übergeben könnten.
	14 Und sie kamen	21 Und sie
und sagten: Meister, wir wissen, daß du wahrhaftig bist und den Weg Gottes der Wahrheit gemäß lehrst und auf niemand Rücksicht nimmst; denn du achtest nicht auf die Person der (einzelnen) Menschen.	und sagten zu ihm: Meister, wir wissen, daß du wahrhaftig bist und auf niemand Rücksicht nimmst; denn du achtest nicht auf die Person der (einzelnen) Menschen, sondern lehrst der Wahrheit gemäß den Weg Gottes.	fragten ihn: Meister, wir wissen, daß du recht redest und lehrst und nicht nach der Person fragst, sondern der Wahrheit gemäß den Weg Gottes lehrst.
17 Sag uns also, was meinst du? Ist es erlaubt, dem Kaiser Steuer zu zahlen, oder nicht?	Ist es erlaubt, dem Kaiser Steuer zu zahlen oder nicht? Sollen wir (sie) zahlen oder nicht?	22 Ist es uns (Juden) erlaubt, dem Kaiser Steuer zu zahlen oder nicht?
18 Jesus aber merkte ihre Bosheit und sprach: Was versucht ihr mich, ihr Heuchler?	15 Er aber merkte ihre Heuchelei und sprach zu ihnen: Was versucht ihr mich?	23 Er aber merkte ihre Arglist und sprach zu ihnen:
19 Zeigt mir die Steuermünze! Da reichten sie ihm einen Denar.	Bringt mir einen Denar, ich möchte ihn sehen. 16 Da reichten sie (ihm einen).	24 Zeigt mir einen Denar!
20 Und er sprach zu ihnen: Wessen ist dieses Bild und die Aufschrift? 21 Sie antworteten: Des Kaisers. Da sprach er zu ihnen: Dann gebt dem Kaiser, was des Kaisers ist, und was Gottes ist, Gott!	Und er sprach zu ihnen: Wessen ist dieses Bild und die Aufschrift? Sie antworteten ihm: Des Kaisers. 17 Jesus aber sprach zu ihnen: Was des Kaisers ist, gebt dem Kaiser, und was Gottes ist, Gott!	Wessen Bild und Aufschrift trägt er? Sie antworteten ihm: (Die) des Kaisers. 25 Er aber sprach zu ihnen: Dann gebt also, was des Kaisers ist, dem Kaiser, und was Gottes ist, Gott!
22 Und als sie das hörten, staunten sie, ließen ihn (stehen) und gingen davon.	Und sie staunten über ihn.	26 Und sie vermochten ihn nicht vor dem Volke bei einem Worte zu fassen, und verwundert über seine Antwort schwiegen sie still.
	12 12 c (Nr. 219)	

222. Die Frage der Sadduzäer nach der Auferstehung

Mt 22 23–33	Mk 12 18–27	Lk 20 27–40
23 Am selben Tage kamen (auch) Sadduzäer zu ihm, die behaupten, es gebe keine Auf-	18 Und es kamen Sadduzäer zu ihm, die behaupten, es gebe keine Auf-	27 Es kamen aber einige Sadduzäer zu ihm, die behaupten, es gebe keine Auf-

erstehung, und fragten ihn:
24 Meister, Moses hat
gesagt: ,Wenn jemand
stirbt, ohne Kinder
zu haben, dann soll sein Bru-
der seine Frau (zur Ehe) neh-
men und seinem Bruder Nach-
kommenschaft erwecken'
(Deut 25 5f; Gen 38 8). 25 Da
waren nun bei uns sieben Brü-
der; und der erste heiratete
und
starb, und da er keine Nach-
kommen hatte, hinterließ er
seine Frau seinem Bruder.
26 Ebenso auch der zweite
und der dritte
(und so weiter) bis zum siebten.
27 Zuletzt aber nach allen starb
(auch) die Frau. 28 Bei der Auf-
erstehung nun,
wessen Frau von den sieben
wird sie dann sein? Alle
haben sie ja gehabt.
29 Jesus antwortete ihnen:
Ihr seid im
Irrtum, weil ihr die Schrift
nicht kennt und auch nicht
die Macht Gottes.
30 Denn bei der Auferstehung
heiraten sie
weder noch lassen sie sich
heiraten,
sondern sind wie die Engel im
Himmel.
31 Was aber die
Auferstehung der Toten be-
trifft:
habt ihr
nicht ge-
lesen, was euch von Gott ge-
sagt ist, wenn er spricht:
32 ,Ich bin der Gott
Abrahams und der Gott Isaaks
und der Gott Jakobs' (Ex 3 6)?
Er ist (doch) nicht der

erstehung, und fragten ihn:
19 Meister, Moses hat uns vor-
geschrieben: ,Wenn jemands
Bruder stirbt und hinterläßt
eine Frau, hinterläßt aber
kein Kind, dann soll sein Bru-
der die Frau (zur Ehe) neh-
men und seinem Bruder Nach-
kommenschaft erwecken'
(Deut 25 5f). 20 Da
waren nun sieben Brü-
der; und der erste nahm eine
Frau, hinterließ aber, als er
starb, keine Nachkommen.
21 Da nahm sie der zweite und
starb, ohne Nachkommen zu
hinterlassen, und der dritte
ebenso. 22 Und alle sieben hin-
terließen keine Nachkommen.
Schließlich starb
auch die Frau. 23 Bei der Auf-
erstehung, wenn sie auferste-
hen, wessen Frau
wird sie dann sein? Alle sieben
haben sie ja zur Frau gehabt.
24 Jesus sprach zu ihnen: Folgt
nicht daraus, daß ihr im Irr-
tum seid, weil ihr die Schrift
nicht kennt und auch nicht
die Macht Gottes?
25 Denn wenn sie von den To-
ten auferstehen, heiraten sie
weder noch lassen sie sich
heiraten,
sondern sind wie die Engel im
Himmel.
26 Was aber die
Toten be-
trifft, daß sie (nämlich) auf-
erweckt werden: habt ihr
nicht im Buche des Moses ge-
lesen, in der Geschichte vom
Dornbusch, wie Gott zu ihm
sprach: ,Ich bin der Gott
Abrahams und der Gott Isaaks
und der Gott Jakobs' (Ex 3 6)?
27 Er ist (doch) kein

erstehung, und fragten ihn:
28 Meister, Moses hat uns vor-
geschrieben: ,Wenn jemands
Bruder', der eine Frau hat,
,stirbt, und dieser ist kinder-
los, dann soll sein Bru-
der die Frau (zur Ehe) neh-
men und seinem Bruder Nach-
kommenschaft erwecken'
(Deut 25 5f). 29 Da
waren nun sieben Brü-
der; und der erste nahm eine
Frau und starb kinderlos.
30 Da nahm sie der zweite 31 und
der dritte
und ebenso alle sieben, hin-
terließen (aber) kein Kind und
starben.
32 Schließlich starb
auch die Frau. 33 Wessen Frau
wird nun die Frau bei der
Auferstehung
sein? Alle sieben
haben sie ja zur Frau gehabt.
34 Da sprach Jesus zu ihnen: Die
Kinder dieser Welt heiraten
und lassen sich heiraten. 35 Die
aber gewürdigt sind, an jener
Welt und an der Auferstehung
von den To-
ten Anteil zu haben, heiraten
weder noch lassen sie sich
heiraten. 36 Denn sie können
ja auch nicht mehr sterben;
denn engelgleich sind sie
und Kinder Gottes,
weil sie Kinder der Auf-
erstehung sind. 37 Daß aber die
Toten
auferstehen,
hat euch Moses angedeutet
in der Geschichte vom
Dornbusch, wie er den Herrn
,den Gott
Abrahams und den Gott Isaaks
und den Gott Jakobs' nennt
(Ex 3 6). 38 Er ist doch kein

Gott von Toten, sondern von Lebendigen.

33 Und als die Volksmassen das hörten, staunten sie über seine Lehre.

V. 46

Gott von Toten, sondern von Lebendigen. Ihr irrt gewaltig.

11 18 b (Nr. 215)
V. 32 a
V. 34 b

Gott von Toten, sondern von Lebendigen; denn alle leben ihm.
39 Da antworteten einige von den Schriftgelehrten: Meister, du hast treffend gesprochen.
40 Denn sie wagten nicht mehr, irgendeine Frage an ihn zu stellen.

223. Die Frage nach dem größten Gebot

Mt 22 34–40

34 Als aber die Pharisäer hörten, daß er die Sadduzäer zum Schweigen gebracht hatte, versammelten sie sich, 35 und einer von ihnen [ein Gesetzeslehrer,] fragte ihn, um ihn zu versuchen: 36 Meister, welches Gebot ist das größte im Gesetz? 37 Er aber sprach zu ihm:

,Du sollst den Herrn, deinen Gott lieben mit deinem ganzen Herzen und mit deiner ganzen Seele und mit deiner ganzen Vernunft‘ (Deut 6 5).

38 Dies ist das größte und erste Gebot. 39 Das zweite ist ihm gleich(wertig): ,Du sollst deinen Nächsten lieben wie dich selbst‘ (Lev 19 18). 40 In diesen beiden Geboten hängt das ganze Gesetz und die Propheten.

Mk 12 28–34

28 Da trat einer von den Schriftgelehrten, der sie miteinander disputieren gehört (und) bemerkt hatte, daß (Jesus) ihnen treffend geantwortet, hinzu und fragte ihn:

Welches Gebot ist das erste von allen? 29 Jesus antwortete:

Das erste ist: ,Höre, Israel, der Herr, unser Gott, ist Herr allein, 30 und du sollst den Herrn ,deinen Gott, lieben aus deinem ganzen Herzen und aus deiner ganzen Seele und aus deiner ganzen Vernunft und aus deiner ganzen Kraft‘ (Deut 6 4 f).

31 Das zweite ist dies: ,Du sollst deinen Nächsten lieben wie dich selbst‘ (Lev 19 18). Größer als diese ist kein anderes Gebot.

Lk 10 25–28 (Nr. 156):

25 Und siehe, ein Gesetzeslehrer trat auf und sprach, um ihn zu versuchen: Meister, was muß ich tun, um das ewige Leben zu gewinnen? 26 Er aber sprach zu ihm: Was steht im Gesetz geschrieben, wie liest du? 27 Er antwortete:

,Du sollst den Herrn, deinen Gott, lieben aus deinem ganzen Herzen und mit deiner ganzen Seele und mit deiner ganzen Kraft und mit deiner ganzen Vernunft‘ (Deut 6 5)

und

,deinen Nächsten wie dich selbst‘ (Lev 19 18). 28 (Jesus) sprach zu ihm: Du hast recht geantwortet; ,tu dies, so wirst du leben‘ (Lev 18 5).

32 Da sprach der Schriftgelehrte zu ihm: Trefflich, Meister, der Wahrheit gemäß hast du gesagt: ,Er ist der einzige, und es gibt keinen andern außer ihm‘ (Deut 4 35; vgl. Ex 8 10; Is 45 21), 33 und ,ihn lieben aus ganzem Herzen, aus ganzem Verstande und aus ganzer Kraft‘ und ,den Nächsten wie sich selbst‘ ist viel mehr als alle ,Brandopfer und anderen Opfer‘ (vgl. 1 Sam 15 22). 34 Und da Jesus sah, daß er verständig geantwortet hatte, sprach er zu ihm: Du bist nicht fern vom Reiche Gottes. — 20 39

V. 46 — Und niemand wagte mehr, Fragen an ihn zu stellen. — 20 40

224. Der Messias als Sohn Davids

Mt 22 41–46

41 Als aber die Pharisäer ver-
sammelt waren, fragte sie
Jesus:
42 Was meint ihr
über den Messias? Wessen
Sohn ist er? Sie sprachen zu
ihm: Davids. 43 Er sprach zu
ihnen: Wie kann ihn denn nun
David im Geiste ‚Herr‘ nen-
nen, wenn er sagt: 44 ‚Der Herr
sprach zu meinem Herrn:
Setze dich zu meiner Rechten,
bis ich deine Feinde zum
Schemel deiner Füße mache‘
(Ps 110 [109] 1)? 45 Wenn
ihn also David ‚Herr‘ nennt,
wie kann er dann sein Sohn
sein? 46 Und niemand konnte
ihm ein Wort erwidern, und
es wagte auch von jenem
Tage an niemand mehr, eine
Frage an ihn zu stellen.

Mk 12 35–37a

35 Und
Jesus sprach, als er im Tem-
pel lehrte: Wie können die
Schriftgelehrten sagen, daß
der Messias der Sohn Davids
ist?
36 David selbst hat doch
im Heiligen Geiste
gesagt: ‚Der Herr
sprach zu meinem Herrn:
Setze dich zu meiner Rechten,
bis ich deine Feinde zum
Schemel deiner Füße mache‘
(Ps 110 [109] 1). 37 David
selbst nennt ihn also ‚Herr‘.
Woher ist er dann sein Sohn?

V. 34 b

Lk 20 41–44

41 Er sprach aber
zu ihnen:
Wie kann
man sagen, daß
der Messias der Sohn Davids
ist?
42 David selbst sagt ja
im Buch der Psalmen:
‚Der Herr
sprach zu meinem Herrn:
Setze dich zu meiner Rechten,
43 bis ich deine Feinde zum
Schemel deiner Füße mache‘
(Ps 110 [109] 1). 44 David
nennt ihn also ‚Herr‘.
Wie kann er dann sein Sohn
sein?

V. 40

225. Rede Jesu gegen die Pharisäer und Schriftgelehrten

Mt 23 1–39

1 Darauf redete Jesus zu den
Volksmassen und zu seinen
Jüngern 2 und sprach: Auf
dem Lehrstuhl des Moses sit-
zen die Schriftgelehrten und
die Pharisäer. 3 Alles nun,
was sie euch sagen, das tut
und befolgt, nach ihren Wer-
ken aber richtet euch nicht;
denn sie sagen nur, tun aber
nicht.

4 Sie binden schwere [und un-
erträgliche] Lasten zusam-
men und legen sie den Men-
schen auf die Schultern, sie
selbst aber krümmen keinen
Finger, um sie von der Stelle
zu bewegen. 5 Alle ihre Werke
tun sie (nur), um sich den
Menschen zur Schau zu stel-
len. Denn sie machen ihre Ge-
betsriemen breit und ihre Ge-
betsquasten lang.

Mk 12 37 b–40

37 b Und die Mehrzahl des Vol-
kes hörte ihn gern. 38 Und in
seiner Lehre sprach er:

Lk 20 45–47

45 Während das ganze Volk
zuhörte,
sprach er zu
seinen Jüngern:

11 46 (Nr. 166): Er aber sprach:
Wehe auch euch Gesetzeslehrern!
Ihr ladet den Menschen kaum zu
tragende Lasten auf
und
selbst rührt ihr die Lasten nicht mit
einem Finger an.

Mt	Mk	Lk 11	Lk 20
[6] Sie lieben es, den obersten Platz bei den Gastmählern und die ersten Sitze in den Synagogen einzunehmen, [7] lassen sich gern auf den Märkten grüßen und von den Leuten Rabbi nennen.	Hütet euch vor den Schriftgelehrten, die es lieben, in Talaren einherzugehen und auf den öffentlichen Plätzen gegrüßt zu werden und die ersten Sitze in den Synagogen [39] und die ersten Plätze bei den Gastmählern einzunehmen,	11 43 (Nr. 166): Wehe euch Pharisäern! Ihr liebt den ersten Sitz in den Synagogen und laßt euch gern auf den Märkten grüßen.	[46] Hütet euch vor den Schriftgelehrten, die es lieben, in Talaren einherzugehen, und Wert darauf legen, auf den öffentlichen Plätzen gegrüßt zu werden und die ersten Sitze in den Synagogen und die ersten Plätze bei den Gastmählern einzunehmen,

[8] Ihr aber laßt euch nicht Rabbi nennen; denn einer ist euer Meister, ihr aber seid alle Brüder. [9] Auch Vater sollt ihr niemand unter euch auf Erden nennen; denn einer ist euer Vater, der im Himmel. [10] Auch Führer sollt ihr euch nicht nennen lassen; denn einer ist euer Führer, Christus. [11] Der Größte unter euch aber soll euer Diener sein*. [12] Wer sich aber selbst erhöht, der wird erniedrigt werden, und wer sich selbst erniedrigt, der wird erhöht werden**.

Mt	Mk	Lk
[13] Wehe euch, Schriftgelehrte und Pharisäer, ihr Heuchler! Ihr schließt das Himmelreich vor den Menschen zu. Ihr selbst kommt ja nicht hinein; aber ihr laßt auch die, welche hineinkommen wollen, nicht hinein.		11 52 (Nr. 166): Wehe euch Gesetzeslehrern! Ihr habt den Schlüssel der Erkenntnis weggeräumt. Selbst seid ihr nicht hineingegangen, und andere, die hineinkommen wollten, habt ihr daran gehindert.
[[14] Wehe euch, Schriftgelehrte und Pharisäer, ihr Heuchler! Ihr verzehrt die Häuser der Witwen und verrichtet zum Schein lange Gebete. Ihr werdet deshalb ein um so härteres Gericht erfahren.]	[40] die die Häuser der Witwen verzehren und zum Schein lange Gebete verrichten. Sie werden ein um so härteres Gericht erfahren.	[47] die die Häuser der Witwen verzehren und zum Schein lange Gebete verrichten. Sie werden ein um so härteres Gericht erfahren.

* Mt 20 26 f (Nr. 207): [26] Bei euch soll es nicht so sein; sondern wer unter euch der Größte sein will, soll euer Diener sein, [27] und wer unter euch der Erste sein will, soll euer Knecht sein.	Mk 9 35 (Nr. 142): Wenn einer der Erste sein will, der muß der Letzte von allen und der Diener aller sein. Mk 10 43 f (Nr. 207): [43] Bei euch aber soll es nicht so sein; sondern wer unter euch der Größte sein will, soll euer Diener sein, [44] und wer unter euch der Erste sein will, soll der Knecht aller sein.	Lk 9 48 b (Nr. 142): Denn wer der Kleinste unter euch allen ist, der ist groß. Lk 22 26 (Nr. 247): Bei euch aber (soll es) nicht so (sein); sondern der Größte unter euch werde wie der Jüngste und der Oberste wie der Diener.

** Mt 18 4 (Nr. 142): Wer sich nun erniedrigt wie dieses Kind, der ist der Größte im Himmelreich.	Lk 14 11 (Nr. 181): Denn jeder, der sich selbst erhöht, wird erniedrigt werden, und wer sich selbst erniedrigt, wird erhöht werden. 18 14 (Nr. 200): Denn jeder, der sich selbst erhöht, wird erniedrigt werden, und wer sich selbst erniedrigt, wird erhöht werden.

[15]Wehe euch, Schriftgelehrte und Pharisäer, ihr Heuchler! Ihr durchzieht Land und Meer, um einen einzigen Proselyten zu machen; und wenn er es geworden ist, dann macht ihr aus ihm einen Sohn der Hölle, doppelt (so schlimm) wie ihr selber.
[16]Wehe euch, ihr blinden Führer, die ihr sagt: Wer beim Tempel schwört, das gilt nicht; wer aber beim Gold des Tempels schwört, der
ist verpflichtet. [17]Ihr Toren und Blinden! Was ist denn größer, das Gold
oder der Tempel, der das Gold (erst) heilig macht? [18]Ferner: Wer beim Altare schwört, das gilt nicht; wer aber bei der Opfergabe schwört, die
darauf liegt, der ist verpflichtet. [19]Ihr Blinden! Was ist denn größer, die Opfergabe oder der Altar, der die Opfergabe (erst) heilig macht?
[20]Wer also beim Altare schwört, der schwört bei ihm und bei allem, was
darauf liegt, [21]und wer beim Tempel schwört, der schwört bei ihm und
bei dem, der darin wohnt. [22]Und wer beim Himmel schwört, der schwört beim Throne Gottes und bei dem, der darauf sitzt.

[23]Wehe euch, Schriftgelehrte und Pharisäer, ihr Heuchler! Ihr verzehntet Minze, Dill und Kümmel und laßt das Gewichtigste am Gesetz beiseite, das Recht, die Barmherzigkeit und die Treue. Dies sollte man tun und jenes nicht unter-
lassen. [24]Ihr blinden Führer, die ihr die Mücke seiht und das Kamel verschluckt!
[25]Wehe euch,
Schriftgelehrte und Pharisäer, ihr Heuchler! Ihr reinigt das Äußere an Becher und Schüssel, inwendig aber sind sie voll von
Raub und Unmäßigkeit. [26]Blinder Pharisäer! Mach zuerst, was drinnen ist im Becher [und in der Schüssel], rein,

damit auch das Äußere davon rein werde.
[27]Wehe euch, Schriftgelehrte und Pharisäer, ihr Heuchler! Ihr gleicht getünchten Gräbern, die von außen schön aussehen, inwendig aber sind sie voll von Totengebein und aller (möglichen) Unreinheit.
[28]So erscheint auch ihr den Menschen außen als Gerechte, inwendig aber seid ihr voll von Heuchelei und Gesetzlosigkeit.
[29]Wehe euch, Schriftgelehrte und Pharisäer, ihr Heuchler! Ihr baut den Propheten Gräber und schmückt die Grabmäler der
Gerechten [30]und sagt (dabei): Hätten wir in den Tagen unserer Väter gelebt, wir hätten uns nicht mitschuldig gemacht am
Blute der Propheten. [31]Damit stellt ihr euch selbst das Zeugnis aus, daß ihr die (echten) Söhne der Prophetenmörder seid.
[32]Macht ihr nur das Maß eurer Väter voll!
[33]Ihr Schlangen, ihr Otternbrut, wie wollt

11 39–42.44.47–51

[42]Aber
wehe euch Pharisäern! Ihr verzehntet Minze und Dill und jedes Gartenkraut und geht am Recht und an der Liebe Gottes vorbei. Dies sollte man tun un jenes nicht unterlassen.

[39]Der Herr aber sprach zu ihm: Nun, ihr Pharisäer, das Äußere des Bechers und der Schüssel reinigt ihr, euer Inneres aber ist
voll von Raub und Bosheit. [40]Ihr Toren!
Hat nicht der, welcher das Äußere gemacht hat, auch das Innere gemacht?
[41]Gebt vielmehr den Inhalt als Almosen, und siehe, alles ist euch rein.
[44]Wehe euch!
Ihr gleicht unkenntlichen Gräbern; die Menschen gehen darüber hinweg und wissen es nicht.

[47]Wehe euch!
Ihr baut den Propheten Grabmäler, und eure Väter haben sie getötet.

[48]So seid ihr
Zeugen für die Taten eurer Väter und stimmt ihnen zu. Jene töteten sie und ihr baut (die Grabmäler für sie).

ihr dem Gericht der Hölle entgehen? 34 Darum:
Siehe, ich sende zu euch Propheten, Weise und Schriftgelehrte. Von ihnen werdet ihr die einen töten und kreuzigen, die anderen in euren Synagogen geißeln und von Stadt zu Stadt verfolgen,
35 damit über euch komme alles gerechte Blut, das auf Erden vergossen wurde,
vom Blute Abels, des Gerechten, an bis zum Blute des Zacharias, des Sohnes des Barachias, den ihr zwischen Tempel(haus) und Altar ermordet habt.
36 Wahrlich, ich sage euch: Dies alles wird über dieses Geschlecht kommen.
37 Jerusalem, Jerusalem, die du die Propheten tötest und die zu dir Gesandten steinigst, wie oft habe ich deine Kinder sammeln wollen, wie eine Henne ihre Jungen unter ihre Flügel sammelt, und
ihr habt nicht gewollt! 38 Siehe, ‚euer Haus wird euch [verödet] überlassen‘ (Jer 22 5).
39 Denn ich sage euch: ihr werdet mich von nun an nicht (mehr) sehen, bis ihr sprecht: ‚Gesegnet ist, der da kommt im Namen des Herrn‘ (Ps 118 [117] 26).

49 Deshalb hat auch die Weisheit Gottes gesagt:
Ich werde zu ihnen Propheten und Apostel senden, und sie werden von ihnen (einige) töten und verfolgen,
50 damit das Blut aller Propheten, das seit Grundlegung der Welt vergossen wurde, von diesem Geschlecht gefordert werde,
51 vom Blute Abels an bis zum Blute des Zacharias, der zwischen dem Altar und dem Tempel(haus) umgebracht wurde.
Ja, ich sage euch: Es wird von diesem Geschlecht gefordert werden.
13 34 f (Nr. 179): 34 Jerusalem, Jerusalem, die du die Propheten tötest und die zu dir Gesandten steinigst, wie oft habe ich deine Kinder sammeln wollen, wie eine Henne ihre Brut unter ihre Flügel sammelt, und
ihr habt nicht gewollt! 35 Siehe, ‚euer Haus wird euch überlassen‘ (Jer 22 5).
Ich sage euch: ihr werdet mich nicht (mehr) sehen, bis die Zeit kommt, da ihr sprecht: ‚Gesegnet ist, der da kommt im Namen des Herrn‘ (Ps 118 [117] 26).

226. Die zwei Heller der Witwe

Mk 12 41–44

41 Und er setzte sich der Schatzkammer gegenüber und schaute zu, wie das Volk Kupfergeld in die Schatzkammer legte. Und viele Reiche legten viel ein.
42 Und es kam eine arme Witwe und legte zwei Lepta ein, das ist ein Quadrans.
43 Da rief er seine Jünger herbei und sprach zu ihnen: Wahrlich, ich sage euch: diese arme Witwe hat mehr eingelegt als alle (anderen), die (etwas) in die Schatzkammer einlegten.
44 Denn alle (anderen) haben von ihrem Überfluß eingelegt, sie aber hat aus ihrer Bedürftigkeit heraus alles, was sie hatte eingelegt, ihren ganzen Lebensunterhalt.

Lk 21 1–4

1 Als er aber aufblickte, sah er, wie die Reichen ihre Gaben in die Schatzkammer legten.
2 Er sah aber auch eine arme Witwe, die dort zwei Lepta einlegte,
3 und sprach: Wahrlich, ich sage euch: diese arme Witwe hat mehr eingelegt als alle (anderen).
4 Denn diese alle haben von ihrem Überfluß eingelegt zu den Gaben [Gottes], sie aber hat aus ihrer Bedürftigkeit heraus den ganzen Lebensunterhalt, den sie hatte, eingelegt.

Die Weissagungen vom Ende (Parusierede)

227. Weissagung über die Zerstörung Jerusalems

Mt 24 1 f

1 Und Jesus verließ den Tempel und ging fort. Da traten seine Jünger zu ihm, um ihn auf die Bauten des Tempels hinzuweisen.
2 Er aber antwortete ihnen: Seht ihr nicht dies alles? Wahrlich, ich sage euch: kein Stein wird hier auf dem andern bleiben, der nicht weggerissen werden wird.

Mk 13 1 f

1 Und als er den Tempel verließ, sagte einer von seinen Jüngern zu ihm: Meister, sieh, was für Steine und was für Bauten!
2 Und Jesus sprach zu ihm: Siehst du diese gewaltigen Bauten? Kein Stein wird auf dem andern bleiben, der nicht weggerissen werden wird.

Lk 21 5 f

5 Und als einige vom Tempel sprachen, wie er mit schönen Steinen und Weihegeschenken geschmückt sei, sprach er:
6 Was ihr da seht — es werden Tage kommen, wo kein Stein auf dem andern bleiben wird, der nicht weggerissen werden wird.

228. Der Anfang der Wehen

Mt 24 3–8

3 Als er aber auf dem Ölberg saß,
traten die Jünger, als sie allein waren, zu ihm hin und sprachen:
Sag uns, wann wird dies geschehen, und was ist das Zeichen deiner Ankunft und des Endes der Welt?
4 Und Jesus antwortete ihnen: Gebt acht, daß euch niemand verführt!
5 Denn viele werden in meinem Namen kommen und sagen: Ich bin der Messias, und werden viele verführen.
6 Ihr werdet aber von Kriegen und Kriegsgerüchten hören. Gebt acht, erschreckt nicht; denn das ‚muß so kommen' (Dan 2 28), bedeutet aber noch nicht das Ende.
7 Denn ‚ein Volk wird sich erheben gegen das andere und ein Reich gegen das andere' (2 Chron 15 6; Is 19 2), und Hungersnöte und Erdbeben werden sein hier und da;
8 aber das alles ist (nur) der Anfang der Wehen.

Mk 13 3–8

3 Und als er auf dem Ölberg saß, dem Tempel gegenüber, fragten ihn, da sie allein waren, Petrus, Jakobus, Johannes und Andreas:
4 Sag uns, wann wird dies geschehen, und was ist das Zeichen, wann dies alles sich vollenden wird?
5 Da sprach Jesus zu ihnen: Gebt acht, daß euch niemand verführt!
6 Viele werden in meinem Namen kommen und sagen: Ich bin es, und werden viele verführen.
7 Wenn ihr aber von Kriegen und Kriegsgerüchten hört, dann erschreckt nicht! Das ‚muß so kommen' (Dan 2 28), bedeutet aber noch nicht das Ende.
8 Denn ‚ein Volk wird sich erheben gegen das andere und ein Reich gegen das andere' (2 Chron 15 6; Is 19 2), Erdbeben werden sein hier und da, Hungersnöte werden sein; (aber) das ist (nur) der Anfang der Wehen.

Lk 21 7–11

7 Da fragten sie ihn: Meister, wann wird denn dies geschehen, und was ist das Zeichen, wann dies eintreten wird?
8 Da sprach er: Gebt acht, daß ihr nicht verführt werdet! Denn viele werden in meinem Namen kommen und sagen: Ich bin es, und: Die Zeit ist gekommen. Lauft ihnen nicht nach!
9 Wenn ihr aber von Kriegen und Aufständen hört, dann erschreckt nicht; denn das ‚muß' zuerst ‚so kommen' (Dan 2 28), (es folgt) aber (noch) nicht sogleich das Ende.
10 Dann sprach er zu ihnen: ‚Ein Volk wird sich erheben gegen das andere und ein Reich gegen das andere' (2 Chron 15 6; Is 19 2),
11 und gewaltige Erdbeben werden sein und Hungersnöte und Seuchen hier und da, Schrecknisse und gewaltige Zeichen am Himmel werden kommen.

229. Verfolgungen um des Evangeliums willen

Mt 24 9–14

9 Dann wird man euch in Drangsal überliefern und töten, und ihr werdet von allen Völkern gehaßt werden um meines Namens willen (= Mk 13 13 a).

V. 14

10 Und dann ‚werden viele zu Fall kommen‘ (Dan 11 41) und einander ausliefern und einander hassen.**

11 Und viele falsche Propheten werden auftreten und viele verführen (= Mk 13 6.22 a). 12 Und weil die Gesetzlosigkeit überhandnimmt, wird die Liebe der meisten erkalten. 13 Wer aber bis zum Ende ausharrt, der wird gerettet werden.††

Mk 13 9–13

9 Gebt aber acht auf euch selbst! Man wird euch den Gerichten überliefern, in den Synagogen geißeln und vor Statthalter und Könige stellen um meinetwillen, zum Zeugnis für sie. 10 Und unter allen Völkern muß zuerst das Evangelium verkündigt werden. 11 Und wenn man euch hinführt und überliefert, so macht euch nicht vorher Sorge, was ihr reden sollt; sondern was euch in jener Stunde (ein)gegeben wird, das redet! Denn nicht ihr seid es, die da reden, sondern der Heilige Geist.* 12 Und es wird ein Bruder den andern zum Tode ausliefern und ein Vater sein Kind, und ‚Kinder werden sich erheben gegen ihre Eltern‘ (Mich 7 6) und sie töten.** 13 Und ihr werdet von allen gehaßt werden um meines Namens willen.***

Wer aber bis zum Ende ausharrt, der wird gerettet werden.††

Lk 21 12–19

12 Vor alledem aber wird man Hand an euch legen und (euch) verfolgen, indem man euch an die Synagogen(gerichte) und Gefängnisse überliefert und vor Könige und Statthalter führt um meines Namens willen. 13 Das wird für euch zu einem Zeugnis ausgehen.

14 Nehmt euch darum zu Herzen, daß ihr euch nicht auf eure Verteidigung vorbereitet; 15 denn ich will euch dann Rede und Weisheit geben, der alle eure Widersacher nicht widerstehen oder etwas entgegenhalten können sollen.* 16 Ihr werdet aber sogar von Eltern und Brüdern und Verwandten und Freunden ausgeliefert werden,** und man wird (einige) von euch töten. 17 Und ihr werdet von allen gehaßt werden um meines Namens willen.*** 18 Und (doch) wird kein Haar von eurem Haupte verlorengehen.†

19 Durch eure Standhaftigkeit werdet ihr euer Leben gewinnen.††

---

* Lk 12 11 f (Nr. 168): 11 Wenn man euch aber vor die Synagogen(gerichte) und vor die (weltlichen) Behörden und Obrigkeiten schleppt, so macht euch keine Sorge, wie oder womit ihr euch verteidigen oder was ihr sagen sollt. 12 Denn der Heilige Geist wird euch in eben der Stunde lehren, was ihr sagen sollt.

** Mt 10,35 f (Nr. 74): Denn ich bin gekommen, den Mensch ‚gegen seinen Vater zu entzweien‘ und die Tochter gegen ihre Mutter und die Schwiegertochter gegen ihre Schwiegermutter‘, 36 und des Menschen Feinde werden seine (eigenen) Hausgenossen sein‘ (Mich 7,6).

Lk 12,52 f (Nr. 172): 52 Denn von jetzt an werden fünf in einem Hause entzweit sein, drei gegen zwei und zwei gegen drei 53 werden sie entzweit sein, der Vater gegen den Sohn und ‚der Sohn gegen den Vater‘, die Mutter gegen die Tochter und ‚die Tochter gegen die Mutter‘, die Schwiegermutter gegen die Schwiegertochter und ‚die Schwiegertochter gegen die Schwiegermutter‘ (Mich 7,6).

*** Joh 15 21: Aber das alles werden sie euch antun um meines Namens willen.

† Mt 10 30 (Nr. 73): Bei euch sind aber sogar die Haupthaare alle gezählt.

Lk 12 7 (Nr. 168): Aber bei euch sind auch die Haupthaare alle gezählt.

†† Mt 10 17–22 (Nr. 72): 17 Nehmt euch aber in acht vor den Menschen; denn sie werden euch den Gerichten überliefern und euch in ihren Synagogen geißeln. 18 Und vor Statthalter und Könige wird man euch schleppen um meinetwillen, zum Zeugnis für sie und die Heiden. 19 Wenn man euch nun überliefert, so macht euch keine

[14] Und dieses Evangelium vom Reich wird in der ganzen Welt verkündigt werden zum Zeugnis für alle Völker, und dann (erst) wird das Ende kommen. | V. 10

230. Der Höhepunkt der Drangsal

Mt 24 15–28

[15] Wenn ihr nun ‚den verwüstenden Greuel', von dem der Prophet Daniel spricht (Dan 9 27; 11 31; 12 11), ‚an heiliger Stätte' stehen seht — der Leser verstehe es wohl —, [16] dann sollen die Bewohner von Judäa auf die Berge fliehen. [17] Wer aber (gerade) auf dem Dache ist, soll nicht (erst) herabsteigen, um die Sachen in seinem Hause zu holen, [18] und wer auf dem Felde ist, soll nicht (erst) zurückkehren, um seinen Mantel zu holen.* [19] Wehe aber den Schwangeren und Stillenden in jenen Tagen! [20] Betet aber, daß eure Flucht nicht in den Winter oder auf einen Sabbat fällt! [21] Denn dann wird ‚eine große Drangsal sein, wie eine solche noch nie gewesen ist seit Anfang der Welt bis jetzt' (Dan 12 1) und nicht mehr kommen wird. [22] Und wenn jene Tage nicht verkürzt wären, würde kein Mensch gerettet werden; um der Auserwählten willen aber werden jene Tage verkürzt werden. [23] Wenn dann jemand zu euch sagt: Siehe, hier ist der Messias, oder: hier: so glaubt es nicht! [24] Denn es werden falsche Messiasse auftreten

Mk 13 14–23

[14] Wenn ihr aber ‚den verwüstenden Greuel' (Dan 9 27; 11 31; 12 11) dort stehen seht, wo er nicht sein darf — der Leser verstehe es wohl —, dann sollen die Bewohner von Judäa in die Berge fliehen. [15] Wer aber (gerade) auf dem Dache ist, soll nicht (erst) herabsteigen und hineingehen, um etwas aus seinem Hause zu holen, [16] und wer auf dem Felde ist, soll nicht (erst) zurückkehren, um seinen Mantel zu holen.* [17] Wehe aber den Schwangeren und Stillenden in jenen Tagen! [18] Betet aber, daß es nicht im Winter eintritt! [19] Denn jene Tage werden ‚eine Drangsal sein, wie eine solche noch nie gewesen ist seit Beginn der Schöpfung', die Gott geschaffen hat, ‚bis jetzt' (Dan 12 1) und nicht mehr kommen wird. [20] Und wenn der Herr die Tage nicht verkürzt hätte, würde kein Mensch gerettet werden; aber um der Auserwählten willen, die er erwählt hat, hat er die Tage verkürzt. [21] Und wenn dann jemand zu euch sagt: Siehe, hier ist der Messias, siehe, dort ist er, so glaubt es nicht! [22] Denn es werden falsche Messiasse auftreten

Lk 21 20–24

[20] Wenn ihr aber seht, wie Jerusalem von Heeren eingeschlossen wird, dann erkennt, daß seine Verwüstung nahe ist. [21] Dann sollen die Bewohner von Judäa in die Berge fliehen und die in (der Stadt) ausziehen und die auf dem Lande nicht in sie hineingehen. [22] Denn dies sind ‚die Tage der Rache' (Deut 32 35), an denen alles, was geschrieben steht, in Erfüllung geht. [23] Wehe den Schwangeren und Stillenden in jenen Tagen! Denn es wird eine große Drangsal über das Land kommen und ein Zorn(gericht) über dieses Volk. [24] Und sie werden durch die Schneide des Schwertes fallen und als Gefangene unter alle Völker verschleppt werden, und ‚Jerusalem wird von den (Heiden)völkern zertreten werden' (Zach 12 3 LXX), bis die Zeiten der (Heiden)völker erfüllt sind.

Sorge, wie oder was ihr reden sollt; denn es wird euch in jener Stunde (ein)gegeben werden, was ihr reden sollt; [20] denn nicht ihr seid es, die da reden, sondern der Geist eures Vaters, der durch euch redet. [21] Es wird aber ein Bruder den andern zum Tode ausliefern und ein Vater sein Kind, und ‚Kinder werden sich erheben gegen ihre Eltern' (Mich 7 6) und sie töten. [22] Und ihr werdet von allen gehaßt werden um meines Namens willen. Wer aber bis zum Ende ausharrt, der wird gerettet werden.

* Lk 17 31 (Nr. 198): Wer an jenem Tage (gerade) auf dem Dache ist, während sein Gerät im Hause liegt, der soll nicht (erst) herabsteigen, um es zu holen, und desgleichen soll, wer auf dem Felde ist, ‚sich nicht rückwärts wenden' (Gen 19 26).

und ‚falsche Propheten' und werden große ‚Zeichen und Wunder tun' (Deut 13 1), so daß sie womöglich (auch) die Auserwählten verführen.	und ‚falsche Propheten' und werden ‚Zeichen und Wunder tun' (Deut 13 1), um womöglich (auch) die Auserwählten zu verführen.	
25 Siehe, ich habe es euch vorausgesagt.	23 Ihr aber gebt acht; ich habe euch alles vorausgesagt	
26 Wenn sie also zu euch sagen: Siehe, in der Wüste ist er, so geht nicht hinaus, (oder:) Siehe, in den Kammern (ist er), so glaubt es nicht!	V. 21	17 23 f. 37 (Nr. 198): 23 Dann wird man zu euch sagen: Siehe, da (ist er), siehe, hier! Geht nicht hin und lauft nicht hinterdrein!
27 Denn wie der Blitz vom Osten ausgeht und bis zum Westen leuchtet, so wird es mit der Ankunft des Menschensohnes sein. 28 ‚Wo das Aas ist, da sammeln sich die Geier' (Job 39 30).		24 Denn wie der Blitz beim Aufblitzen von einem Ende bis zum andern unter dem Himmel hin leuchtet, so wird es mit dem Menschensohn sein an seinem Tage. 37 ‚Wo das Aas ist, da sammeln sich auch die Geier' (Job 39 30).

231. Die Wiederkunft des Menschensohnes

Mt 24 29–31	Mk 13 24–27	Lk 21 25–28
29 Alsbald aber nach der Drangsal jener Tage wird ‚die Sonne sich verfinstern und der Mond seinen Schein nicht mehr geben' (Is 13 10), und ‚die Sterne werden vom Himmel fallen,	24 Aber in jenen Tagen nach jener Drangsal wird ‚die Sonne sich verfinstern und der Mond seinen Schein nicht mehr geben' (Is 13 10), 25 und ‚die Sterne werden vom Himmel fallen,	25 Und es werden Zeichen an Sonne, Mond und Sternen erscheinen,
		und auf Erden wird Angst herrschen unter den Völkern und Bestürzung wegen des Tosens und Wogens des Meeres. 26 Und die Menschen werden vergehen vor angstvoller Erwartung der Dinge, die über den Erdkreis hereinbrechen sollen; denn
und die Mächte des Himmels werden erschüttert werden' (Is 34 4).	und die Mächte des Himmels werden erschüttert werden' (Is 34 4).	‚die Mächte des Himmels werden erschüttert werden' (Is 34 4).
30 Und dann wird das Zeichen des Menschensohnes am Himmel erscheinen, und dann werden ‚alle Völker der Erde wehklagen' (Zach 12 10–12), und sie werden	26 Und dann wird man	27 Und dann wird man
‚den Menschensohn auf den Wolken des Himmels kommen'	‚den Menschensohn auf den Wolken kommen'	‚den Menschensohn auf einer Wolke kommen'

(Dan 7 13) sehen mit großer Macht und Herrlichkeit.
31 Und er wird seine Engel mit lautem Posaunenschall aussenden, und sie werden seine Auserwählten ‚von den vier Winden sammeln' (Zach 2 6 [10]), ‚von einem Ende des Himmels bis zum andern' (Deut 30 4).

(Dan 7 13) sehen mit großer Macht und Herrlichkeit.
27 Und dann wird er die Engel aussenden und seine Auserwählten ‚von den vier Winden sammeln' (Zach 2 6 [10]), ‚vom Ende der Erde bis zum Ende des Himmels' (Deut 30 4).

(Dan 7 13) sehen mit großer Macht und Herrlichkeit.
28 Wenn aber dies zu geschehen anfängt, dann richtet euch auf und erhebt euer Haupt; denn eure Erlösung naht.

232. Das „Wann" des Endes

Mt 24 32–36

32 Vom Feigenbaum aber lernt das Gleichnis:
Wenn sein Zweig schon weich wird und die Blätter hervortreibt, so erkennt ihr (daran), daß der Sommer nahe ist. 33 So auch ihr: wenn ihr dies alles geschehen seht, so erkennet, daß er nahe vor der Türe steht. 34 Wahrlich, ich sage euch: dieses Geschlecht wird nicht vergehen, bis dies alles geschieht. 35 Himmel und Erde werden vergehen, meine Worte aber werden nicht vergehen. 36 Jenen Tag aber und die Stunde kennt niemand, auch nicht die Engel des Himmels und auch nicht der Sohn, sondern nur der Vater.

Mk 13 28–32

28 Vom Feigenbaum aber lernt das Gleichnis:
Wenn sein Zweig schon weich wird und die Blätter hervortreibt, so erkennt ihr (daran), daß der Sommer nahe ist. 29 So auch ihr: wenn ihr dies geschehen seht, so erkennet, daß er nahe vor der Türe steht. 30 Wahrlich, ich sage euch: dieses Geschlecht wird nicht vergehen, bis dies alles geschieht. 31 Himmel und Erde werden vergehen, meine Worte aber werden nicht vergehen. 32 Jenen Tag aber und die Stunde kennt niemand, auch nicht die Engel im Himmel und auch nicht der Sohn, sondern nur der Vater.

Lk 21 29–33

29 Und er sagte ihnen ein Gleichnis: Seht den Feigenbaum an und alle (anderen) Bäume:
30 Sobald sie schon treiben, so erkennt ihr (daran) wenn ihr es beobachtet, von selbst, daß der Sommer schon nahe ist. 31 So auch ihr: wenn ihr dies geschehen seht, so erkennet, daß das Reich Gottes nahe ist. 32 Wahrlich, ich sage euch: dieses Geschlecht wird nicht vergehen, bis alles geschieht. 33 Himmel und Erde werden vergehen, meine Worte aber werden nicht vergehen.

233. Mahnung zur Wachsamkeit

Lk 21 34–36

34 Nehmt euch aber in acht, daß eure Herzen nicht durch Rausch und Trunkenheit und Sorgen um Essen und Trinken beschwert werden und jener Tag euch überrasche 35 wie eine Schlinge; denn er wird über alle kommen, die auf der Oberfläche der ganzen Erde wohnen.
36 Seid also allezeit wach und betet, damit ihr all dem, was geschehen wird, zu entrinnen und vor dem Menschensohn zu stehen vermögt.

234. Nochmals Mahnung zur Wachsamkeit

Mt 25 14f (Nr. 238):

[14]Denn (es ist so,) wie wenn ein Mann, der auf Reisen ging, seine Knechte rief und ihnen seine Habe übergab. [15]Dem einen gab er fünf Talente, einem anderen zwei, wieder einem anderen eines, einem jeden nach seiner Tüchtigkeit. Dann reiste er ab.

24 44 (Nr. 236): Darum seid auch ihr bereit; denn der Menschensohn kommt zu einer Stunde, da ihr es nicht meint (vgl. 24 42; 25 13).

Mk 13 33–37

[33]Gebt acht, wachet! Denn ihr wißt nicht, wann der Zeitpunkt eintritt. [34](Es ist so,) wie wenn jemand, der auf Reisen geht, sein Haus verläßt und seinen Knechten die Vollmacht gibt, einem jeden seine (bestimmte) Aufgabe; und dem Torhüter trug er auf, zu wachen. [35]Wachet also; denn ihr wißt nicht, wann der Hausherr kommt, ob abends oder um Mitternacht oder beim Hahnenschrei oder (erst) am Morgen. [36]Daß er nur nicht, wenn er plötzlich kommt, euch schlafend antrifft! [37]Was ich aber euch sage, das sage ich allen: wachet!

Lk 19 12a.13 (Nr. 210):

[12a]Ein Mann von vornehmer Geburt reiste in ein fernes Land. [13]Und er rief zehn von seinen Knechten, gab ihnen zehn Minen und sprach zu ihnen: Treibt damit Geschäfte, bis ich (wieder) komme!

12 38.40 (Nr. 171): [38]Und kommt er (erst) in der zweiten oder dritten Nachtwache und findet sie (so), selig sind sie. [40]Auch ihr, seid bereit; denn der Menschensohn kommt zu einer Stunde, da ihr es nicht meint.

235. Der Tag der Parusie kommt überraschend

Mt 24 37–42

[37]Denn wie die Tage Noes, so wird es mit der Ankunft des Menschensohnes sein. [38]Denn wie sie in den Tagen vor der Sintflut aßen und tranken, heirateten und sich heiraten ließen bis zu dem Tage, da ‚Noe in die Arche ging' (Gen 7 7), [39]und nicht zur Erkenntnis kamen bis die Flut kam und alle hinwegraffte, so wird es [auch] mit der Ankunft des Menschensohnes sein. [40]Dann werden zwei auf dem Felde sein, einer wird mitgenommen und einer zurückgelassen. [41]Zwei (Frauen) mahlen an der Mühle, eine wird mitgenommen und eine zurückgelassen. [42]Wachet also; denn ihr wißt nicht, an welchem Tage euer Herr kommt.*

Lk 17 26f.30.34f (Nr. 198):

[26]Und wie es in den Tagen Noes war, so wird es auch in den Tagen des Menschensohnes sein: [27]sie aßen (und) tranken, heirateten (und) ließen sich heiraten bis zu dem Tage, da ‚Noe in die Arche ging' (Gen 7 7); da kam die Flut und vernichtete alle. [30]Genau so wird es sein an dem Tage, da der Menschensohn offenbar werden wird. [34]Ich sage euch: in dieser Nacht werden zwei in einem Bette liegen, der eine wird mitgenommen und der andere zurückgelassen werden. [35]Zwei (Frauen) werden an derselben (Mühle) mahlen, die eine wird mitgenommen, die andere aber zurückgelassen werden.

* Vgl. Mk 13 33.35 (Nr. 234); Mt 25 13 (Nr. 237).

236. Mahnung zur Wachsamkeit und Treue

Mt 24 43–51

43 Das aber seht ihr ein: wenn der Hausherr wüßte, in welcher Nachtwache der Dieb kommt, würde er wachen und nicht in sein Haus einbrechen lassen. 44 Darum seid auch ihr bereit; denn der Menschensohn kommt zu einer Stunde, da ihr es nicht meint.*

45 Wer ist nun der treue und kluge Knecht, den der Herr über seine Dienerschaft gesetzt hat, um ihnen ihre Nahrung zur rechten Zeit zu geben? 46 Selig jener Knecht, den der Herr, wenn er kommt, so tun findet! 47 Wahrlich, ich sage euch: über alle seine Habe wird er ihn setzen. 48 Wenn aber jener böse Knecht in seinem Herzen denkt: Mein Herr bleibt noch lange aus, 49 und anfängt, seine Mitknechte zu schlagen, und mit trunkenen Gesellen schmaust und zecht, 50 so wird der Herr jenes Knechtes kommen an einem Tage, da er es nicht erwartet, und in einer Stunde, die er nicht kennt, 51 und wird ihn in Stücke hauen und ihm seinen Anteil unter den Heuchlern anweisen. Dort wird Heulen und Zähneknirschen herrschen.**

Lk 12 39 f. 42–46 (Nr. 171):

39 Das aber seht ihr ein: wenn der Hausherr wüßte, zu welcher Stunde der Dieb kommt, würde er nicht in sein Haus einbrechen lassen. 40 Auch ihr, seid bereit; denn der Menschensohn kommt zu einer Stunde, da ihr es nicht meint.*

42 Wer ist nun der treue und kluge Verwalter, den der Herr über seine Dienerschaft setzen wird, um (ihnen) zur rechten Zeit ihren Anteil an Nahrung zu geben? 43 Selig jener Knecht, den der Herr, wenn er kommt, so tun findet! 44 Wahrlich, ich sage euch: über alle seine Habe wird er ihn setzen. 45 Wenn aber jener Knecht in seinem Herzen denkt: Mein Herr bleibt noch lange aus, und anfängt, die Knechte und die Mägde zu schlagen, zu essen und zu trinken und sich zu betrinken, 46 so wird der Herr jenes Knechtes kommen an einem Tage, da er es nicht erwartet, und in einer Stunde, die er nicht kennt, und wird ihn in Stücke hauen und ihm seinen Anteil unter den Treulosen anweisen.

237. Gleichnis von den klugen und törichten Jungfrauen

Mt 25 1–13

1 Dann wird es sich mit dem Himmelreich wie mit zehn Jungfrauen verhalten, die ihre Lampen nahmen und auszogen, dem Bräutigam entgegen. 2 Fünf von ihnen aber waren töricht und fünf klug. 3 Die Törichten nahmen zwar ihre Lampen, aber kein Öl mit, 4 die Klugen dagegen nahmen zu ihren Lampen (noch) Öl in Gefäßen mit. 5 Als nun der Bräutigam länger ausblieb, nickten sie alle ein und schliefen. 6 Mitten in der Nacht aber erscholl der Ruf: Der Bräutigam kommt! Zieht aus, (ihm) entgegen! 7 Da standen jene Jungfrauen alle auf und machten ihre Lampen zurecht. 8 Die Törichten aber sagten zu den Klugen: Gebt uns (doch) von eurem Öl; denn unsere Lampen wollen ausgehen. 9 Die Klugen aber erwiderten: Es könnte nicht reichen für uns und euch; geht lieber zu den Krämern und kauft euch (welches). 10 Während sie aber hingingen, um (Öl) zu kaufen, kam der Bräutigam, und die, welche bereit waren, gingen mit ihm ein zum Hochzeitsmahl, und die Türe wurde verschlossen. 11 Später kamen auch die übrigen Jungfrauen und sprachen: Herr, Herr, tu uns auf! 12 Er aber antwortete ihnen: Wahrlich, ich sage euch: ich kenne euch nicht. 13 Wachet also; denn ihr kennt nicht den Tag noch die Stunde.***

* Vgl. Mk 13 33.35 (Nr. 234).
** Vgl. zu Mt 8 12 (Nr. 59).
*** Vgl. Mk 13 33.35 (Nr. 234); Mt 24 42 (Nr. 235).

238. Gleichnis von den Talenten

Mt 25 14–30

14 Denn (es ist so,) wie wenn ein Mann, der auf
Reisen ging,
seine Knechte
rief und ihnen seine Habe übergab. 15 Dem einen
gab er fünf Talente, einem anderen zwei, wieder
einem anderen eines, einem jeden nach seiner
Tüchtigkeit. Dann reiste er ab. Alsbald 16 ging
der, der die fünf Talente empfangen hatte, hin
und arbeitete mit ihnen und gewann fünf an-
dere (dazu). 17 Ebenso gewann der, der zwei emp-
fangen hatte, zwei andere (dazu). 18 Der aber, der
das eine empfangen hatte, ging hin, grub ein
Loch in die Erde und versteckte das Geld seines
Herrn.
19 Nach langer Zeit aber kam
der Herr jener Knechte (zurück) und rechnete
mit ihnen ab.
20 Da trat der, der die fünf Talente
empfangen hatte, herzu, brachte fünf andere
Talente und sprach: Herr, fünf Talente hast
du mir übergeben; hier sind fünf andere Ta-
lente, die ich (dazu)gewonnen habe. 21 Da sprach
sein Herr zu ihm: Recht so, du guter und treuer
Knecht! Du bist über wenigem treu gewesen;
ich will dich über vieles setzen. Geh ein in die
Freude deines Herrn! 22 Da trat auch der mit
den zwei Talenten herzu und sprach: Herr, zwei
Talente hast du mir übergeben; hier sind zwei
andere Talente, die ich (dazu)gewonnen habe.
23 Da sprach sein Herr zu ihm: Recht so, du
guter und treuer Knecht! Du bist über weni-
gem treu gewesen; ich will dich über vieles setzen.
Geh ein in die Freude deines Herrn! 24 Da trat
auch der herzu, der das eine Talent empfangen
hatte, und sprach: Herr,
ich wußte, daß du ein
harter Mann bist, erntest, wo du nicht gesät,
und sammelst, wo du nicht ausgestreut hast,
25 und weil ich mich fürchtete, ging ich hin und
versteckte dein Talent in der Erde. Da hast
du dein Geld! 26 Da antwortete ihm sein Herr:
Du schlechter und fauler
Knecht! Du wußtest, daß ich
ernte,

Lk 19 12–27 (Nr. 210):

12 Er sprach also: Ein Mann von vornehmer Ge-
burt reiste in ein fernes Land, um sich die Kö-
nigswürde zu holen und (dann) zurückzukehren.
13 Und er rief zehn von seinen Knechten, gab
ihnen zehn Minen und sprach zu ihnen: Treibt
damit Geschäfte, bis ich (wieder)komme!
14 Seine Mitbürger aber haßten ihn und
schickten eine Gesandtschaft hinter ihm her und
ließen sagen: Wir wollen nicht, daß dieser über
uns König werde. 15 Und es begab sich, als er im
Besitz der Königswürde zurückkehrte, da ließ
er jene Knechte zu sich rufen, denen er das Geld
gegeben hatte, um zu erfahren, was ein jeder er-
handelt hätte. 16 Da erschien der erste
und sprach: Herr, deine Mine hat
zehn andere Mi-
nen dazugebracht. 17 Da sprach
er zu ihm: Recht so, du guter
Knecht! Weil du im Geringsten treu gewesen
bist, sollst du Herr sein über zehn Städte.
18 Und es kam der zweite
und sprach Deine
Mine, Herr, hat fünf
andere Minen dazugebracht.
19 Auch zu diesem sprach er:
Auch du sollst über fünf Städte gesetzt werden.
20 Und der
nächste kam
und sprach: Herr, da hast du deine Mine,
die ich im Schweißtuch aufbewahrt hatte.
21 Denn ich fürchtete mich vor dir, weil du ein
harter Mann bist, abhebst, was du nicht ein-
zahlst, und erntest, was du nicht gesät hast.
22 Er sprach zu ihm:
Auf Grund deiner eigenen Worte will ich dir
das Urteil sprechen, du schlechter
Knecht! Du wußtest, daß ich ein harter Mann
bin, abhebe, was ich nicht eingezahlt, und ernte,

wo ich nicht gesät, und einnehme, wo ich nicht
ausgestreut habe!? [27]Dann hättest du mein
Geld bei den Bankhaltern anlegen sollen, und
ich hätte bei meiner Rückkehr mein Geld mit
Zinsen zurückerhalten.
[28]Darum nehmt ihm das Talent und
gebt es dem, der die zehn Talente hat!

[29]Denn jedem, der hat,
wird (dazu)gegeben werden, und er wird Überfluß haben; wer aber nicht(s) hat, dem wird
auch, was er hat, weggenommen werden.* [30]Und
den nichtsnutzigen Knecht werft hinaus in die Finsternis draußen; dort wird Heulen und Zähneknirschen herrschen.**

was ich nicht gesät habe!?
[23]Warum hast du (dann) mein
Geld nicht auf die Bank gelegt? Dann
hätte ich es bei meiner Rückkehr mit
Zinsen abgehoben. [24]Und zu den dabeistehenden
(Dienern) sprach er: Nehmet ihm die Mine und
gebt sie dem, der die zehn Minen hat! [25]Da
sprachen sie zu ihm: Herr, er hat (doch schon)
zehn Minen! [26]Ich sage euch: jedem, der hat,
wird (dazu)gegeben werden;
wer aber nicht(s) hat, dem wird
auch, was er hat, weggenommen werden.*

[27]Doch jene meine
Feinde, die nicht wollten, daß ich König über
sie werde, bringt hierher und haut sie vor meinen
Augen nieder!

239. Das Weltgericht

Mt 25 31–46

[31]Wenn aber der Menschensohn in seiner Herrlichkeit kommt und alle Engel mit ihm,
dann wird er sich auf den Thron seiner Herrlichkeit setzen. [32]Und alle Völker werden vor
ihm versammelt werden, und er wird sie voneinander scheiden, wie der Hirt die Schafe von
den Ziegen scheidet, [33]und wird die Schafe zu seiner Rechten stellen, die Ziegen aber zur
Linken. [34]Dann wird der König zu denen zu seiner Rechten sprechen: Kommt, ihr Gesegneten meines Vaters, nehmt das Reich in Besitz, das euch seit Grundlegung der Welt
bereitet ist. [35]Denn ich war hungrig, und ihr habt mich gespeist, ich war durstig, und ihr
habt mich getränkt, ich war ein Fremdling, und ihr habt mich beherbergt, [36]nackt, und ihr
habt mich bekleidet, ich war krank, und ihr habt mich besucht, ich lag im Gefängnis, und
ihr seid zu mir gekommen. [37]Dann werden ihm die Gerechten antworten: Herr, wann hätten
wir dich hungrig gesehen und (dich) gespeist? Oder durstig und dich getränkt? [38]Und wann
hätten wir dich als Fremdling gesehen und beherbergt? Oder nackt und (dich) bekleidet?
[39]Und wann hätten wir dich krank oder im Gefängnis gesehen und wären zu dir gekommen?
[40]Und der König wird ihnen antworten: Wahrlich, ich sage euch: alles, was ihr einem von
diesen meinen geringsten Brüdern getan habt, das habt ihr mir getan.
[41]Dann wird er auch zu denen zu seiner Linken sprechen: Weg von mir, ihr Verfluchten, in das ewige Feuer, das dem Teufel und seinen Engeln bereitet ist. [42]Denn ich war
hungrig, und ihr habt mich nicht gespeist, ich war durstig, und ihr habt mich nicht getränkt, [43]ich war ein Fremdling, und ihr habt mich nicht beherbergt, nackt, und ihr habt
mich nicht bekleidet, krank und im Gefängnis, und ihr habt mich nicht besucht. [44]Dann
werden auch sie antworten: Herr, wann hätten wir dich hungrig oder durstig oder als
Fremdling oder nackt oder im Gefängnis gesehen, und hätten dir nicht gedient? [45]Dann

* Mt 13 12 (Nr. 103): Denn wer hat, dem wird (dazu)gegeben werden, und er wird Überfluß haben; wer aber nicht(s) hat, dem wird auch, was er hat, weggenommen werden.

Mk 4 25 (Nr. 105): Denn wer hat, dem wird (dazu)gegeben werden; wer aber nicht(s) hat, dem wird auch, was er hat, weggenommen werden.

Lk 8 18 (Nr. 105): Denn wer hat, dem wird (dazu)gegeben werden; wer aber nicht(s) hat, dem wird auch, was er zu haben meint, weggenommen werden.

** Vgl. zu Mt 8 12 (Nr. 59).

wird er ihnen antworten: Wahrlich, ich sage euch: alles, was ihr einem dieser Geringsten nicht getan habt, das habt ihr auch mir nicht getan. [46]Und diese werden hingehen ‚zur ewigen‘ Strafe, die Gerechten aber zum ‚ewigen Leben‘ (Dan 12 2).

240. Schlußbemerkung über Jesu öffentliches Auftreten in Jerusalem

Lk 21 37 f

[37]Er lehrte aber tagsüber im Tempel, nachts aber ging er (aus der Stadt) hinaus und übernachtete auf dem sogenannten Ölberg. [38]Und alles Volk kam schon frühmorgens zu ihm in den Tempel, um ihn zu hören.

Zweiter Abschnitt

Die Passion

Mt 26 f = Mk 14 f = Lk 22 f

241. Der Beschluß des Hohen Rates, Jesus zu töten

Mt 26 1–5	Mk 14 1 f	Lk 22 1 f
[1]Und es begab sich, als Jesus alle diese Worte beendet hatte, sprach er zu seinen Jüngern: [2]Ihr wißt, daß in zwei Tagen das Pascha stattfindet.	[1]Es war aber nach zwei Tagen das Pascha und (das Fest der) ungesäuerte(n) Brote.	[1]Es nahte aber das Fest der ungesäuerten Brote, das Pascha heißt.
Dann wird der Menschensohn überliefert, um gekreuzigt zu werden. [3]Da versammelten sich die Hohenpriester und die Ältesten des Volkes im Palast des Hohenpriesters, Kaiphas mit Namen,	Und die Hohenpriester und Schriftgelehrten	[2]Und die Hohenpriester und Schriftgelehrten
[4]und faßten den (förmlichen) Beschluß, Jesus mit List ergreifen und töten zu lassen. [5]Sie sagten aber: Nicht am Fest, damit es keinen Aufruhr im Volke gibt.	suchten (nach einem Weg), wie sie ihn mit List ergreifen und töten könnten. [2]Sie sagten nämlich: Nicht am Fest, damit es keinen Volksaufruhr gibt.	suchten (nach einem Weg), wie sie ihn töten könnten; denn sie fürchteten das Volk.

242. Die Salbung Jesu in Bethanien

Mt 26 6–13	Mk 14 3–9	Joh 12 1–8
[6]Als aber Jesus in Bethanien war, im Hause Simons des Aussätzigen,	[3]Und als er in Bethanien war, im Hause Simons des Aussätzigen,	[1]Sechs Tage vor dem Pascha nun kam Jesus nach Bethanien, wo Lazarus war, den Jesus von den Toten auferweckt hatte. [2]Sie veranstalteten dort nun ihm (zu Ehren) ein

7 trat
eine Frau mit einem Ala-
bastergefäß voll kostbaren
Salböls an ihn heran
und goß
(das Öl), während er zu Tische
lag, über sein Haupt.

8 Als aber die Jün-
ger das sahen, wurden sie un-
willig und sprachen: Wozu
diese Verschwendung?
9 Man hätte das doch
teuer
verkaufen und (das Geld) den
Armen geben können.

10 Jesus aber merkte
es und sprach zu ihnen: Was
belästigt ihr die Frau? Sie
hat doch ein gutes Werk an
mir vollbracht. 11 Denn Arme
habt ihr allezeit bei euch,
mich aber habt ihr
nicht allezeit.

12 Wenn sie
nämlich dieses Salböl auf mei-
nen Leib gegossen hat, so hat
sie (dies)
für mein Begräbnis
getan. 13 Wahrlich, ich sage
euch: wo immer dieses Evan-
gelium verkündet werden
wird in der ganzen Welt, da
wird auch, was sie getan hat,
zu ihrem Gedächtnis erzählt
werden.

kam, während er zu Tische
lag, eine Frau mit einem Ala-
bastergefäß voll Salböl aus
echter, teurer Narde; und sie
zerbrach das Gefäß und goß
(das Öl)
über sein Haupt.

4 Einige aber äußer-
ten ihren Unwillen unterein-
ander: Wozu
diese Verschwendung des Öls?
5 Man hätte doch dieses Öl um
mehr als dreihundert Denare
verkaufen und (das Geld) den
Armen geben können. Und
sie fuhren sie an.

6 Jesus aber
sprach: Laßt sie! Was
belästigt ihr sie?
Ein gutes Werk hat sie an
mir vollbracht. 7 Denn Arme
habt ihr allezeit bei euch, und
sooft ihr wollt, könnt ihr ihnen
wohltun, mich aber habt ihr
nicht allezeit. 8 Was sie konn-
te, hat sie getan.

Sie hat im voraus
meinen Leib zum Begräbnis
gesalbt. 9 Wahrlich, ich sage
euch: wo immer das Evan-
gelium verkündigt werden
wird in der ganzen Welt, da
wird auch, was sie getan hat,
zu ihrem Gedächtnis erzählt
werden.

Gastmahl, und Martha be-
diente, Lazarus aber gehörte
zu denen, die mit ihm zu
Tische lagen.
3 Maria nun nahm
ein Pfund Salböl aus
echter, teurer Narde, salbte
(damit) die Füße Jesu und
trocknete mit ihren Haaren
seine Füße ab. Das (ganze)
Haus aber wurde von dem
Duft des Salböls erfüllt. 4 Ju-
das der Iskariote aber, einer
von seinen Jüngern, der ihn
überliefern sollte, sprach:
5 Warum
hat man dieses Öl
nicht um dreihundert Denare
verkauft und (das Geld) den
Armen gegeben?
6 Er sagte
dies aber nicht, weil ihm an
den Armen gelegen war, son-
dern weil er ein Dieb war und
als Führer der Kasse die Ein-
lagen auf die Seite zu schaffen
pflegte. 7 Jesus
sprach nun: Laß sie;
sie soll es für den Tag meines
Begräbnisses aufbewahren.
8 Denn Arme
habt ihr allezeit bei euch,
mich aber habt ihr
nicht allezeit.

V. 7

243. Der Pakt des Judas mit dem Hohen Rat

Mt 26 14–16

14 Darauf ging einer von den Zwölfen, Judas Iskariot mit Namen, zu den Hohenpriestern 15 und sprach: Was wollt ihr mir geben, dann will ich ihn euch überliefern. Sie aber ‚wogen‘ ihm ‚dreißig Silberlinge dar‘ (Zach 11 12). 16 Und von da an suchte er nach einer guten Gelegenheit, ihn zu überliefern.

Mk 14 10 f

10 Und Judas Iskarioth, einer von den Zwölfen, ging zu den Hohenpriestern, um ihn ihnen zu überliefern. 11 Als sie das hörten, freuten sie sich und versprachen, ihm Geld zu geben. Und er suchte, wie er ihn bei guter Gelegenheit überliefern könnte.

Lk 22 3–6

3 Es fuhr aber Satan in Judas, der Iskariot genannt wurde, einen aus der Zahl der Zwölf; 4 und er ging hin und besprach sich mit den Hohenpriestern und Hauptleuten, wie er ihn ihnen ausliefern könnte.

5 Da freuten sie sich und vereinbarten mit ihm, ihm Geld zu geben. 6 Und er sagte zu und suchte nach einer Gelegenheit, ihn, wenn er nicht vom Volke umgeben wäre, zu überliefern.

244. Die Vorbereitung des Paschamahles

Mt 26 17–19

17 Am ersten Tag der ungesäuerten Brote aber traten die Jünger zu Jesus und sprachen: Wo willst du, daß wir für dich Vorbereitungen zum Essen des Paschalammes treffen?

V. 17

18 Er aber sprach: Geht in die Stadt zu dem und dem und sagt zu ihm: Der Meister läßt (dir) sagen: Meine Zeit ist nahe; bei dir will ich mit meinen Jüngern das Pascha halten.

Mk 14 12–16

12 Und am ersten Tag der ungesäuerten Brote, an dem man das Paschalamm schlachtete, sprachen die Jünger zu ihm: Wo willst du, daß wir hingehen und Vorbereitungen treffen, daß du das Paschalamm essen kannst? 13 Da schickte er zwei von seinen Jüngern ab

V. 12

und sprach zu ihnen: Geht in die Stadt!

Da wird euch ein Mensch begegnen, der einen Wasserkrug trägt; folgt ihm, 14 und wo er hineingeht, da sagt zu dem Hausherrn: Der Meister läßt (dir) sagen: Wo ist die Unterkunft für mich, wo ich das Pascha mit meinen Jüngern essen kann? 15 Und er wird euch ein großes Ober-

Lk 22 7–13

7 Es kam aber der Tag der ungesäuerten Brote, an dem das Paschalamm geschlachtet werden mußte.

V. 9

8 Da schickte er den Petrus und Johannes ab mit den Worten: Geht hin und bereitet uns das Pascha vor, daß wir es essen können. 9 Sie aber sprachen zu ihm: Wo willst du, daß wir die Vorbereitungen treffen? 10 Er aber sprach zu ihnen: Siehe, wenn ihr in die Stadt hineinkommt, wird euch ein Mensch begegnen, der einen Wasserkrug trägt; folgt ihm in das Haus, in das er eintritt. 11 Und zu dem Hausherrn sagt: Der Meister läßt dir sagen: Wo ist die Unterkunft, wo ich das Pascha mit meinen Jüngern essen kann? 12 Und er wird euch ein großes Ober-

	gemach zeigen, das mit Speisepolstern versehen bereitsteht. Und dort bereitet für uns (das Mahl) vor!	gemach zeigen, das mit Speisepolstern versehen ist. Dort bereitet (das Mahl) vor!
19 Und die Jünger taten, wie ihnen Jesus aufgetragen hatte, und richteten das Paschamahl zu.	16 Und die Jünger gingen fort und kamen in die Stadt und fanden (es so), wie er ihnen gesagt hatte, und richteten das Paschamahl zu.	13 Sie gingen hin und fanden (es so), wie er ihnen gesagt hatte, und richteten das Paschamahl zu.

245. Die Bezeichnung des Verräters

Mt 26 20–25	Mk 14 17–21	Lk 22 14. 21–23	Joh 13 21–30
20 Als es aber Abend geworden war, legte er sich mit den zwölf [Jüngern] zu Tisch.	17 Und als es Abend geworden war, kam er mit den Zwölfen.	14 Und als die Stunde kam, legte er sich zu Tisch und die Apostel mit ihm. V. 15–20: Nr. 246)	21 Als Jesus dies gesagt hatte, wurde er im Geiste erschüttert, und er legte Zeugnis ab und
21 Und während sie aßen, sprach er: Wahrlich, ich sage euch: einer von euch wird mich überliefern.	18 Und als sie zu Tische lagen und aßen, sprach Jesus: Wahrlich, ich sage euch: einer von euch wird mich überliefern, ‚der mit mir ißt' (Ps 41 [40] 10).	21 Doch siehe, die Hand dessen, der mich überliefert, ist mit mir auf dem Tisch.	sprach: Wahrlich, wahrlich, ich sage euch: einer von euch wird mich überliefern.
22 Da wurden sie sehr betrübt, und einer nach dem andern sagte zu ihm: Ich bin's doch nicht, Herr?	19 Da wurden sie betrübt, und einer nach dem andern sagte zu ihm: Doch nicht ich?	V. 23	22 Da blickten die Jünger einander an, ratlos, von wem er rede.
			23 Einer von seinen Jüngern lag an der Brust Jesu, der, den Jesus lieb hatte. 24 Diesem winkte nun Simon Petrus und sprach zu ihm: Sag, wer ist's, von dem er redet? 25 Der neigte sich demgemäß an die Brust Jesu zurück und sprach zu ihm: Herr, wer ist's?
23 Er aber antwortete ihnen: Der mit mir die Hand in die(selbe) Schüssel eintaucht, der wird mich überliefern.	20 Er aber sprach zu ihnen: Einer von den Zwölfen, der mit mir in die(selbe) Schüssel eintaucht.		26 Da antwortete Jesus: Der ist's, dem ich den Bissen eintauchen und reichen werde.
24 Der Menschensohn geht zwar dahin, wie über	21 Denn der Menschensohn geht zwar dahin, wie über	22 Denn der Menschensohn geht zwar dahin, wie es be-	

ihn geschrieben steht; wehe aber jenem Menschen, durch den der Menschensohn überliefert wird! Besser wäre es jenem Menschen, wenn er gar nicht geboren wäre.	ihn geschrieben steht; wehe aber jenem Menschen, durch den der Menschensohn überliefert wird! Besser wäre es jenem Menschen, wenn er gar nicht geboren wäre.	stimmt ist; doch wehe jenem Menschen, durch den er überliefert wird!	
V. 22	V. 19	[23]Da begannen sie miteinander zu disputieren, wer von ihnen es wohl sein werde, der dies tun würde.	V. 22
[25]Da sprach Judas, der ihn überlieferte: Ich bin's doch nicht, Rabbi? Er sprach zu ihm: Du hast es gesagt.			

		22 3 (Nr. 243)	Da tauchte er den Bissen ein, nahm ihn und gab ihn dem Judas, dem Sohn Simons, des Iskarioten. [27]Und nach dem Bissen da fuhr Satan in ihn. Da sprach Jesus zu ihm: Was du tun (willst), tue bald. [28]Das verstand keiner von den Tischgenossen, wozu er ihm das sagte. [29]Denn einige meinten, weil Judas die Kasse führte, Jesus sage zu ihm: Kaufe, was wir für das Fest brauchen, oder er solle den Armen etwas geben. [30]Als jener nun den Bissen genommen hatte, ging er alsbald hinaus. Es war aber Nacht.

246. Die Einsetzung der Eucharistie

Mt 26 26–29	Mk 14 22–25	Lk 22 15–20	1 Kor 11 22–25
V. 29	V. 25	[15]Und er sprach zu ihnen: Sehnsüchtig habe ich verlangt, dieses Pascha mit euch zu essen, bevor ich leide. [16]Denn ich sage euch: ich werde es nicht mehr essen, bis es seine Erfüllung findet im Reiche Gottes. [17]Und er nahm einen Becher, sprach das Dankgebet und sprach: Nehmt ihn und verteilt ihn unter euch; [18]denn ich sage euch: ich werde von nun an nicht mehr von dem Gewächs des Weinstocks trinken, bis das Reich Gottes kommt.	

			[23]Denn ich habe vom Herrn her empfangen, was ich euch auch überliefert habe, daß der Herr Jesus in der Nacht, in der er überliefert wurde,
[26]Als sie aber aßen, nahm Jesus Brot, sprach den Lobspruch (darüber), brach es und gab es den Jüngern mit den Worten: Nehmt, eßt, das ist mein Leib.	[22]Und als sie aßen, nahm er Brot, sprach den Lobspruch (darüber), brach es und gab es ihnen mit den Worten: Nehmt, das ist mein Leib.	[19]Und er nahm Brot, sprach das Dankgebet, brach es und gab es ihnen mit den Worten: Das ist mein Leib,	Brot nahm, [24]das Dankgebet sprach, es brach und sprach: Das ist mein Leib

		der für euch hingegeben wird. Dies tut zu meinem Gedächtnis! 20 Und in	(, der) für euch (hingegeben wird). Dies tut zu meinem Gedächtnis! 25 In
27 Und er nahm	23 Und er nahm	gleicher Weise (nahm er) nach dem Mahle	gleicher Weise (nahm er) auch den Becher nach dem Mahle
einen Becher, sprach das Dankgebet und gab ihn ihnen mit den Worten: Trinkt alle daraus;	einen Becher, sprach das Dankgebet und gab ihn ihnen, und sie tranken alle daraus. 24 Und er sprach zu ihnen:	den Becher mit den Worten:	mit den Worten:
28 denn das ist mein ‚Bundesblut‘ (Ex 24 8; Jer 31 [38] 31; Zach 9 11), das für viele vergossen wird zur Vergebung der Sünden.	Das ist mein ‚Bundesblut‘ (Ex 24 8; Jer 31 [38] 31; Zach 9 11), das für viele vergossen wird.	Dieser Becher ist der Neue Bund (,der) durch mein Blut (besiegelt wird), das für euch vergossen wird.	Dieser Becher ist der Neue Bund (, der) durch mein Blut (besiegelt wird). Dies tut, sooft ihr (ihn) trinkt, zu meinem Gedächtnis!
29 Ich sage euch aber: ich werde von nun an nicht mehr von diesem Gewächs des Weinstocks trinken bis zu jenem Tag, an dem ich es mit euch neu trinken werde im Reiche meines Vaters.	25 Wahrlich, ich sage euch: ich werde nicht mehr von dem Gewächs des Weinstocks trinken bis zu jenem Tag, an dem ich es neu trinken werde im Reiche Gottes.	V. 18 (V. 21–23: Nr. 245)	

247. Der Rangstreit der Jünger

Mt 20 25–28 (Nr. 207):	Mk 10 42–45 (Nr. 207):	Lk 22 24–30
		24 Es entstand aber auch ein Streit unter ihnen, wer von ihnen als der Größte zu gelten habe.
25 Jesus aber rief sie herbei und sprach zu ihnen: Ihr wißt, daß die Herrscher der Völker ein Gewaltregiment über sie führen und daß die Großen sie vergewaltigen.	42 Da rief Jesus sie herbei und sprach zu ihnen: Ihr wißt, daß die, welche als die Herrscher der Völker gelten, ein Gewaltregiment über sie führen und daß ihre Großen sie vergewaltigen.	25 Er aber sprach zu ihnen: Die Könige der Völker herrschen über sie (mit Gewalt) und ihre Gewalthaber lassen sich „Wohltäter“ nennen.
26 Bei euch soll es nicht so sein; sondern wer unter euch der Größte sein will, soll euer Diener sein, 27 und wer unter euch der Erste sein will, soll euer Knecht sein* — 28 wie	43 Bei euch aber soll es nicht so sein; sondern wer unter euch der Größte sein will, soll euer Diener sein, 44 und wer unter euch der Erste sein will, soll der Knecht aller sein.* 45 Denn auch	26 Bei euch aber (soll es) nicht so (sein); sondern der Größte unter euch werde wie der Jüngste und der Oberste wie der Diener. 27 Denn wer
* Mt 23 11 (Nr. 225): Der Größte unter euch aber soll euer Diener sein.	Mk 9 35 (Nr. 142): Wenn einer der Erste sein will, der muß der Letzte von allen und der Diener aller sein.	Lk 9 48 b (Nr. 142): Denn wer der Kleinste unter euch allen ist, der ist groß.

der Menschensohn nicht gekommen ist, um sich bedienen zu lassen, sondern um zu dienen und sein Leben als Lösegeld für viele hinzugeben. 19 28 (Nr. 204): Wahrlich, ich sage euch: ihr, die ihr mir nachgefolgt seid, werdet bei der Welterneuerung, wenn der Menschensohn auf seinem Herrlichkeitsthron sitzen wird, ebenfalls auf zwölf Thronen sitzen und die zwölf Stämme Israels richten.	der Menschensohn ist nicht gekommen, um sich bedienen zu lassen, sondern um zu dienen und sein Leben als Lösegeld für viele hinzugeben.	ist größer, der zu Tische sitzt oder der bedient? Nicht, der zu Tische sitzt? Ich aber bin unter euch wie der Diener. 28 Ihr aber seid die, die mit mir in meinen Versuchungen ausgeharrt haben. 29 So bestimme ich euch denn das Reich, wie es mir mein Vater bestimmt hat, 30 daß ihr an meinem Tische essen und trinken sollt in meinem Reiche und auf Thronen sitzen, um die zwölf Stämme Israels zu richten.

248. Weissagung der Verleugnung des Petrus

Lk 22 31–34 (vgl. Nr. 250)

31 Simon, Simon, siehe, der Satan hat sich euch ausgebeten, um (euch) zu sieben wie den
Weizen. 32 Ich aber habe für dich gebeten, daß dein Glaube nicht aufhöre. Du aber stärke,
wenn du dich einst zurückgefunden hast, deine Brüder. 33 Er aber sprach zu ihm: Herr, mit
dir bin ich bereit, auch ins Gefängnis und in den Tod zu gehen. 34 (Jesus) aber sprach: Ich
sage dir, Petrus, der Hahn wird heute nicht krähen, bis du dreimal geleugnet hast, mich zu
kennen.

249. Rückblick in die Vergangenheit und Ausblick in die Zukunft

Lk 22 35–38

35 Und er sprach zu ihnen: Als ich euch (einst) ohne Beutel, Ranzen und Schuhe aus-
sandte, habt ihr da an irgend etwas Mangel gelitten? Sie sprachen: An nichts. 36 Da sprach er
zu ihnen: Jetzt aber soll, wer einen Beutel hat, ihn nehmen, ebenso (, wer) einen Ranzen
(hat), und wer kein Schwert hat, der verkaufe seinen Mantel und kaufe sich dafür eines.
37 Denn ich sage euch: Dieses Schriftwort muß sich an mir erfüllen: ‚Und er wurde unter die
Übeltäter gerechnet‘ (Is 53 12). Denn mit mir geht es zu Ende. 38 Sie aber sprachen: Herr,
siehe, hier sind zwei Schwerter! Er aber sprach zu ihnen: Es ist genug.

250. Auf dem Wege zum Ölberg

Weissagung der Verleugnung des Petrus

Mt 26 30–35	Mk 14 26–31	Lk 22 39	Joh 18 1 a. 13 36–38
30 Und nach dem Lobgesang gingen sie hinaus zum Ölberg.	26 Und nach dem Lobgesang gingen sie hinaus zum Ölberg.	Und er ging hinaus und begab sich seiner Gewohnheit gemäß an den Ölberg. Es folgten ihm aber auch seine Jünger.	18 1 a Nach diesen Worten ging Jesus mit seinen Jüngern über den Winterbach Kedron.
31 Da sprach Jesus zu ihnen: Ihr werdet alle	27 Da sprach Jesus zu ihnen: Ihr werdet alle		

Mt	Mk	Lk	Joh
an mir zu Fall kommen in dieser Nacht; denn es steht geschrieben: ‚Ich werde den Hirten schlagen, und die Schafe der Herde werden sich zerstreuen‘ (Zach 13 7).* [32]Nach meiner Auferstehung aber werde ich euch nach Galiläa vorausgehen. [33]Petrus aber erwiderte ihm: Wenn alle an dir zu Fall kommen, ich werde niemals zu Fall kommen.	zu Fall kommen; denn es steht geschrieben: ‚Ich werde den Hirten schlagen, und die Schafe werden sich zerstreuen‘ (Zach 13 7).* [28]Aber nach meiner Auferstehung werde ich euch nach Galiläa vorausgehen. [29]Petrus aber sprach zu ihm: Wenn auch alle zu Fall kommen, so doch ich nicht.		13 36 Simon Petrus sprach zu ihm: Herr, wo gehst du hin? Jesus antwortete: Wo ich hingehe, dahin kannst du mir jetzt nicht folgen, du wirst mir aber später folgen. [37]Petrus sprach zu ihm: Herr, warum kann ich dir jetzt nicht folgen? Mein Leben will ich für dich hingeben. [38]Jesus antwortete: Dein Leben willst du für mich hingeben?
V. 35	V. 31	Lk 22 33 f (Nr. 248): [33]Er aber sprach zu ihm: Herr, mit dir bin ich bereit, auch ins Gefängnis und in den Tod zu gehen. [34](Jesus) aber sprach:	
[34]Jesus sprach zu ihm: Wahrlich, ich sage dir: in dieser Nacht, ehe der Hahn kräht, wirst du mich dreimal verleugnen.	[30]Da sprach Jesus zu ihm: Wahrlich, ich sage dir: (gerade) du wirst heute noch, in dieser Nacht, ehe der Hahn zweimal kräht, mich dreimal verleugnen.	Ich sage dir, Petrus: Der Hahn wird heute nicht krähen, bis du dreimal geleugnet hast, mich zu kennen. V. 33	Wahrlich, wahrlich, ich sage dir: Der Hahn wird nicht krähen, bis du mich dreimal verleugnet hast. V. 37
[35]Petrus sprach zu ihm: Selbst wenn ich mit dir sterben müßte, so werde ich dich (doch) nimmermehr verleugnen. Ebenso sagten auch alle (anderen) Jünger.	[31]Er aber sagte (um so) nachdrücklich(er): (Selbst) wenn ich mit dir sterben müßte, so werde ich dich (doch) nimmermehr verleugnen. Ebenso sagten aber auch (die anderen) alle.		

* Joh 16 32: Siehe es kommt die Stunde und sie ist schon gekommen, da ihr zerstreut werdet, ein jeder in seine Behausung, und mich allein laßt.

251. Jesus in Gethsemani

Mt 26 36–46	Mk 14 32–42	Lk 22 40–46	Joh 18 1 b
36 Darauf kam Jesus mit ihnen zu einem Grundstück namens Gethsemani u. sprach zu den Jüngern:	32 Und sie kamen zu einem Grundstück namens Gethsemani, und er sprach zu seinen Jüngern:	40 Als er aber an den Ort kam, sprach er zu ihnen:	1b Dort war ein Garten, den er und seine Jünger betraten.
Setzt euch hier nieder, während ich dorthin gehe und bete!	Setzt euch hier nieder, während ich bete!	Betet, daß ihr nicht in Versuchung geratet!	
37 Und (nur) den Petrus und die zwei Söhne des Zebedäus nahm er mit und begann zu zittern und zu zagen. 38 Dann sprach er zu ihnen: ‚Meine Seele ist betrübt bis zum Tode‘ (Ps 42 [41] 6.12; Jon 4 9); bleibet hier und wachet mit mir!	33 Und (nur) den Petrus, Jakobus und Johannes nahm er mit. Und er begann zu zittern und zu zagen 34 und sprach zu ihnen: ‚Meine Seele ist betrübt bis zum Tode‘ (Ps 42 [41] 6.12; Jon 4 9); bleibet hier und wachet!		
39 Und er ging ein wenig weiter, warf sich auf sein Angesicht nieder und betete	35 Und er ging ein wenig weiter, warf sich auf die Erde nieder und betete, es möge, wenn möglich, die Stunde an ihm vorübergehen,	41 Und er entfernte sich von ihnen ungefähr einen Steinwurf weit, kniete nieder 42 und betete:	
also: Mein Vater, wenn es möglich ist, so gehe dieser Kelch an mir vorüber! Doch nicht, wie ich will, sondern wie du willst!	36 und sprach: Abba, Vater, alles ist dir möglich, laß diesen Kelch an mir vorübergehen! Doch nicht, was ich will, sondern was du willst!	Vater, wenn du willst, laß diesen Kelch an mir vorübergehen! Doch nicht mein Wille, sondern der deine geschehe! 43 Da erschien ihm ein Engel vom Himmel und stärkte ihn. 44 Und als er in Todesangst geriet, betete er (immer) inbrünstiger. Und sein Schweiß wurde wie Blutstropfen, die auf die Erde fielen.	
40 Und er kam zu den Jüngern (zurück) und fand sie schlafend und sprach zu Petrus: So konntet ihr nicht eine Stunde mit mir wachen? 41 Wachet und betet, daß ihr nicht in Versuchung geratet!	37 Und er kam (zurück) und fand sie schlafend und sprach zu Petrus: Simon, schläfst du? Konntest du nicht eine Stunde wachen? 38 Wachet und betet, daß ihr nicht in Versuchung geratet!	45 Und er stand auf vom Gebet, ging zu den Jüngern und fand sie vor Traurigkeit eingeschlafen 46 und sprach zu ihnen: Warum schlaft ihr? Steht auf und betet, daß ihr nicht in Versuchung geratet!	

Der Geist ist willig, aber das Fleisch
ist schwach. 42 Wieder, zum
zweiten Male, ging er weg und
betete also: Mein Vater, wenn dieser (Kelch) nicht an mir vorübergehen kann, ohne daß ich ihn
trinke, so geschehe dein Wille!
43 Und als er zurückkam, fand er
sie wieder schlafend; denn ihre
Augen waren beschwert.
44 Und er ließ sie (schlafen),
ging wieder weg und betete zum
dritten Male mit den gleichen Worten.
45 Darauf kam er
zu den Jüngern und sprach zu
ihnen: So schlaft denn weiter und
ruht! Siehe, die
Stunde hat sich genaht, da
der Menschensohn in die
Hände der Sünder überliefert
wird. 46 Steht auf, wir wollen gehen!
Siehe, der mich überliefert, ist da.

Der Geist ist willig, aber das Fleisch
ist schwach. 39 Und wieder
ging er weg und
betete mit den gleichen Worten.
40 Und als er zurückkam, fand er
sie wieder schlafend; denn ihre
Augen waren beschwert, und sie
wußten nicht, was sie ihm antworten sollten.
41 Und er kam zum dritten
Male und sprach zu
ihnen: So schlaft denn weiter und
ruht! Es ist genug. Die
Stunde ist gekommen. Siehe,
der Menschensohn wird in die
Hände der Sünder überliefert.
42 Steht auf, wir wollen gehen!
Siehe, der mich überliefert, ist da.

252. Die Gefangennahme Jesu

Mt 26 47–56

47 Und während er noch redete,
siehe, da kam Judas,
einer von den Zwölfen, und mit ihm eine
große Schar mit
Schwertern und
Knütteln von den
Hohenpriestern
und
Ältesten des Volkes
her.

48 Der ihn
überlieferte, hatte
aber mit ihnen ein

Mk 14 43–52

43 Und alsbald, während er noch redete,
kam Judas,
einer von den Zwölfen, und mit ihm eine
Schar mit
Schwertern und
Knütteln von den
Hohenpriestern,
Schriftgelehrten und
Ältesten
her.

44 Der ihn
überlieferte, hatte
aber mit ihnen ein

Lk 22 47–53

47 Während er noch redete,
siehe, da erschien eine
Schar, und der genannte Judas, einer
von den Zwölfen, ging
ihnen voran.

Joh 18 2–11

2 Es kannte aber auch
Judas, der ihn überlieferte, den Ort, weil Jesus dort oft mit seinen Jüngern zusammenkam. 3 Judas
nahm nun die Kohorte und Diener von den
Hohenpriestern und
den Pharisäern und
ging mit Laternen,
Fackeln und Waffen
dorthin. 4 Jesus nun,
der alles wußte, was
über ihn kommen
sollte, trat hinaus und
sprach zu ihnen:
Wen sucht ihr? 5 Sie
antworteten ihm: Jesus, den Nazoräer. Er
sprach zu ihnen: Ich
bin es. Es stand aber
auch Judas, der ihn
überlieferte, bei ihnen.
6 Wie er nun zu ihnen

Zeichen verabredet und gesagt: Den ich küssen werde, der ist's; den ergreift.	Zeichen verabredet und gesagt: Den ich küssen werde, der ist's; den ergreift, und führt ihn sicher ab!		sprach: Ich bin es, wichen sie zurück und stürzten zu Boden. 7 Nochmals nun fragte er sie: Wen sucht ihr? Da sprachen diese: Jesus den Nazoräer. 8 Jesus antwortete: Ich habe euch gesagt, daß ich es bin. Wenn ihr also mich sucht, dann laßt diese da gehen — 9 damit das Wort erfüllt werde, das er gesprochen hatte: Von denen, die du mir gegeben hast, habe ich keinen verloren.
49 Und sogleich trat er an Jesus heran und sprach: Sei gegrüßt, Rabbi! und küßte ihn 50 Jesus aber sprach zu ihm: Freund, (tu jetzt,) wozu du da bist.	45 Und wie er (nun) kam, trat er sogleich an ihn heran und sprach: Rabbi! und küßte ihn.	Und er trat auf Jesus zu, um ihn zu küssen. 48 Jesus aber sprach zu ihm: Judas, mit einem Kuß willst du den Menschensohn verraten?	
Darauf traten sie hinzu, legten Hand an Jesus und ergriffen ihn.	46 Sie aber legten Hand an ihn und ergriffen ihn.		
		49 Als aber seine Begleiter sahen, was bevorstand, sprachen sie: Herr, sollen wir mit dem Schwerte zuschlagen? 50 Und	
51 Und siehe, einer von den Begleitern Jesu streckte seine Hand aus, zog sein Schwert, schlug auf den Knecht des Hohenpriesters ein und hieb ihm das Ohr ab.	47 Einer von den Dabeistehenden aber zog das Schwert, schlug auf den Knecht des Hohenpriesters ein und hieb ihm das Ohr ab.	einer von ihnen schlug auf den Knecht des Hohenpriesters ein und hieb ihm das rechte Ohr ab.	10 Simon Petrus nun, der ein Schwert hatte, zog es, schlug auf den Knecht des Hohenpriesters ein und hieb ihm das rechte Ohr ab. Der Knecht aber hieß Malchus. 11 Da sprach Jesus zu Petrus: Steck dein Schwert in die Scheide! Soll ich den Kelch, den mir der Vater gereicht hat, nicht trinken?
52 Da sprach Jesus zu ihm: Steck dein Schwert wieder an seinen Platz; denn alle, die zum Schwert greifen, werden durch das Schwert umkommen. 53 Oder meinst du, ich könnte nicht meinen Vater bitten, und er würde mir nicht auf der Stelle mehr als zwölf Legionen Engel zur Verfügung stellen? 54 Wie würden dann (aber) die Schriften erfüllt, (die sagen,) daß es so geschehen muß?		51 Da sprach Jesus: Laßt ab! Nicht weiter. Und er berührte das Ohr und heilte ihn.	
55 In jener Stunde sprach Jesus zu dem Haufen:	48 Jesus aber sprach zu ihnen:	52 Und Jesus sprach zu den Hohenpriestern, Tempelhauptleuten und Älte-	

Wie gegen einen Räuber seid ihr ausgezogen mit Schwertern und Knütteln, mich gefangenzunehmen. Täglich saß ich (doch) im Tempel und lehrte, und ihr habt mich nicht ergriffen. [56]Das alles ist aber geschehen, damit die Schriften der Propheten erfüllt werden. Da verließen ihn die Jünger alle und flohen.

Wie gegen einen Räuber seid ihr ausgezogen mit Schwertern und Knütteln, mich gefangenzunehmen. [49]Täglich war ich (doch) bei euch im Tempel und lehrte, und ihr habt mich nicht ergriffen. Aber es sollten die Schriften erfüllt werden. [50]Da verließen ihn (seine Jünger) alle und flohen. [51]Und ein Jüngling war ihm gefolgt, der (nur) mit einem Hemd auf dem bloßen Leibe bekleidet war. Den ergriffen sie. [52]Er aber ließ das Hemd fahren und floh nackt.

sten, die an ihn herangetreten waren: Wie gegen einen Räuber seid ihr ausgezogen mit Schwertern und Knütteln. [53]Während ich täglich bei euch im Tempel war, habt ihr die Hand nicht gegen mich ausgestreckt. Aber das ist eure Stunde und der Machtbereich der Finsternis.

253. Jesus vor dem Hohen Rat

Die Verleugnung des Petrus

Mt 26 57–75

[57]Sie aber ergriffen Jesus und führten ihn ab zum Hohenpriester Kaiphas, wo die Schriftgelehrten und die Ältesten sich versammelt hatten. [58]Petrus aber folgte ihm von weitem bis zum Hof des Hohenpriesters,

Mk 14 53–72

[53]Und sie führten Jesus ab zum Hohenpriester, und es versammelten sich alle Hohenpriester, Ältesten und Schriftgelehrten. [54]Und Petrus folgte ihm von weitem

Lk 22 54–71

[54]Und sie ergriffen ihn und führten ihn ab in das Haus des Hohenpriesters. Petrus aber folgte von weitem.

Joh 18 12.15–18.24–27

[12]Die Kohorte nun, der Oberst und die Diener der Juden ergriffen Jesus, banden ihn und führten ihn zunächst zu Annas.

V. 24

[15]Es folgte aber Jesus Simon Petrus und ein anderer Jünger. Jener Jünger aber war mit dem Hohenpriester bekannt und ging mit Jesus in den Hof des Hohenpriesters hinein, [16]Petrus aber blieb draußen an der Türe stehen. Da trat der andere Jünger, der mit dem Hohenpriester

Mt	Mk	Lk	Joh
und als er hineingelangt war,	bis hinein in den Hof des Hohenpriesters,		bekannt war, hinaus, sprach mit der Türhüterin und führte den Petrus hinein. 17 Da sprach die Türhüterin zu Petrus: Gehörst nicht auch du zu den Jüngern dieses Menschen? Er sprach: Nein.
setzte er sich bei den Dienern nieder, um zu sehen, wie (die Sache) ausgehen werde.	und er saß bei den Dienern und wärmte sich am Feuer.	55 Und als sie inmitten des Hofes ein Feuer anzündeten und sich (darum herum) zusammensetzten, da setzte sich Petrus mitten unter sie.	18 Die Knechte und Diener aber, die, weil es kalt war, ein Kohlenfeuer angezündet hatten, standen da und wärmten sich. Es stand aber auch Petrus bei ihnen und wärmte sich.
			24 Annas nun schickte (Jesus) gebunden zum Hohenpriester Kaiphas.
V. 69–75 (S. 186)	V. 66–72 (S. 186)	56 Da sah ihn eine Magd am Feuer sitzen, schaute ihn genau an und sprach: Der war auch bei ihm. 57 Er aber leugnete und sprach: Ich kenne ihn gar nicht, Weib. 58 Und nach einer kleinen Weile erblickte ihn ein anderer und sprach: Du gehörst auch zu ihnen. Petrus aber sprach: Mensch, ich nicht. 59 Und nach etwa einer Stunde behauptete ein anderer mit Bestimmtheit: Ganz gewiß war der auch bei ihm. Er ist ja doch auch ein Galiläer. 60 Petrus aber sprach: Mensch, ich verstehe gar nicht, was du sagst. Und sogleich, während er noch redete, krähte der Hahn. 61 Da wandte sich der Herr um und blickte den Petrus an. Da erinnerte sich Petrus an das Wort des Herrn, wie er zu ihm gesagt hatte: Ehe der Hahn heute kräht, wirst du mich dreimal verleugnen. 62 Und er ging hinaus und weinte bitterlich.	
V. 67 f (S. 186)	V. 65 (S. 186)	63 Und die Männer, die (Jesus) bewachten, trieben ihren Spott mit ihm, indem sie ihn schlugen, 64 ihm (das Gesicht) verhüllten und ihn fragten: Weissage, wer ist's, der dich geschlagen hat? 65 Und noch viele andere Lästerungen stießen sie gegen ihn aus. 66 Und als es Tag wurde, versammelte sich der Ältestenrat des Volkes, Hohepriester und Schriftgelehrte.	
59 Die Hohenpriester aber und der ganze Hohe Rat suchten ein falsches Zeugnis gegen Jesus, um ihn zum Tode verurteilen zu können, 60 fanden aber keines, obwohl viele falsche Zeugen auftraten.	55 Die Hohenpriester aber und der ganze Hohe Rat suchten ein Zeugnis gegen Jesus, um ihn zum Tode verurteilen zu können, fanden aber keines. 56 Denn es machten (zwar) viele falsche Zeugenaussagen gegen ihn,	Und sie ließen ihn vor ihr Gericht führen	

Schließ-
lich kamen zwei [61]und
sagten:
Dieser hat gesagt:
Ich kann den
Tempel Gottes nieder-
reißen und in drei Tagen
(wieder) auf-
bauen.*
[62]Da stand der Hohepries-
ter auf
und sprach zu ihm:
Antwortest du nichts auf
die Aussagen, die diese
gegen dich machen? [63]Je-
sus aber schwieg.
Da sprach
der Hohepriester
zu ihm: Ich beschwöre
dich beim lebendigen
Gott, daß du uns sagst,
ob du der Messias bist,
der Sohn Gottes.
[64]Je-
sus sprach zu ihm:
Du hast es gesagt.
Aber ich sage euch: von
nun an werdet ihr den
Menschensohn sehen ‚sit-
zend zur Rechten‘ der
Kraft (Ps 110
[109] 1) und ‚kommend
auf den Wolken des Him-
mels‘ (Dan 7 13).
[65]Da
zerriß der Hohepriester
seine Kleider und sprach:

aber ihre Aussagen stimm-
ten nicht überein. [57]Da
traten einige auf und
machten folgende falsche
Zeugenaussage gegen ihn:
[58]Wir haben ihn sagen ge-
hört: Ich werde diesen
mit Händen gemachten
Tempel nieder-
reißen und in drei Tagen
einen anderen, nicht mit
Händen gemachten, er-
bauen.* [59]Aber auch in
diesem Fall stimmte ihr
Zeugnis nicht überein.
[60]Da stand der Hohepries-
ter auf, (trat) in die
Mitte und fragte Jesus:
Antwortest du nichts auf
die Aussagen, die diese
gegen dich machen? [61]Er
aber schwieg und ant-
wortete nichts. Da fragte
ihn der Hohepriester
nochmals:
Bist du der Messias,
der Sohn des Hochgelob-
ten? [62]Je-
sus aber sprach:
Ich bin es,
und ihr werdet den
Menschensohn sehen ‚sit-
zend zur Rechten‘ der
Kraft (Ps 110
[109] 1) und ‚kommend
mit den Wolken des Him-
mels‘ (Dan 7 13).
[63]Da
zerriß der Hohepriester
seine Kleider und sprach:

[67]und sprachen:
Wenn du der Messias bist,
so sag (es) uns! Er
aber sprach zu ihnen:
Wenn ich (es) euch sage,
werdet ihr (es mir) nicht
glauben, [68]wenn ich (euch)
aber frage, werdet ihr
(mir) nicht antworten.
[69]Von
nun aber wird der
Menschensohn ‚sit-
zen zur Rechten‘ der
Kraft Gottes (Ps 110
[109] 1).
[70]Da
sprachen alle: So bist du
also der Sohn Gottes? Er
aber sprach zu ihnen: Ihr
sagt es: ich bin es. [71]Da
sprachen sie:

* Joh 2 19: Jesus antwortete ihnen: Reißt diesen Tempel nieder, und in drei Tagen werde ich ihn (wieder) aufbauen.

Mt	Mk	Lk	Joh
Er hat gelästert. Was brauchen wir noch Zeugen? Siehe, jetzt habt ihr die Lästerung gehört. 66 Was ist eure Meinung? Sie aber antworteten: Er ist des Todes schuldig. 67 Da spien sie ihm ins Gesicht und gaben ihm Ohrfeigen. Andere aber schlugen ihn 68 und sagten: Weissage uns, Messias, wer ist's, der dich geschlagen hat?	Was brauchen wir noch Zeugen? 64 Ihr habt die Lästerung gehört. Was fällt ihr für ein Urteil? Sie aber sprachen ihn alle des Todes schuldig. 65 Und einige spien ihn an, verhüllten ihm das Gesicht, gaben ihm Ohrfeigen und sprachen zu ihm: Weissage! Und die Diener bearbeiteten ihn mit Schlägen.	Was brauchen wir noch eine Zeugenaussage? Wir haben es ja selbst aus seinem Munde gehört. 63 (oben S. 184) Und die Männer, die (Jesus) bewachten, trieben ihren Spott mit ihm, indem sie ihn schlugen, 64 ihm (das Gesicht) verhüllten und ihn fragten: Weissage! wer ist's der dich geschlagen hat? 65 Und viele andere Lästerungen stießen sie gegen ihn aus.	
69 Petrus aber saß draußen im Hof. Da trat eine Magd auf ihn zu und sprach: Auch du warst bei Jesus dem Galiläer. 70 Er aber leugnete vor allen und sprach: Ich weiß nicht, was du meinst. 71 Als er aber zur Torhalle hinausging, sah ihn eine andere Magd und sagte zu denen, die dort waren: Der war bei Jesus dem Nazoräer. 72 Und er leugnete wieder und schwur dazu: ich kenne den Menschen überhaupt nicht. 73 Nach einer kleinen Weile kamen die Umstehenden herzu und sagten zu Petrus: Du gehörst wirklich auch zu ihnen; denn auch	66 Und während Petrus unten im Hof war, kam eine von den Mägden des Hohenpriesters, 67 und als sie den Petrus sich wärmen sah, schaute sie ihn an und sprach: Auch du warst bei dem Nazarener, bei Jesus. 68 Er aber leugnete und sprach: Ich weiß nicht und verstehe nicht, was du meinst. Und er ging hinaus in den Vorhof. [Da krähte ein Hahn.] 69 Und als die Magd ihn (dort) erblickte, sagte sie wiederum zu den Umstehenden: Der gehört zu ihnen. 70 Er aber leugnete wieder. Und nach einer kleinen Weile sagten die Umstehenden noch einmal zu Petrus: Du gehörst wirklich zu ihnen. Du bist ja	56 (oben S. 184) Da sah ihn eine Magd am Feuer sitzen, schaute ihn genau an und sprach: Der war auch bei ihm. 57 Er aber leugnete und sprach: Ich kenne ihn gar nicht, Weib. 58 Und nach einer kleinen Weile erblickte ihn ein anderer und sprach: Du gehörst auch zu ihnen. Petrus aber sprach: Mensch, ich nicht. 59 Und nach etwa einer Stunde behauptete ein anderer mit Bestimmtheit: Ganz gewiß war der auch bei ihm. Er ist ja	25 Simon Petrus aber stand da (vgl. oben V. 18, S. 184) und wärmte sich. Sie sprachen nun zu ihm: Gehörst nicht auch du zu seinen Jüngern? Er leugnete und sprach: Nein. 26 Da sprach einer von den Knechten des Hohenpriesters, ein Verwandter dessen, dem Petrus das Ohr abgeschlagen hatte: Habe

Mt	Mk	Lk	Joh
deine Sprache verrät dich ja. 74 Da fing er an, (sich selbst) zu verwünschen und zu schwören: Ich kenne den Menschen (überhaupt) nicht.	doch auch ein Galiläer. 71 Da fing er an, (sich selbst) zu verwünschen und zu schwören: Ich kenne diesen Menschen (überhaupt) nicht, von dem ihr redet.	doch auch ein Galiläer. 60 Petrus aber sprach: Mensch, ich verstehe gar nicht, was du sagst.	ich dich nicht im Garten bei ihm gesehen? 27 Petrus aber leugnete wiederum.
Und sogleich krähte ein Hahn.	72 Und sogleich krähte der Hahn zum zweitenmal.	Und sogleich, während er noch redete, krähte ein Hahn.	Und sogleich krähte ein Hahn.
75 Da erinnerte sich Petrus an das Wort Jesu, wie er zu ihm gesagt hatte: Ehe der Hahn kräht, wirst du mich dreimal verleugnen. Und er ging hinaus und weinte bitterlich.	Da erinnerte sich Petrus an das Wort, wie Jesus zu ihm gesagt hatte: Ehe der Hahn zweimal kräht, wirst du mich dreimal verleugnen. Und er fing an zu weinen.	61 Da wandte sich der Herr um und blickte den Petrus an. Da erinnerte sich Petrus an das Wort des Herrn, wie er zu ihm gesagt hatte: Ehe der Hahn heute kräht, wirst du mich dreimal verleugnen. 62 Und er ging hinaus und weinte bitterlich	

254. Die Übergabe Jesu an Pilatus

Mt 27 1 f	Mk 15 1	Lk 23 1	Joh 18 28 a
1 Als es aber Morgen geworden war, faßten alle Hohenpriester und Ältesten des Volkes	Und sogleich am frühen Morgen ließen die Hohenpriester mit den Ältesten und Schriftgelehrten und dem ganzen Hohen Rat,	22 66 (oben S. 184): Und als es Tag wurde, versammelte sich der Ältestenrat des Volkes, Hohepriester und Schriftgelehrte, und ließen ihn vor ihr Gericht führen.	
den Beschluß gegen Jesus, ihn zu töten. 2 Und sie	nachdem sie einen (förmlichen) Beschluß gefaßt hatten,	1 Und ihre ganze Versammlung erhob sich und ließ ihn	Sie führten nun Jesus von Kaiphas weg in das Prätorium.
ließen ihn fesseln und abführen und übergaben ihn dem Statthalter Pilatus.	Jesus fesseln und abführen und übergaben ihn dem Pilatus.	zu Pilatus führen.	

255. Das Ende des Judas

Mt 27 3–10	Apg 1 15–20
3 Als nun Judas, der ihn überliefert hatte, sah, daß (Jesus) verurteilt war, wurde er von Reue ergriffen und brachte die dreißig Silber-	15 Und in diesen Tagen erhob sich Petrus inmitten der Brüder und sprach — es war eine Schar von ungefähr hundertzwanzig Perso-

linge den Hohenpriestern und Ältesten zurück 4 und sprach: Ich habe Unrecht getan, daß ich unschuldiges Blut überlieferte. Sie aber sprachen: Was geht das uns an? Das ist deine Sache. 5 Da warf er die Silberlinge ins Tempelhaus und entfernte sich, ging hin und erhängte sich. 6 Die Hohenpriester aber nahmen die Silberlinge und sprachen: Man darf sie nicht in den Tempelschatz tun; denn es ist Blutgeld. 7 Sie faßten nun einen Beschluß und kauften davon den Töpferacker als Begräbnisplatz für die Fremden. 8 Daher heißt jener Acker Blutacker bis auf den heutigen Tag. 9 Da wurde erfüllt, was durch den Propheten Jeremias gesprochen wurde, der sagt: ‚Und sie nahmen die dreißig Silberlinge, den Preis des (also) Geschätzten, die sie (, nämlich einige) von den Söhnen Israels, abschätzten, 10 und gaben sie für den Töpferacker, gemäß dem, was mir der Herr befohlen hatte' (Zach 11 12 f).

nen beisammen —: 16 Liebe Brüder, es mußte das Schriftwort erfüllt werden, das der Heilige Geist durch den Mund Davids über Judas im voraus verkünden ließ, der den Häschern Jesu als Führer gedient hat; 17 war er doch zu uns gerechnet worden und hatte Anteil an diesem (unserem) Amt erhalten. — 18 Dieser kaufte sich einen Acker von seinem ungerecht erworbenen Lohn, stürzte (dann) kopfüber, barst mitten entzwei, und alle seine Eingeweide traten heraus. 19 Und (das) wurde allen Bewohnern Jerusalems bekannt, so daß jener Acker in ihrer Sprache Hakeldamach, d. h. Blutacker, genannt wurde. — 20 Im Buch der Psalmen steht ja geschrieben: ‚Es werde seine Wohnstätte öde und niemand soll mehr darin wohnen' (Ps 69 [68] 26) und: ‚Sein Amt soll ein anderer bekommen' (Ps 109 [108] 8).

256. Jesus vor Pilatus*

Mt 27 11–14	Mk 15 2–5	Lk 23 2–5
11 Jesus aber wurde vor den Statthalter gestellt.		
		2 Und sie begannen ihn folgendermaßen anzuklagen: Wir haben festgestellt, daß er unser Volk aufwiegelt und verbietet, dem Kaiser Steuern zu zahlen, und daß er behauptet, er sei der Messiaskönig.
Und der Statthalter fragte ihn: Bist du der König der Juden? Jesus aber sprach: Du sagst es.	2 Und Pilatus fragte ihn: Bist du der König der Juden? Er aber antwortete ihm: Du sagst es.	3 Pilatus aber fragte ihn: Bist du der König der Juden? Er aber antwortete ihm: Du sagst es.
12 Auf die Anklage der Hohenpriester und Ältesten aber antwortete er nichts.	3 Und die Hohenpriester verklagten ihn heftig.	
13 Da sprach Pilatus zu ihm: Hörst du nicht, was sie alles gegen dich vorbringen?	4 Pilatus aber fragte ihn noch einmal: Antwortest du nichts? Sieh, was sie alles gegen dich vorbringen!	
14 Er aber antwortete ihm auf kein einziges Wort mehr, so daß sich der Statthalter sehr verwunderte.	5 Jesus aber antwortete kein Wort mehr, so daß Pilatus sich verwunderte.	

4 Pilatus aber sprach zu den Hohenpriestern und den Volksmassen: Ich finde keine Schuld an diesem Menschen. 5 Sie aber bestanden um so nachdrücklicher auf ihrer Anklage: Er bringt das (ganze) Volk in Aufruhr mit seiner Lehrtätigkeit in ganz Judäa, von Galiläa angefangen bis hierher.

* Vgl. Joh 18 29–38.

257. Jesus vor Herodes

Lk 23,6–12

[6]Als Pilatus das hörte, fragte er, ob der Mann ein Galiläer sei, [7]und als er vernahm, daß
er aus dem Gebiet des Herodes sei, schickte er ihn zu Herodes, der sich in diesen Tagen eben-
falls in Jerusalem aufhielt. [8]Als aber Herodes Jesus sah, freute er sich sehr; denn er wollte
ihn schon lange einmal sehen, weil er von ihm gehört hatte, und hoffte ein von ihm gewirktes
Wunderzeichen zu sehen. [9]So stellte er denn viele Fragen an ihn; (Jesus) aber gab ihm keine
Antwort. [10]Es standen aber die Hohenpriester und Schriftgelehrten (dabei) und verklagten
ihn heftig. [11]Herodes aber bekundete ihm mit seinen Offizieren seine Verachtung und ver-
spottete ihn, ließ ihm ein Prunkgewand anziehen und schickte ihn zu Pilatus zurück. [12]An
dem Tage wurden Herodes und Pilatus Freunde miteinander. Vorher nämlich hatten sie in
Feindschaft gegeneinander gelebt.

258. Die Verurteilung Jesu

Mt 27,15–26	Mk 15,6–15	Lk 23,13–25	Joh 18,39f. 19,16a
		[13]Pilatus aber rief die Hohenpriester und die Obersten und das ganze Volk zusammen [14]und sprach zu ihnen: Ihr habt mir diesen Menschen vorgeführt, weil er das Volk aufwiegle, und siehe, ich habe ihn in eurer Gegenwart verhört, aber ich habe an diesem Menschen keine Schuld in den Dingen gefunden, deren ihr ihn anklagt. [15]Aber auch Herodes nicht; denn er hat ihn uns zurückgeschickt. Es ist wirklich nichts Todeswürdiges von ihm begangen worden. [16]So will ich ihn denn züchtigen lassen und dann freilassen.	
[15]Zum Feste aber pflegte der Statthalter dem Volke einen Gefangenen freizulassen, welchen sie wollten. Sie hatten aber damals einen berüchtigten Gefangenen, namens Barabbas.	[6]Zum Feste aber pflegte er ihnen einen Gefangenen freizulassen, den sie sich ausbitten durften. [7]Es lag aber ein gewisser Barabbas im Gefängnis, zusammen mit den (anderen) Aufrührern, die bei einem Aufruhr einen Mord begangen hatten. [8]Und das Volk zog hinauf und begann zu bitten, (er möge ihnen gewähren,) wie er ihnen zu tun pflegte.	[[17]Zum Feste aber mußte er ihnen einen Gefangenen freilassen.] V. 19	[39]Es besteht aber bei euch der Brauch, daß ich euch einen zum Pascha freilasse.
[17]Als sie nun versammelt waren, sprach Pilatus zu ihnen: Wen wollt ihr, daß ich freilasse, Barabbas oder Jesus, der der Messias heißt? [18]Er wußte nämlich, daß ihn (die Hohenpriester) aus Mißgunst überliefert hatten.	[9]Pilatus aber antwortete ihnen: Wollt ihr, daß ich euch den König der Juden freilasse [10]Er wußte nämlich, daß ihn die Hohenpriester aus Mißgunst überliefert hatten.		Wollt ihr nun, daß ich euch den König der Juden freilasse?

Mt	Mk	Lk	Joh
19 Während er aber auf dem Richterstuhle saß, schickte seine Frau zu ihm und ließ ihm sagen: Laß die Hände von jenem Gerechten! Denn ich habe heute im Traume seinetwegen viel ausgestanden.			
20 Die Hohenpriester und die Ältesten aber wiegelten die Volksmassen auf, sie sollten sich den Barabbas erbitten, Jesus aber töten lassen.	11 Die Hohenpriester aber wiegelten das Volk auf, daß er ihnen lieber den Barabbas freilassen solle.		
21 Da nahm der Statthalter das Wort und sprach zu ihnen: Wen von den beiden wollt ihr, daß ich euch freilasse? Sie aber sprachen: Den Barabbas.	V. 7	18 Da schrien sie alle zusammen: Weg mit dem, laß uns vielmehr den Barabbas frei! — 19 Der war nämlich wegen eines in der Stadt vorgekommenen Aufruhrs und wegen eines Mordes ins Gefängnis geworfen worden. —	40 Da schrien sie wiederum: sondern den Barabbas! Barabbas war aber ein Räuber.
22 Pilatus sprach zu ihnen: Was soll ich denn mit Jesus tun, der der Messias heißt? Sie sprachen alle: Er soll gekreuzigt werden.	12 Pilatus aber ergriff wieder das Wort und sprach zu ihnen: Was soll ich denn mit dem tun, den ihr den König der Juden nennt? 13 Sie aber schrien darauf: Kreuzige ihn!	20 Wieder sprach Pilatus zu (ihnen), weil er Jesus freilassen wollte. 21 Sie aber riefen dagegen: Kreuzige, kreuzige ihn!	vgl. 19 4–15
23 Er aber sprach: Was hat er denn Böses getan? Sie aber schrien noch lauter: Er soll gekreuzigt werden.	14 Pilatus sprach zu ihnen: Was hat er denn Böses getan? Sie aber schrien noch lauter: Kreuzige ihn!	22 Er aber sprach zum dritten Mal zu ihnen: Was hat dieser denn Böses getan? Ich habe nichts Todeswürdiges an ihm gefunden. So will ich ihn denn züchtigen lassen und (dann) freilassen. 23 Sie aber setzten ihm mit lautem Geschrei zu und verlangten, daß er gekreuzigt werde, und	

24 Als aber Pilatus sah, daß er nichts ausrichtete, sondern daß der Tumult nur noch größer wurde, nahm er Wasser und wusch sich vor dem Volke die Hände und sprach: Ich bin unschuldig an diesem Blut. Das ist eure Sache. 25 Da antwortete das ganze Volk: Sein Blut komme auf uns und unsere Kinder!		ihr Geschrei drang durch.	
26 Da ließ er ihnen den Barabbas	15 Da ließ Pilatus, um das Volk zu befriedigen, ihnen den Barabbas	24 Da entschied Pilatus, ihre Forderung solle erfüllt werden. 25 Er ließ den wegen Aufruhrs und Mordes ins Gefängnis Geworfenen, den sie forderten,	19 16 Da
frei, Jesus aber ließ er geißeln und übergab ihn zur Kreuzigung.	frei, Jesus aber ließ er geißeln und übergab ihn zur Kreuzigung.	frei, Jesus aber gab er ihrem Willen preis.	(vgl. 19 1) übergab er ihn ihnen zur Kreuzigung.

259. Die Verspottung Jesu durch die römischen Soldaten

Mt 27 27–31a	Mk 15 16–20a	Joh 19 2f
27 Darauf nahmen die Soldaten des Statthalters Jesus in das Prätorium mit	16 Die Soldaten aber führten ihn ab in das Innere des Palastes, das heißt des Prätoriums,	2 Und die Soldaten
und versammelten die ganze Kohorte um ihn.	und riefen die ganze Kohorte zusammen.	
28 Und sie zogen ihn aus und legten ihm einen scharlachroten Mantel um,	17 Und sie zogen ihm einen Purpurmantel an	
29 flochten einen Kranz aus Dornen und setzten ihn ihm aufs Haupt und (gaben ihm) ein Rohr in seine Rechte.	und setzten ihm einen Dornenkranz auf, den sie geflochten hatten,	flochten einen Kranz aus Dornen und setzten ihn ihm aufs Haupt und legten ihm einen Purpurmantel um,
Dann fielen sie vor ihm aufs Knie und verspotteten ihn, indem sie sprachen:	18 und huldigten ihm:	3 traten zu ihm hin und sprachen:
Heil dir, König der Juden!, 30 spien ihn an, nahmen das Rohr und schlugen ihn (damit) aufs Haupt.	Heil dir, König der Juden! 19 Und sie schlugen ihn mit einem Rohr aufs Haupt, spien ihn an, beugten ihre Knie vor ihm und huldigten ihm.	Heil dir, König der Juden! und gaben ihm Ohrfeigen.
31 Und als sie ihn (so) ver-	20 Und als sie ihn (so) ver-	

spottet hatten, zogen sie ihm den Mantel (wieder) aus und seine eigenen Kleider an.	spottet hatten, zogen sie ihm den Purpurmantel (wieder) aus und seine eigenen Kleider an.		

260. Jesu Gang nach Golgotha

Mt 27 31 b–32	Mk 15 20 b–21	Lk 23 26–32	Joh 19 16 b–17 a
31b Und sie führten ihn ab zur Kreuzigung. 32 Während sie aber hinauszogen, trafen sie einen Mann aus Cyrene, namens Simon;	20b Und sie führten ihn ab, um ihn zu kreuzigen. 21 Und sie zwangen einen Vorbeikommenden, Simon von Cyrene, der vom Felde kam, den Vater des Alexander und Rufus,	26 Und wie sie ihn abführten, ergriffen sie einen gewissen Simon von Cyrene, der vom Felde kam,	16b Da übernahmen sie Jesus.
den zwangen sie, sein Kreuz zu tragen.	sein Kreuz zu tragen.	und luden ihm das Kreuz auf damit er es Jesus nachtrage.	17a Und er trug selbst sein Kreuz
		27 Es folgten ihm aber auch eine große Menge Volks und Frauen, die über ihn klagten und weinten. 28 Da wandte sich Jesus zu ihnen um und sprach: Ihr Töchter Jerusalems, weint nicht über mich! Weint vielmehr über euch selbst und über eure Kinder! 29 Denn siehe, es kommen Tage, wo man sagen wird: Selig die Unfruchtbaren und die Leiber, die nicht geboren, und die Brüste, die nicht genährt haben! 30 Dann wird man anfangen ‚zu den Bergen zu sagen: Fallt über uns! und zu den Hügeln: Bedeckt uns!‘ (Os 10 8). 31 Denn wenn man dies am grünen Holz tut, was wird dann (erst) mit dem dürren geschehen? 32 Es wurden aber auch noch zwei Verbrecher mit ihm zur Hinrichtung geführt.	

261. Die Kreuzigung

Mt 27 33–44	Mk 15 22–32	Lk 23 33–43	Joh 19 17 b–24
33 Und als sie an die Stätte kamen, die Golgotha, das heißt Schädelstätte genannt wird,	22 Und sie brachten ihn zur Stätte Golgotha, das heißt übersetzt Schädelstätte.	33 Und als sie zur Stätte kamen, die „Schädel“ heißt,	17b und ging hinaus zu der sogenannten Schädelstätte, was auf Hebräisch Golgotha heißt,
34 gaben sie ihm Wein, mit ‚Galle‘ vermischt, ‚zu trinken‘ (Ps 69 [68] 22); und als er (davon) gekostet hatte, wollte er nicht trinken.	23 Und sie reichten ihm mit Myrrhe gewürzten Wein; er aber nahm ihn nicht		
35 Nachdem sie ihn aber gekreuzigt hatten,	24 Und sie kreuzigten ihn	kreuzigten sie ihn dort und die Verbrecher, den einen zur Rechten,	18 wo sie ihn kreuzigten und mit ihm zwei andere, herüben und
V. 38	V. 27		

		den andern zur Linken. 34 Jesus aber sprach: Vater, vergib ihnen; denn sie wissen nicht, was sie tun!	drüben, Jesus aber in der Mitte
‚verteilten sie seine Kleider, indem sie das Los warfen‘ (Ps 22 [21] 19),	und ‚verteilten seine Kleider, indem sie das Los darüber warfen‘ (Ps 22 [21] 19), was jeder bekommen sollte.	Und ‚beim Verteilen seiner Kleider warfen sie das Los‘ (Ps 22 [21] 19).	23 Als nun die Soldaten Jesus gekreuzigt hatten, nahmen sie seine Kleider und machten (daraus) vier Teile, für jeden Soldaten einen Teil, und dazu den Rock. Der Rock aber war ohne Naht, von oben angefangen ganz gewebt. 24 Sie sprachen nun zueinander: Wir wollen ihn nicht zerteilen, sondern darum losen, wer ihn bekommen soll — damit die Schriftstelle erfüllt würde: ‚Sie haben meine Kleider unter sich verteilt und über mein Gewand das Los geworfen‘ (Ps 22 [21] 19). Die Soldaten taten nun so.
	25 Es war aber die dritte Stunde, als sie ihn kreuzigten.		
36 und setzten sich nieder und bewachten ihn dort. 37 Und sie brachten über seinem Haupte eine Aufschrift mit der Angabe seiner Schuld an: Dies ist Jesus, der König der Juden.	26 Und es war die Aufschrift (mit der Angabe) seiner Schuld angebracht: Der König der Juden.	V. 38	19 Pilatus ließ auch eine Aufschrift anfertigen und am Kreuze anbringen: Jesus der Nazoräer, der König der Juden. 20 Diese Aufschrift lasen nun viele von den Juden, weil der Platz, wo Jesus gekreuzigt wurde, nahe bei der Stadt lag. Und sie war hebräisch, lateinisch und griechisch geschrieben. 21 Da sprachen die Hohen-

Mt	Mk	Lk	Joh
			priester der Juden zu Pilatus: Schreibe nicht: Der König der Juden, sondern: Der hat gesagt: Ich bin der König der Juden. 22 Pilatus erwiderte: Was ich geschrieben habe, habe ich geschrieben.
38 Dann wurden mit ihm zusammen zwei Räuber gekreuzigt, einer zur Rechten und einer zur Linken.	27 Und mit ihm zusammen kreuzigten sie zwei Räuber, einen zu seiner Rechten und einen zu seiner Linken. [28]	V. 32 f 35 Und das Volk stand da und schaute zu.	V. 18
39 Die Vorübergehenden aber lästerten ihn, ‚schüttelten ihre Köpfe' (Ps 22 [21] 8) 40 und sprachen: Du, der du den Tempel niederreißt und in drei Tagen (wieder) aufbaust, hilf dir selbst, wenn du der Sohn Gottes bist, und steige herab vom Kreuz!	29 Und die Vorübergehenden lästerten ihn, ‚schüttelten ihre Köpfe' (Ps 22 [21] 8) und sprachen: Ha, du, der du den Tempel niederreißt und in drei Tagen (wieder) aufbaust, 30 hilf dir selbst und steige herab vom Kreuz!		
41 Ebenso redeten die Hohenpriester mitsamt den Schriftgelehrten und Ältesten, indem sie spotteten: 42 Anderen hat er geholfen, sich selbst kann er nicht helfen! Er ist der König Israels? Er soll doch jetzt vom Kreuz herabsteigen, und dann wollen wir an ihn glauben! 43 ‚Er hat auf Gott vertraut, der soll ihn jetzt retten, wenn er Wohlgefallen an ihm hat' (Ps 22 [21] 9); er hat ja doch gesagt: Ich bin Gottes Sohn.	31 Ebenso redeten auch die Hohenpriester mitsamt den Schriftgelehrten, indem sie untereinander spotteten: Anderen hat er geholfen, sich selbst kann er nicht helfen, 32 der Messias, der König Israels! Er soll doch jetzt vom Kreuz herabsteigen, damit wir es sehen und glauben!	Die Führer (des Volkes) aber höhnten und sprachen: Anderen hat er geholfen, (nun) helfe er sich selbst, wenn er der Messias Gottes, der Auserwählte, ist! 36 Es verspotteten ihn	

V. 48	V. 36	aber auch die Soldaten, indem sie hinzutraten, ihm ‚Essig‘ reichten (vgl. Ps 69 [68] 22) 37 und sprachen: Wenn du der König der Juden bist, so hilf dir selbst!	
V. 37	V. 26	38 Es war aber auch eine Aufschrift über ihm (angebracht) [in griechischer, lateinischer und hebräischer Schrift]: Dies ist der König der Juden.	V. 19–22
44 Ebenso schmähten ihn auch die mit ihm zusammen gekreuzigten Räuber.	Auch die mit ihm zusammen Gekreuzigten schmähten ihn.	39 Einer von den gehenkten Verbrechern aber lästerte ihn: Bist du nicht der Messias? (Dann) hilf dir selbst und uns! 40 Der andere aber wies ihn zurecht und sprach: Fürchtest du nicht einmal Gott, da dich (doch) dasselbe Gericht getroffen hat? 41 Und allerdings mit Recht; denn wir empfangen nur, was unsere Taten wert sind. Dieser aber hat nichts Unrechtes getan. 42 Und (dann) sprach er: Jesus, gedenke meiner, wenn du mit deinem Reiche kommst! 43 Und er sprach zu ihm: Wahrlich, ich sage dir: heute (noch) wirst du mit mir im Paradiese sein.	

262. Der Tod Jesu

Mt 27 45–56	Mk 15 33–41	Lk 23 44–49	Joh 19 28–30.25
45 Von der sechsten Stunde an aber trat eine Finsternis ein über das ganze Land hin bis zur neunten Stunde.	33 Und von der sechsten Stunde an trat eine Finsternis ein über das ganze Land hin bis zur neunten Stunde.	44 Und es war schon um die sechste Stunde, da trat eine Finsternis ein über das ganze Land hin bis zur neunten Stunde, 45 da die Sonne sich verfinsterte. Der Vorhang des Tempels aber riß mitten durch.	
V. 51 a	V. 38		
46 Um die neunte Stunde aber rief Jesus mit lauter Stimme: ‚Eli, Eli, lema sabachthani‘, das heißt: Mein Gott, mein Gott, warum hast du mich verlassen? (Ps 22 [21] 2).	34 Und in der neunten Stunde rief Jesus mit lauter Stimme: ‚Eloi, Eloi, lama sabachthani‘, das heißt übersetzt: Mein Gott, mein Gott, warum hast du mich verlassen? (Ps 22 [21] 2).		

47 Einige von den dort Stehenden aber, die das hörten, sagten: Der ruft den Elias.	35 Und einige von den Dabeistehenden, die das hörten, sagten: Sieh, er ruft den Elias!		28 Hernach sprach Jesus, da er wußte, daß bereits alles vollbracht war, damit die Schrift erfüllt würde: ‚Mich dürstet‘ (Ps 22 [21] 16). 29 Ein Gefäß voll Essig stand da. Sie
48 Und sogleich lief einer von ihnen hin, nahm einen Schwamm, füllte ihn mit ‚Essig‘, steckte ihn auf eine Rohr und ‚gab (ihn) ihm zu trinken‘ (Ps 69 [68] 22). 49 Die anderen aber sagten: Laß, wir wollen sehen, ob Elias kommt, ihm zu helfen.	36 Einer aber lief hin, füllte einen Schwamm mit ‚Essig‘, steckte ihn auf ein Rohr und ‚gab (ihn) ihm zu trinken‘ (Ps 69 [68] 22), indem er sprach: Laßt, wir wollen sehen, ob Elias kommt, ihn herabzunehmen.	V. 36	steckten nun einen Schwamm voll ‚Essig‘ auf einen Hysopstengel und brachten ihn an seinen Mund.
			30 Als Jesus nun den Essig genommen hatte, sprach er: Es ist vollbracht.
50 Jesus aber schrie nochmals mit lauter Stimme und gab seinen Geist auf.	37 Jesus aber stieß einen lauten Schrei aus und verschied.	46 Und Jesus rief mit lauter Stimme: Vater, ‚in deine Hände befehle ich meinen Geist‘ (Ps 31 [30] 6). Nach diesen Worten verschied er.	Und er neigte das Haupt und gab seinen Geist auf.
51 Und siehe, der Vorhang des Tempels riß von oben bis unten entzwei, und die Erde bebte, und die Felsen barsten, 52 und die Gräber taten sich auf, und viele Leiber der entschlafenen Heiligen standen auf 53 und gingen aus den Gräbern hervor nach seiner Auferstehung und kamen in die heilige Stadt und erschienen	38 Da riß der Vorhang des Tempels von oben bis unten entzwei.	V. 45	

vielen. 54 Der Hauptmann aber und die mit ihm Jesus bewachten, erschraken sehr, als sie das Erdbeben sahen und was (sonst) geschah, und sprachen: Dieser ist wahrhaftig Gottes Sohn gewesen.	39 Der Hauptmann aber, der ihm gegenüber dabeistand, sprach, als er ihn so verscheiden sah: Dieser Mensch ist wahrhaftig Gottes Sohn gewesen.	47 Als aber der Hauptmann sah, was geschah, pries er Gott und sprach: Dieser Mensch war wirklich ein Gerechter. 48 Und alle die Volksmassen, die zu diesem Schauspiel zusammengekommen waren, schlugen, als sie sahen, was geschah, sich an die Brust und kehrten heim.	
55 Es schauten aber dort viele Frauen von weitem zu, die Jesus von Galiläa her nachgefolgt waren, um ihn zu bedienen.	40 Es schauten aber auch Frauen von weitem zu, V. 41	49 Es ‚standen' aber ‚alle seine Bekannten von ferne' (Ps 38 [37] 12; 88 [87] 9) und Frauen, die ihm von Galiläa her gefolgt waren und (nun) dies (mit)ansahen.	25 Es standen aber beim Kreuze Jesu seine Mutter und die Schwester seiner Mutter, Maria, die (Frau) des Klopas und Maria von Magdala.
56 Unter diesen war Maria von Magdala, Maria, die Mutter des Jakobus und Joseph, und die Mutter der Söhne des Zebedäus. V. 55 b	darunter auch Maria von Magdala, Maria, die Mutter des Jakobus des Jüngeren und des Joses, und Salome, 41 die ihm, als er (noch) in Galiläa war, nachgefolgt waren und ihn bedient hatten, und viele andere, die mit ihm nach Jerusalem hinaufgezogen waren.		

263. Das Begräbnis Jesu

Mt 27 57–61	Mk 15 42–47	Lk 23 50–56	Joh 19 38–42
57 Als es aber Abend geworden war, kam	42 Und da es bereits gegen Abend war, kam, weil es Rüsttag, d. h. der Tag vor dem Sabbat war,	50 Und siehe,	38 Darauf
ein reicher Mann aus Arimathäa, namens Joseph,	43 Joseph von Arimathäa, ein vornehmer Ratsherr,	ein Mann, namens Joseph, ein Mitglied des Hohen Rates, ein guter und gerechter Mann — 51 der war mit ihrem	bat Joseph von Arimathäa,

		Beschluß und ihrer Tat nicht einverstanden gewesen — aus der jüdischen Stadt Arimathäa, der	
der auch ein Jünger Jesu war. 58 Der ging zu Pilatus und bat um den Leichnam Jesu.	der auch auf das Reich Gottes wartete, faßte sich ein Herz, ging zu Pilatus und bat um den Leichnam Jesu.	auf das Reich Gottes wartete, 52 der ging zu Pilatus und bat um den Leichnam Jesu.	der ein Jünger Jesu war – freilich im Geheimen, aus Furcht vor den Juden —, den Pilatus, den Leichnam Jesu fortnehmen zu dürfen.
	44 Pilatus aber wunderte sich, daß er schon gestorben sein sollte, ließ den Hauptmann kommen und fragte ihn, ob er (wirklich) bereits gestorben sei. 45 Und als er es von dem Hauptmann erfahren hatte,		
Da befahl Pilatus, man solle (ihn ihm) ausliefern.	schenkte er den Leichnam dem Joseph.		Und Pilatus gestattete es. Er kam nun und nahm seinen Leichnam fort. 39 Es kam aber auch Nikodemus, der einstmals des Nachts zu ihm gekommen war, und brachte eine Mischung von Myrrhe und Aloe, an hundert Pfund.
59 Und Joseph nahm den Leichnam, ließ ihn in reine Leinwand einwickeln	46 Und der kaufte Leinwand, ließ ihn herabnehmen, in die Leinwand einwickeln	53 Und er ließ ihn herabnehmen, in Leinwand einwickeln	40 Sie nahmen nun den Leichnam Jesu und wickelten ihn samt den Spezereien in leinene Tücher, wie es bei den Juden Begräbnissitte ist. 41 Es befand sich aber an dem Platz, wo er gekreuzigt worden war, ein Garten und in dem Garten ein neues Grab,
60 und in seinem neuen Grab bestatten, das er in einen Felsen hatte hauen lassen, ließ einen Stein vor die Türe des Grabes wälzen und ging weg.	und in einem Grab bestatten, das in einen Felsen gehauen war, und einen Stein vor die Türe des Grabes wälzen.	und in einem in einen Felsen gehauenen Grab bestatten, in dem noch niemand beigesetzt worden war.	in dem noch niemand bestattet worden war.
			42 Dort nun bestatteten sie Jesus

		54 Und es war Rüsttag, und der Sabbat brach (bereits) an.	wegen des Rüsttages der Juden, weil das Grab in der Nähe war.
61 Maria von Magdala aber und die andere Maria saßen dort dem Grab gegenüber.	47 Maria von Magdala aber und Maria, die (Mutter) des Joses, schauten zu, wo er beigesetzt war.	55 Die Frauen aber, die mit ihm aus Galiläa gekommen waren, gingen mit, sahen sich das Grab an und wie sein Leichnam beigesetzt wurde.	
	16 1	56 Und heimgekehrt, bereiteten sie Spezereien und Salböle. Und am Sabbat ruhten sie nach dem Gesetz.	

264. Die Wächter am Grabe

Mt 27 62–66

62 Am nächsten Tage aber, der auf den Rüsttag folgt, gingen die Hohenpriester und die Pharisäer mitsammen zu Pilatus 63 und sprachen: Herr: es ist uns eingefallen, daß jener Betrüger, als er noch lebte, gesagt hat: Nach drei Tagen werde ich auferstehen. 64 Befiehl nun, daß das Grab bis zum dritten Tage sicher bewacht wird. Sonst könnten seine Jünger kommen und ihn stehlen und dann dem Volke sagen: Er ist von den Toten auferstanden, und der letzte Betrug würde schlimmer als der erste. 65 Pilatus sprach zu ihnen: Ihr sollt eine Wache haben. Geht hin und sichert (das Grab), so gut ihr es könnt. 66 Da gingen sie hin und sicherten das Grab, indem sie den Stein in Gegenwart der Wache versiegelten.

Von der Auferstehung bis zur Himmelfahrt Jesu

265. Die Osterbotschaft der Frauen*

Mt 28 1–10	Mk 16 1–8	Lk 24 1–11 [12]
1 Nach dem Sabbat aber, in der Dämmerung zum ersten Tag der Woche, kam Maria von Magdala und die andere Maria,	1 Und als der Sabbat vorüber war, kauften Maria von Magdala, Maria (die Mutter) des Jakobus und Salome Spezereien, um hinzugehen und ihn zu salben.	1 Am ersten Tag der Woche aber, ganz in der Frühe, kamen sie (vgl. V. 10)
um das Grab zu sehen.		mit den Spezereien, die sie zubereitet hatten,

* Joh 20 1–18: 1 Am ersten Tag der Woche aber ging Maria von Magdala in der Frühe, als es noch dunkel war, zum Grabe und sah den Stein vom Grabe weggenommen. Da lief sie und ging zu Simon Petrus und zu dem anderen Jünger, den Jesus liebte, und sprach zu ihnen: Man hat den Herrn aus dem Grabe weggenommen, und wir wissen nicht, wohin man ihn gelegt hat. 3 Da gingen Petrus und der andere Jünger hinaus und begaben sich zum Grabe. 4 Beide liefen zusammen, aber der andere Jünger lief voraus, schneller als Petrus, und kam zuerst zum Grabe. 5 Und er beugte sich hinein und sah die Leinenbinden daliegen, ging jedoch nicht hinein. 6 Nun kam auch Simon Petrus nach ihm, und er ging in das Grab hinein und sah die Leinenbinden daliegen, 7 das Schweißtuch aber, mit dem sein Haupt bedeckt gewesen war, nicht bei den Leinenbinden liegen, sondern zusammengewickelt für sich an einem (besonderen) Platz. 8 Da ging nun auch der andere Jünger, der zuerst zum Grab gekommen war, hinein und sah und glaubte. 9 Denn sie hatten die Schrift noch nicht erfaßt, daß er

2 Und siehe, da entstand ein gewaltiges Erdbeben. Ein Engel des Herrn kam nämlich vom Himmel herab, trat hinzu, wälzte den Stein weg und setzte sich darauf. 3 Sein Aussehen aber war wie der Blitz und sein Gewand weiß wie Schnee. 4 Aus Furcht vor ihm erbebten die Wächter und wurden wie tot.

5 Der Engel aber sprach zu den Frauen: Fürchtet euch nicht! Ich weiß ja: Ihr sucht Jesus, den Gekreuzigten. 6 Er ist nicht hier; denn er ist auferstanden, wie er gesagt hat.

2 Und sehr früh am ersten Tage der Woche kamen sie zum Grabe, als (eben) die Sonne aufging.

3 Und sie sagten zueinander: Wer wird uns den Stein vom Eingang des Grabes wegwälzen? 4 Und als sie hinschauten, sahen sie, daß der Stein (bereits) weggewälzt war. Er war nämlich sehr groß. 5 Und sie gingen in das Grab hinein

und sahen zur Rechten einen Jüngling sitzen, angetan mit einem weißen Gewand; und sie erschraken.

6 Er aber sprach zu ihnen: Erschreckt nicht! Ihr sucht Jesus von Nazareth, den Gekreuzigten. Er ist auferstanden, er ist nicht hier.

zum Grabe.

2 Und sie fanden den Stein vom Grabe weggewälzt.

3 Als sie aber in das Grab hineingingen, fanden sie den Leichnam [des Herrn Jesus] nicht. 4 Und es begab sich, während sie (noch) darüber ratlos waren, siehe, da traten zwei Männer in blitzendem Gewande an sie heran.

5 Und als sie in Furcht gerieten und den Blick zu Boden senkten, sprachen (jene) zu ihnen: Was sucht ihr den Lebenden bei den Toten?

6 [Er ist nicht hier, sondern auferstanden.] Denkt daran, wie er zu euch gesagt hat, als er noch in Galiläa war: 7 Der Menschensohn muß in die Hände der Sünder überlie-

von den Toten auferstehen müsse. 10 Dann gingen die Jünger wieder nach Hause. 11 Maria aber stand weinend draußen beim Grabe. Wie sie nun weinte, bückte sie sich in das Grab hinein 12 und erblickte zwei Engel in weißen (Gewändern) dasitzen, einen zu Häupten und einen zu Füßen, wo der Leichnam gelegen hatte. 13 Und die sprachen zu ihr: Frau, warum weinst du? Sie sprach zu ihnen: Weil man meinen Herrn weggenommen hat und ich nicht weiß, wohin man ihn gelegt hat. 14 Nach diesen Worten wandte sie sich um und sah Jesus dastehen, wußte aber nicht, daß es Jesus war. 15 Jesus sprach zu ihr: Frau, warum weinst du? Wen suchst du? Da sie glaubte, es sei der Gärtner, sprach sie zu ihm: Herr, wenn du ihn weggetragen hast, sage mir, wohin du ihn gelegt hast, dann werde ich ihn wegbringen. 16 Jesus sprach zu ihr: Maria! Da wandte sie sich um und sprach zu ihm auf Hebräisch: Rabbuni, das heißt Meister. 17 Jesus sprach zu ihr: Halte mich nicht fest, denn ich bin noch nicht zum Vater hinaufgestiegen; geh aber zu meinen Brüdern und sage ihnen: Ich steige hinauf zu meinem Vater und eurem Vater, zu meinem Gott und eurem Gott. 18 Maria von Magdala ging (weg) und verkündigte den Jüngern: Ich habe den Herrn gesehen, und dies habe er zu ihr gesagt.

Kommt, seht den Platz, wo er gelegen hat. [7]Und geht schnell hin und sagt seinen Jüngern: Er ist von den Toten auferstanden, und siehe, er geht euch voraus nach Galiläa. Dort werdet ihr ihn sehen. Siehe, ich habe es euch gesagt. - [8]Da verließen sie in Eile das Grab voll Furcht und großer Freude

und liefen, es seinen Jüngern zu verkündigen.

V. 1

Hier ist der Platz, wo sie ihn hingelegt hatten. [7]Aber geht hin und sagt seinen Jüngern und dem Petrus:

Er geht euch voraus nach Galiläa. Dort werdet ihr ihn sehen, wie er euch gesagt hat. [8]Da verließen sie in fluchtartiger Eile das Grab; denn Schrecken und Entsetzen hatte sie erfaßt. Und sie erzählten niemand etwas; denn sie fürchteten sich.

V. 1

fert und gekreuzigt werden und am dritten Tage auferstehen.

[8]Da gedachten sie seiner Worte, [9]kehrten [vom Grabe] heim

und verkündigten das alles den Elfen und allen übrigen. [10]Es waren aber Maria von Magdala, Johanna und Maria, die (Mutter) des Jakobus und noch andere mit ihnen, die das den Aposteln mitteilten. [11]Denen aber erschienen diese Worte als leeres Weibergeschwätz, und sie glaubten ihnen nicht. [[12]Petrus aber stand auf und lief zum Grabe, bückte sich hinein, sah aber nur die Leintücher daliegen. Und voll Staunen über das Geschehene ging er hinweg.]

[9]Und siehe, da begegnete ihnen Jesus und sprach: Seid gegrüßt! Sie aber traten hinzu, umfaßten seine Füße und warfen sich vor ihm nieder. [10]Da sprach Jesus zu ihnen: Fürchtet euch nicht! Geht hin und verkündigt meinen Brüdern, sie sollen nach Galiläa gehen, und dort werden sie mich sehen (vgl. Joh 20 11–18).

266. Der Betrug der Hohenpriester

Mt 28 11–15

[11]Während sie aber hingingen, siehe, da kamen einige von der Wache in die Stadt und meldeten den Hohenpriestern alles, was geschehen war. [12]Da versammelten sie sich mit den Ältesten, faßten einen Beschluß und gaben den Soldaten viel Geld [13]und sprachen: Sagt: Seine Jünger sind des Nachts gekommen und haben ihn, während wir schliefen, gestohlen. [14]Und wenn dies dem Statthalter zu Ohren kommt, so werden wir ihn begütigen und dafür sorgen, daß ihr nichts zu befürchten habt. [15]Die aber nahmen das Geld und taten, wie ihnen beigebracht worden war. Und so verbreitete sich dieses Gerede bei den Juden bis auf den heutigen Tag.

267. Der Auferstandene erscheint zwei Jüngern auf dem Wege nach Emmaus

Lk 24 13–35*

[13]Und siehe, zwei von ihnen wanderten am gleiche Tage nach einem Dorf, das [hun-
dert] sechzig Stadien von Jerusalem entfernt liegt, namens Emmaus. [14]Und sie redeten mit-
einander über all das, was sich ereignet hatte. [15]Und es begab sich, während sie (so) mit-
einander redeten und disputierten, da gesellte sich Jesus zu ihnen und wanderte mit ihnen.
[16]Ihre Augen aber waren gebannt, so daß sie ihn nicht erkannten. [17]Er aber sprach zu ihnen:
Was sind das für Reden, die ihr miteinander auf dem Wege führt? Da blieben sie traurig
stehen. [18]Der eine aber, Kleopas mit Namen, antwortete ihm: Du bist (wohl) der einzige,
der in Jerusalem sich aufhält und nichts von dem erfahren hat, was sich in diesen Tagen
dort ereignet hat? [19]Und er sprach zu ihnen: Was denn? Da sprachen sie zu ihm: Das mit
Jesus von Nazareth, der sich als ein Prophet erwies, mächtig in Tat und Wort vor Gott und
dem ganzen Volke, [20]und wie ihn unsere Hohenpriester und Führer zur Todesstrafe aus-
geliefert und gekreuzigt haben, [21]während wir hofften, er sei der, der Israel erlösen werde.
Zu dem allem aber ist's heute schon der dritte Tag, seitdem dies geschehen ist. [22]Aber dann
haben uns einige Frauen aus unserem Kreis in Aufregung versetzt, die in der Frühe beim
Grabe waren, [23]aber seinen Leichnam nicht vorfanden und mit der Behauptung (zurück-)
kamen, sie hätten auch eine Erscheinung von Engeln gehabt, die gesagt hätten, er lebe.
[24]Einige von den Unsern gingen dann zum Grabe und fanden (es) so, wie auch die Frauen
gesagt hatten, ihn selbst aber sahen sie nicht. [25]Da sprach er zu ihnen: O ihr Unverständigen,
daß euer Herz zu stumpf ist, all dem zu glauben, was die Propheten gesagt haben! [26]Mußte
(denn) der Messias nicht dies leiden und (so) in seine Herrlichkeit eingehen? [27]Und bei Moses
anfangend und allen Propheten legte er ihnen aus, was in allen Schriften über ihn (geschrie-
ben steht).

[28]So kamen sie in die Nähe des Dorfes, wohin sie wanderten, und er stellte sich, als
wolle er weitergehen. [29]Da nötigten sie ihn und sprachen: Bleib bei uns; denn es geht gegen
Abend und der Tag hat sich schon geneigt. Da trat er ein, um bei ihnen (als ihr Gast) zu
bleiben. [30]Und es begab sich, als er mit ihnen zusammen zu Tische saß, nahm er das Brot,
sprach den Lobspruch (darüber), brach es und reichte es ihnen. [31]Da gingen ihnen die
Augen auf und sie erkannten ihn. Er aber verschwand vor ihnen. [32]Da sagten sie zueinan-
der: Brannte nicht unser Herz in uns, wie er unterwegs mit uns redete, wie er uns die Schrif-
ten erschloß?

[33]Und sie brachen (noch) in derselben Stunde auf und kehrten nach Jerusalem zurück
und fanden die Elf und ihre Gefährten versammelt, [34]die (ihnen) sagten: Der Herr ist wirk-
lich auferstanden und dem Simon erschienen. [35]Und sie erzählten, was sie unterwegs erlebt
hatten und wie sie ihn am Brotbrechen erkannt hatten.

268. Jesus erscheint den versammelten Jüngern in Jerusalem

Lk 24 36–43

[36]Während sie aber so redeten, stand er
selbst mitten unter ihnen [und sprach
zu ihnen: Friede sei mit euch!] [37]Da erschra-

Joh 20 19–23**

[19]Am Abend nun an jenem ersten Wochen-
tag, als die Türen dort, wo die Jünger waren,
aus Furcht vor den Juden verschlossen waren,
kam Jesus, trat mitten unter sie und sprach
zu ihnen: Friede sei mit euch!

* Mk 16 12 f (Nr. 272): [12]Darnach aber offenbarte er sich zweien aus ihnen auf der Wanderung in anderer Gestalt, als sie aufs Land gingen. [13]Und jene gingen hin und verkündigten es den übrigen; aber jenen glaubten sie nicht.

** Vgl. Mk 16 14 (Nr. 272).

ken sie und gerieten in Furcht und glaubten,
einen Geist zu sehen. 38 Und er sprach zu
ihnen: Was seid ihr bestürzt und warum
steigen (zweifelnde) Gedanken in eurem
Herzen auf? 39 Seht meine Hände und Füße
(zum Beweis), daß ich selbst es bin. Betastet
mich und seht! Ein Geist hat nicht Fleisch
noch Bein, wie ihr es an mir seht. [40 Und
nach diesen Worten zeigte er ihnen seine
Hände und Füße.] 41 Als sie aber vor Freude
noch nicht glaubten und (bloß) staunten,
sprach er zu ihnen: Habt ihr etwas zu essen
hier? 42 Da reichten sie ihm ein Stück gebra-
tenen Fisch [und eine Honigwabe], 43 und er
nahm und aß es vor ihren Augen.*

20 Und
nach diesen Worten zeigte er ihnen seine
Hände und seine Seite. Da freuten sich die
Jünger, als sie den Herrn sahen.

21 Da sprach [Jesus] nochmals zu ihnen:
Friede sei mit euch! Wie mich der Vater
gesandt hat, so sende auch ich euch. 22 Und nach diesen Worten hauchte er
sie an und sprach zu ihnen: Empfanget heiligen Geist! 23 Denen ihr die Sün-
den nachlaßt, denen sind sie nachgelassen, denen ihr sie behaltet, denen sind
sie behalten.

269. Der Missionsbefehl des Auferstandenen

Mt 28 16–20

16 Die elf Jünger aber gingen nach Galiläa auf den Berg, wohin Jesus sie befohlen
hatte. 17 Und als sie ihn sahen, fielen sie vor ihm nieder, einige aber zweifelten. 18 Da trat
Jesus auf sie zu, redete sie an und sprach: Mir ist alle Gewalt gegeben im Himmel und auf
Erden. 19 So geht hin und macht alle Völker zu Jüngern und tauft sie auf den Namen des
Vaters, des Sohnes und des Heiligen Geistes 20 und lehrt sie alles halten, was ich euch
befohlen habe. Und siehe, ich bin bei euch alle Tage bis zum Ende der Welt.**

270. Jesu letzte Worte an seine Jünger

Lk 24 44–49

44 Er sprach aber zu ihnen: Dies sind meine
Worte, die ich zu euch gesprochen habe, als
ich noch bei euch war, daß (nämlich) alles
erfüllt werden muß, was im Gesetz des Moses
und in den Propheten und Psalmen über
mich geschrieben steht. 45 Dann öffnete er
ihnen den Sinn, die Schriften zu verstehen,
46 und sprach zu ihnen: So steht geschrie-
ben: Daß der Messias leiden und am dritten
Tage von den Toten auferstehen 47 und daß
in seinem Namen Umkehr und Vergebung

Apg 1 4–8

4 Als er (einmal) mit ihnen zusammen war,
befahl er ihnen, nicht von Jerusalem fortzu-
gehen, sondern auf die (Erfüllung der) Ver-
heißung des Vaters zu warten, die ihr von
mir gehört habt: 5 Johannes hat (nur) mit
Wasser getauft, ihr aber werdet mit heiligem
Geiste getauft werden, jetzt nach wenigen
Tagen. 6 Die zusammengekommen waren,
fragten ihn und sprachen: Herr, stellst du in
dieser Zeit Israels Königtum wieder her?
7 Er aber sprach zu ihnen: Euch steht es

* Vgl. Apg 10 41. — **Vgl. Mk 16 15 f (Nr. 272).

der Sünden allen Völkern gepredigt werden muß, von Jerusalem angefangen. [48]Ihr seid Zeugen davon. [49]Und siehe, ich sende die Verheißung meines Vaters auf euch. Ihr aber bleibt in der Stadt, bis ihr mit Kraft aus der Höhe angetan werdet.

nicht zu, Zeiten und Fristen zu wissen, die der Vater in der ihm eigenen Macht festgesetzt hat; [8]ihr werdet vielmehr mit Kraft ausgerüstet werden, wenn der Heilige Geist auf euch herabkommt, und meine Zeugen sein in Jerusalem und in ganz Judäa und Samaria und bis an die Grenzen der Erde.

271. Jesu Himmelfahrt

Lk 24 50–53

[50]Dann führte er sie hinaus, Bethanien zu, erhob seine Hände und segnete sie. [51]Und es begab sich, während er sie segnete, schied er von ihnen [und wurde in den Himmel emporgehoben].*

[52]Und sie [fielen vor ihm nieder und] kehrten mit großer Freude nach Jerusalen zurück

[53]und waren beständig im Tempel und priesen Gott.

Apg 1 9–14

[9]Und
als er dies gesagt hatte,
wurde er vor ihren
Augen emporgehoben,* und
eine Wolke nahm ihn weg vor ihren Augen.
[10]Und während sie unverwandt zum Himmel emporblickten, siehe, da waren zwei Männer in weißen Gewändern zu ihnen hinzugetreten, [11]die sprachen: Ihr Männer aus Galiläa, was steht ihr da und blickt zum Himmel empor? Dieser Jesus, der von euch weg in den Himmel hinaufgenommen wurde, wird so wiederkommen, wie ihr ihn zum Himmel hinauffahren saht. [12]Darauf
kehrten sie
nach Jerusalem zurück von dem Berg, der Ölberg heißt, der nahe bei Jerusalem liegt, einen Sabbatweg entfernt. [13]Und als sie (dort) angekommen waren, stiegen sie in das Obergemach hinauf, wo sie sich beständig aufhielten... [14]Diese alle verharrten einmütig im Gebet mit den Frauen und Maria, der Mutter Jesu, und mit seinen Brüdern.

272. Der (kanonische) Markus-Schluß

Mk 16 9–20

[9]Nachdem er aber in der Frühe am ersten Wochentage auferstanden war, erschien er zuerst der Maria von Magdala, aus der er sieben Dämonen ausgetrieben hatte.** [10]Jene ging hin und verkündigte es denen, die mit ihm zusammen gewesen waren, (und) die (nun) klagten und weinten.*** [11]Und als jene hörten, daß er lebe und von ihr gesehen worden sei,

* Vgl. Mk 16 19 (Nr. 272).
** Lk 8 2 (Nr. 96): Maria, genannt die Magdalenerin, aus der sieben Dämonen ausgefahren waren.
*** Zu V. 9 f vgl. Joh 20 1. 11–18 (Nr. 265*).

glaubten sie es nicht.* 12 Darnach aber offenbarte er sich zweien aus ihnen auf der Wan-
derung in anderer Gestalt, als sie aufs Land gingen. 13 Und jene gingen hin und verkündigten
es den übrigen; aber auch jenen glaubten sie nicht.** 14 Später offenbarte er sich den Elfen
selbst, während sie bei Tische lagen, und schalt ihren Unglauben und ihre Herzenshärte,
weil sie denen, die ihn als Auferstandenen geschaut hatten, nicht geglaubt hatten.*** 15 Und
er sprach zu ihnen: Geht hin in alle Welt und verkündigt das Evangelium jeglicher Kreatur.
16 Wer glaubt und sich taufen läßt, wird gerettet werden, wer aber nicht glaubt, wird ver-
dammt werden.† 17 Diese Zeichen werden aber denen folgen, die glauben: in meinem Namen
werden sie Dämonen austreiben, mit neuen Zungen reden, 18 Schlangen (ohne Schaden)
aufheben, und wenn sie etwas Tödliches trinken, wird es ihnen nicht schaden, Kranken
werden sie die Hände auflegen, und sei werden gesund werden. 19 Nachdem nun der Herr
Jesus zu ihnen geredet hatte, ‚wurde er emporgehoben in den Himmel‘ (4 Kön 2 11) und
‚setzte sich zur Rechten Gottes‘ (Ps 110 [109] 1).†† 20 Jene aber zogen hinaus und predigten
überall, wobei der Herr mitwirkte und das Wort durch begleitende Zeichen bekräftigte.†††

---

* Vgl. Lk 24 9–11 (Nr. 265).

** Vgl. Lk 24 13–35 (Nr. 267).

*** Vgl. Lk 24 36–43 = Joh 20 19–23 (Nr. 268).

† Vgl. Mt 28 19 f (Nr. 269).

†† Vgl. Lk 24 50 f = Apg 1 9 (Nr. 271).

††† Vgl. auch den Bericht des Paulus über die Erscheinungen des Auferstandenen 1 Kor 15 3–8: 3 Ich habe euch nämlich vor allem überliefert, was ich auch überkommen habe, daß Christus für unsere Sünden gestorben ist nach den Schriften, 4 und daß er begraben wurde und daß er auferstanden ist am dritten Tage nach den Schriften, 5 und daß er dem Kephas erschien, dann den Zwölfen. 6 Dann erschien er mehr als fünfhundert Brüdern auf einmal, von denen die meisten jetzt noch leben, einige aber entschlafen sind. 7 Darauf erschien er dem Jakobus, dann allen Aposteln. 8 Zuletzt aber unter allem erschien er, gleichsam als der Fehlgeburt, auch mir.

ANMERKUNGEN

1. Als einziger unter den Evangelisten stellt der gebildete Hellenist Lukas, einer Sitte der Profanschriftstellerei seiner Zeit folgend, seinem Werk ein Vorwort voran. Von dem, was er darin sagt, ist vor allem wichtig, daß er sich auf die Augenzeugen der evangelischen Geschichte beruft. Obwohl sein Werk — und das gleiche gilt für alle Evangelien — nicht ein Geschichtswerk im eigentlichen Sinne ist, so will sein Inhalt doch als Geschichte verstanden werden. Die Widmung des Werkes an Theophilus entspricht ebenfalls einer Sitte der Zeit und bedeutet nicht, daß es nur für diesen einen Mann bestimmt war.

2. Die beiden Berichte des Matthäus und Lukas über die Geburt und Kindheit Jesu sind offenkundig voneinander unabhängig, schließen sich aber gegenseitig nicht aus. Das düstere Gemälde des Matthäus zeigt Jesus als den von Anfang an abgelehnten und verfolgten Messias, das des Lukas hingegen besteht fast restlos aus freundlichen und lieblichen Szenen. Der vorchristlich-jüdische Standpunkt ist darin klar und bestimmt festgehalten. Lukas beginnt seinen Bericht über das in Jesus Christus gekommene Heil mit der Geburt seines Vorläufers. Die Umstände, unter denen dieser ins Leben tritt, zeigen bereits, daß er, der Herold der messianischen Zeit, ein auserlesenes Werkzeug Gottes ist. Als spätgeborenes Kind aus einer bisher kinderlosen Ehe eines frommen Priesters kommt er zur Welt.

3. Durch Vers 26 wird diese Szene zeitlich, durch Vers 36 und die Person des beidemale auftretenden Engels auch innerlich mit der vorangegangenen verknüpft. Der Einwand, den Maria dem ihr mitgeteilten Ratschluß Gottes gegenüber macht, ist nicht daraus zu verstehen, daß sie trotz ihrer Ehe mit Joseph Jungfrau bleiben will, sondern daraus, daß sie von ihrem Gatten noch nicht heimgeführt worden ist. Ihre Bedenken werden zerstreut durch die Verheißung, daß sie durch das Eingreifen der schöpferischen Macht Gottes Mutter des Messias werden solle. Daraufhin beugt sie sich demütig-gehorsam dem Willen Gottes.

4. Nun werden die beiden Mütter mit ihren noch ungeborenen Söhnen zusammengeführt. Der unter göttlicher Erleuchtung erfolgende Gruß der Elisabeth empfängt sein Echo im Magnifikat, in dem Maria alle Ehre von sich weg und auf Gott hinlenkt. Der hymnische Lobpreis Gottes bewegt sich ganz in alttestamentlichen Gedanken.

5. Mit der Geburt des Täufers tritt die Erfüllung der Engelsbotschaft an Zacharias sichtbar in Erscheinung. Sobald Zacharias wieder sprechen kann, ist das erste, daß er die Großtaten Gottes in der Heilsgeschichte preist. Dieser zweite Hymnus der lukanischen Kindheitsgeschichte hat zum Hauptthema Gottes Erbarmen und Bundestreue. Denn die Geburt des Johannes bereitet den Beginn einer neuen, der entscheidenden Epoche der Heilsgeschichte vor.

6. Der Stammbaum Jesu, mit dem Matthäus sein Evangelium beginnt, dient dem Nachweis der Davidssohnschaft Jesu. „Sohn Davids" war geläufige jüdische Bezeichnung des Messias (vgl. Mk 10 47f; 11 10; 12 35–37). Sohn Abrahams aber nennt er ihn, weil bei diesem die Segensverheißung an Israel ihren Anfang nahm. Obwohl Joseph, wie Matthäus ausdrücklich sagt, nicht der wirkliche Vater Jesu war, so erfüllt der Stammbaum doch deshalb seinen Zweck, weil es dabei viel weniger auf die leibliche Abstammung, als auf die gesetzliche Vaterschaft ankommt. Durch den Davididen Joseph wird aber Jesus vor dem Gesetz ein Nachkomme Davids.

7. In diesem Stück löst Matthäus vor allem das durch Vers 16 aufgegebene Rätsel, daß Joseph nicht als Vater Jesu, sondern nur als Ehemann seiner Mutter genannt wird. Wichtig ist ihm ferner, daß durch die vaterlose Empfängnis Jesu die Weissagung des alttestamentlichen Propheten in Erfüllung geht.

8. Die Erzählung der Geburt Jesu und der wunderbaren Ereignisse, durch die der neugeborene Weltheiland als solcher von Gott offenbar gemacht wird (Lk 2 1–40), bilden im Aufbau der Kindheitsgeschichte des Lukas das gewichtigere Gegenstück zum Bericht über die Geburt des Täufers. Die Schlichtheit und Nüchternheit der Darstellung sind bemerkenswert. Durch den Erlaß des Kaisers Augustus wird die Heilsgeschichte mit der profanen verknüpft (vgl. 3 1f) und der äußere Anlaß genannt, der dazu führte, daß Jesus gerade in Bethlehem geboren wurde.

9. Arme, einfältige Hirten sind die ersten, denen Gott die Geburt seines Sohnes offenbart. Den Kern und Mittelpunkt des ganzen Stückes bildet Vers 11, der die eigentliche Weihnachtsbotschaft ausspricht. Das „heute" spricht die gewaltige Tatsache aus, daß nun die Heilszeit, der Höhe- und Zielpunkt der ganzen Geschichte Israels, angebrochen ist.

10. In diesem Stück sind die Beschneidung am 8. Tage, mit der die Namengebung verbunden war, und die Darstellung Jesu im Tempel am 40. Tage nach der Geburt, mit der die rituelle Reinigung der Mutter verbunden war (vgl. Lev 12 2–8), wohl auseinanderzuhalten. Der Ton der Erzählung liegt auch hier auf den mit den zwei vom Gesetze vorgeschriebenen Handlungen verbundenen wunderbaren Begebenheiten. Zwei ehrwürdige Gestalten erkennen und begrüßen das Jesuskind als den Messias und sprechen prophetische Worte über ihn.

11. und 12. Die vier Szenen von Matthäus 2 bilden eine unzerreißbare Einheit. Die Frage der durch einen

wunderbaren Stern zur Reise in die jüdische Hauptstadt veranlaßten Magier (sternkundige Männer, die wohl aus Babylonien, der Heimat der Astronomie und Astrologie, kamen) veranlaßt die Feststellung, daß Bethlehem nach der göttlichen Verheißung die Heimat des Messias ist, die Reise der Magier dorthin, die Flucht nach Ägypten und den mörderischen Plan des um seine Herrschaft bangenden Herodes. Die spätere Rückkehr der heiligen Familie aus dem Ausland ist eine Selbstverständlichkeit. Wichtig ist dem Evangelisten auch der Kontrast, der zwischen dem Verhalten der aus weiter Ferne kommenden heidnischen Männer und dem der Juden besteht: Jesus ist der von Anfang an von seinem Volke abgelehnte Messias. Vers 22 f beweisen, daß Matthäus die Kindheitsgeschichte des Lukas nicht gekannt hat. Umgekehrt setzt Lk 2 39 voraus, daß Lukas der Inhalt von Matthäus 2 unbekannt war.

13. Diese einzige Begebenheit aus der späteren Zeit bis zum öffentlichen Auftreten Jesu will als Beweis für das in Vers 40 Gesagte verstanden werden. Die Antwort des Zwölfjährigen auf die vorwurfsvolle Frage seiner Mutter offenbart zum ersten Male ein Sohnesbewußtsein Gott gegenüber, das anderer Art ist als das aller übrigen Menschen. Jesus erklärt sich darin durch einen Gehorsam Gott gegenüber gebunden, hinter den das 4. Gebot des Dekalogs zurücktreten muß.

14. Mit dem öffentlichen Auftreten Jesu setzt auch der Bericht des Markus ein. Lukas allein verknüpft diese Ereignisse durch eine sechsfache Zeitbestimmung mit der Weltgeschichte. Das 15. Jahr des Kaisers Tiberius fällt nach der wahrscheinlichsten Berechnung zwischen den 19. 8. 28 und den 18. 8. 29. Die heilsgeschichtliche Bedeutung des Täufers wird von den Evangelisten durch ein Schriftwort ausgedrückt. Die Taufe, die Johannes spendete und zu deren Empfang er durch seine Predigt aufforderte, sollte ein Akt der Buße, d. h. der Umkehr des ganzen Denkens zu Gott hin sein. Mit diesem Ruf zur Umkehr, der dann von Jesus selbst aufgenommen wurde (Nr. 22), knüpft er an die Predigt der alttestamentlichen Propheten an. Sein Bußruf wendet sich an das ganze Volk, d. h. auch an die Frommen. Der Grund zur Umkehr aber ist die Nähe der Gottesherrschaft (Mt 3 2).

15. Bei Matthäus und Lukas wird diese Bußpredigt näher beschrieben. Ihre Strenge wird durch den Hinweis auf das bevorstehende messianische Gericht begründet. Dem Täufer fallen noch in prophetischer Perspektive das erste und das zweite Kommen des Messias zusammen. Die in dem Bewußtsein der Abstammung von Abraham begründete jüdische Heilsgewißheit erklärt der Täufer als einen gefährlichen Wahn. Gott braucht die Juden nicht, um seine dem Abraham gegebene Heilsverheißung überhaupt erfüllen zu können.

16. Die „Standespredigt" des Täufers zeigt, was dieser unter der Umkehr verstanden hat. Er fordert bestimmte sittliche Leistungen. Recht und Erbarmen sind bei ihm, wie schon bei den alttestamentlichen Propheten, die echten Früchte der Buße.

17. Die Feuertaufe, welche der Messias neben der Geisttaufe spenden wird, ist das Gericht.

18. Lukas erwähnt schon hier kurz die Gefangennahme des Täufers und übergeht später die von Markus erzählte Hinrichtung des Johannes (Nr. 122). Bei Lukas ist hier die Geschichte des Täufers abgeschlossen.

19. Der Grund, aus dem auch Jesus, der Sündelose und der Messias, sich die Bußtaufe des Johannes spenden läßt, liegt im Willen des Vaters (Mt 3 15). Als leidender Gottesknecht soll er ja die Sünden der vielen auf sich nehmen (Mt 20 28 = Mk 10 45). Seine Taufe wird zum Anlaß für seine Messiasweihe, die in der „Salbung mit hl. Geist und mit Wunderkraft" (Apg 10 38) besteht.

20. Die 30 Jahre sind nur eine runde Zahl. Wenn Jesus etwa im Jahre 7 „v. Chr." geboren wurde, war er damals ungefähr 35 Jahre alt. Die Ahnenliste Jesu führt Lukas, seinem universalistischen Standpunkt gemäß, bis zu Adam hinauf.

21. Weil Jesus vom Geist in die Wüste getrieben wird, so ist auch die Versuchung gottgewollt. Der Versucher tritt in dem Augenblick an Jesus heran, da dieser daran ist, sein messianisches Werk zu beginnen, und versucht ihn zum Ungehorsam gegen seine Sendung zu verleiten und dadurch „moralisch" zu vernichten. Jesus soll seine messianische Vollmacht egoistisch zur Stillung seines Hungers mißbrauchen, soll durch ein Schauwunder das Volk für sich gewinnen und erhält schließlich vom Fürsten dieser Welt die Weltherrschaft angeboten, d. h. eine Messianität politischer Art. Die Hauptbedeutung dieser Szene liegt darin, daß Jesus das herrschende jüdische Messiasideal in Gestalt einer teuflischen Versuchung entgegentritt und von ihm zurückgewiesen wird.

22. Auch Jesus selbst beginnt seine messianische Predigt mit dem Ruf zur Umkehr. Indem er dabei nicht Judäa oder vollends Jerusalem, sondern das „heidnische Galiläa" zum Schauplatz seiner ersten Tätigkeit wählt, erfüllt er, wie Matthäus hervorhebt, wieder ein alttestamentliches Prophetenwort.

23. Lukas bringt hier, der chronologischen Folge vorauseilend, sogleich die Predigt und Verwerfung Jesu in seiner Vaterstadt, die Matthäus und Markus erst an viel späterer Stelle (Nr. 119) erzählen. Was Jesus hier widerfährt, ist typisch, bezeichnend für sein Schicksal bei seinem Volke überhaupt.

24. Die Berufung der zwei Brüderpaare zur Jüngerschaft ist auffallend knapp erzählt. Nur auf den Akt der Berufung als solchen kommt es an.

25—29. Diese fünf Stücke bilden im Bericht des Markus und Lukas örtlich und zeitlich eine gewisse Einheit (ein Sabbat in Kapharnaum) und geben ein anschauliches Bild des Wirkens Jesu in seiner ersten Zeit. Jesus versagt sich den Kranken nicht, ergreift aber dann die Flucht; denn seine Sendung ist nicht in erster Linie das Wunderwirken, sondern die Predigt des Evangeliums.

30. Dieses Stück kann nur ein Parallelbericht zu Nr. 24 sein; den Vers 10 b und 11 sind hinter Mk 1 16–20 ebenso wenig denkbar wie der Markus-Bericht hinter dem des Lukas.

31. Matthäus benützt die in Nr. 29 geschilderte Situation, um hier, an der frühesten überhaupt möglichen Stelle seines Evangeliums, als erste seiner großen Redekompositionen die Bergpredigt zu bringen. Matthäus hat darin auch Stoff untergebracht, der bei Lukas ganz fehlt oder in anderen Zusammenhängen steht.

32. Die Seligpreisungen nennen religiöse und ethische Haltungen, die als Bedingungen für das Eingehen in das Gottesreich gefordert werden. Selig sind die hier Genannten im Hinblick auf das eschatologische Heil, das sie als Entschädigung oder Lohn erwartet.

33. Der erst von Matthäus zusammengestellte und an diesem Platz eingereihte Abschnitt vom Jüngerberuf sagt den Jüngern, daß sie als solche in der Welt auf einem exponierten Platz stehen. Darum müssen sie das Licht ihres Christentums vor den Menschen leuchten lassen. Wer dieser Aufgabe nicht genügt, dem droht die Verwerfung.

34. In diesen wieder erst von Matthäus zusammengestellten Versen spricht Jesus seine positive Stellung zum Alten Testament als Gesetz, d. h. als Offenbarung des sittlichen Willens Gottes aus. Vers 20 erklärt die pharisäische Frömmigkeit als wertlos.

35. Die nun folgenden „Antithesen" zeigen, in welchem Sinne Jesus das alttestamentliche Gesetz „erfüllt". Er tut dies in der Weise, daß er es überbietet und dort, wo es noch nicht Gottes eigentliche Forderung zum Ausdruck bringt, aufhebt. Indem er in der ersten Antithese den Zorn als der gleichen Strafe würdig erklärt, die nach dem Alten Testament auf dem Mord steht, verlegt er den Schwerpunkt der Sittlichkeit in die Gesinnung des Menschen. Vers 23 f sagen, daß nur das mit versöhntem Herzen dargebrachte Opfer Gott gefällt. Vers 25 f bilden eine Art Gleichnis, das die Situation des Menschen Gott gegenüber veranschaulicht. Im Hinblick auf das Gericht soll man den Frieden mit dem beleidigten Bruder wiederherstellen.

36. Auch die zweite Antithese verlegt den Schwerpunkt der Ethik von der äußeren Tat weg in das Herz des Menschen. Vers 29 f schärfen die Pflicht strengster Selbstzucht mit Nachdruck ein.

37. Das in der Erlaubnis der Ehescheidung liegende Zugeständnis an die menschliche „Herzenshärte" wird von Jesus aufgehoben.

38. Jesus fordert eine Wahrhaftigkeit, die jedes Schwören überflüssig macht.

39. An die Stelle des Gesetzes der Wiedervergeltung tritt die Forderung des völligen Verzichts auf jede Rache, an die Stelle der Rechtsordnung tritt die Liebe.

40. Das Alte Testament beschränkte das Liebesgebot auf den Volksgenossen. Jesus hebt diese Begrenzung auf. Die Liebe muß sich selbst auf den Feind erstrecken. Dieses schwerste aller Gebote wird durch den Hinweis auf das Beispiel Gottes begründet, der gegen alle Menschen gütig ist.

41. 42. 44. Diese drei genau gebauten Abschnitte bilden eine ursprüngliche Einheit, in die Matthäus unter dem Stichwort „Gebet" das Vaterunser (Nr. 43) eingefügt hat. Almosen, Gebet und Fasten waren drei der hervorragendsten jüdischen Frömmigkeitsübungen. Jesus erklärt sie nur dann als wertvoll, wenn sie nicht um des Lobes der Mitmenschen willen geübt werden.

43. Als der Allwissende und der gütige Vater braucht Gott nicht erst durch viele Worte auf unsere Anliegen aufmerksam und zur Erhörung bereit gemacht zu werden. In den drei ersten Bitten des Vaterunsers macht der Jünger Gottes Sache zur eigenen, daß Gott seinen Namen durch Offenbarung seiner Macht und Güte verherrliche, daß er sein Reich anbrechen lasse und seinen Willen durchsetze. Dann erst betet der Jünger um das zur Erhaltung seines Lebens Notwendige, um Vergebung seiner Schuld und um Bewahrung vor ihr. Zu Vers 14 f vgl. Mk 11 25 (Nr. 216).

45. Es gibt für den Menschen nur einen Schatz, der es wert ist, daß er sein Herz daran hängt.

46. Im Matthäus-Zusammenhang besagt dieser Spruch, daß das „Auge", das Herz des Menschen, nur dann „gesund" ist, wenn es auf den Schatz im Himmel gerichtet ist.

47. Weil niemand zweier Herren Sklave sein kann, muß sich der Mensch entscheiden zwischen Gott und dem irdischen Besitz.

48. Alles Sorgen ist heidnisch und Mißtrauen gegen den himmlischen Vater, der selbst für seine geringwertigsten Geschöpfe sorgt. Nur eine Sorge ist berechtigt und notwendig, die um das Gottesreich.

49. Matthäus 7 besteht aus einer Reihe lose miteinander verbundener Einzelsprüche. — Statt andere abzuurteilen soll der Richtende bei sich selbst beginnen.

50. Die kostbare Gabe des Evangeliums soll nicht Menschen preisgegeben werden, denen das Verständnis dafür fehlt. Solch blinder Eifer ist nicht nur nutzlos, sondern auch gefährlich.

51. In einer Folgerung vom Kleineren auf das Größere wird gezeigt, daß der allgütige Vater gegen die Bitten seiner Kinder nicht hartherziger sein kann als ein menschlicher Vater. Darum: Vertrauen.

52. Die „goldene Regel" nennt den Maßstab, nach dem der Christ sein Verhalten gegen den Mitmenschen einrichten soll.

53. Dieses ernste Wort wendet das Bild der zwei Wege an auf das Heil und das Verderben.

54. Im Matthäus-Zusammenhang wird das Bild vom Baum und den Früchten auf Leute angewendet, die unter dem Schein der Frömmigkeit eine gefährliche Lehre verkündigen.

55. Das Endurteil über Menschen (die falschen Propheten?) wird nach ihren Werken gefällt werden. Kein Pochen auf charismatische Taten wird vor dem Bannspruch des Richters retten.

56. Nur ein Lebensbau, der auf dem Fundament der Worte Jesu gebaut ist, wird am Gerichtstag Bestand haben.

57. Jesus redet nicht wie ein Schriftgelehrter, der nur die Schrift auslegt, sondern mit Vollmacht, kraft eigener Autorität verkündigt er Gottes sittliche Forderung.

58—69 bilden im Sinne des Matthäus einen zusammenhängenden Zyklus von Wundertaten Jesu, durch die dieser seine in der Bergpredigt beanspruchte Vollmacht beweist.

58. In diesem Stück soll sowohl Jesu Macht über die Krankheit, seine erbarmende Liebe wie seine Absicht, alles Aufsehen zu vermeiden, gezeigt werden. Dem Priester muß sich der Geheilte deshalb zeigen, weil er erst durch diesen als rein erklärt und damit wieder in die menschliche Gesellschaft aufgenommen wird.

59. Lukas hat hier den genaueren Bericht. Der heidnische Hauptmann wagt es nicht, selbst zu Jesus zu kommen. Sein Glaube ist der Grund, warum Jesus seiner Bitte (trotz Mt 15 24) willfahrt. Matthäus nimmt die Begebenheit zum Anlaß, eine Weissagung anzufügen, die dem jüdischen Erwählungsglauben direkt ins Gesicht schlägt.

60 = 26.

61 = 27.

62 = 152.

63 = 116.

64 = 117.

65. 65—67 und 82—83 bilden bei Markus und Lukas einen Zyklus von fünf Streitgesprächen, die Jesus im Kampf mit seinen Widersachern zeigen. Bei Matthäus ist für die drei ersten Stücke dieser Gesichtspunkt unwichtig geworden. — Jesu Anspruch, Sünden zu vergeben, ist für seine Gegner ein Ärgernis; Jesus beglaubigt diesen Anspruch durch das Heilungswunder. Der Name „Menschensohn", den er sich selbst gibt, begegnet nur in Jesu eigenem Munde, und zwar nur in „Hoheitsaussagen" und in Leidensaussagen. Jesus ist der Menschensohn von Dan 7 13 und der leidende Gottesknecht von Is 53 in einer Person.

66. Indem Jesus einen Angehörigen des verachteten Zöllnerstandes zum Jünger wählt und mit Zöllnern Tischgemeinschaft pflegt, setzt er sich über die pharisäische Frömmigkeitsauffassung, nach welcher der Fromme sich nicht zu einem Gottlosen gesellen soll, hinweg. Als Sünderheiland weiß sich Jesus gerade zu den „Kranken" gesandt.

67. Das Doppelgleichnis, mit welchem Jesus seine ablehnende Haltung gegenüber der jüdischen Fastenpraxis begründet, hat grundsätzliche Bedeutung für seine Stellung zu den jüdischen Frömmigkeitsformen überhaupt. Das Neue, was er bringt, paßt nicht mehr in die überlieferten Formen.

68 = 118.

69. Jesu Verhalten gegenüber den zwei Blinden zeigt, daß er keine Schauwunder vor den Augen der Menge wirken will. V. 29–31 sind Dublette zu 20 29–34 (Nr. 208), V. 32–34 nehmen 12 22–24 (Nr. 98) voraus.

70. Mit dem Bericht über die Aussendung der Zwölf verbindet Matthäus andere Worte Jesu zu einer großen Jüngerrede, die sowohl vom Beruf der Zwölf als Sendboten des Evangeliums als auch von der Aufgabe der Jünger als Christen handelt. 9 35 wiederholt 4 23. Das Gebet um Sendung von Erntearbeitern ist deshalb nötig, weil auf diesem Acker nur der arbeiten kann, der von Gott dazu gesandt wird.

71. In diesem Stück ist bei Matthäus zu einer Einheit verschmolzen, was bei Markus und Lukas (Nr. 85, 120 und 153) getrennt ist.

72 nimmt 229 voraus.

73. Jesus fordert Bekennermut, der auch vor dem Martyrium nicht zurückschreckt. Die Furcht vor den Menschen muß durch die Furcht vor Gott, der allein wirklich zu fürchten ist, überwunden werden. Was immer einem widerfahren mag, geschieht nicht ohne Gottes Fügung. Beim Gericht wird der Menschensohn Bekenntnis durch Bekenntnis, Verleugnung durch Verleugnung vergelten.

74. Weil das Evangelium die Menschen zur Entscheidung zwingt, bringt es Zwiespalt in die Welt, der selbst Familien auseinanderreißt.

75. Darum bedeutet Jüngerschaft unter Umständen Trennung von den liebsten Menschen und Bereitschaft, das Leben hinzugeben.

76. Wer die Boten des Evangeliums aufnimmt, nimmt den auf, der sie sendet; dementsprechend ist der Lohn dafür.

77. Der gefangene Täufer erlebt eine Krise in seinem Glauben an Jesus als den Messias, weil die geschichtliche Wirklichkeit nicht genau seinem eigenen Bild vom „Größeren" entspricht. Die Antwort Jesu verweist auf die Erfüllung der Schrift in seinem Wirken.

78. Jesus erkennt den Täufer als seinen von Gott gesandten Vorläufer an. Weil dieser aber noch der alten Heilsordnung angehört, steht er hinter dem Geringsten im Gottesreich, d. h. der neuen Heilsordnung, zurück. Von den Juden wurde der Täufer wie Jesus abgelehnt. Aber Gottes Weisheit kann nicht durch menschliche Verständnislosigkeit und Bosheit zuschanden gemacht werden.

79. Je größer die Gnade, desto größer die Verantwortung.

80. Im Jubelruf findet Jesu gottmenschliches Selbstbewußtsein innerhalb der synoptischen Überlieferung seinen klarsten Ausdruck. Um Jesus gläubig anzunehmen, ist menschliche Weisheit wertlos, ja sogar ein Hindernis.

81. Die Mühseligen und Beladenen sind die unter dem Joch des jüdischen Gesetzes sich Abmühenden. Jesus aber ist ein gütiger und milder Lehrer.

82. Das Abpflücken der Ähren wurde von den Schriftgelehrten als Erntearbeit und darum als Bruch der Sabbatruhe verstanden. Jesus erklärt als Menschensohn, wie das Gebot der Sabbatruhe auszulegen ist.

83. Eine Krankenheilung galt den Rabbinen als ärztliche Handlung, die am Sabbat nur bei dringender Lebensgefahr erlaubt war. Indem Jesus die Heilung bewirkt, beweist er seine Macht über den Sabbat.

84. Der Eindruck der Taten Jesu beim Volk ist so groß, daß die Kunde von ihm über die Grenzen Palästinas hinausdringt. Matthäus findet hier die Weissagung Is 42$_{1-4}$ erfüllt.

85. Die Auswahl der Zwölf zeigt, daß der Beruf des Jüngers nicht mit dem des Apostels zusammenfällt. Sie ist die Vorbereitung für die spätere Aussendung der Zwölf.

86. Lukas benützt die Situation von Mk 3$_{7-12}$, um hier die erste seiner zwei großen Einschaltungen in den Markus-Rahmen (Lk 6$_{20}$–8$_{3}$) einzufügen, an deren Spitze die Bergpredigt steht. Den acht bzw. neun Seligpreisungen bei Matthäus (Nr. 32) entsprechen bei Lukas nur vier, denen vier „Wehe" gegenüberstehen.

87 = 39 + 40 + 52.

88 = 49.

89 = 54 + 55. Erst Matthäus wendet das Gleichnis auf die falschen Propheten seiner Zeit an.

90 = 56.

91 = 59.

92. Die Auferweckung eines Toten hat Lukas als Grundlage für das Wort 7$_{22}$ an diesen Platz gestellt.

93 = 77.

94 = 78.

95. Jesus erscheint hier als der „Freund der Sünder", als welcher er eben vorhin (Vers $_{34}$) getadelt wurde. Die nicht mit Namen genannte Sünderin darf weder mit Maria von Magdala (Nr. 96) noch mit Maria von Bethanien (Nr. 242) gleichgesetzt werden. Jesus nimmt wieder die Vollmacht in Anspruch, auf Erden Sünden zu vergeben (vgl. Nr. 65).

96. Auch Frauen werden von Jesus als Jüngerinnen angenommen.

97. Jesu verzehrender Eifer in der Erfüllung seiner Sendung ist auch für seine Verwandten ein Rätsel und ein Anstoß.

98. Die Feindseligkeit und der Unglaube der Gegner Jesu werden auch durch ein Wunder, das Jesu Macht über die Dämonen offenbart, nicht überwunden. Solches Nichtverstehenwollen des Wirkens des Heiligen Geistes wird von Jesus als unvergebbare Sünde erklärt.

99. Das von seinen Gegnern geforderte Zeichen vom Himmel zur Beglaubigung seiner Sendung lehnt Jesus ab. Das Zeichen, das ihnen gegeben werden soll, ist nicht das, was sie verlangen, weil es ihnen keine Zeit mehr zur Umkehr lassen wird.

100. In einer Art Gleichnis beschreibt Jesus die heillose religiöse Situation der Juden.

101. Der Gehorsam gegen Gottes Willen schafft eine geistige Verwandtschaft mit Jesus, die unvergleichlich höher steht als die durch das Blut begründete.

102. Das Gleichnis vom Säemann sagt: Trotz aller das Gedeihen der Saat hemmenden Hindernisse kommt die Offenbarung der Gottesherrschaft doch.

103. In einem Wort von schrecklichem Ernst nimmt Jesus eine strenge Scheidung vor zwischen den Jüngern, denen das Geheimnis des Gottesreiches geoffenbart wird, und der großen Menge, der diese Erkenntnis versagt wird. Matthäus fügt daran ein weiteres, den Jüngern geltendes Wort, das Lukas in besserem Zusammenhange bringt (Nr. 155). Der Gegensatz zwischen dem Volk und den Jüngern wird dadurch noch stärker unterstrichen.

104. Die ganz paränetisch gehaltene Deutung des Gleichnisses sagt: es ist in die Macht und die Verantwortung der Menschen gelegt, ob der Same des Wortes Frucht trägt.

105. Die von Markus hier vereinigten Sprüche begegnen alle in anderen Zusammenhängen wieder. Die beiden ersten besagen hier zusammen: das wertvolle Gut des Evangeliums kann und darf nicht auf die Dauer verborgen bleiben. Die beiden folgenden aber besagen hier zusammen: dem Maß von Sorgfalt und Eifer, mit dem einer das „Wort" aufnimmt, wird der Zuwachs an weiterer religiöser Erkenntnis entsprechen.

106. Der Sinn des Gleichnisses ist: die Entfaltung des Gottesreiches ist Sache Gottes und sein Geheimnis.

107. Erst der Erntetag des Gerichts wird die Scheidung von „Weizen" und „Unkraut" bringen.

108—109. Die zwei Gleichnisse vom Senfkorn und Sauerteig sollen die Lebenskraft veranschaulichen, welche das Gottesreich in seiner Entfaltung bekundet.

110. Die mitgeteilten Gleichnisse wollen nur Beispiele sein für die Art, wie Jesus beständig das Volk belehrte. Bei Matthäus folgt nun ein zweiter an die Jünger allein gerichteter Teil der Gleichnisrede.

111. Der Acker ist das Reich des Menschensohnes, die Kirche. In ihr gibt es neben dem guten Samen auch eine Teufelssaat. Erst der Erntetag des Weltgerichts wird diesem Zustand ein Ende machen.

112. Das Gottesreich ist ein Schatz, für den der Mensch, der seinen Wert erkannt hat, freudig alles andere hingibt.

113. Das Gleichnis vom Fischnetz ist im Aufbau und im Grundgedanken das Parallelstück zur Unkrautparabel (Nr. 107).

114. Der Schluß der Rede bei Matthäus gilt den Jüngern allein. Der über das Gottesreich unterrichtete Jünger kann einem Hausvater gleich aus dem Schatz seines religiösen Besitzes Altes und Neues hervorholen, um auch anderen davon mitzuteilen.

115 = 101.

116. Das Naturwunder offenbart Jesu Macht über die Elemente, die seinen Jüngern immer noch ein Rätsel ist.

117. Die ungewöhnlich breit geschilderte Szene zeigt die unheimliche Macht der Dämonen über einen Menschen. Daß Jesus diesen davon erlöst und sich dadurch als Herrn auch über die Dämonen offenbart, macht ihn selbst den Bewohnern der Gegend, die vor allem an den dabei erlittenen materiellen Schaden denken, unheimlich.

118. Die Heilung der blutflüssigen Frau und die Auferweckung des toten Mädchens bilden eine geschichtliche Einheit. Matthäus hat wieder wie im vorausgehenden Stück die Darstellung stark verkürzt.

119 = 23. Gerade in seiner Vaterstadt stößt Jesus auf hartnäckigen Unglauben. Unter diesem Gesichtspunkt stellt Markus dieses Stück an den Schluß des ersten Hauptteiles seines Evangeliums. Der Mißerfolg Jesu bei seinem Volke ist ein fast vollständiger.

120. Die Aussendung der Zwölf bildet die Ausführung des schon bei ihrer Auswahl (Nr. 85) angedeuteten Planes und ihre erste Erprobung in ihrem neuen Amt. Der Auftrag, den Jesus ihnen gibt, entspricht seiner eigenen Sendung.

121. Auch zu Herodes, der den Täufer hat hinrichten lassen, dringt der Ruf von Jesu Taten, und er macht sich gerade jenes Urteil über ihn zu eigen, durch das er sich in seinem Gewissen getroffen fühlen mußte, wenn diese Worte in seinem Munde nicht etwa ironisch gemeint sind.

122. Dieses Stück ist hinter dem vorigen, das den Tod des Täufers bereits voraussetzt, ein Nachtrag. Der unbequeme Mahner, der auch einem Fürsten gegenüber keine Furcht kannte, wird das Opfer des Hasses der Herodias.

123. Jesus will den über ihre Erfolge begeisterten Jüngern eine Weile der Erholung gönnen. Aber diese Absicht wird durch die Volksmenge vereitelt.

124. Jesus ist aber nicht ungehalten, sondern Mitleid mit der geistigen Not des Volkes erfaßt ihn. Darum verkündet er ihm das Evangelium. Auch das anschließende Wunder der Brotvermehrung ist nicht Selbstzweck. Es hätte vom Volk als Offenbarung seiner Sendung und Macht verstanden werden sollen.

125. Die folgenden Markus-Abschnitte 6_{45}–8_{26} (Nr. 125—133) hat Lukas übergangen. — Auch das Wandeln Jesu über den See soll ihn als Herrn über die Natur offenbaren. Aber die Jünger sind darüber außer sich vor verständnislosem Staunen. Matthäus allein berichtet die Episode von dem seinem Meister über die Wogen entgegeneilenden Petrus.

126. Sofort nach der Landung wird Jesus wieder von den Massen umdrängt, die ihm ihre Kranken entgegentragen. Für sie ist er nur der Helfer in irdischer Not.

127. Diese Rede ist eine der wichtigsten des Evangeliums. Jesus greift darin nicht nur die pharisäische Reinheitspraxix als bloß äußerliche, seelenlose, ja Gottes Willen direkt widersprechende Form der Gottesverehrung an, er erklärt auch die levitischen Reinheitsgesetze als bedeutungslos. Was einen Menschen vor Gott rein oder unrein macht, ist einzig und allein sein Herz.

128. Erst durch den heldenhaften Glauben der heidnischen Frau, der auch durch die schroffe Zurückweisung nicht gebeugt wird, läßt sich Jesus die Heilung ihrer Tochter abringen. Matthäus allein überliefert das wichtige Wort, mit dem Jesus seine Haltung begründet. Seine persönliche Sendung erstreckt sich nur auf Israel.

129. Markus erzählt, wie Jesus sich bei der Heilung eines Taubstummen an die übliche Sitte der Juden bei der Besprechung von Krankheiten anschließt. Matthäus bringt statt dessen einen Sammelbericht über Jesu Heiltätigkeit an Kranken aller Art.

130. Die Speisung der Viertausend, deren Schauplatz der gleiche ist wie jener der Fünftausend (Nr. 124), kann wohl nur ein aus anderer Überlieferung stammender Parallelbericht zur letzteren sein. Die Jünger bekunden beidemale die gleiche Ratlosigkeit.

131. Mk 8_{11-13} ist ein auf eine andere Überlieferung zurückgehender Parallelbericht über das gleiche Ereignis wie Nr. 99. Bei Matthäus sind die beiden Berichte aneinander angeglichen.

132. Jesus muß seine Jünger wegen ihrer allzu irdischen Denkweise und Verständnislosigkeit tadeln.

133. Kann wohl nur als Parallelbericht zu Nr. 129 verstanden werden.

134. Bei Markus beginnt hier ein neuer, von allem Bisherigen grundlegend verschiedener Abschnitt in der öffentlichen Tätigkeit Jesu. Jesus hat sich vom Volk ganz zurückgezogen, meidet Galiläa und beschränkt sich

auf die Belehrung seines Jüngerkreises. Diese wenigen Getreuen führt er in das Geheimnis seiner Messianität ein, wozu besonders die drei Leidensweissagungen gehören. Die Jünger hören nun aber auch, was Jüngerschaft wirklich bedeutet; es heißt. Jesus das Kreuz nachtragen. — Weitab von Galiläa, bei Cäsarea Philippi richtet Jesus an sie die Frage, für wen sie ihn halten. Petrus antwortet im Namen der anderen: Du bist der Messias. Und Jesus nimmt dieses Bekenntnis an, will aber nicht, daß es das Volk erfahre. Matthäus allein bringt in diesem Zusammenhang die Primatverheißung an Petrus.

135. Sofort beginnt Jesus den Glauben der Jünger an seine Messiaswürde zu korrigieren. Er ist nicht der Messias, den die Juden, die Jünger mit eingeschlossen, erwarteten. Zu seiner Aufgabe als Messias gehört vor allem das Leiden, Sterben und Auferstehen. Dieses Wort geht über die Fassungs- und Glaubenskraft der Jünger hinaus, und wieder ist es Petrus, der das Wort ergreift und Jesus seine Todesgedanken ausreden will, wofür er eine scharfe Zurückweisung hinnehmen muß.

136. Nun wird den Jüngern gesagt, worin wahre Nachfolge Christi besteht.

137. Durch die Verklärung soll nicht das Petrusbekenntnis zu Jesu Messianität, sondern die Leidensweissagung Jesu — auf diese weist die genaue Zeitbestimmung „nach sechs Tagen“ zurück — bestätigt werden. Nur die drei bevorzugten Jünger werden als Zeugen auf den Berg mitgenommen. Es wird ihnen aber Schweigen auferlegt bis zu der Stunde, da Jesu Lebenswerk abgeschlossen ist.

138. Das Gespräch über die Wiederkunft des Elias löst den Jüngern das darin liegende Problem, daß nach dem Alten Testament vor dem Messias erst Elias als Wegbereiter kommen muß, und die Frage, wie trotz dessen Vorbereitungsarbeit der Messias doch leiden kann.

139. Auf Jesu bloßes Machtwort hin muß der Dämon aus seinem Opfer weichen. Der Sinn der Antwort Jesu auf die Jüngerfrage ist der, daß es verschiedene Arten von Dämonen gibt. Matthäus bringt dafür einen Spruch, der bei Lukas (17_{6}) und bei Markus und Matthäus selbst nochmals in anderem Zusammenhang (Nr. 216) begegnet.

140. Das Wort, daß der Messias leiden muß, ist für die Jünger noch immer ein Rätsel.

141. Der Ton der Erzählung liegt auf dem Wort Jesu, daß er als Sohn nicht zur Zahlung der Tempelsteuer verpflichtet ist.

142. Wahre Größe im Gottesreich setzt als Bedingung voraus, daß einer zuerst in vollkommener Selbstlosigkeit und Demut sich zum Letzten und Diener aller anderen gemacht hat. Das Wort von der Aufnahme eines Kindes ist mit diesem Spruch nur äußerlich verbunden.

143. Die Jünger sind voll Eifersucht und Unduldsamkeit gegen den Mann, der nicht zu ihrem Kreis gehört und doch mit dem Namen ihres Meisters Dämonen austreibt. Mk 9_{41} (= Mt 10_{42}, Nr. 76) ist ein für sich stehender Spruch.

144. Wer einen von den Kleinen am Glauben irremacht, dem droht ein schreckliches Gericht. Die folgenden Verse reden von dem Ärgernis, das aus den eigenen Gliedern des Menschen selbst kommen kann.

145. Drei lose miteinander verbundene Sprüche, deren zweiter auch bei Mt 5_{13} (Nr. 33) und Lk 14_{34f} (Nr. 184) steht. Der Jünger muß durch Leiden „gesalzen“, d. h. geläutert werden. Im zweiten Spruch ist das Salz Bild des Geistes der Jüngerschaft, im dritten bezeichnet es wohl die Lehre Jesu.

146 = 185. Der Zusammenhang, in dem hier das Gleichnis vom Schaf steht, ist erst von Matthäus geschaffen.

147. Um den auf Abwege geratenen Bruder zu retten, muß alles aufgeboten werden. Erst wenn er auch auf die Kirche nicht hört, gibt er selbst jede Gemeinschaft mit seinen „Brüdern“ auf. Zu Vers $_{18}$ vgl. 16_{19}.

148. Dem gemeinsamen Gebet im Namen Jesu wird besondere Kraft zuerkannt.

149. Die Pflicht des Vergebens kennt keine Grenzen.

150. Dies schärft auch das anschließende Gleichnis ein. Die Schuld, in der sich der Mensch Gott gegenüber befindet, ist immer unendlichmal größer als die, welche ein Mitmensch ihm gegenüber haben kann.

151. Lukas bringt hier die zweite seiner zwei großen Einschaltungen in den Rahmen seiner Markus-Vorlage (9_{51}–18_{14}), in der er den größten Teil des Stoffes unterbringt, den er in seinen anderen Quellen (außer Markus) vorgefunden hat. Eine strenge chronologische oder geographische Ordnung ist darin nicht vorhanden. Die meisten darin enthaltenen Stücke setzen Galiläa (oder Judäa) als Schauplatz voraus. Nur das allererste spielt in Samaria. In dem feindlichen Verhalten der Samariter kommt der zwischen ihnen und den Juden bestehende Gegensatz zum Ausdruck.

152 = 62. Lukas bringt drei, Matthäus nur zwei Beispiele zum Thema „Jüngerschaft“. Der Ton liegt in allen drei Fällen auf dem Wort Jesu. Der dritte Fall ist dem ersten darin ähnlich, daß der zur Nachfolge Entschlossene sich selbst meldet, dem zweiten darin, daß auch er eine Bedingung stellt.

153. Lukas bringt neben der aus Markus übernommenen Aussendungsrede an die Zwölf (Nr. 120) eine andere an die 70 (72) Jünger gerichtete, die sich im Inhalt und Wortlaut mit jener eng berührt und darum als Dublette zu ihr betrachtet werden muß. Vers $_{13-16}$ = Nr. 79.

154. Die Freude der Jünger über ihre Dämonenaustreibungen ist begründet; denn darin wird offenbar, daß die Macht Satans gebrochen ist. Noch mehr Grund zur Freude ist aber, daß ihre Namen im Buch des Lebens, unter die Zahl der Auserwählten, eingeschrieben sind.

155 = 80 + 103. Lukas hat die ganze Situation der beiden Worte Jesu bewahrt. Die Jünger sind selig zu preisen, weil sie die messianische Zeit sehen dürfen.

156 (vgl. Nr. 223). Die echte „Nächstenliebe" fragt nicht nach Nationalität oder Konfession. Wer immer Hilfe braucht, der empfängt sie.

157. Das eine Notwendige, das die geschäftige Martha nicht versteht, ist das Anhören des Wortes Gottes.

158 = 43. Lukas nennt auch den geschichtlichen Anlaß, bei dem Jesus seine Jünger das Vaterunser gelehrt hat.

159. Unser Gebet muß von Vertrauen zu Gott beseelt sein. Der gleiche Gedanke in Nr. 199.

160 = 51.

161 = 98.

162 = 100.

163. Gottes Wort hören und befolgen ist wichtiger als leibliche Verwandschaft mit Jesus.

164 = 99.

165 = 33 + 46. Jesus ist das vom Vater auf den Leuchter gestellte Licht, das alle sehen könnten. Um aber Jesus „sehen" zu können, bedarf es eines „gesunden" Auges.

166. Jesus erklärt die pharisäische Frömmigkeit und die Lehre der Schriftgelehrten für gänzlich wertlos und verkehrt und droht ihnen das Gericht an.

167 = 73. Einmal wird die pharisäische Scheinfrömmigkeit in ihrem wahren Wesen offenbar werden.

168 = 73 + 98 + 72.

169. Jesus lehnt die Beanspruchung seiner Autorität in einem weltlichen Rechtsgeschäft grundsätzlich ab. Das anschließende Gleichnis zeigt, daß es Torheit ist, auf den Reichtum zu bauen. Auch die größte Fülle an Lebensmitteln vermag das Leben nicht zu sichern.

170 = 48 + 45.

171 = 236. Die Verse 35–38 mahnen zur Wachsamkeit im Hinblick auf die ungewisse Stunde des Gerichts. Die Parabel vom wachenden Hausherrn (Vers 39f) mahnt zu beständiger treuer Pflichterfüllung. Nur dann kann man von der Parusie nicht überrascht werden. Vers 41–46 greifen auf Vers 37f zurück. Treue wird als die von einem Knecht geforderte Haltung genannt. Vers 47f sprechen den Grundsatz aus, daß das Maß der Verantwortung und Strafe von dem Maß der Erkenntnis des Willens Gottes abhängt.

172 = 74. Das Feuer, das Jesus auf die Erde bringt, ist das der Zwietracht und des Hasses. Die Taufe, vor der ihm bange ist, ist sein Leiden.

173. (= 35). Ebenso eindeutig wie die Vorzeichen des Wetters sind die Zeichen der Zeit für den, der sehen will: mit dem Kommen Jesu ist das Gottesreich angebrochen. Das Rechte, was die Stunde von den Juden fordern würde, ist die Umkehr. Die Gestalt des Mannes, der sich auf dem Wege zum Richter befindet, beleuchtet die Situation des Menschen Gott gegenüber.

174. Das Schicksal der opfernden Galiläer und der durch den Turm von Siloah Erschlagenen sollte für die Juden ebenfalls ein Ruf zur Umkehr sein. Das anschließende Gleichnis aber sagt ihnen, daß auch die liebevollste Geduld einmal ein Ende haben muß. Jesu Wirken ist die letzte ihnen von Gott gewährte Gnadenfrist.

175. Das zweite von Lukas erzählte Beispiel einer Sabbatheiligung (vgl. Nr. 83), auf das 14 1–6 (Nr. 180) noch ein drittes folgt. In allen Fällen liegt der Ton der Erzählung auf dem durch das Wunder veranlaßten Streitgespräch. Jesus erklärt: einen Menschen durch eine Liebestat von der Fessel Satans befreien kann nicht durch das Sabbatgebot untersagt sein.

176 = 108 + 109.

177. Die Rede besteht aus mehreren ursprünglich nicht zusammengehörigen Worten Jesu. Auf die Frage nach der Zahl derer, die das Heil erlangen, geht Jesu nicht ein.

178. Herodes will Jesus durch eine Scheinwarnung aus seinem Gebiet vertreiben. Dieser aber kennt nur eine Norm für sein Handeln, den Willen des Vaters.

179 (=225). Das von Jerusalem zurückgewiesene Heil wird für die Stadt zum Unheil. Erst als Richter wird sie ihren Messias wiedersehen.

180. Vgl. zu Nr. 175.

181. Gott ist es, der den wahrhaftig Demütigen erhöhen wird.

182. Eine Liebe, die sich nur auf die erstreckt, die sie erwidern können, ist vor Gott wertlos.

183 (= 220). Das Gleichnis ist eine Kritik der religiösen Führer des Judentums, denen es den Ausschluß vom Gottesreich ankündigt, während die „Armen", die Sünder und schließlich auch die Heiden, darein eingehen werden.

184. Der Ernst und die alles überragende Wichtigkeit der Jüngerschaft wird hier mit der äußersten Schärfe ausgesprochen. Das Doppelgleichnis macht die Größe des Unternehmens anschaulich, das in der Nachfolge Jesu liegt.

185—187 (vgl. Nr. 146). Jesus rechtfertigt seinen Verkehr mit den Sündern durch den Hinweis auf das

Beispiel Gottes. Gottes Wohlgefallen an der Umkehr eines Sünders beweist, daß ihm dieser auch als Sünder noch wertvoll ist. Die zwei ersten Gleichnisse bilden ein engeres Paar. Im dritten kommt neben der Liebe des Vaters, Gottes, auch die Schuld des Menschen zu ergreifender Darstellung. Der über die liebevolle Aufnahme des Heimgekehrten empörte ältere Bruder stellt die Pharisäer dar.

188. Die folgenden Abschnitte 188—189 und 191 handeln von der Stellung des Christen zum irdischen Besitz. Die Vorbildlichkeit des Verwalters liegt ausschließlich in der Klugheit, mit der er für seine Zukunft sorgt. Vers 9–13 sind an das Gleichnis nur lose angehängt. Vers 13 = Nr. 47.

189. Die Pharisäer stellen von ihrem Vergeltungsglauben aus ihren Reichtum als Zeichen ihrer Gottwohlgefälligkeit hin.

190 = 78 + 34 + 37.

191. Das Gleichnis wendet sich gegen die pharisäische Lehre, daß Reichtum Zeichen göttlichen Wohlgefallens, Armut Zeichen des göttlichen Zornes ist. Der Reiche verfällt nicht wegen seiner Hartherzigkeit gegenüber dem Armen der Hölle, sondern deshalb, weil er ein gottloser Weltmensch ist.

192 = 144.

193 = 147 + 149.

194 (vgl. 139, 216). Echter Glaube, und wäre er so klein wie ein Senfkorn, ist imstande, das umnöglich Scheinende zu leisten.

195. Weil der Mensch Gottes Knecht ist, darum gibt es für ihn keinen Rechtsanspruch Gott gegenüber.

196. Die Glaubensprobe bestehen alle, aber nur einer, und zwar der Nichtjude, empfindet es auch als seine Pflicht, seinem Wohltäter zu danken.

197. Alle Versuche, den Zeitpunkt, in dem das Reich kommt, zu berechnen, sind vergeblich. Das Reich ist mit einem Schlage mitten unter uns da.

198. Wenn der Messias wirklich kommt, wird er plötzlich überall sichtbar sein. Wer das weiß, wird keinem falschen Messias Glauben schenken. Der Tag des Menschensohnes wird die sorglos ihrem irdischen Treiben sich hingebenden Menschen überraschen.

199. Wenn schon ein so schlechter Mensch wie dieser Richter sich schließlich den beharrlichen Bitten einer hilflosen Witwe beugt, um wieviel mehr wird dann Gott die beharrlichen Hilferufe seiner Auserwählten erhören! Wird aber der Menschensohn, wenn er kommt, auch bei den Gläubigen den rechten, standhaften Glauben vorfinden?

200. Auch die Frömmigkeit des Pharisäers ist in ihrer Art echt. Vor Gott ist sie aber deshalb wertlos, weil ihm vollständig das Bewußtsein fehlt, daß auch er bei all seinem frommen Eifer ein Sünder und darum auf Gottes Erbarmen angewiesen ist.

201. Jesus nähert sich allmählich dem Ziel seiner letzten Reise.

202. Die Erlaubnis der Ehescheidung ist ein Zugeständnis an die menschliche Herzenshärte und entspricht nicht Gottes eigentlichem Willen. Aus dem Gesetz selbst wird die Unauflöslichkeit der Ehe als Gottes ursprünglicher Wille bewiesen. Matthäus allein bringt das Wort, welches die Ehelosigkeit um des Gottesreiches willen höher stellt als die Ehe. Aber nicht alle sind fähig, es zu fassen.

203. Der Kindersinn, den man besitzen muß, um in das Reich einzugehen, ist das Bewußtsein der Kleinheit und Unvollkommenheit.

204. Nicht bloß der reiche Jüngling ist unfähig, der harten Forderung Jesu zu folgen; auch die Jünger sind bestürzt über Jesu Beurteilung des Reichtums. Den Jüngern aber, die wirklich um Jesu willen alles verlassen, steht eine überreiche Entschädigung in Aussicht.

205. Gott gegenüber kann der Mensch keine Rechtsansprüche geltend machen. Gott bleibt auch als Vergelter sein freier Herr.

206. Auch die dritte Leidensweissagung ist nur an die Jünger gesprochen; denn das Leiden gehört zum Messiasgeheimnis Jesu.

207. Die ehrgeizige Bitte der Zebedäussöhne beweist, wie weit sie noch vom Geiste der echten Jüngerschaft entfernt sind. Ihre Vorstellungen von Jesu künftigem Reich sind noch ganz jüdisch. Jesus lehnt ihre Forderung ab und kündigt ihnen das Martyrium an. In seinem Reiche heißt herrschen dienen und groß sein der Knecht aller werden. Auch Jesu eigene Aufgabe ist es, zu dienen und als leidender Gottesknecht sein Leben für die vielen hinzugeben.

208. In Jericho, eine Tagreise von Jerusalem entfernt, wirkt Jesus sein letztes von den Synoptikern erzähltes Heilungswunder.

209. Lukas fügt hier zwei Stücke ein, deren Platz durch die in ihnen vorausgesetzte Situation gegeben war. Jesu Einkehr bei dem „Sünder“ Zakchäus ist in seiner Sendung als Sünderheiland begründet. Auch Zakchäus hat als Israelit Anspruch auf sein Heilandswirken.

210. Für die Knechte des Herrn ist die Zeit seiner Abwesenheit die Zeit der Erprobung. Die Schuld des dritten Knechtes liegt darin, daß er mit dem anvertrauten Geld nicht gewirtschaftet hat. In dem Wort des Herrn bedeutet „Haben“ die Leistung, die einer vorzuweisen hat. Die Rache, die der Herr an seinen Widersachern

nimmt, entspricht der Handlungsweise eines orientalischen Despoten, ist aber zugleich Bild des göttlichen Zorngerichts.

211. Die Huldigung, die Jesus von den galiläischen Festpilgern zuteil wird, ist von ihm selbst gewollt und vorbereitet. Bisher ist er solchen Huldigungen aus dem Wege gegangen. Die Art aber, wie er in Jerusalem einzieht, soll den Charakter seiner Messianität klarmachen.

212. In schroffem Gegensatz zu dem Jubel der Festpilger steht Jesu Klage über Jerusalems Verblendung und die Prophezeiung seines Untergangs.

213. Der Verlauf der nachfolgenden Ereignisse wird von Markus chronologisch am genauesten erzählt.

214. Der Markus-Text deutet nicht an, daß hier eine symbolische Handlung vorliegt, die das Schicksal Jerusalems andeuten soll. Markus hat die rätselhafte Szene als Beweis für Jesu Wundermacht erzählt.

215. In heiligem Eifer um die Ehre seines Vaters schreitet Jesus gegen die allzu enge Verbindung von Frömmigkeit und Geschäft ein.

216. Vgl. zu Nr. 139.

217. Die folgenden fünf Streitgespräche, das Gegenstück zu den fünf galiläischen Streitgesprächen (Nr. 65—67, 82—83), beziehen sich auf besonders wichtige Fragen des damaligen Judentums. Matthäus hat im Zusammenhang damit hier noch andere Redestücke untergebracht. Die Vollmachtsfrage bezieht sich nach Markus auf die Tempelreinigung. Die Gegner Jesu können nicht zugeben, daß Johannes ein von Gott gesandter Prophet war, ohne sich damit selbst zu verurteilen.

218. Der Jasager stellt die religiösen Führer des Judentums, der Neinsager die Zöllner und Sünder dar. Der Spruch Vers 31 f stammt aus einem anderen Zusammenhang; denn in ihm besteht nicht mehr der Gegensatz zwischen Reden und Thun.

219. Der Sinn dieser Allegorie ist der: damit, daß die religiösen Führer des Judentums Jesus, ihren Messias, verworfen haben, haben sie selbst sich verworfen.

220 (= 183). Matthäus hat die Parabel durch Einfügungen aus anderen Zusammenhängen erweitert.

221. Die Antwort Jesu enthält keine grundsätzliche Stellungnahme zu der Frage nach dem Gottesgnadentum des Kaisers, sondern erkennt lediglich die relative Bedeutung des Staates während dieser Weltzeit an.

222. Den Sadduzäern ist die Frage, die sie an Jesus richten, kein persönliches religiöses Anliegen. Sie wollen damit nur Jesus in Verlegenheit bringen. Weil sie nur das Gesetz des Moses (den Pentateuch) anerkennen, erfolgt ihre Zurückweisung durch einen Text aus diesem Teil des Alten Testaments.

223 (vgl. Nr. 156). Nach dem Markus-Text ist die Fragestellung des Schriftgelehrten ernst gemeint. Die Zurückführung des ganzen Gesetzes auf das Doppelgebot der Gottes- und Nächstenliebe war auch den Rabbinen nicht neu, entsprach aber nicht der herrschenden pharisäischen Frömmigkeitsauffassung.

224. Jesus greift hier die zu niedrige jüdische Messiasidee an. Wenn David selbst den Messias neben Gott stellt, dann kann dessen Abstammung von David unmöglich seine eigentliche Bedeutung und sein Wesen bezeichnen.

225 (= 166). An Stelle der kurzen Rede Jesu bei Mk 12 38–40 = Lk 20 45–47 bringt Matthäus eine lange Rede gegen die Schriftgelehrten und Pharisäer, in die auch die von Lukas (11 37–54) überlieferte Rede und anderer Stoff eingefügt ist. An ihrem Schluß fügt Matthäus die Drohweissagung über Jerusalem (Nr. 179) an.

226. Der Wert der kleinen Gabe der Witwe ist darum so groß, weil sie ein wirkliches Opfer war.

227. Der Markus-Text der Parusierede, dem sich Matthäus eng anschließt, will über die Vorzeichen des Weltendes und dessen trotzdem unbekannten Termin belehren. Darum gilt es zu wachen. Lukas hat den Wortlaut dieser Rede stark umgestaltet. Nur bei ihm behandelt sie zwei Themen, den Untergang Jerusalems und das Ende der Welt, die deutlich voneinander getrennt werden.

228. Die Frage der Jünger richtet sich nicht auf den Zeitpunkt der Zerstörung des Tempels, sondern bereitet den eschatologischen Hauptteil der Rede (V. 5–27) vor. Die hier zunächst genannten Ereignisse werden schon in der atl Weissagung genannt. In der jüdischen Apokalyptik werden sie als Vorzeichen des Weltendes angeführt. Hier aber zeigen sie nicht die unmittelbare Nähe des Endes an, sondern sind erst das Vorspiel dazu.

229. Die den Jüngern von jüdischen und heidnischen Behörden drohenden Verfolgungen werden hier als eschatologische Ereignisse verstanden und zu den in V. 8 genannten „Wehen" gerechnet. Matthäus hat diesen Abschnitt schon in seine Jüngerrede (Nr. 72) gestellt, bringt ihn aber hier nochmals.

230. Auch dieser Abschnitt spricht nicht von der Zerstörung des Tempels, sondern vom Antichrist, dem „verwüstenden Greuel". Auf diesem Höhepunkt der Drangsal ist eilige Flucht geboten.

231. Auf die Vorzeichen folgt nun das Ende. Matthäus stellt ausdrücklich einen engen zeitlichen Zusammenhang zwischen der vorhin geschilderten Drangsal und der hier beschriebenen Schlußszene her, während Lukas umgekehrt die Parusie vom Untergang Jerusalems, auf den er den vorausgehenden Abschnitt bezieht, trennt. Hier erst erhält die Weissagung weltumspannenden Charakter. Vom Weltgericht wird nicht gesprochen.

232. Auch dieser Abschnitt kann nur auf das Weltende, nicht auf die Zerstörung Jerusalems bezogen werden, und weil er wieder von Vorzeichen spricht, kann er nicht die Fortsetzung von V. 24–27 sein.

233. Dieser Abschnitt bildet bei Lukas den Ersatz für Mk 13 33–37 (Nr. 234). Weil das Ende noch nicht so nahe ist, darum ist eine Warnung vor religiöser Erschlaffung nötig.

234. In diesem Stück, das keine ursprüngliche Einheit ist, läßt Markus seine große Redekomposition in eine Paränese ausmünden: seid wachsam, damit ihr auf das Kommen des Herrn allezeit vorbereitet seid!

235 = 198.

236 = 171. Matthäus fügt hier an die eigentliche Parusierede mehrere mit dem Thema „das Ende" zusammenhängende Abschnitte (Nr. 236—239) an. Weil die Parusie überraschend kommt, darum ist Wachsamkeit, Bereitschaft, die vom Jünger geforderte Haltung.

237. Man darf aus dem Gleichnis nicht den Gedanken herauslesen, daß der Bräutigam noch länger ausbleibt, d. h. die Parusie sich verzögert. Denn nur die törichten Jungfrauen haben mit dieser Möglichkeit nicht gerechnet.

238 = 210. Die Parabel von den Talenten ist nur eine andere, von Matthäus stark veränderte Fassung des Gleichnisses von den Minen. Wenn der Herr wiederkommt, wird er von seinen Knechten Rechenschaft fordern.

239. Beim Gericht werden alle Menschen nach ihren Werken gerichtet werden. Nach den Liebeswerken, die sie den „geringsten Brüdern" Jesu erwiesen oder vorenthalten haben, wird ihr Schicksal für immer entschieden werden.

240. Diese Schlußbemerkung des Lukas greift auf 19 47 (Nr. 215) zurück.

241. Was längst beschlossene Sache ist, soll jetzt, da Jesus wiederum Jerusalem aufsucht, ausgeführt werden, aber möglichst ohne Aufsehen. Dies ist wenigstens der ursprüngliche Plan des Hohen Rates.

242. Johannes datiert diese Begebenheit genauer sechs Tage vor dem Pascha, d. h. auf den Sabbat vor dem Einzug Jesu in Jerusalem. Jesus spricht der Tat der Frau eine Bedeutung zu, die weder die Frau selbst noch die Jünger ahnen konnten. Es war eine Vorausnahme seiner Salbung.

243. Dem Wunsch des Hohen Rates, Jesus ohne Aufsehen aus der Welt zu schaffen, kommt —[unter satanischem Einfluß, wie Lukas hervorhebt — einer aus dem Kreis der Jünger Jesu selbst entgegen.

244. „Der erste Tag der ungesäuerten Brote" ist der 14. Nisan, der Vorabend des Paschafestes. Ehe Jesus in den Tod geht, will er mit den Seinen noch das rituelle Paschamahl feiern.

245. Kraft seines göttlichen Vorauswissens teilt Jesus den Jüngern offen mit, daß einer aus ihnen ihn seinen Feinden ausliefern werde. Nach Matthäus wagt daraufhin Judas die Frage, ob er gemeint sei.

246. Jesus benützt das jüdische Paschamahl, um an seine Stelle ein neues, von den Jüngern zu wiederholendes heiliges Mahl zu setzen. Er reicht den Jüngern unter den Gestalten von Brot und Wein seinen Leib und sein Blut.

247 = 207. Was Lukas in diesem Zusammenhang erzählt, kann kein von dem bei Markus-Matthäus an früherer Stelle Berichteten verschiedenes Ereignis sein. Auch die Verheißung Vers 28–30 bringt Matthäus in anderem Zusammenhang (Nr. 204).

248. Die Weissagung der Verleugnung des Petrus erfolgt nach Markus-Matthäus auf dem Gang zum Ölberg (Nr. 250). Lukas bringt sie, einer anderen Überlieferung folgend, noch im Abendmahlssaal.

249. Der Rückblick in die Vergangenheit und Ausblick in die Zukunft ist voll düsteren Ernstes. Der Ausblick auf den Ostertag fehlt.

250. Petrus ist seiner Treue zu seinem Meister so sicher, daß er dessen bestimmter Weissagung leidenschaftlich widerspricht.

251. Der Blick auf sein unmittelbar bevorstehendes Leiden versetzt Jesus in eine schwere seelische Erschütterung. Obwohl er weiß, daß es der Vater ist, der ihm den Leidenskelch reicht, bittet er doch zitternd und zagend, wenn es möglich ist, um dessen Wegnahme. Aber sein Wille bleibt dabei dem des Vaters untergeordnet. Der im übrigen gegenüber Markus stark gemilderte Lukas-Bericht bringt als neuen Zug die Stärkung Jesu durch einen Engel und den Blutschweiß Jesu.

252. Unter Führung des Judas wird Jesus von den Knechten der Hohenpriester gefangen genommen. Ein Versuch des Petrus, Jesus zu verteidigen, wird von diesem mit dem Hinweis auf den Willen des Vaters zurückgewiesen. Daraufhin ergreifen die Jünger die Flucht. Markus allein erzählt die Episode von dem nackt fliehenden Jüngling.

253. Jesus wird vor dem bereits versammelten Hohen Rat verhandelt. Nachdem die Zeugenaussagen nicht das gewünschte Ergebnis hatten, stellt der Hohepriester an Jesus die Frage nach seinem Messiasanspruch, die dieser in aller Form bejaht, woraufhin sofort einstimmig das Todesurteil gefällt wird. Im Anschluß daran wird Jesus von einigen Ratsmitgliedern und deren Dienern verhöhnt und mißhandelt. Währenddessen hat sich Petrus in den Hof des Hohenpriesters hineingewagt, wird dort als Jünger Jesu erkannt und leugnet dies dreimal. Der Hahnenschrei bringt ihn zum Bewußtsein seiner Tat.

254. Nach Tagesanbruch wird Jesus dem römischen Statthalter übergeben, damit dieser das Todesurteil bestätige und vollstrecken lasse.

255. Matthäus erzählt an dieser Stelle das schreckliche Ende des über die Folgen seiner Tat verzweifelten Verräters und die Verwendung des Verräterlohnes durch die Hohenpriester.

256. Pilatus will Jesus nicht zum Tode verurteilen, ehe er ihn selbst verhört hat. Er kann aber, wie am stärksten Lukas hervorhebt, an ihm keine Schuld finden.

257. Anscheinend um den ihm unbequemen Fall loszubringen, schickt er Jesus zu seinem anläßlich des Paschafestes anwesenden Landesherrn Herodes Antipas.

258. Pilatus muß den Fall doch selbst entscheiden. Er schlägt den Juden Jesus für die anläßlich des Paschafestes übliche Freilassung vor. Das Volk fordert aber auf Veranlassung der Hohenpriester dafür den Barabbas. Daraufhin gibt Pilatus Jesus preis und verurteilt ihn zur Kreuzigung.

259. Ehe die mit der Hinrichtung betrauten Soldaten Jesus abführen, treiben sie mit dem hilflosen Judenkönig ihren Spott.

260. Auf dem Wege zum Richtplatz zwingen die Soldaten einen gewissen Simon aus Cyrene, Jesus das Kreuz nachzutragen. Frauen Jerusalems bekunden Jesus ihr Mitleid. Jesus antwortet ihnen mit der Weissagung des schrecklichen Schicksals, das ihnen und ihren Kindern bevorsteht.

261. Lukas ordnet die einzelnen Ereignisse, die zwischen der Kreuzigung und dem Tode Jesu liegen, anders als Markus. Er will dabei hervorheben, daß Jesus, während er am Kreuze hing, von allen Anwesenden mit Ausnahme des einen Verbrechers verhöhnt wurde. Alle Evangelisten weisen wiederholt auf die Erfüllung der Schrift beim Tode Jesu hin.

262. Während Jesus am Kreuze hängt, tritt eine dreistündige Sonnenfinsternis ein. Mit einem Wort aus Ps 22 stirbt Jesus. Im gleichen Augenblick zerreißt der Tempelvorhang. Matthäus erzählt allein noch andere wunderbare Ereignisse, die den Tod Jesu begleiteten. Der dabeistehende Hauptmann erkennt gläubig in dem Gestorbenen einen Sohn Gottes. Von den Anhängern Jesu haben sich einige Frauen bis zum Kreuz vorgewagt (von Johannes und der Mutter Jesu spricht nur der 4. Evangelist).

263. Joseph von Arimathäa läßt sich von Pilatus den Leichnam Jesu schenken und ihn, ehe der Sabbat anbricht, in würdiger Weise begraben. Die beim Kreuze anwesenden Frauen sind auch Zeugen der Bestattung.

264. Matthäus erzählt von den Sicherungsmaßnahmen, welche der Hohe Rat am Grabe Jesu für notwendig findet.

265. Die am Ostermorgen zum Grabe eilenden Frauen finden statt des Leichnams einen (oder zwei) Engel, der ihnen die Osterbotschaft verkündigt und ihnen den Auftrag gibt, sie auch den Jüngern zu überbringen. Nach Markus eilen sie bestürzt davon und erzählen zunächst niemand etwas davon. Nach Lukas lehnen die Elf die Nachricht der Frauen als Weibergeschwätz ab. Nach Matthäus erscheint der Herr selbst den vom Grabe heimkehrenden Frauen.

266. Dieses Matthäus-Stück bildet die Fortsetzung zu Nr. 264. Die Wächter müssen bestochen werden, damit nicht die Vorsichtsmaßnahme des Hohen Rates sich in einem diesem selbst unerwünschten Sinn auswirkt.

267. Der Auferstandene erscheint zwei Jüngern auf dem Wege nach Emmaus, erklärt den beiden, deren Glaube an Jesus tot ist, aus der Schrift das ihnen unbegreifliche Schicksal ihres Meisters und gibt sich ihnen dann zu erkennen. Sie eilen mit der Kunde von dem, was sie erlebt haben, nach Jerusalem und hören dort, daß der Herr auch dem Petrus erschienen ist.

268. Die dritte Erscheinung des Auferstandenen bedeutet über die vorhergehenden hinaus eine doppelte Steigerung: die Zahl der dabei anwesenden Zeugen ist größer, und auch die Art, wie er ihnen die Wirklichkeit seiner Auferstehung beweist, ist viel deutlicher.

269. Matthäus schließt sein Evangelium mit dem Bericht über eine Erscheinung des Auferstandenen auf einem Berg in Galiläa und dem Missions- und Taufbefehl.

270. Dieses Stück schließt sich nur zum Schein unmittelbar an Nr. 268 an, wie der Parallelbericht der Apostelgeschichte beweist. Jesus blickt nochmals auf die Belehrungen zurück, die er den Jüngern einst gegeben hat, und erschließt ihnen den Sinn, um die Schrift zu verstehen. Der Auftrag an die Jünger, seine Zeugen zu werden, entspricht inhaltlich dem Missions- und Taufbefehl bei Matthäus.

271. In knappster Form erzählt Lukas den endgültigen Abschied Jesu von den Jüngern, um am Anfang der Apostelgeschichte eine ergänzende ausführlichere Darstellung zu bringen.

272. Der Markus-Schluß, der in einem gewichtigen Teil der Textüberlieferung fehlt, ist eine von einem Späteren in kürzester Form gebrachte Zusammenfassung der in den drei anderen Evangelien stehenden Berichte über die Erscheinungen des Auferstandenen. Weil er auch das Johannesevangelium schon voraussetzt, muß er nach 100 entstanden sein.

INHALT